KOMPENDIEN DER SOZIALEN ARBEIT

Sie arbeiten sich in ein neues Sachgebiet ein und benötigen rasch zuverlässige und umfassende Informationen? Sie möchten die wesentlichen Fakten zu Konzepten, Fällen, Arbeitsfeldern und Anwendungsgebieten der Sozialen Arbeit wissen, Good Practice-Beispiele kennenlernen und Handlungsempfehlungen für die Praxis erhalten? In der Reihe erscheinen Werke mit direktem Praxisbezug. Die Bände richten sich an Professionals, Berufseinsteiger:innen und -umsteiger:innen sowie an Studierende, gerade auch mit Blick auf Praxissemester und Anerkennungsjahr.

Peter Löcherbach | Ria Puhl

Einladung zur Sozialen Arbeit

Studium, Beruf und Alltag einer jungen Disziplin

2., aktualisierte und erweiterte Auflage

Onlineversion
Nomos eLibrary

Die Deutsche Nationalbibliothek verzeichnet diese Publikation in der Deutschen Nationalbibliografie; detaillierte bibliografische Daten sind im Internet über http://dnb.d-nb.de abrufbar.

ISBN 978-3-8487-8185-0 (Print)
ISBN 978-3-7489-2594-1 (ePDF)

2., aktualisierte und erweiterte Auflage 2022

Vorwort zur 2. Auflage

Die ‚Einladung zur Sozialen Arbeit' geht in die zweite Auflage. Wir freuen uns sehr, dass das Interesse an diesem Buch, das ja einen gesellschaftlich wirklich sehr wichtigen Bereich spiegelt, so groß ist. Wir fassen das aber auch als Interesse an der Berufsgruppe der Sozialarbeiter und Sozialpädagoginnen auf.

Bei Aktualisierungen von Apps heißt es häufig: Wir haben Fehler behoben, die Leistung verbessert, ein Update voller Kleinigkeiten durchgeführt und (wenn es besonders locker sein soll) Unmengen an Kaffee getrunken und die unendlichen Weiten des Universums erforscht. Vieles davon trifft auf die 2. Auflage zu: Wir haben drei neue Kapitel eingefügt, zwei zur *Geschichte* (Kapitel 7 und 8) und eins zum *Gegenstand* der Sozialen Arbeit (Kapitel 11), haben nach jedem Kapitel einführende und weiterführende Literatur benannt und natürlich das Literaturverzeichnis auf den neuesten Stand gebracht.

Daneben gibt es auch ein paar neue Gedankensplitter, die eingepflegt wurden. Jetzt können Sie in 26 Kapiteln nach Lust und Laune lesen, was es mit der Sozialen Arbeit so auf sich hat.

Frankfurt und Koblenz im Dezember 2021

Ria Puhl und Peter Löcherbach

Vorwort – Einladung zur Sozialen Arbeit

Es gibt gute Gründe, eine „Einladung zur Sozialen Arbeit" zu schreiben. Einer davon ist, herauszufinden, warum Menschen für vergleichsweise wenig Geld sich tagtäglich in skurrile Situationen begeben und einer nervenaufreibenden Tätigkeit nachgehen. Liegt es daran, dass sie einen besonderen Blick auf die Gesellschaft und die darin lebenden Mitmenschen haben oder fühlen sie sich berufen, mal eben kurz die Welt zu retten? Ist es wirklich notwendig, ein Studium zu absolvieren, um anderen helfen zu können, und braucht es dazu eine eigene Wissenschaft, wenn doch die wichtigsten Utensilien für einen Sozialarbeiter „eine Kerze, ein Räucherstäbchen, eine Kanne Tee und das Diskussionsdeckchen" (typischer Sozialarbeiterwitz) sind?

Die Idee zu diesem Buch hat viele Vorläufer. Wir beide, Ria Puhl und Peter Löcherbach, sind jahrzehntelang mit der Sozialen Arbeit verbunden.

Peter Löcherbach hat zwölf Jahre nach seinem Studium selbst als Sozialpädagoge in verschiedenen Feldern der Sozialen Arbeit gearbeitet, um sich dann, nach weiterem Studium und Promotion, stärker der Forschung und Theorieentwicklung zu widmen.

Ria Puhl ist ursprünglich Soziologin, war aber immer im Bereich Soziale Arbeit tätig, zunächst als Fachjournalistin in einem Magazin für Soziale Arbeit, wo sie die Praxis in all ihren Facetten kennenlernte, später dann, nach Promotion und eigenen Forschungsarbeiten, als Professorin für Soziale Arbeit mit dem Schwerpunkt Theorieentwicklung.

Interessant ist, dass sich die Fragestellungen, was die Identität des Berufes, pardon, der Profession ausmacht, über die Jahre langsam, aber doch spürbar verändert haben. So jedenfalls ist unser Eindruck, der natürlich durch unsere Erfahrungen geprägt ist, obwohl wir durch viele Diskussionen und eigene Veröffentlichungen wie auch Veröffentlichungen von Kolleginnen glauben, einen guten Einblick zu haben. Die Entwicklung in Deutschland erhielt zunächst in den siebziger Jahren des vorigen Jahrhunderts einen großen Schub, als die Ausbildung von den Fachschulen an die neu gegründeten Fachhochschulen verlagert wurde. Es stellte sich dann bald heraus, dass die Lehrenden zwar wissenschaftlich ausgewiesen waren, aber über keine sozialarbeiterische Qualifikation verfügten (sondern einen Abschluss hatten in Psychologie, Soziologie, Pädagogik usw.) und häufig die Praxis nicht kannten. Man kann sich vorstellen, dass dies für die professionelle Identitätsentwicklung nicht gerade förderlich war. Aus heutiger Sicht würden wir sagen: Psychologen und Soziologen liefern eine gute und wichtige Außenperspektive, und die Zeiten der Kritik (es ist komisch, wenn eine andere Profession der eigenen sagen will, was sie ist und wie sie zu sein hat) sind weitgehend überwunden. Inzwischen streben die Hochschulen eine gute Mischung von Lehrkräften an, die entweder einen Abschluss in Sozialer Arbeit haben und/oder über hinreichende

Kenntnisse in Arbeitsfeldern der Sozialen Arbeit verfügen. Ende der achtziger Jahre begann dann an den Hochschulen eine spannende und äußerst kontroverse Auseinandersetzung: Die Debatte über die Sozialarbeitswissenschaft, ein Versuch, ein eigenes wissenschaftliches Dach über dem Kopf der Profession zu haben. Wir haben uns damals engagiert in die Debatte eingemischt mit Beiträgen dazu, was Soziale Arbeit ist und sein soll. Über die aktuellen Herausforderungen, die sich für die Praxis und Theorie ergeben, werden wir in den verschiedenen Kapiteln diskutieren.

Das Buch stellt eine Reise dar durch ein vielen Lesern oberflächlich bekanntes Land: Das Land der sozialen Wirklichkeit. Dieses Land fristet ein eher bescheidenes Dasein im Schatten von Ökonomie und (Sozial-)Politik auf der Gesellschaftslandkarte, ist aber ungeheuer vielfältig. Es ist unmöglich, das ganze Land zu bereisen, es gibt einfach zu viele Orte und Räume, die auf der Rundreise aufgesucht werden könnten oder müssten. Und so werden wir an einigen Stationen etwas kürzer, an anderen etwas länger verweilen können. Lassen Sie sich überraschen.

Bei der Einladung zur Sozialen Arbeit haben wir auch Kolleginnen und Kollegen aus der Praxis gebeten, uns ein paar Zeilen als Gedankensplitter zu schicken. Diese Gedankensplitter sollten kurze Erfahrungen, Reflexionen oder Anekdoten aus der Praxis wiedergeben. Sie sind manchmal nachdenklich formuliert, manchmal humorvoll, immer aber *typisch* für Soziale Arbeit. Wir danken den Kolleginnen und Kollegen herzlich für ihre Beiträge – sie runden das Bild von der Sozialen Arbeit wunderbar ab. Diese Gedankensplitter sind im Buch immer farbig (na ja, grau) unterlegt und mit dem Namen des Autors bzw. der Autorin versehen. Etwa so:

Gedankensplitter

„Hoch oben, in den Wipfeln der Theorie,
wird an lauschigen Abenden
gern an eine mögliche Praxis gedacht."

Piet Klocke (2021, 107)

Wir wünschen viel Spaß beim Erkunden.

Inhalt

Abbildungsverzeichnis

Tabellenverzeichnis

1. Einleitung – Hilf dir selbst, sonst hilft dir ein Sozialarbeiter

Eine Einladung zur Sozialen Arbeit zu schreiben ermöglicht es uns, Ihnen als Leserin oder Leser die Vielfalt der Praxis und Theoriebildung anzubieten. Keine Angst, wir werden nicht immer weibliche und männliche Schreibweisen ausführen, das wäre sprachlich umständlich und würde Gedanken immer wieder unnötig ablenken. Wir verwenden einfach manchmal die weibliche und manchmal die männliche Form, das ist zunächst für Sie etwas gewöhnungsbedürftig, schützt aber vor einseitigen Bildern.

Es gibt kaum einen Bereich, wo Sie nicht auf eine Sozialarbeiterin treffen. Ob jung, ob alt, ob gesund oder krank, man ist versucht zu sagen: „Hilf' Dir selbst, sonst hilft dir ein Sozialarbeiter". Ob dieser Spruch von einer Klientin stammt, von einer Mitarbeiterin eines Sozialdienstes oder von einer Werbeagentur (Letzteres ist eher unwahrscheinlich), ist uns nicht bekannt. Der Slogan ermöglicht auf hintersinnige Weise, die Einladung zur Sozialen Arbeit pikant zu garnieren: Ist die Einschaltung von Sozialarbeitern, so könnte man mutmaßen, nicht freiwillig? Lauern Sozialarbeiter hinter jeder Straßenecke, um bei passender (das ginge ja noch) oder unpassender (was schlimmer wäre) Gelegenheit sich der Klienten zu bemächtigen? Ist es besser, sich selbst zu helfen, als sich einer Sozialarbeiterin anzuvertrauen?

Es könnte aber auch vermutetet werden: Wenn Du dir nicht selbst hilfst oder helfen kannst, dann kommt mehr oder weniger unaufgefordert ein Sozialarbeiter daher. Also sei auf der Hut! Signalisiere, dass Du deine Probleme, dein Leben im Griff hast, sonst ...!

Offensichtlich tun wir uns mit Sozialarbeiterinnen und Sozialarbeitern nicht ganz leicht, vielleicht wissen Sie nicht einmal so genau, wofür die da sind und wofür nicht. Und dann wird Ihnen aufgefallen sein, dass wir von *Sozialer Arbeit* sprechen, wozu es aber keine entsprechende direkte Ableitung für die Berufsbezeichnung gibt. Wir begegnen Sozialarbeiterinnen und Sozialpädagogen, aber kennen Sie eine *„Sozial Arbeitende?"* Im Englischen ist das einfacher: Der Disziplin *social work* (also das, was man studiert) ist die Berufsbezeichnung *social worker* zugeordnet. Wir dagegen müssen mit *Fachkräften der Sozialen Arbeit* auskommen, wenn die Zuordnung sprachlich gelingen soll. Umgangssprachlich haben wir uns an Sozialarbeiterinnen und Sozialpädagogen gewöhnt. Seit einigen Jahren gibt es als Abschluss den Bachelor Soziale Arbeit und den Master Soziale Arbeit. Sind das jetzt Sozialarbeiter/Sozialpädagogen oder Sozial Arbeitende? Der Berufsverband spricht entweder von Fachkräften der Sozialen Arbeit oder von Sozialarbeitern und Sozialpädagogen, aber nicht von Sozial Arbeitenden.

Folgen wir den Bildern, die über diese originelle Spezies verbreitet sind. Dazu ein kleines Experiment, das wir mit achtzig Studierenden des ersten Semesters „Bachelor Soziale Arbeit" durchgeführt haben.[1]

Auf die Frage „Wozu ist ein Kühlschrank da?" gibt es – und so antworteten nahezu alle Befragten – nur eine richtige Antwort: zum Kühlen – mit den zwei Facetten „Kühlen zur Genusssteigerung" (wer mal an einem heißen Tag ein lauwarmes Bier trinken musste, weil der Strom ausgefallen ist, weiß, wovon wir reden) und „Kühlen zur Haltbarkeitsverlängerung" (leicht verderbliche Waren können im normalen, besonders aber im Null-Grad-Fach, und erst recht im Drei-Sterne-Gefrierfach, länger frisch und haltbar aufbewahrt werden). Weitere Antworten, wie „Magnethaltemöglichkeit für meine Einkaufs- und Erinnerungszettel" oder wie „Designobjekt in einer Küchenkomfortzone" sind zwar originell, gehen aber klar an der Funktionsdebatte vorbei bzw. tangieren die Sache nur am Rande.

Auf die nächste Frage „Wozu ist ein Sozialarbeiter da?" antworteten fast alle Befragten individuell unterschiedlich, und die Zuordnung von richtigen und falschen Antworten könnte Bücher (wie dieses) füllen. Etwas überrascht waren die Studierenden von der dann folgenden Frage: „Wozu ist eine Sozialarbeiterin da?" Wir wollten wissen, ob die Befragten geschlechtsspezifische Unterschiede als relevant ansehen. Und abschließend wurde nach einem weiteren – scheinbaren oder tatsächlichen – Unterschied gefragt: „Wozu ist ein Sozialpädagoge bzw. eine Sozialpädagogin da?" Die ersten Leser steigen jetzt verwirrt aus – aber es gäbe ja auch noch die Frage „Wozu sind die Fachkräfte der Sozialen Arbeit da?" Diese Frage wurde nicht gestellt – wäre aber eine wirklich perfekte Frage gewesen: Sie ist geschlechterneutral[2] formuliert, sie hat irgendwie eine professionelle Note (Fachkräfte klingt nach Fachkräftemangel, nach was Wichtigem, das über das Einfache hinausgeht), und sie geht unglaublich elegant mit dem Thema Sozialarbeit und/oder Sozialpädagogik um, indem ein neuer Begriff, nämlich *Soziale Arbeit* (zwei Worte, jeweils groß geschrieben) genutzt wird. Auch das ist ein Thema, was unbedingt angesprochen werden muss.

Auf jeden Fall wird klar, dass es viele Fragen zu Sozialarbeitern gibt. Hier zunächst die Antworten der Studierenden.

1 Die Antworten stammen also nicht aus einer repräsentativen Erhebung, sondern von Bachelor-Studierenden „BA Soziale Arbeit" an der KH Mainz am ersten Tag ihres Studiums.

2 Damit entfällt die Überlegung, ob der Schrägstrichvariante (Sozialarbeiter/in) der Vorzug vor der Unterstrichvariante (Sozialarbeiter_in) zu geben ist, da die Großes-I-Variante (SozialarbeiterIn) schrecklich und die Doppelformulierung mit weiblicher und männlicher Form (Sozialarbeiter bzw. Sozialarbeiterin) einfach ungenießbar ist.

Tabelle 1: Wozu ist ein Sozialarbeiter da?

Frage 1: Wozu ist ein Sozialarbeiter da? (Mehrfachnennungen möglich)		
Kategorie	Einzelnennungen	Anzahl der Nennungen
Unterstützung	Unterstützung in Problemsituationen (4); von hilfsbedürftigen Menschen (3); Benachteiligten (2); in Notlagen; von Alten, Behinderten; Familien, immigrierten Menschen; sozial Schwachen; beim Ausfüllen von Formularen	31
Beratung	Beratung von Menschen mit Problemen (9); auf ihrem Lebensweg (3); bei Höhen und Tiefen; Sozialamt, Jugendamt, Suchtberatung	34
Helfen/Hilfe/Hilfestellung	Hilfe in Notsituationen, -lagen (3); in Problemsituationen; sozial schwächeren Menschen; objektive Hilfe; kranke Menschen, Obdachlose; Lebensgestaltung; zur Selbsthilfe; um (verschiedenste) Menschen mit (verschiedensten) Problemen (und Situationen im Leben) zu helfen; Lebenshilfe	28
Konflikte lösen	Schlichten; als Vermittler zweier oder mehr Positionen (mit Differenzen)	11
Vermittlung	Verweis an andere (3); Medium zw. Personen (2); um Verbindungen/Kontakt zu schaffen	9
Ansprechpartner	Ansprechpartner in Notsituationen; für soziale Probleme; speziell für Männer/Jungs); Anlaufstelle für Menschen mit Problemen	8
	Begleiter, Assistent; Ratgeber; Vertrauter, Freund; vertrauenswürdige Person	
	um zu motivieren, anzuleiten (2) Menschen auf den richtigen Weg leiten; Perspektiven aufzeigen; Klarheit schaffen; zuhören (2); sich kümmern	

Frage 1: Wozu ist ein Sozialarbeiter da? (Mehrfachnennungen möglich)		
Kategorie	Einzelnennungen	Anzahl der Nennungen
Integration	um sozial Benachteiligte zu integrieren/fördern; Einsatz für Benachteiligte/Hilfebedürftige Menschen; Leute zu integrieren (2); Integrationshelfer	5
Spezifische Funktion	Bewährungshilfe (Wiedereingliederung) (2)	14
	Resozialisierung eines Klienten	
	Therapeutische Funktion (Schule, Jugendarbeit)	
	Pädagogische Funktion; hat Erziehungsauftrag; Kinder, Jugendliche erziehen oder in wichtigen Lebenslagen beistehen	
	Schutz Schwächerer oder Benachteiligter (2)	
	Förderung (2); Problemlösung; Information	
Vorbeugung	(z.B. Alkohol ...); Verhinderung/Abbau sozialer Benachteiligungen	3
Organisation	um Personal in Firmen kümmern	2
	Unterstützung von öffentlichen Einrichtungen und deren Personal, z.B. Schulen	
Gesellschaftliche Orientierung	Zusammenhalt schaffen; für Gerechtigkeit sorgen, für Rechte einsetzen; Verbesserung von menschlichem Zusammenleben; Öffentlichkeitsarbeit (2); neue Ideen einbringen; Vorschläge zur Verbesserung;	8
Gesellschaftliche Stabilisierung	zur Erhaltung des Sozialstaates; Auge des Staates; Gesetze unterstützen; langer Arm des Gesetzes	4
Allgemein	sich mit Menschen näher befassen; ganzheitliches Arbeiten (2)	3

(n=53)

Trotz der Vielfalt der Antworten kristallisieren sich bestimmte Schwerpunkte heraus: Unterstützung, Beratung und Hilfe sind die häufigsten Nennungen. Allerdings mit einer großen Bandbreite, wo, wie und für wen. Es geht um schwierige Situationen, um Lebenslagen und um Menschen, die davon betroffen sind. Manche Studierende begrenzen die Tätigkeit auf Notsituationen oder Notlagen, andere auf Lebenslagen, und einige weiten das Feld auf den gesamten Lebensweg aus. Dann werden Sozialarbeitern bestimmte Funktionen zugeschrieben, die sich nicht nur auf die Arbeit direkt mit den Menschen beziehen, sondern auch die Arbeit *im System* umfassen. Und manche Antworten verweisen auch darauf, dass Soziale Arbeit einen Beitrag für die Gesellschaft leistet. Es fällt auf, dass sowohl eine gesellschaftskritische als auch eine stabilisierende Orientierung vorkommt.

Nachdem in der ersten Frage zunächst einfach von Sozialarbeitern die Rede war, wird in der zweiten Frage, etwas provokant, nach der Sozialarbeiterin gefragt:

Tabelle 2: Wozu ist eine Sozialarbeiterin da?

Frage 2: Wozu ist eine Sozialarbeiterin da? (Mehrfachnennungen möglich)		
Kategorie	**Einzelnennungen**	**Anzahl der Nennungen**
Kein Unterschied	(im Grunde) kein Unterschied	20
Frauen- und Mädchenarbeit	Ansprechpartnerin speziell für Frauen/Mädchen	3
	Frauen und Mädchen z.B. bei Sexualdelikten zu helfen; sexueller Missbrauch von Frauen und Mädchen	3
	Gewalt von Männern	3
	speziell Opferhilfe	1
	Schwangerenberatung	3
Geschlechtsspezifische Aspekte	in geschlechtsspezifischen Einsatzorten/-bereichen Einsätze in Frauen-/Mädchenhäusern	8
	geschlechtsspezifische Situationen	2
	geschlechterspezifische Arbeit	1
	spezifische Geschlechterprobleme	2

Frage 2: Wozu ist eine Sozialarbeiterin da? (Mehrfachnennungen möglich)		
Kategorie	Einzelnennungen	Anzahl der Nennungen
Geschlechterrolle	eine Frau kann in bestimmten familiären Konflikten oder in Frauenproblemen weiterhelfen	2
	sich mit den Problemen einer Frau besser auseinandersetzen und umgehen als ein Sozialarbeiter	4
	eigene Erfahrungen (z.B. Schwangerschaft) in Lösung für Probleme einbringen	1
	Handeln mehr auf emotionaler Ebene (Kinder, Erziehung, Jugendamt); (Erzieherin/Pädagogin)	2
	mehr Arbeit mit Kindern	1
	Männer wählen eventuell öfter eine Arbeitsstelle im Justizbereich	1
Einkommen	Unterschied Gehalt	2
	Ohne Angaben (leeres Kärtchen)	7

(n=53)

Ein erheblicher Teil der Antworten zeigt, dass die Studierenden keinen großen Unterschied sehen. Und dies ist auch verständlich, jedenfalls auf den ersten Blick. Warum sollte es wichtig sein, ob eine Frau oder ein Mann sich mit sozialen Problemen befasst? Die weiteren Antworten zeigen aber, dass geschlechtsspezifische Themen und Problemstellungen durchaus eine Relevanz in der Sozialen Arbeit haben. Es gibt sogar einige Arbeitsfelder, die ausschließlich oder offensichtlich besser mit Sozialarbeiterinnen besetzt sind als mit männlichen Kollegen. Neben geschlechtsspezifischen Aspekten tauchen hier die Themen Familie, Kinder und Emotionen auf. Spiegelt sich hier ein altes Verständnis und Rollenbild wider, das Frauen in die Ecke von Familie und Emotionalität drängt, oder entspricht dies einem modernen Genderverständnis? Auch das wird noch vertieft werden müssen.

Und dann folgte die letzte Frage: Wozu ist ein Sozialpädagoge bzw. eine Sozialpädagogin da?

Tabelle 3: Wozu ist ein Sozialpädagoge bzw. eine Sozialpädagogin da?

Frage 3: Wozu ist ein Sozialpädagoge bzw. eine Sozialpädagogin da? (Mehrfachnennungen möglich)		
Kategorie	Einzelnennungen	Anzahl der Nennungen
kein bzw. ohne Unterschied	ist das Gleiche/Dasselbe; siehe Sozialarbeiter/in; gleiche Tätigkeiten; gleiche Aufgaben	12
	früher: Sozialarbeiter: Helfen speziell Armut Sozialpädagoge: Helfen speziell Jugendhilfe heute: Soziale Arbeit: Helfen, allgemein ohne spezifische Zuordnung	
(inhaltlich kein Unterschied)	Hilft bei Vermittlung	3
	Betreuung	2
	Begleitung	2
	Hilfe leisten, Ansprechpartner, Vermittlung von Konflikten, vertrauenswürde Person, soziale Benachteiligung abbauen, Hilfe zur Selbsthilfe, Behördengänge zu erledigen, Anleitung, Analysen, ganzheitlich arbeiten, persönliche Hilfe, Unterstützung anderer Menschen, Bewältigung von Problemen	
Ähnlichkeiten	ähnlich wie Sozialarbeiter; allerdings in Bezug auf Kinder und Jugendliche; Hilfe bei der Entwicklung; vorzüglich im Bereich der Kinder, Jugendlichen tätig, aber leider wird Männern von der Gesellschaft oft was Negatives in der Gegenwart von Kindern unterstellt, deswegen gibt es leider doch einen Unterschied	7
	intensiver den psychischen Aspekt miteinbeziehen	
	therapeutisches Arbeiten	
Unterschiede		
- Pädagogik	Schwerpunkt Pädagogik; pädagogische Maßnahmen; zuständig für erzieherische Maßnahmen	5
- Erziehungshilfe	Hilfen zur Erziehung/bei der Erziehung; hilft bei der Erziehung; unterstützt bei Erziehung; Erziehungshilfe	3
- Kinder/ Jugendliche	als Erzieher Kindern und Jugendlichen zur Seite stehen, den richtigen Weg weisen, Kinder zu erziehen,	4
	mit Kindern und Jugendlichen arbeiten	3
	Ersatz für nicht vorhandene Eltern	2
- Elternarbeit	Beratung und Unterstützung für Eltern	4

Frage 3: Wozu ist ein Sozialpädagoge bzw. eine Sozialpädagogin da? (Mehrfachnennungen möglich)		
Kategorie	**Einzelnennungen**	**Anzahl der Nennungen**
- Kindergarten/ Schule	zuständig für Institutionen wie z.B. Schule, Kindergärten	
	schulische Begleitung, Problemfälle unterrichten	2
	Helfende Funktion; Bereich Schule, Gruppe, Kindergarten	2
	Überbrückungshilfe (Schule – Beruf)	
Unterstützung	von jüngeren Klienten	4
Beratung	auf emotionaler Ebene; von jüngeren Klienten; Familienberatung; Erziehungsberatung	12
	Ernährungsberatung	
Leitung	eines Kindergartens, eines Heims; von Einrichtungen	2
spezifische Aspekte	für die Inklusion	
	Integration fördern	2
	Begleitung von Entwicklungsprozessen	
	Erwachsenenbildung	2
	weniger Verwaltung, eher erzieherische und pflegerische Tätigkeit	
	Entwicklungsprozesse begleiten	
	Gleichstellung	
	Planung und Konzeption von Sozialprojekten (mehr Planungsarbeit)	2
	um neue Gesetze anwenden zu können	
	Forschung/Beobachtungen/Statistiken erstellen (indirekte Hilfe)	
	Ohne Angabe (leeres Kärtchen)	4

(n=49)

Die Antworten zeigen, dass die Befragtengruppe als Studierende des Fachs sich wahrscheinlich von einem Durchschnittsbürger unterscheidet, da offensichtlich ein profundes Vorwissen existiert. Uns ist z.B. aufgefallen, dass hier Themenfelder wie *Leitung, Planung und Konzeptionen von Sozialprojekten, Forschung, Beobachtungen und Statistiken erstellen* auftauchen, die beim Thema Sozialarbeiter fehlen. Ist das ein Beleg dafür, dass Sozialarbeiter eher mit der rein praktischen Klientenarbeit und Sozialpädagogen auch mit wissenschaftlicher Arbeit in Verbindung gebracht werden?

Eine ältere Studie (DBSH 1999) zeigt, welche Vorstellung die *allgemeine Bevölkerung* von Sozialarbeitern und Sozialpädagoginnen hat: Nicht nur der Begriff der Sozialen Arbeit, sondern auch einzelne ihrer Arbeitsfelder sind der Bevölkerung in der Bundesrepublik natürlich bekannt. Die größte Bekanntheit haben die Arbeitsfelder Hilfe für Behinderte und Kranke, sozial Bedürftige, Jugendarbeit/ Beschäftigungsprogramme und die Arbeit in Heimen. Soziale Arbeit wird vor allem im Zusammenhang mit Hilfe in Problemsituationen und als Hilfe durch Organisationen gesehen, also im Kontext ihres institutionellen Rahmens verstanden. Die Bevölkerung begreift Soziale Arbeit zuerst als Hilfeangebot in besonderen Lebenssituationen (individueller Bezug), das sich als Tätigkeit in und als Arbeit von sozialen und öffentlichen Organisationen (institutioneller Bezug) vollzieht und als Beitrag zur Lösung aktueller gesellschaftlicher Probleme (struktureller Bezug) gesehen wird.

Die Einladung zur Sozialen Arbeit widmet sich den unterschiedlichen Facetten von *Sozialer Arbeit*, fragt nach Außen- und Innensichten, fragt, was diese Spezies im Besonderen auszeichnet, beleuchtet eine Zunft, die zwischen Alltagsnähe und Professionsanspruch hin und her gerissen ist und die selbst immer (mal) wieder zwischen grandiosem Selbst und hoffnungslosem Selbstmitleid schwankt.

Die Reise kann beginnen.

Einführende Literatur

Mennemann, Hugo; Dummann, Jörn (2020): Einführung in die Soziale Arbeit. 3., aktualisierte und erweiterte Auflage, Baden-Baden: Nomos.

Weiterführende Literatur:

Engelke, Ernst; Borrmann, Stefan; Spatscheck, Christian (2018): Theorien der Sozialen Arbeit (Studienausgabe), Eine Einführung, 7. aktualisierte Auflage, Freiburg i. Br.: Lambertus.

2. Die bescheidene Profession – Tu Gutes und rede bloß nicht drüber!

Können Sie sich vorstellen, dass jemand Soziale Arbeit studiert, weil er im Berufsleben so richtig Geld verdienen möchte? Eher unwahrscheinlich, eher undenkbar. Denn erstens: Um richtig Geld zu verdienen, studiert man alles andere und eben gerade nicht Sozialarbeit. Zweitens: Es wird auch erwartet, dass Sozialarbeiterinnen *sozial* orientiert sind und nicht monetär. Drittens: Im Konzert der etablierten Berufe gilt Sozialarbeit nicht als vollständige Profession, sondern als eine sich noch auf dem Weg befindende, die nicht alle Merkmale einer Profession erfüllt. Hierfür wird gern der Begriff Semi-Profession gewählt. Diesen drei Argumenten wollen wir nachgehen.

Sozialarbeiterinnen gelten von jeher als Altruisten, deren Denk- und Handlungsweisen durch Rücksichtnahme auf andere gekennzeichnet sind. Es sind also Menschen, die sich durch Uneigennützigkeit und Selbstlosigkeit auszeichnen. Die sich für andere ins Zeug legen und die sich um jene kümmern, die akut oder chronisch das eigene Leben nicht in den Griff bekommen; sie kümmern sich aber auch um jene, die sich nicht angemessen verhalten oder ihren erzieherischen und anderen Pflichten nicht nachkommen. Diese Aufgaben finden sich in der gesamten Professionsgeschichte. Und wir leugnen nicht, dass eine altruistische Grundeinstellung gut zu Sozialarbeiterinnen passt. Sie ist aber nicht die – einzige – Voraussetzung für den Beruf. Zentrale Theorievertreter, wie etwa Hans Scherpner (1898-1959), verpassten sozusagen den Berufsangehörigen ein Berufsethos vom Idealtypus des Fürsorgers, der im Gegensatz zu einem Politiker in seiner ganzen menschlichen Haltung und in den Motivationen bestimmt wird durch die spontane Hilfsbereitschaft dem Schwachen und Hilflosen gegenüber: Aus Sympathie mit den Menschen kann er nicht anders, als allen, die in Not sind, zu helfen. Und die zentrale Begründerin in der Ausbildung in Deutschland, Alice Salomon (1872-1948), sprach sich zwar einerseits für eine wissenschaftliche Ausbildung aus, andererseits vertrat sie die Ansicht, dass die Wohlfahrtspflege zu einem vorwiegend weiblichen Beruf zu machen sei, da durch Mütterlichkeit am ehesten die fürsorgenden, pflegenden und erzieherischen Aufgaben zu bewältigen seien (Feustel 2011).

Nun kann angenommen werden, dass diese Umstände mit dazu beigetragen haben, dass Soziale Arbeit eine *bescheidene* Profession geworden ist. Der Altruist ist wenig geeignet, sich im Professionsgerangel egoistisch durchzusetzen und Claims abzustecken; und sogenannte weibliche Eigenschaften galten lange in der Wissenschaft wirklich nicht als förderlich – es setzten sich eher die männlich konnotierten Eigenschaften (Rationalität, Durchsetzungsfähigkeit usw.) durch. Auch wenn diese Skizzierung sehr grob ist, bedeutet dies nicht, dass sie gänzlich überzogen wäre. Die Zuordnung von sogenannten weiblichen und männlichen Eigenschaften ist allerdings nicht frei von Bewertungen. Um nicht missverstanden zu werden: Sozialarbeiter und Sozialarbeiterinnen benötigen in ihrer Arbeit weibliche und männliche Eigenschaften. Es ist erforderlich, empathisch und fürsorglich auf die Anliegen der Klientel eingehen zu können und Klientinnen emotional zu unterstützen. In der Arbeit mit Kindern, Familien und alten Menschen wird dies für das Wohl der vielen Kranken und Notleidenden als wesentlich angesehen. So verstanden sind weibliche Eigenschaften notwendig, um auf die Gefühle der Klienten adäquat zu reagieren. Diese weiblichen Eigenschaften besitzen Frauen und Männer gleichermaßen. Es wäre unsinnig, diese nur Frauen zuzuschreiben. Gleichzeitig kommt es darauf an, rationale Lösungen zu suchen. In der Berufsarbeit, in der es um die Gestaltung von Hilfeprozessen geht, kommt es auch darauf an, Situationen zu analysieren, mit kühlem Kopf zu planen und hoch spezialisiert vorzugehen – das ist gemeinhin mit männlichen Eigenschaften verbunden. Soziale Arbeit, soziale Hilfe soll systematisch und auf wissenschaftlicher Grundlage ausgeübt werden. Diese männlichen Prinzipien werden aber nicht nur mit Rationalität, sondern auch mit Konkurrenz, Eigennutz und Spezialisierung verbunden. Männliche Eigenschaften, auch das sei nochmals betont, finden sich natürlich bei Frauen und Männern. Ein fatales Missverständnis besteht nun darin, die weiblichen und männlichen Prinzipien vorzugsweise den jeweiligen Geschlechtern einseitig zuzuordnen und damit Festschreibungen vorzunehmen. Frauen sind mütterlich und Männer gefühlsarm – typische Frauenberufe umfassen erzieherische, pflegende und fürsorgliche Tätigkeiten, typische männliche Berufe sind technisch und managementbezogen. Und so kommt es zu der bis heute empirisch feststellbaren Verteilung: Sozialarbeit und Pflegearbeit sind im Grundberuf Frauenberufe, und in den Chefetagen finden sich überproportional die männlichen Kollegen. In den letzten Jahrzehnten wurde dies als männlich chauvinistische Sichtweise entlarvt, aber die Auswirkungen sind längst nicht überwunden.[3]

In der Wissenschaft ist das nicht anders. Wissenschaftlichkeit wird mit Rationalität gleichgesetzt und hat zur Folge, dass die Zuschreibung und Festlegung auf eher weibliche Dimensionen zu Abwertungen führt und Entwicklungschancen behindert. Es ist durchaus berechtigt anzunehmen, dass die Wissenschaft Soziale Arbeit auch aus diesem Grund nicht eben leicht vorankommt – zumal sie sich ja noch mit der schwer fassbaren Kategorie des *Sozialen* beschäftigen muss.

Das Soziale, das Für-Sorgen, die Wohlfahrtspflege, das Sich-Kümmern, das Helfen werden nicht mit Egoismus, sondern eher mit Nächstenliebe und Solidarität assoziiert. Und das hat, wie man vielleicht nicht vermuten würde, einen hohen Preis. Der Helfer muss quasi als makelloser Heiliger erscheinen, sonst trifft ihn die Wucht öffentlicher Entrüstung.[4] Denn wer eine gute Tat

3 Die Bedeutung der Geschlechterrolle ist ein zentrales Thema. Wir haben ihr deshalb ein eigenes Kapitel (Kapitel 19) gewidmet.

4 Vgl. Sebastian Herrmann, SZ vom 15.1.2014.

vollbringt und gleichzeitig selbst davon profitiert, steht mitunter ziemlich schlecht da. Eigennutz und Gutes zu tun, das passt in den Köpfen der Menschen nicht zusammen, also anderen zu helfen und gleichzeitig einen eigenen Vorteil davon zu haben. George Newmann und Daylian Cain (2014) von der Yale University tauften diesen Umstand „Besudelten Altruismus". Die Forscher ließen mehrere Szenarien bewerten: Um die Aufmerksamkeit einer Frau zu erlangen, leistet ein Mann einige Stunden freiwillige Hilfe an ihrer Arbeitsstätte – im ersten Szenarium in einem Café, im zweiten in einem Obdachlosenheim. Obwohl in beiden Fällen die gute Tat aus eigennützigen Motiven (Aufmerksamkeit der Frau gewinnen) geschah, fiel das Urteil der Probanden eindeutig aus: In einem Obdachlosenheim zu helfen, um sich an eine Frau ranzumachen, sei verwerflich und moralisch fragwürdiger, als in gleicher Absicht in einem Café ohne Lohn zu arbeiten. Obwohl die Menschen im Obdachlosenheim von der „gemeinnützigen" Arbeit durchaus profitierten.

Wohltätige Aktionen und Profit passen in der Vorstellung nicht zusammen. Aber dies ist offensichtlich nicht durchgängig so, und wir müssen zwischen privatem, öffentlichem und beruflichem Handeln unterscheiden. Die soeben zitierten Beispiele sind dem privaten Bereich zuzuordnen. Innerhalb des beruflichen Handelns gibt es feine Unterschiede in der Bewertung der ökonomischen Orientierung zwischen den *humandienstlichen* Professionen. Unter humandienstlichen Professionen werden jene Berufe erfasst, die direkt für und mit Menschen ihre Dienstleistung erbringen: Mediziner, Psychologen, Pädagogen, Sozialarbeiter usw. Und innerhalb dieser Gruppen wird die Frage des Geldverdienens unterschiedlich bewertet: Einem gut verdienenden Arzt wird aufgrund seiner unbestrittenen medizinischen Kompetenz[5] eine ökonomische Orientierung in der Regel nicht angekreidet, es wird sogar erwartet, dass er durch seine Tätigkeit ein hohes Einkommen erzielen kann – es sein denn, er verlässt den ihm zugestandenen Spielraum erheblich. Ganz anders sieht das im Bereich der Sozialen Arbeit aus. Zunächst einmal wird die notwendige *soziale* Kompetenz der Fachkräfte Sozialer Arbeit weniger hoch eingeschätzt. Das wäre sicher noch zu verkraften. Wir nehmen aber eher an, dass der Unterschied zwischen dem beruflichen Vorgehen einer Sozialarbeiterin und ganz normalem Alltagshandeln von der Bevölkerung gar nicht ausgeprägt wahrgenommen wird. Da die Tätigkeit in alltäglichen Situationen stattfindet und Sozialarbeiter sich mit ihren Klienten in der Alltagssprache unterhalten (müssen), wird ihr Handeln als nicht besonders professionell bewertet: Die professionelle wird mit der sozialarbeiterischen Kunst nicht eng verbunden, es wird vielmehr angenommen, dass das, was Sozialarbeiter tun, nicht so schwer sein kann und mit ein bisschen Menschenverstand wohl (von jedem mit einem bisschen guten Willen) zu leisten ist (Puhl 2004). Verbinden Sie

5 Kompetenz wird hier verstanden als eine Mischung aus Fähigkeiten und Zuständigkeit: Eine Person ist kompetent, wenn sie fähig ist, die Fragestellung zu lösen, und wenn sie die „richtige", also zuständige Person dafür ist.

diese Argumentationen mit dem vorhin beschriebenen Ethos des Altruisten und den mütterlichen bzw. weiblichen Eigenschaften, dann wird verständlich, dass die Frage des Einkommens in der Sozialen Arbeit zweitrangig ist und sich eine hohe Bezahlung geradezu verbietet.

Diesen moralisch und psychologisch gefärbten Argumenten lassen sich professionsgeschichtlich noch weitere Belege hinzufügen. In der Professionssoziologie gelten bestimmte Merkmale zur Bestimmung des Professionalisierungsgrades: Zunächst gibt es einen gesellschaftlich relevanten Problembereich und einen zugehörigen Bereich an Handlungs- und Erklärungswissen, das heißt systematisiertes und spezielles Wissen, Techniken und Methoden. Dafür erforderlich ist eine akademisierte Ausbildung. Für die Bewältigung der wichtigen gesellschaftlichen Aufgaben, so lautet das zweite Merkmal, die einen Bezug zu einem gesellschaftlichen Zentralwert haben, wird der Profession die notwendige gesellschaftlich anerkannte Kompetenz zugeschrieben. Schließlich mündet die professionelle Tätigkeit drittens in eine eigenverantwortliche Ausübung der Tätigkeit, die nur durch berufsspezifische Standards kontrolliert wird. Das bedeutet: Das berufliche Handeln ist *von außen* nicht zu bewerten, da nicht verständlich. So wird beispielsweise bei der Frage, ob ein (Kunst-)Fehler oder Versäumnis vorliegt, geprüft, ob eine Abweichung von den Standards auszumachen ist, ob gegen die Regeln der Kunst verstoßen wurde. Dies zu beurteilen obliegt selbstverständlich denjenigen, die darüber Bescheid wissen: Angehörigen der eigenen Profession. Die klassischen Professionen verfügen daher über ein differenziertes System, das über Standardentwicklung, Kontrolle und Sanktionsmöglichkeiten verfügt und in der Regel an eine spezifische Ethik der Berufsausübung geknüpft ist. Schließlich gibt es viertens Organisationen beziehungsweise eine berufsständische Vertretung, die die Wahrung der Berufsinteressen und ihre Durchsetzung in den entsprechenden Berufsverbänden sicherstellt. Am Beispiel Medizin lässt sich das gut erläutern: Das erforderliche Wissen ist hochdifferenziert und verlangt ein mehrjähriges Studium, an das sich eine Facharztausbildung anschließt. Medizin steht für den Zentralwert *Gesundheit*, und es wird nicht bestritten, dass Medizinerinnen hierfür die kompetente Berufsgruppe sind. Ärzte üben ihren Beruf nach eigenen Standards aus, die von Ärztekammern und Fachverbänden kontrolliert und sanktioniert werden. Sie sind ethisch dem hippokratischen Eid verpflichtet, und bei aufkommenden Fragen über fehlerhaftes Handeln befinden selbst in einem Rechtsstreit medizinische Gutachter darüber, ob ein Versäumnis vorliegt oder nicht – auch wenn Juristen dann entscheiden müssen: Dies geht nur unter Hinzuziehung von – medizinischen – Gutachten. Damit ist ein Professionssystem entstanden, das relativ autark arbeitet und über alle Elemente verfügt, sich selbst zu steuern und zu regulieren. Erwartet wird als Gegenleistung, dass Mediziner sich allen Fragen von Krankheit und Gesundheit kompetent widmen.

Soziale Arbeit ist, wenn man diese vier Punkte als Maßstab nimmt, demnach keine echte Profession, sondern eher eine Semi-Profession – und will es möglicherweise auch bleiben. Aber der Reihe nach: Punkt eins der oben angeführten Liste kann als erfüllt gelten, da der gesellschaftlich wichtige Problembereich, zu dem die Soziale Arbeit über systematisiertes Wissen und Methoden verfügt, grob mit *Sozialen Problemen und deren Lösungen* umschrieben werden kann. Es gibt Einzelmeinungen, die weder den zuerkannten Bereich noch das spezifische Wissen als gegeben ansehen, aber im Großen und Ganzen herrscht zu diesem Punkt schon zustimmender Konsens. Der im zweiten Punkt genannte Zentralwert ist schon schwieriger zu fassen: Hier konkurrieren in der Debatte Werte wie *Inklusion, Integration, Teilhabe, Soziale Verteilung* und *Soziale Gerechtigkeit*, allesamt wichtige Zentralwerte der Gesellschaft. Nun kann aber zu Recht gefragt werden, ob die aufgeführten Werte wirklich Sache einer Profession sind oder ob sie von mehreren Professionen geteilt werden sollten. Dies ist relevant für die Zuständigkeit: Wird der Profession die Kompetenz zugeschrieben, Lösungen zur Realisierung des Zentralwertes maßgeblich anzubieten? Besitzt sie so etwas wie ein Alleinstellungsmerkmal? Denn das würde bedeuten, dass sie zuständig ist für die wissenschaftliche und professionelle Bearbeitung in diesem Bereich. Etablierte Professionen reklamieren dies erfolgreich: wie wir gesehen haben, liegt die Zuständigkeit in Fragen der Gesundheit bei der Medizin, und in der Regel wird diese Zuständigkeit durch die freie Berufsausübung zementiert. Dieser Punkt ist daher insbesondere für die Einstufung als Semi-Profession bedeutsam. Tätigkeiten in der Sozialen Arbeit werden nun meist nicht, wie in anderen Professionen üblich, in sogenannter freier Berufsausübung durchgeführt, sondern erfolgen im Angestellten- und häufig sogar im Beamtenverhältnis. Auch wenn eine Angestelltentätigkeit nicht automatisch mit der Unmöglichkeit von autonomem Arbeiten gleichzusetzten ist, so trifft dies in der alltäglichen Praxis Sozialer Arbeit doch durchgängig zu.

Organisationsbezogene Verfahrens- und Handlungsanweisungen bestimmen in vielen (Sozial-)Einrichtungen stärker das berufliche Vorgehen als das persönliche Wissen und Können. In der Kontrolle der Anwendung spezifischer Standards ist sogar häufig nicht die eigene Profession zuständig, sondern Bewertung und Kontrolle des Handelns erfolgen durch fachfremde Akteure (Vorgesetzte, die selbst keine Sozialarbeiter sind, sondern Juristen, Psychologen, Verwaltungsbeamte etc.).

Dieser Umstand wird durch die Tatsache zementiert, dass es keine zahlenmäßig starke berufsständische Vertretung gibt. Obwohl die Berufsgruppe der Sozialarbeiter inzwischen eine Größenordnung erreicht hat, die weit über der der niedergelassenen Ärztinnen aller Fachrichtungen (ca. 161.000)[6] liegt, so

6 Lt. ISA waren dies 2018 275.000 erwerbstätige Absolventen des Studienfaches Sozialwesen: https://www.uni-due.de/isa/fg_sozial_gesund/sozialwesen/sozialwesen_am_frm.htm [15.11.2021].

ist eine mitgliederstarke Selbstorganisation kaum auszumachen. Dies ist dem Umstand geschuldet, dass es keine Zwangsmitgliedschaft in einem Berufsverband gibt und auch kein Kammerwesen für die Soziale Arbeit existiert (wie etwa in England). Die klassische Selbstorganisation ist in Deutschland auf freiwilligen Beitritt angewiesen. Die Mitgliederzahl im größten Berufsverband DBSH (Deutscher Berufsverband für Soziale Arbeit) beträgt etwa 6.000 Mitglieder, das entspricht einem Organisationsgrad von unter fünf Prozent und ist seit Jahren konstant (andere Organisationen verlieren immer wieder Mitglieder, durch den Nachwuchs des jungen DBSH wird die Konstanz erhalten). Daneben gibt es noch Fachverbände, die sich auf spezifische Arbeitsfelder konzentrieren (Gesundheitswesen, Betreuung, Jugendhilfe, Bewährungshilfe). Insgesamt sind etwa 1,8 Millionen pädagogisch tätige Mitarbeiter in sozialen und gesundheitlichen Diensten und in der Jugendhilfe beschäftigt.[7]

Unter Professionalisierungsgesichtspunkten wird jetzt deutlich, dass die Soziale Arbeit ihren eigenen Weg geht, dass sie ihr eigenes Professionsverständnis pflegt und dafür in Kauf nimmt, nicht so etabliert – sondern eben eine bescheidene Profession – zu sein. Dies bedeutet aber auch, dass wir zwar ein stetiges Wachstum (trotz des proklamierten Endes des Wohlfahrtsstaates) der sozialen Berufe feststellen, aber keine Tendenz zu erkennen ist, die „eigenen“ Belange stärker in die Hand zu nehmen. Sozialarbeiterinnen in Deutschland scheinen sich mehr über das zu identifizieren, was sie tun, als über ihren Status. Es ist für sie immer noch sinnvoller, sich für andere einzusetzen als für die eigenen Interessen.

Ist das nun Bescheidenheit oder Bescheuertheit? Können Sie sich vorstellen, dass Steuerberater auf ihre gut organisierte Standesvertretung verzichten? Oder dass bei einem Streit über „Kunstfehler“ nicht Ärzte darüber urteilen, ob ein Fehler vorliegt – sondern ganz andere Professionen? Dass Psychologen sich von einer anderen Berufsgruppe sagen lassen, wie psychologische Beratung zu funktionieren hat? Dass Qualitätsmaßstäbe von außen definiert werden? Unmöglich.

Es geht nicht darum, Soziale Arbeit in Richtung Professionalisierungsmodell Medizin, Psychologie oder Steuerberatung zu drängeln. Wir haben aber bewusst diese Berufsgruppen (Professionen) ausgewählt, weil sie zeigen, wie wichtig es ist, für die eigenen Belange professionell einzutreten und natürlich über einen hohen Organisationsgrad zu verfügen, der manchmal mit einer Zwangsmitgliedschaft verbunden ist.

---

7 Fasst man die Kategorie weiter, zum Beispiel *Soziale Berufe* (Sozialarbeiter/ Sozialpädagogen, Heilpädagogen, Erzieher, Altenpfleger, Familienpfleger, Dorfhelfer, Heilerziehungspfleger, Kinderpfleger, Arbeits-, Berufsberater und sonstige soziale Berufe), kommt man auf die Zahl von 1,8 Mio. Beschäftigten (GEW 2012: 15f.).

Die empirische Tatsache, dass die eigene Lobbyarbeit aufgrund einer wirklich überschaubaren Vertretung (von fünf Prozent) sich nicht wirkmächtig entfalten kann, ist allerdings auffällig. Soviel Altruismus und Bescheidenheit müsste, so sympathisch sie auch ist, nicht sein – beim Eintreten für die eigenen Belange gibt es noch jede Menge Luft nach oben.

Einführende Literatur

Engelke, Ernst; Borrmann, Stefan; Spatscheck; Christian (2018): Theorien der Sozialen Arbeit (Studienausgabe), Eine Einführung, 7. aktualisierte Auflage. Freiburg i. Br.: Lambertus.

Weiterführende Literatur

Motzke, Katharina (2014): Soziale Arbeit als Profession. Zur Karriere „sozialer Hilfstätigkeit" aus professionssoziologischer Perspektive. Opladen: Budrich.

3. Bandbreite Soziale Arbeit – Zwischen Kuscheln und Kampfsport

Es geht in der Sozialen Arbeit, wie wir feststellen können, ums *Helfen*. Immer dort, wo professionelle Hilfe notwendig ist, wo Inklusion bzw. Teilhabe zu verwirklichen sind, kommt Soziale Arbeit ins Spiel. In diese Richtung bewegt sich das Verständnis, was Soziale Arbeit für die Menschen, für die Gesellschaft, tun und leisten soll.

Nun ist es an der Zeit, sich die *Hilfeleistung* etwas genauer anzuschauen. Damit rückt der Prozess, der Gestaltungsprozess von Hilfegeben und Hilfenehmen, in den Fokus. Die Art und Weise, wie Hilfe zustande kommt und wie sie zu leisten ist.

Zwischen Kuscheln und Kampfsport – das umfasst die gesamte Bandbreite des Handlungsspektrums Sozialer Arbeit. Es stellt die Extrempunkte eines Pendels dar, an dessen einem ausschlagenden Ende die verwöhnende, (über-)fürsorgliche und als harmlos verschriene Hilfe (Kuscheln) steht und an dessen anderem Ende eine sich durchbeißende, nie Ruhe gebende, mit harten Bandagen versehene Hilfe (in Person eines Sozialarbeiters oder einer Sozialpädagogin) wartet (Kampfsport). Und dazwischen finden in der Realität in unzähligen Abstufungen vielfältige Formen von Hilfeleistungen statt. Bevor wir uns dem durchaus komplexen Prozess von Hilfegeben und Hilfenehmen widmen, ist ein Blick von außen erhellend: Wie wird diese Leistung, die Sozialarbeiterinnen als zentrale Tätigkeit tagtäglich zu erbringen haben, gesehen? Gibt es typische Geschichten dazu, die uns das berufliche Handeln verständlich machen, und welche Eindrücke und Bilder folgen diesen Geschichten? Werden wir fündig auf der Suche nach angemessenen und realistischen Beschreibungen in den Medien? Wir haben uns für Beispiele aus Film und Literatur entschieden:

Hartnäckige Harmlosigkeit, so möchten wir das nennen, was Sozialarbeitern gern bescheinigt wird. Der Film „Sein letztes Rennen" (deutscher Spielfilm 2013) beschreibt das fiktive Leben des Marathonolympiasiegers Paul Averhoff, der im hohen Alter versucht, durch Laufen der Eintönigkeit seines Altersheims zu entkommen. Neben Ärztinnen, Altenpflegern und Seelsorgern sind dort auch Sozialarbeiter vertreten. In seinem Fall ist es eine Beschäftigungstherapeutin: jung, sympathisch, weltfremd und übergriffig projiziert sie ihre persönlichen Probleme auf die Klienten. Ständig versucht sie, den Bewohnern deren eigentliche Probleme klarzumachen (einzureden), *kümmert* sich übertrieben um sie, ohne freilich ihre eigenen Probleme wahrhaben zu wollen. In diesem Film wird die Rolle der Sozialarbeiterin stark karikiert, überhöht und mit bestimmten Stereotypen[8] versehen. Vorwiegende Kennzeichnen sind

8 Ein Stereotyp (griech.: stereos – starr, hart, fest und typos – feste Norm, charakteristisches Gepräge) ist eine Beschreibung von Personen oder Gruppen, die einprägsam und bildhaft ist und einen als typisch behaupteten Sachverhalt vereinfacht (schablonisiert und schematisiert) auf diese bezieht.

Hartnäckigkeit und Unfähigkeit: Sich um andere zu kümmern, ob diese es wollen oder nicht, und dabei nicht mitzukriegen, was wirklich los ist. So sind sie halt, die Sozialarbeiterinnen! Guten Willens, aber den Herausforderungen kaum gewachsen. Nun ist es nicht ungewöhnlich, dass in einem Unterhaltungsfilm Berufe überzeichnet werden. Interessant wäre es aber zu wissen, ob die Überzeichnung von hartnäckiger Unfähigkeit für Soziale Arbeit wirklich typisch ist.

Weniger humorvoll wird in dem Roman „Der Distelfink" die Vorgehensweise von zwei Sozialarbeitern beschrieben, die sich um einen dreizehnjährigen Jungen kümmern sollen, der seine Mutter bei einem Unfall verloren hat:

> Die Sozialarbeiter setzten mich auf den Rücksitz ihres Kompaktwagens und fuhren mich zu einem Schnellrestaurant nach Downtown, wo sie ihr Büro hatten, einem pseudo-prächtigen Lokal, das von geschliffenen Spiegeln und billigem Chinatown-Kronleuchter funkelte. Als wir in unserer Nische am Tisch saßen, die beiden nebeneinander auf der einen Seite, mir gegenüber, holten sie Clipboards und Stifte aus ihren Aktentaschen und versuchten, mich dazu zu bringen, dass ich etwas frühstückte, während sie Kaffee tranken und mir Fragen stellten [...].
>
> Die Sozialarbeiter, die kurz davor waren, mich zu schütteln und mit den Fingern vor meinen Augen zu schnipsen, damit ich sie anschaute, schienen zu verstehen, dass ich nicht bereit war aufzunehmen, was sie mir zu sagen versuchten. Sie beugten sich abwechselnd über den Tisch und wiederholten, was ich nicht hören wollte. Meine Mutter war tot. Sie war von fliegenden Trümmerbrocken am Kopf getroffen worden und auf der Stelle gestorben. Es tue ihnen Leid, dass sie mir diese Neuigkeit beibringen müssten, es sei das Schlimmste an ihrem Job, aber es sei wirklich, wirklich notwendig, dass ich verstand, was passiert war. Meine Mutter sei tot, und ihr Leichnam liege im New York Hospital. Hatte ich das verstanden?
>
> „Ja", sagte ich nach einer langen Pause, als mir klar wurde, dass sie das von mir erwarteten. Die unverblümte, hartnäckige Verwendung der Worte *Tod* und *gestorben* war nicht in Einklang zu bringen mit ihren vernünftigen Stimmen, ihrer Bürokleidung aus Polyester, der spanischen Popmusik im Radio und den peppigen Schildern hinter der Theke [...] Ich war ein minderjähriges Kind ohne Vormund. Man musste mich unverzüglich aus meinem Zuhause (aus meinem „Umfeld", wie sie es dauernd nannten) entfernen. Bis man Kontakt mit den Eltern meines Vaters aufgenommen hätte, wäre die Stadt zuständig.
>
> „Aber was haben Sie denn mit mir vor?" fragte ich zum zweiten Mal [...]. Enrique warf einen Blick auf sein Clipboard. „Na ja, Theo, du

bist ein minderjähriger Junge und brauchst unverzüglich Obhut. Wir werden dich in einen Notfallgewahrsam überstellen müssen."

„Gewahrsam?" Bei diesem Wort kribbelte es in meinem Magen; ich musste an Gerichtszimmer denken, an geschlossene Schlafsäle, an Basketballplätze mit Stacheldrahtzaun.

„Na, dann nennen wir es *Fürsorge*. Und nur so lange, bis deine Grandma und dein Grandpa ..."

„Moment", sagte ich. Ich war fassungslos angesichts dessen, wie schnell hier alles außer Kontrolle geriet, und angesichts auch der fälschlich angenommenen Wärme und Vertrautheit in der Art, wie er die Worte *Grandma* und *Grandpa* aussprach.

„Wir müssen nur eine vorübergehende Lösung finden, bis wir die beiden erreicht haben." Die Koreanerin beugte sich wieder zu mir herüber. Ihr Atem roch nach Pfefferminz, allerdings mit einer hauchzarten Knoblauchnote. „Wir wissen, wie traurig du sein musst, aber du brauchst dir keine Sorgen zu machen. Unsere Aufgabe ist es, auf dich achtzugeben, bis wir die Menschen erreicht haben, die dich lieben und für dich sorgen werden, okay?"

Es war zu furchtbar, um wahr zu sein. Ich starrte die beiden fremden Gesichter mir gegenüber an, die im künstlichen Licht einen Gelbstich hatten. Die bloße Vermutung, Grandpa Decker und Dorothy seien Menschen, die mich liebten, war absurd.

„Aber was passiert denn jetzt mit mir?", fragte ich.

„Das Wichtigste ist", sagte Enrique, „dass du vorläufig eine ordentliche Pflegestelle bekommst. Bei jemanden, der Hand in Hand mit dem Jugendamt arbeitet, um einen Fürsorgeplan für dich auf die Beine zu stellen."

Ihre gemeinsamen Bemühungen, mich zu beruhigen – die leisen, mitfühlenden Stimmen, die vernünftigen Blicke – trieben mich immer weiter in die Panik: „Lassen Sie das!", rief ich und riss meine Hand weg, als die Koreanerin über den Tisch langte und fürsorglich danach greifen wollte.

„Hör zu, Theo. Ich will dir etwas erklären. Niemand redet von Haft oder Jugendgewahrsam ..."

„Sondern?"

„Von einer vorübergehenden Obhut. Das bedeutet nur, dass wir dich an einen sicheren Ort bringen, zu Leuten, die im Auftrag des Staates die Vormundschaft ausüben ..."

> „Und wenn ich das nicht will?", fragte ich so laut, dass die anderen Gäste sich umdrehten und herüberstarrten.
>
> „Pass auf." Enrique lehnte sich zurück und winkte dem Kellner, damit er noch Kaffee brachte. „Die Stadt hat geprüfte Krisenunterkünfte für Jugendliche in Not. Gute Familien. Und im Moment ist das nur eine der Optionen, die wir uns anschauen. Denn oft ist in Fällen wie deinem ..."
>
> „Ich will nicht in eine Pflegefamilie!"
>
> „Kleiner, das willst du echt nicht", sagte das Club-Girl mit den pinkfarbenen Strähnen am Nachbartisch. Vor kurzer Zeit war die *New York Post* voll von Geschichten über Johnaty und Keshawn Divens gewesen, das elfjährige Zwillingspaar, das oben in der Gegend von Morningside Heights vom Stiefvater vergewaltigt und fast zu Tode gehungert worden war.
>
> Enrique tat, als hätte er nichts gehört. „Schau, wir sind hier, um dir zu helfen." Er faltete die Hände auf der Tischplatte. „Und wir werden auch andere Alternativen in Betracht ziehen, wenn damit deine Sicherheit gewährleistet und deinen Bedürfnissen entsprochen wird" [...]. "Es ist nicht in Stein gemeißelt, dass du ins System wandern musst, wenn es jemanden gibt, der ein Weilchen bei dir bleiben kann. Oder du bei ihm."
>
> „Ein Weilchen?", wiederholte ich. Nur dieser Teil des Satzes war zu mir durchgedrungen.
>
> „Vielleicht gibt es ja noch jemanden, den wir anrufen könnten und der dir für einen oder zwei Tage recht wäre? Ein Lehrer zum Beispiel? Oder ein Freund deiner Familie?"[9]

Theo, so heißt der Protagonist, kommt schließlich nicht in die städtische Obhut, sondern bei der Familie eines Freundes unter. Aus Sicht des Betrachters haben dazu die Sozialarbeiter allerdings herzlich wenig beigetragen. Sie scheinen eher an der administrativen Lösung interessiert und wirken hilflos im Umgang mit dem Jugendlichen und dessen schwieriger Lebenssituation. Hier wird als Bild transportiert: den Job nach Vorschrift machen heißt, die gesetzlichen Vorgaben so auslegen bzw. anwenden, dass der Fachkraft nachvollziehbar und belegbar kein Versäumnis und kein schuldhaftes Versagen nachgewiesen werden kann. Ein Problem gilt offensichtlich aus Sicht der Sozialarbeit als gelöst, wenn alle gesetzlich notwendigen Schritte getan worden sind – das nennen wir administrative Lösung. Hier wird literarisch das Dilemma bearbeitet, in das viele Sozialarbeiter kommen: Die Situation des Klienten

9 Der Distelfink. Roman von Donna Tartt, veröffentlicht im Goldmann-Verlag 2014, 101–106.

fordert mich als Mensch, als Fachkraft und als Repräsentant des Staates. Als Mensch würde ich gern Mitgefühl zeigen, als Fachkraft muss ich begründet handeln und als Vertreterin des Staates, in dem ich hoheitliche Aufgaben wahrzunehmen habe, muss ich gemäß den gesetzlichen Vorgaben vorgehen. Nicht immer widerspruchsfrei, was da verlangt wird.

Ein dritter Blick führt uns nun in die fachlich gefärbte Literatur – damit meinen wir den Bereich der Sachbücher, die Fachthemen für das sogenannte breitere Publikum erschließen. Ein Genre, das im Hinblick auf die Verbreitung und Lesart durchaus eine fundierte Analyse über das Berufsbild zulässt. Exemplarisch haben wir ein aktuelles Buch herausgegriffen.

Neben der hartnäckigen und penetranten Art wird Sozialpädagoginnen weit häufiger vorgeworfen, sie seien zu weich. Und welcher Bereich eignet sich für diese Diskussion besser als die Jugendhilfe, an der ja so leicht bezweifelt werden kann, ob sie was bringt, ob sie sich lohnt. Ohne zu polemisch zu werden, möchten wir auf die (fach-)öffentliche Debatte zur Kindeswohlgefährdung eingehen.

Misshandlung, Missbrauch und Vernachlässigung von Kindern, das ist ein ernstes Thema. Aber das darf nicht dazu führen, die Fachdiskussion allzu sehr zu verengen. Im Jahre 2014 erregte die Veröffentlichung der Rechtsmediziner Tsokos und Guddat unter dem Titel: „Deutschland misshandelt seine Kinder“ Aufsehen, die durch entsprechende Vermarktung in einem Magazin[10] suggeriert hatte, dass Fachkräfte der Sozialen Arbeit – vornehmlich in Jugendämtern – einfach nicht in der Lage wären, „Kinder zu schützen“. Punkt. Die Veröffentlichung gipfelt in dem Hinweis, dass die fachliche Orientierung am Verbleib von gefährdeten Kindern in ihren schwierigen Familien bzw. Verhältnissen grundsätzlich nicht verantwortet werden könne. Wohlgemerkt, es geht nicht darum, dass Kinder möglicherweise zu spät aus der Familie *herausgenommen* und *fremdplatziert* oder zu früh wieder *rückgeführt* werden, es geht um die Familienorientierung bei Gefährdungseinschätzungen ganz generell. Es wird vereinfachend unterstellt, dass es grundsätzlich nicht sinnvoll ist, gefährdete Kinder in ihrem Umfeld zu belassen – als ob Änderungen des Elternverhaltens nicht möglich wären, als ob die Herausnahme immer die beste Lösung wäre. Diese Sichtweise erwähnt mit keinem Wort die Schäden, die durch das Auseinanderreißen von Familien, die durch die auftretenden Probleme einer zwangsweisen (und vorschnellen) Trennung entstehen. Und sie lenkt von der eigentlichen Problematik ab. Tsokos und Guddat sehen zwar durchaus das Problem des permanenten Personalnotstandes in vielen Jugendämtern, verunglimpfen dann aber den gesamten Berufsstand als ausgebrannt und abgestumpft: „... die Hälfte der Stellen [in Berlin] ist nicht besetzt, auf den anderen 50 Prozent sitzen altgediente Beamte kurz vor der Pensionie-

10 Stern 1/2014: Das alltägliche Versagen des Kinderschutzes.

rung oder ausgebrannte Sachbearbeiter, die ständig krankgeschrieben sind" (Tsokos; Guddat 2014, 101) – und wenn es nicht die vom „kollektiven Burn-out" betroffenen „chronisch überlasteten" und „müde abwinkenden" Sozialarbeiter sind, dann gibt es da noch die jungen, unerfahrenen, die nicht in der Lage sind, die Anzeichen richtig zu deuten. Hier wird das Kind mit dem sprichwörtlichen Bade ausgeschüttet. Auf die Frage des Personalnotstandes einzugehen, wäre die eine Sache gewesen, die Verknüpfung mit Fragen nach „ausgebrannten" oder „abgestumpften" oder „unerfahrenen" Sozialarbeitern eine andere, die dann aber bitte differenzierter behandelt werden sollte.

So wichtig und wünschenswert der gesellschaftliche Diskurs zu diesem Thema auch ist, so unterschwellig ist doch die mitschwingende Botschaft: Sozialarbeit ist zu harmlos, zu gutgläubig, zu klientenorientiert. Die Vielfalt und die Abstufungen von Kindeswohlgefährdung und damit auch die Vielfalt von Hilfe- und Abwehrmöglichkeiten verhindern durch das Vorführen von Extremfällen eine breitere Auseinandersetzung mit dieser schwierigen Thematik, die allerdings dringend notwendig wäre. Pauschal wird die Orientierung am Verbleib in der Familie bzw. die Rückführung nach Inobhutnahme grundsätzlich infrage gestellt. Fachlich schießt das in die falsche Richtung und fördert einfaches Schwarz-Weiß-Denken[11].

„Denen sollte man doch die Kinder wegnehmen", ist ein leicht dahingesagter Satz, den man häufig hört, wenn es um verwahrloste Familien geht, nicht nur in der Veröffentlichung von Tsokos und Guddat. Dass er in einem Sachbuch von Experten so undifferenziert geäußert wird, ist jedoch unverständlich. Der Ruf nach der Inobhutnahme von Kindern durch den Staat, vertreten durch die Mitarbeiter des Jugendamtes, wird immer dann besonders laut, wenn schreckliche Fälle bekannt werden, bei denen Kinder infolge schwerster Misshandlung durch die eigenen Eltern zu Tode kommen. Es heißt dann, der Staat und seine Behörden haben auf ganzer Linie versagt. Wie sonst kann es sein, dass Kinder vor den Augen von Jugendamtsmitarbeitern von ihren Eltern totgeprügelt werden?!

Das stimmt – im Nachhinein. Denn im Nachhinein erweist sich in diesen Fällen, dass das Kind vor seinen eigenen Eltern hätte geschützt und aus der Familie herausgenommen werden müssen. Ganz so leicht ist das aber nicht. Geltendes Recht ist einzuhalten oder, wo nötig, konsequent umzusetzen. Auch das wird nicht bestritten. Aber das Problem ist doch ein anderes. Für die Entscheidung und das Handeln im akuten Fall liegen Daten, die Rückschlüsse über einen möglichen Verlauf zulassen, nicht in gewünschtem Maße vor. Die Anzeichen von Gefährdung, die Warnsignale sind in der Regel nicht so eindeutig, wie dies allenthalben angenommen wird. Die Überforderung von

11 Schwarz-Weiß-Denken führt zu einer Logik des Entweder-oder, des Einteilens in Gut/Böse oder Richtig/Falsch. Schattierungen und Abstufungen werden nicht wahrgenommen.

Eltern, mit dem eigenen Leben und der Versorgung der Kinder zurechtzukommen, ist von außen nicht einfach zu erfassen. Und selbst wenn es durch eine gute fachliche Analyse gelingt, die Gefährdungsmomente zu identifizieren (was im Übrigen in der Praxis durchaus gelingt), heißt das noch lange nicht, dass das Ausschalten von Gefährdung nur in der Herausnahme des Kindes besteht. Die Frage, was in und mit der Familie an Veränderung möglich ist, darf nicht ausgeblendet werden. Neuere gesetzliche Regelungen setzen daher auf eine bessere Verzahnung von Erzieherinnen, Kinderärzten und Mitarbeitern des Jugendamtes, um schneller reagieren zu können und in Einschätzung und Bewertung der Fallsituation eine sichere und fachlich breit angelegte Grundlage zu haben. Die (ausschließliche) Darstellung von Extrembeispielen führt dazu, die vielfältigen Formen von kooperativen Hilfen mit den schwierigen Familien zu diskreditieren.

Und so entsteht ein fatales Bild: Extrembeispiele dienen zur Veranschaulichung des Versagens von öffentlicher Jugendhilfe und auch deren Mitarbeitern. Hier wird suggeriert, dass die Fachkräfte zur Problemlösung nur härter und konsequenter durchgreifen müssten, anstatt sich von den Familien einlullen zu lassen. Wir treffen hier auf das Bild einer Sozialarbeit und -pädagogik, die nach wie vor zu sehr eine Kuschelpädagogik durchführt: Wir haben uns alle lieb; wir unterstützen; wir glauben dir, Klient; wir sind froh, wenn wir uns verstehen; ich bin ein freundlicher Helfer (und zugegeben: harmlos).

Vervollständigen möchten wir dieses Panorama von Zuschreibungen, die mitunter auch von Klienten vorgebracht werden, durch einen bösen Witz, der das Ganze illustriert:

Frage: Was ist der Unterschied von einem Kampfhund und einem Sozialarbeiter? Antwort: Der Kampfhund lässt irgendwann los!

Interessanterweise wird hier das Gegenteil über Sozialarbeiter gesagt: Sozialarbeiterinnen verbeißen sich regelrecht in den Fall, mischen sich ein, lassen nicht locker und kontrollieren in einer Intensität, die aus Klientensicht mehr als übertrieben ist. Es gibt beispielsweise Elterninitiativen im Behindertenbereich, die sich dagegen wehren, dass für Hilfen verpflichtend eine Begleitung durch Sozialarbeiter eingerichtet wird; sie erleben diese fachliche Begleitung als aufgezwungen.

Die Bandbreite der Meinung reicht also von *harmlos* und *verharmlosend* über *kümmert sich darum*, *sucht Ausgleich* bis hin zu *kontrolliert* und *belagert.* Umberto Eco hat (im Roman Das Foucaultsche Pendel) den Satz geschrieben: „Für komplexe Probleme gibt es immer einfache Lösungen – nur die sind immer falsch." Gesellschaft und Klienten streben häufig die einfachen, verständlichen, schnell wirksamen, bezahlbaren, unangestrengten und mittlerweile auch als alternativlos bezeichneten Lösungen an.

Sozialarbeiter sind, so scheint es, beliebte Projektionsflächen für emotional aufgeladene, aktuelle gesellschaftliche Fragestellungen. Lässt man in den Diskussionen die Zusammenhänge von Arbeitsbedingungen (Fallzahlbelastung, Streichung von Supervisionen, Ökonomische Steuerung) und Fallarbeit außer Acht, kommt es schnell zu Zerrbildern und Manifestierungen: Sozialarbeiter sind dann entweder harmlos oder belagernd und schlimmstenfalls beides.

Einführende Literatur

Bundesministerium für Familien, Senioren, Frauen und Jugend (2020). Kinder und Jugendhilfe. Achtes Buch Sozialgesetzbuch. https://www.bmfsfj.de/resource/blob/94106/40b8c4734ba05dad4639ca34908ca367/kinder-und-jugendhilfegesetz-sgb-viii-data.pdf [21.11.2021]

Weiterführende Literatur

Ader, Sabine; Schrapper, Christian (2020): Sozialpädagogische Diagnostik und Fallverstehen in der Jugendhilfe. München: Reinhardt.

4. Ansichten über Soziale Arbeit – Urteile und Vorurteile

Offensichtlich decken sich die verschiedenen Sichtweisen von Sozialarbeiterinnen, Bevölkerung und Klienten. Neben den provokanten Einzelbeispielen aus dem letzten Kapitel (Film, Roman, Sachbuch) soll dies nun weiter fundiert werden:

Greifen wir noch einmal die Studie des Berufsverbandes zur Akzeptanz der Sozialen Arbeit in der Gesellschaft aus dem Jahre 1999 (DBSH) auf. Auch wenn die Studie schon älter ist, zitieren wir sie gerne: denn es gibt wenig Neueres. Aber im Gegensatz zu den verbreiteten, eher negativ besetzten Stereotypen hat die Soziale Arbeit in dieser Studie grundsätzlich eine positive Bedeutung: Satte 93 Prozent der Bevölkerung sehen Soziale Arbeit als wichtig an (58 Prozent als „besonders wichtig" und 35 Prozent als „auch noch wichtig"). Auf einzelne Tätigkeitsfelder und Zielgruppen bezogen ergibt sich folgendes Bild: Die größte Zustimmung hat die Arbeit mit Jugendlichen und die Sozialarbeit in Beschäftigungsinitiativen für Jugendliche. Den nächsten Rang nimmt die Arbeit mit Behinderten und Kranken ein. Es folgen mit nur wenig geringerer Zustimmung weitere Felder Sozialer Arbeit, wie Soziale Arbeit bei Wohlfahrtsverbänden, in Heimen und ähnlichen Institutionen, Hilfe für sozial Bedürftige, Feld- und Straßenarbeit für bestimmte Gruppen, Arbeitslosenprojekte. Lediglich die Beratungsdienste in Ämtern und Behörden haben einen Zustimmungsgrad von weniger als fünfzig Prozent („besonders wichtig") und einen Ablehnungsgrad von achtzehn Prozent („überflüssig" oder „eher unwichtig").

Der Nutzen Sozialer Arbeit erschließt sich über das Angebot individueller Hilfen hinaus in der Vermeidung sozialer Konflikte, der Milderung von Folgen des Konkurrenzkampfes in der Gesellschaft und der Vermeidung von Kriminalität. Immerhin 66 Prozent wollen daher lieber Geld für Soziale Arbeit als für Gefängnisse ausgeben. Das ist doch schon ein guter Anfang.

Auch die berufliche Tätigkeit der Sozialarbeiter wird in dieser Studie von einer übergroßen Mehrheit in der Bevölkerung anerkannt. Für 89 Prozent der Bevölkerung sind Sozialarbeiterinnen „wichtige Ansprechpartner für Schwache". Von den Befragten bewundern 85 Prozent den sozialarbeiterischen „Einsatz für die Sache der Schwachen und Benachteiligten".

Neben diesen durchgängig positiven Bewertungen der Tätigkeit von Sozialpädagoginnen werden einzelne Verhaltensweisen, Hilfeinstrumente und das Klientel selbst kritischer wahrgenommen: Immerhin meint jeder Dritte, dass „Sozialarbeiter mehr reden, als sie tun", und sogar mehr als die Hälfte (57 Prozent) glaubt, dass es unter den Begünstigten der Sozialhilfe (also den Klienten Sozialer Arbeit) zu viele „Simulanten und Faulpelze" gibt. Jeder vierte Befragte ist der Ansicht, dass Sozialarbeiter „wie viele andere Beamte" unbeweglich und praxisfern sind.

Beachtenswert dabei ist, dass Soziale Arbeit häufig gerade von denjenigen kritischer gesehen wird, die selbst eher in die Lage kommen könnten, entsprechende Dienstleistungen in Anspruch zu nehmen. Dagegen sind es vielmehr die Bevölkerungsgruppen mit höherem Einkommen und guter Bildung, die auch die Instrumente und das Klientel der Sozialen Arbeit positiv einschätzen.

Die Auftraggeber (DBSH) kommen zu dem Schluss, dass sich diese Bewunderung für die Beschäftigten in der Sozialen Arbeit nicht über Status oder Einkommen definiert, sondern über den Einsatz für Schwache und Ausgegrenzte. Dies könnte bedeuten: Sozialarbeit reduziert sich im Blick der Bevölkerung auf die Hilfeleistung und deren Einsatz und wird nicht wegen ihrer Qualifikation bewundert.

Grundsätzlich ist daran auch erst mal nichts falsch, wenn die Tätigkeit als Maßstab für Wertschätzung im Vordergrund steht. Aber die Frage der Kompetenz ist eine andere. Kompetenz umfasst neben der Zuschreibung spezieller Fähigkeiten auch die Zuschreibung der Zuständigkeit, die dann eben auch mit Status und Einkommen verbunden ist.

Die Studie gibt keinen Aufschluss darüber, wie hoch der Anforderungslevel für die Tätigkeiten der Beschäftigten in der Sozialen Arbeit eingeschätzt wird, ob also für die Durchführung von Sozialer Arbeit eine wirklich hohe Qualifikation notwendig ist oder ob sich das Kümmern auf einer niedrigen Qualifizierungsstufe bewegt. Die Antworten auf die Frage, ob „Sozialarbeiter wie viele andere Beamte unbeweglich und praxisfern“ sind, geben keinen Aufschluss über die Sichtweise bezüglich Qualifikation und Kompetenz. In der Studie wird dies eher bezweifelt, wobei anzumerken ist, dass die Verknüpfung von Sozialarbeit und Beamtentum etwas merkwürdig anmutet – wie auch die Unterstellung, dass Beamte unbeweglich und praxisfern sind. Offensichtlich folgen die Fragesteller der damaligen Zeit recht unreflektiert ihren eigenen (Vor-)Urteilen.

Es fällt bei den vielen Bildern zur Sozialarbeit auf, dass die Bewunderung für die Sozialarbeiterinnen durchaus den Tätigkeiten mit dem *schwierigen* Klientel gezollt wird. Aber möglicherweise bezieht sich diese bewundernde Anerkennung auf die Tatsache, dass sich überhaupt eine Berufsgruppe mit diesen Menschen beschäftigt, und weniger darauf, wie anspruchsvoll das zu geschehen hat.

Die Art und Weise des Kümmerns und des Helfens ist das Hauptgeschäft von Sozialer Arbeit, aber anzunehmen, dass dies keiner besonderen Kunst bedarf, das ist eine Fehlannahme. Es mag daran liegen, dass die Hilfe lebens- und alltagsnah rüberkommen muss, wenn sie wirken soll. Damit wird in der Bevölkerung aber offensichtlich verbunden, dass dies eigentlich jede und jeder bewerkstelligen kann, wenn er nur guten Willens ist. Doch so funktioniert professionelle Hilfe, wie wir in späteren Kapiteln noch beschreiben, nicht.

Die bisherigen Einschätzungen werden durch eine weitere Befragung bestätigt, diesmal durchgeführt bei Inanspruchnehmern Sozialer Arbeit (Klüsche 1994, 103). Klienten haben danach einen ähnlichen Eindruck, ein ähnliches Bild wie die Bevölkerung: Ein Viertel sieht den Sozialarbeiter als Fürsprecher und jeder Fünfte als Bruder bzw. Schwester. Sozialarbeiterinnen werden gern auch als Wegbegleiter wahrgenommen. In der Befragung sehen 27 Prozent den Sozialarbeiter als Therapeuten. Von immerhin neunzehn Prozent wird ihm die Rolle als Schiedsrichter zugeschrieben – Sozialarbeiterinnen wird damit eine Vermittlerfunktion zuerkannt. Und acht Prozent sehen Sozialarbeiter gar in der Rolle des Gurus. Diese Antwort ist bemerkenswert. Sie weist darauf hin, dass das Handeln offensichtlich weniger an fachlichen Aspekten als an der persönlichen Ausstrahlung gemessen wird. Zum guten Schluss kommt dann doch wieder stärker die Alltagsrealität ins Spiel: Eine kleine Gruppe der Inanspruchnehmer (knapp drei Prozent der Befragten) gibt an, dass sie Sozialarbeiter als schlechtes Gewissen sehen. Hilfe scheint somit auch einen appellativen Charakter zu haben, der mit der Erwartung verknüpft ist, dass es etwas zu tun gibt und dass auch die Klienten dazu einen Beitrag zu leisten haben. Bleibt dieser Beitrag aus, hat das bei einigen wenigen offensichtlich ein schlechtes Gewissen zur Folge.

Die Befragungen sind schon älter und transportieren, im Schlepptau der Ergebnisse, deutlich auch die Absichten der Auftraggeber. In den Fragen fehlen Kategorien, die den Befragten Antworten zur Qualität und Qualitätsanforderung oder zur allgemeinen und spezifischen Kompetenz ermöglicht hätten. Vor fünfzehn oder zwanzig Jahren war das noch kein Thema, zumindest nicht in den zitierten Untersuchungen. Stattdessen werden stereotype Bilder reproduziert.

Gedankensplitter
Gutmensch

Gutmensch zu sein, helfen zu wollen und die Welt zu verbessern, das war für mich nie der Antrieb, Sozialarbeiterin zu werden. In erster Linie ist es ein Job, in dem ich mein Geld verdiene, von dem ich die Miete und Essen bezahle, in welchem ich meine Fähigkeiten unter Beweis stelle und verfeinere und meine Verantwortung in der Gesellschaft ernst nehme. In zweiter Linie helfe ich dabei Menschen. Das ist zugegeben eine der besten Arten, sein Geld zu verdienen, aber es bleibt dabei, es ist mein Job!
Humor ist in der Sozialen Arbeit der wichtigste Katalysator, den es gibt. Nicht nur für sich, auch Klienten tut eine Portion Humor gut. Ich arbeite in der Unterbringung von Flüchtlingen. In einer Unterkunft teilten sich muslimische und buddhistische Afghanen eine Wohnung. Das buddhistische Pärchen sagte, sie könnten mit den anderen nicht in einer Wohnung wohnen, da diese Rindfleisch essen und in der Küche zubereiten. Die beiden Muslime beschwerten sich, sie könnten mit den anderen nicht in einer Wohnung leben, weil diese Schweinefleisch in der Küche zubereiten und essen. Ich

fand die Situation so surreal, dass ich laut lachen musste und rief, dann sollten sie eben Hühnchen essen. Nach einem kurzen Moment fingen auch die Klienten an zu lachen, und die Situation eskalierte nicht nur nicht, sie kochten zusammen ein Essen mit Hühnerfleisch und luden mich dazu ein; es gab fortan diesbezüglich keine Beschwerden mehr.
In einer Flüchtlingsunterkunft Anfang Dezember. Unter den Kollegen entstand eine heiße Diskussion, ob das Fest vor Weihnachten, an dem Geschenke verteilt werden, heiße Schokolade und Tee ausgegeben und ein Mann in rotem Mantel seinen Auftritt hat, Weihnachtsfest genannt werden darf – oder besser Winterfest, um keine Kultur zu beleidigen. Die Argumente waren auf beiden Seiten stichhaltig, beendet aber haben es die Bewohner, die am und um den sechsten Dezember freudestrahlend und begeistert (und auch etwas stolz, da sie ja unsere Kultur verstanden haben) uns einen Happy Nikolaus wünschten.
In der Sozialen Arbeit geht es für mich nicht darum herauszufinden, welchen unserer Lebensentwürfe wir dem Klienten am besten aufdrücken können, sondern darum, was der Klient für sich möchte, welchen Entwurf er entwickelt und wie er leben möchte. Wir Sozialarbeiter dürfen nur prüfen, ob er sich oder andere damit gefährdet, welche Ressourcen er für diese Möglichkeiten hat und wie er sie umsetzen kann. Dazu brauchen wir einen Riesenmut, nicht das eigene Modell als das einzig Wahre zu begreifen, aber auch den Mut, das eigene Denken zu verändern und Ungewohntes als Lebensmodell zuzulassen. Eine gehörige Portion Gelassenheit und Humor bildet dafür die Basis. Und sich selbst nicht so ernst zu nehmen, das hilft auch ungemein.
Manchmal habe ich den Eindruck, viele Sozialarbeiter haben Angst, sich überflüssig zu machen (was ja unser Auftrag ist), da sie ja dann nicht mehr gebraucht würden. Dabei können sie doch ganz beruhigt sein, es stehen schon die Nächsten da, die Hilfe brauchen. Und wer es schafft, sich so überflüssig zu machen, dass er und die Sozialarbeit nicht mehr gebraucht werden, der muss auch nicht traurig sein, der gewinnt doch mit Sicherheit den Nobelpreis.

Julia Röder

Auf der Suche nach weiteren Analysen, die den Blick von außen auf die Soziale Arbeit abrunden, sind zwei Befunde interessant. Zunächst führen wir direkte Äußerungen von Klienten an, die im Rahmen der Sozialpädagogischen Familienhilfe (SPFH)[12] von Sozialarbeitern und Sozialpädagoginnen betreut[13]

12 Die Sozialpädagogische Familienhilfe gehört in Deutschland zu den gesetzlich zugesicherten Hilfen zur Erziehung nach dem Achten Sozialgesetzbuch. Durch die intensive Beratung und Begleitung der Familie werden Lösungen von Alltagsproblemen und Konfliktbewältigung probiert und geübt. In der Regel wird sie für einen längeren Zeitraum, das heißt bis zu zwei Jahren, durchgeführt.

13 „Das Ende von Eddi", ein autobiographischer Roman aus Frankreich, schildert sehr eindrücklich, wieviel Glück ein Kind haben muss, um aus schwierigen Familienverhältnissen, in denen es keinerlei sozialpädagogische Unterstützung gibt, zu entkommen. Der Roman von Édouard Louis ist in viele Sprachen übersetzt worden und 2015 im S. Fischer Verlag auf Deutsch erschienen.

worden sind. Die Befragungen wurden nach Abschluss der Maßnahme durchgeführt (Helming u.a. 1999, 84-88):

> Familie Krabich: „Wenn ich die M. (Familienhelferin) nicht gekriegt hätte, ich weiß nicht, ob das gut gelaufen wär. Ob die Kinder überhaupt noch da wären."
>
> Familie Steiner: „Für mich war es wichtig, dass ich jemand hatte, mit dem ich reden konnte über meine Probleme."
>
> Familie Kruse: „Frau R. (Sozialarbeiterin) ist für uns wie ein Schutz, der uns zusammenhält, ..., dass die Familie zusammenbleibt."
>
> Familie Fellner: „Es war für uns überraschend, dass sie (Sozialpädagogin) halt auch auf meine seelischen Probleme ein bisschen eingegangen ist, wir hatten uns am Anfang das anders vorgestellt ...Sie hat immer wieder Tipps gegeben, ... ich habe ja am Anfang fast nichts gewusst ...."
>
> Familie Dartow: „Dass ich mir jetzt auch trau, die Kleine alleine großzuziehen."
> Frau Dartow ist eine junge alleinerziehende Mutter, die mit 18 Jahren ihre Tochter zur Welt bringt. Frau Dartow sieht den Grund für den Einsatz der SPFH so: „Das war damals am Ende von der Schwangerschaft, da hat dann das Jugendamt gesagt, da gibt es so was, Sozialpädagogische Familienhilfe, und die würd einem halt helfen. Weil ich hab vor der Schwangerschaft auch viel getrunken, und dann haben sie gemeint, ich kann das Kind nicht großziehen, deshalb hab ich das (SPFH) dann gekriegt ... Ich hab eben Angst gehabt, dass sie mir sonst mein Kind wegnehmen, deswegen hab ich dann gedacht: Probier ich´s halt mal." Frau Dartow wollte die Familienhelferin zunächst gar nicht in die Wohnung lassen, da sie gedacht hat, „jetzt kommt da so eine Frau vom Jugendamt und will mich da bewachen und mit Zeigefinger und so – deswegen war es am Anfang auch ganz schwer. Ich hab sie gar nicht reingelassen am Anfang". Die Familienhelferin war aber hartnäckig, hat immer wieder angerufen, so dass die junge Mutter dann doch angefangen hat, mit ihr zu reden, als sie merkt, dass sie respektiert und nicht bevormundet wird: „Und dann hat sich's als ganz gut erwiesen, also doch ... Das war halt dann so, dass sie eben nicht mit dem Zeigefinger dagestanden ist, sondern halt ganz normal geredet hat und mir meine eigenen Entscheidungen überlassen hat." Die Familienhelferin half bei der Organisation von Finanzen, bei der Wohnungssuche und bei der Klärung des Verhältnisses zum Kindesvater, dessen Eltern ihr das Sorgerecht abnehmen wollten: „Mei, die S. (Familienhelferin) hat halt doch mehr Ahnung, die kennt sich mit den Gesetzen aus, mit den Ämtern ist sie vertraut, das kennt sie ja alles. ... Und ich hab gedacht,

dass sie mir also irgendwie mit der Erziehung hilft, was ich da machen soll." Es ging um die Gesundheit und Versorgung des Neugeborenen, das Verhältnis der Mutter zum Alkohol, darum, einen Ausbildungsplatz zu finden, und um die Klärung des Verhältnisses der Mutter zu den eigenen Eltern, die Frau Dartow jetzt doch ab und zu durch Babysitting unterstützen. Das Ergebnis der SPFH ist: „Dass ich mir jetzt auch trau, die Kleine alleine großzuziehen."

Familie Kruse: „Ich hab gesagt: Du bist schuld. Meine Frau hat gesagt: 'Du bist schuld'." Familie Kruse ist eine Kernfamilie mit drei Kindern. Der Vater ist Deutscher, die Mutter kommt aus einem außereuropäischen Land, in dem das Paar zu Beginn der Ehe gelebt hat. Nach der Rückkehr der Familie nach Deutschland gab es große Probleme, Herr Kruse schildert es so: „Wir haben also Probleme gehabt, wir sind beide überhaupt nicht zurechtgekommen mit dem Leben erst mal in Deutschland, wir waren beide super unzufrieden, weil wir uns unser Leben ganz anders vorgestellt haben. ... Wir sind mit null Mark rübergekommen und hatten da nichts in der Wohnung, und hatten innerhalb von zwei oder drei Monaten schon 30.000 DM Schulden. ... Ich bin wirklich nervös geworden." Herr Kruse versuchte, durch Taxi fahren Geld zu verdienen und die Schulden abzubezahlen, was aber nicht so leicht war, da die Familie zum Leben schon viel Geld brauchte. „Meine Frau ist 24, ich bin 29. Und wir waren beide unzufrieden mit allem. Und das hat sich auf unsere Beziehung ausgewirkt, und also nur zum Schlechten, auf die Erziehung der Kinder. Weil im Land meiner Frau erzieht man die Kinder ganz anders als in Deutschland. Und da haben wir auch nicht gewusst, ob wir den deutschen Weg gehen sollen oder den dortigen. ... Aber es ging viel schwieriger, so dass wir wirklich dran waren, dass unsere Familie kaputtgeht. Über den ASD sind wir dann zu der Familienhilfe gekommen, die uns in unserem Leben anleitet." Als positiv an der Familienhilfe wird von Herrn Kruse die Neutralität der Familienhelferin bezeichnet, die zwischen Herrn und Frau Kruse eine vermittelnde Position einnahm. Herr Kruse schildert den Anfang der Familienhilfe als chaotisch aufgrund der vielen Probleme: „Am Anfang war es völlig zerfahren, da hatten wir so viele Probleme, dass wir nicht wussten, wo man anfängt ... Es war völliger Durcheinander, es ging jeden Tag um fünf, sechs verschiedene Themen und Schuldzuweisungen. Ich hab gesagt: 'Du bist schuld'. Meine Frau hat gesagt: 'Du bist schuld'." Themen waren die kulturellen Unterschiede zwischen Mann und Frau und ihre Eheprobleme; die Wohnung war ein Problem, die Schulden und die finanzielle Situation der Familie waren Thema, es ging um Arbeitsteilung von Vater und Mutter. „Das war ein Thema, das Wohnungsproblem. Oder das Geldproblem, wie wir das besser in den Griff bekommen können mit den Ausgaben. Wir haben oft unsere

> Unzufriedenheit mit mehr Konsum kompensiert, den Frust, was dann wieder mehr Schulden, wieder mehr Frust gebracht hat – das war so ein Kreislauf." Gelernt haben sie, mehr miteinander auszuhandeln: „Am Anfang war das eher schwierig, weil es immer in Streit ausgeartet ist. Mit der Frau R. haben wir gelernt, über Dinge zu reden, ohne zu streiten. ... Aber man hat halt immer ein Thema gesucht zum Streiten, weil man irgendwie unzufrieden war mit sich selbst. Also mir ging´s zumindest so. Ich kann das jetzt im Nachhinein zugeben, dass man mit der eigenen Lage unzufrieden war und dann den anderen dafür verantwortlich macht. Und das geht am besten natürlich über einen Streit. Und das interkulturelle Thema ist da sehr einfach." Herr Kruse beschreibt, dass es auch um Ablösung von seinen Eltern ging, die sich eingemischt haben. Frau Kruse: „Frau R. ist wie ein Schutz für uns, der uns zusammenhält; dass sie eine Schutzfunktion ausübt, dass die Familie zusammen bleibt. Und zwar nicht gezwungen, sondern freiwillig, gern zusammenbleibt."

Die aufgezeigten Beispiele geben die Sichtweise von Klientinnen, von Inanspruchnehmerinnen, der Sozialen Arbeit wieder. Klienten sind in besonderem Maße geeignet, qualifiziert die Tätigkeiten von Sozialpädagoginnen zu bewerten. Sie haben die Leistungen am „eigenen Leib" erfahren und können den Nutzen gut beurteilen. Die aufgeführten Äußerungen der Klientinnen beinhalten indirekt auch Hinweise auf professionelle Fähigkeiten, über die Fachkräfte in der Sozialen Arbeit verfügen sollten. Ein systematischer Blick in die Literatur zeigt, dass es eine Vielzahl von Veröffentlichungen und Studien zu fachkräftebezogenen Aspekten in der Hilfe- und Beziehungsgestaltung gibt. So kann zum Schluss die Frage: „Was können Sozialarbeiterinnen bzw. über welche Kompetenzen verfügen sie?" durch eine im Jahr 2010 durchgeführte Literaturexpertise beantwortet werden. Sie belegt das Kompetenzspektrum der Fachkräfte der Sozialen Arbeit nachdrücklich. Sozialarbeiterinnen und -pädagoginnen verfügen über[14]:

- Kompetenzen zum Aufbau einer Arbeitsbeziehung, eines Arbeitsbündnisses und zur gemeinsamen Zielklärung
- Kompetenzen zur Verbesserung der materiellen Grundlagen
- Kompetenzen zur Unterstützung und Entlastung
- Kompetenzen, praktische, konkrete, alltagsnahe Hilfestellungen zu geben
- Kompetenzen zur Verbesserung der Selbstwirksamkeit und der Lebensgestaltungspotenziale
- Kompetenzen zur Erschließung von Außenkontakten und Ressourcen im Sozialraum

14 Auf den Einzelnachweis der zugrundeliegenden Literatur und Forschung kann hier verzichtet werden. Wir verweisen auf Darimont (2010, 40-61).

- Kompetenzen im Umgang mit Kontrolle und Zwangskontexten
- Kompetenzen im Umgang mit Krisen und Konflikten.

Das Bild von den Fachkräften in der Sozialen Arbeit wandelt sich – ganz langsam: Es finden sich zwar immer noch Bilder von sich weckduckenden und nur zögerlich Hilfe gewährenden Sozialarbeitern, von Sozialarbeitern als Bittsteller um Gelder für die Sicherstellung ihrer eigenen Arbeitsplätze, aber eine jüngst veröffentlichte Studie der Fakultät Soziale Arbeit in Landshut (Ohlig 2015), die Beiträge der sogenannten Publikumspresse (FOCUS und ZEIT) analysierte, kommt zu einem etwas anderen Ergebnis: Danach finden sich zwar noch bei einem Drittel der Fälle eher nicht wertschätzende Beiträge, die größtenteils auf Unkenntnis, Vorurteilen und Kommentierungen von Sparmaßnahmen beruhen, überwiegend wird aber ein Bild gezeichnet, das die Fachkräfte der Sozialen Arbeit mehrheitlich als *Professionelle* darstellt, die als Expertinnen gesehen und als solche akzeptiert sind, sowohl mit Blick auf deren Eigenschaften als auch in ihrer Funktion.

Die Vorstellung, dass Sozialarbeiterinnen nicht nur direkt mit Klientinnen arbeiten, sondern es mit Kollegen und anderen Professionellen, mit Angehörigen und Diensten (also einer Vielzahl von Akteuren) zu tun haben und auch noch in den Sozialraum wirken sollen, kann nur zu einem Fazit führen: Die Sache der Sozialen Arbeit ist ein umfangreiches Vorhaben. So groß und schwer fassbar, dass man geneigt ist, dem folgenden Vergleich zuzustimmen: „Soziale Arbeit ist wie mit dem Finger Löcher in Wasser machen.“[15]

Einführende Literatur

Wendt, Peter-Ulrich (2021): Lehrbuch Methoden der Sozialen Arbeit. 3. überarb. Aufl., Weinheim/Basel: Beltz Juventa.

Weiterführende Literatur

Kern, Johanna (2016): Die Bedeutung von beruflichem Selbstbild und beruflichem Habitus im Kontext Sozialer Arbeit. In: soziales_kapital. wissenschaftliches journal österreichischer fachhochschul-studiengänge soziale arbeit. Nr. 16 (2016) / Rubrik "Junge Wissenschaft" / Standort Innsbruck. Printversion: http://www.soziales-kapital.at/index.php/sozialeskapital/article/viewFile/489/856.pdf [21.11.2021]

15 Das Zitat wurde uns von einer Kollegin übermittelt, die es von einem befreundeten Künstler gehört hat.

5. Erst der Anfang – Soziale Arbeit und die Gerechtigkeitsdebatte

Wie viel und was benötigt der Mensch zum Mensch-Sein?

Anthropologen gehen diese Frage anders an als Psychologen oder Philosophen – jede Disziplin hat ihren eigenen Blick auf den Menschen. Der spezielle Blick der Sozialen Arbeit richtet sich nicht einfach auf den Menschen an sich, sondern auf den Menschen in seiner Umwelt oder auf den Menschen und seine Umgebung – und damit fängt das Dilemma an:

Mit „der Mensch lebt nicht vom Brot allein" (Matthäus 5, 12) weist Jesus in der Bibel darauf hin, dass mit Leben mehr gemeint ist als physiologisches Funktionieren. Die Frage der Grundbedürfnisbefriedigung und ihrer Verknüpfung mit Menschenwürde ist kultur- und gesellschaftsübergreifend. Gefragt wird danach, ob es eine Basisausstattung gibt, die weltweit gültig ist. Hierzu gibt es mittlerweile interessante Vorschläge, wie wir später noch sehen werden. Doch jetzt sei der Fokus auf die Gerechtigkeitsdebatte gelegt: Die geforderte Bedürfnisbefriedigung ist gekoppelt an Bedingungen, die eine solche ermöglichen oder aber verhindern. Spätestens jetzt wird deutlich, dass die Frage der Bedürfniserfüllung nicht einfach eine individuelle, sondern eine soziale, eine gesellschaftliche ist. Zur Bedürfnisbefriedigung bedarf es der Ressourcen; aber eine Ressourcennutzung ist immer auch abhängig von dem Zugang zu ihr und ihrer Verteilung. Und damit sind wir in einem zentralen Diskussionsstrang der Theoriebildung Sozialer Arbeit gelandet, vielleicht sogar in *dem* Diskussionsstrang: der Gerechtigkeitsdebatte.

Es gibt eine Handvoll Begriffe, die sind so unpräzise, dass man sie als Container bezeichnet. *Soziale Gerechtigkeit* ist ein solch allumfassender Begriff, den wir deshalb präzisieren müssen. In Kombination mit dem Begriff *Soziale Probleme* elektrisiert er jede Sozialarbeiterin oder -pädagogin oder berührt sie zumindest.

Soziale Probleme und soziale Gerechtigkeit sind durch die Voranstellung von *sozial* in eigenartiger Weise miteinander verbunden: Implizieren soziale Probleme einen Mangel an sozialer Gerechtigkeit, ist das eine die Folge des anderen oder umgekehrt? Wie entstehen soziale Probleme und wie entsteht soziale Gerechtigkeit?

Bei der Diskussion um oder über soziale Probleme, Teilhabe und gerechte Verteilung könnten wir uns mühelos zwischen Sozialer Arbeit und einem Parteitag einer eher links orientierten Gruppierung bewegen. Interessanterweise werden Fragen der sozialen Gerechtigkeit eher im linken Spektrum verortet, weniger in der politischen oder gesellschaftlichen Mitte. Dort werden eher die Autonomie und die Eigenverantwortlichkeit betont. Ein schwieriges Feld. Nach diesem kurzen Aufriss ist es nun an der Zeit, die Stränge zu sortieren und zu systematisieren.

Es geht um das Mensch-Sein und was dazu gehört. Dabei befasst sich Soziale Arbeit weniger mit philosophischen Fragen nach dem Sinn oder mit Fragen der (Un-)Vollkommenheit des Menschen – (selbstverständlich räumen wir ein, dass diese Fragen wichtig sind und auch von einigen Theorievertretern der Zunft ausgiebig diskutiert werden – aber seien wir ehrlich: wenn man genug zu essen hat, einen Schlafplatz und fünfunddreißig digitale Fernseh-Programme, dann stellen sich diese Grundsatzfragen nicht) – sondern mehr damit, ob es möglich ist, das, was wir alltäglich mit Dasein und Zurechtkommen meinen, in einen theoretischen Zusammenhang zu stellen, der einer Bearbeitung durch Soziale Arbeit nicht im Wege steht.

Den unzähligen Versuchen, die Welt zu erklären und mithin die Verteilungsfrage zu beantworten, folgt jetzt also noch ein weiterer: Im Urchristentum (zweifelsohne auch in anderen Religionen) wird die Verteilungsfrage im Hinblick auf die Daseins- oder Grundvorsorge mit den Konzepten der Barmherzigkeit und Mitmenschlichkeit zentral beantwortet, aus dem sich das Diakonat (Dienst am Nächsten) entwickelt hat. So bildete die karitative Armenpflege bis ins neunzehnte Jahrhundert hinein den größten Teil der Armenhilfe. Bei der Beschreibung des langen Wegs der Unterstützungsleistungen für das Zurechtkommen finden wir zum Beispiel Thomas von Aquin (1224-1274). Er hat die Frage der Gerechtigkeit – bezogen auf Armut, Almosen, Gesellschaftsordnung, Barmherzigkeit, Gerechtigkeit – in seiner Sozialethik *summa theologica* in einem klar definierten Gottesverständnis verortet. Die damalige hierarchische Gesellschaftsordnung wurde als Ausdruck göttlicher Ordnung voll und ganz akzeptiert. Arme standen in diesem Verständnis daher nicht außerhalb der Gesellschaft, sondern waren Abbild der von Gott gegebenen Schöpfung, die die Ständeordnung und Staatsform nicht infrage stellte. Dies wurde durch das Bild der *heiligen Ordnung* gestützt. Die Frage der Gerechtigkeit im Sinne einer gesellschaftlichen Gerechtigkeitsdebatte, die die aktuelle Lebenssituation thematisiert, stellte sich nicht. Es galt: Der Schöpfergott hat die Konstellation bestimmt, und die Welt ist so, wie sie ist, als Gottes Schöpfung gut. Da die Menschen jener Zeit sich nur als Gast auf Erden verstehen und für sie das eigentliche Leben erst im Jenseits (Paradies) beginnt, hat das Auswirkungen auf das diesseitige Leben. Die Reichen haben die religiös-ethische Pflicht, Almosen zu spenden, und können so – „auch wenn ein Kamel leichter durch ein Nadelöhr geht, als ein Reicher in den Himmel kommt" (Matthäus 19, 23 f.) – durch ihr barmherziges Handeln möglicherweise den Höllenqualen entgehen. Thomas von Aquin [16]gesteht jedem ein Überleben zu, und es wird bis in die Neuzeit mit Bezug auf ihn die Mundraubfrage (man soll straffrei bleiben, wenn man etwa aus Hunger Brot stiehlt) elegant

16 Vgl. Almosenlehre von Thomas von Aquin, zit. n. Engelke (2018, 29-40).

gelöst, so dass die Kölner bis heute das *Fringsen* nicht vergessen haben.[17] Die Armenhilfe wurde daher freiwillig, sporadisch und willkürlich gewährt. Freiwillig, weil es außer einer moralischen keine Pflicht gab, sporadisch, weil die Hilfe nicht systematisch erfolgte, und willkürlich, weil Art und Umfang der Hilfe (Barmherzigkeit und Nächstenliebe) ausschließlich vom Geber bestimmt wurden.

Nach der Aufklärung und spätestens in der sogenannten frühkapitalistischen Zeit wurde deutlich, dass Armut und Reichtum keine gesellschaftsneutralen Kategorien bilden und die Debatte damit lebhafter, gleichwohl nicht lösbarer wurde. In der Folge von Landflucht, Massenarbeitslosigkeit, Massenarmut und der Verelendung ganzer Bevölkerungsgruppen begann man, sich mit der Systematisierung von Hilfen zu beschäftigen. Es entwickelten sich neue Gestaltungsprinzipien zur Armutsbekämpfung. Dies ist die eigentliche Geburtsstunde Sozialer Arbeit.[18]

Als Folge der Industrialisierung entsteht in den meisten Ländern – besonders in Westeuropa – das Problem des Pauperismus (Massenverarmung). Die Erkenntnis dieses neuen sozialen Phänomens (im Gegensatz zum individuellen) und der zu seiner Bewältigung notwendigen neuen sozialpolitischen und sozialarbeiterisch-sozialpädagogischen Maßnahmen setzt sich Mitte des neunzehnten Jahrhunderts in größerem Umfang durch.

Neue Gestaltungsprinzipien werden wirksam und wirken bis heute, das heißt, der Sozialstaat von heute orientiert sich in seiner Daseinsvorsorge oder Grundsicherung im Wesentlichen an diesen Prinzipien (vgl. Puch 1994, 26-37).

1. Kommunalisierung. Durch die Kommunalisierung kommt es zu einer Verlagerung der christlichen Almosenlehre hin zu weltlichen bzw. staatlichen und kommunalen Verordnungen. Durch das Heimat- bzw. Wohnsitzprinzip werden Städte und Gemeinden zur Versorgung bedürftiger Personen verpflichtet. Die methodische Arbeit erhält so erstmals eine rechtliche Grundlage. Ab Ende des ersten Weltkrieges wird das Fürsorgewesen gesetzlich neu geschaffen, und es entstehen aus dem Almosenamt drei neue Ämter: das Jugend-, das Wohlfahrts- und das Gesundheitsamt. Das Wohlfahrtsamt wird nach dem Zweiten Weltkrieg zum Sozialamt.
2. Rationalisierung. Mit der Entwicklung zu einem modernen Fürsorgewesen verstärkt sich die Tendenz, soziale Hilfen und Unterstützungsleistungen planmäßig, rational und anhand von Prüfkriterien zu organisieren. Die Dezentralisierung der Entscheidungsbefugnisse auf die Ebene der Bezirke

17 Da die Menschen nach Kriegsende im kalten Winter kein Geld für Heizmaterial hatten, verkündete der damalige Kölner Kardinal Frings, dass Kohlen von vorbeifahrenden Zügen für den unmittelbaren Gebrauch auch ohne Bezahlung weggenommen werden dürfen – eine moralische Absolution.

18 Zu den geschichtlichen Grundlagen Sozialer Arbeit wird auf Müller (1988 und 1997) oder Wendt (2008a und 2008b) verwiesen.

kann als direkter Vorläufer der heutigen Quartiersarbeit und Sozialraumorientierung gesehen werden. Zudem erfolgt nun die Hilfegewährung nach einer individuellen Bedürftigkeitsprüfung. Dies ist im Hinblick auf unsere Debatte von doppelter Bedeutung: Art und Umfang der Hilfe orientieren sich nun grundsätzlich nicht mehr am Geber, sondern an Bedürfnis und Bedarf des Empfängers. Die Fragen der Ermittlung von Bedarf und Höhe der Leistungen (Auskunftspflicht, Bedarfsgemeinschaft, Mehrbedarfszuschläge, Grundsicherungshöhe usw.) bleiben aber ein strittiges Thema. Trotz der nicht zu leugnenden Errungenschaften sind die Diskurse hinsichtlich der Realisierung sozialstaatlicher Sicherung weiterhin diskursiv. Die schon 2005 erfolgte Zusammenlegung von Arbeitslosen- und Sozialhilfe zu einer Grundsicherung, geregelt in der allseits bekannten Hartz IV-Gesetzgebung, sorgt bis heute für hitzige Debatten und spaltet Befürworter und Gegner. Gerade dieses Gesetz und die mit dieser Reform (Agenda 2010) einhergehenden Intentionen zeigen, dass die Frage der sozialen Gerechtigkeit nicht nur nicht gelöst wurde – für die Gegner hat sich die Frage verschärft. Durch dieses Gesetz werde die soziale Schieflage noch größer. Denn dieses Gesetzespaket habe nicht bloß das Armutsrisiko von (Langzeit-)Arbeitslosen und ihren Familien erhöht, sondern auch einschüchternd und disziplinierend gewirkt (Butterwege 2015).

3. Professionalisierung. Auch wenn die berufliche Entwicklung der Sozialen Arbeit wichtige Wurzeln im sozialen Ehrenamt hat, zeigt sich Ende des neunzehnten Jahrhunderts, dass eine Ausbildung und die Verberuflichung notwendig werden. Die erste überkonfessionelle Ausbildungsstätte entstand 1908 in Berlin (Soziale Frauenschule, gegründet von Alice Salomon). Die Frauenschulen öffneten sich später für Männer, die Akademisierung erfolgte 1971 an den damals entstehenden Fachhochschulen für Sozialwesen, und heute ist die Ausbildung in Form von Bachelor- und Masterabschlüssen in das Hochschulwesen integriert.
4. Weltanschauliche Pluralität. Nachdem der Staat zunehmend gesetzliche Grundlagen für soziale Hilfen und Unterstützungsleistungen geschaffen hatte, blieb und bleibt die Gesamtverantwortung für das System der sozialen Sicherung und Wohlfahrt dual organisiert. Neben öffentlichen Trägern (Kommunen) übernehmen die sogenannten Freien Träger (Wohlfahrtsverbände) einen Großteil der Aufgaben und stellen eine Vielzahl von Angeboten zur Verfügung.

Auch nach dem Zweiten Weltkrieg fließen in die theoretischen Begründungen und Fundierungen Sozialer Arbeit immer Aspekte der sozialen Gerechtigkeitsdebatte ein. In den siebziger Jahren des vorigen Jahrhunderts hat beispielsweise Karam Khella den Versuch unternommen, auf Grundlage einer marxistischen Analyse eine „Sozialarbeit von unten“ zu begründen. Sozialarbeit nimmt danach die Analyse sozialer Probleme als Folgeerscheinung ökonomischer Verhältnisse wahr. Armut und empirische Armutsforschung sind zentraler Bestandteil der Gesellschaftsanalyse. Ergebnis seiner Analyse ist, dass Arme in der Gesellschaft verdrängt bzw. an den Rand gedrängt werden und dies der zweifelhafte Erfolg auch der Sozialadministration sei. Es drohe eine Entsolidarisierung, die durch die Sozialarbeit verhindert werden soll. Nötig sei eine *Sozialarbeit von unten* statt der bestehenden etablierten (von staatlichen oder freien Trägern getragenen) Sozialarbeit – diese sei *Sozialarbeit von oben* und festige die bestehenden ungleichen Zustände noch weiter. Sozialarbeit habe ein Bewusstsein von sozialem Elend und Deklassierung zu organisieren und sich mit der Arbeiterklasse zu solidarisieren. Durch Förderung der Eigeninitiative der Betroffenen, im Wechsel von Praxis und Theorie, gilt es, die Bedingungen von Ausbeutung und Verelendung abzuschaffen und eine gesellschaftsverändernde Praxis zu erreichen. Auch wenn mit dem Zusammenbruch des sogenannten Ostblocks seit Mitte der Achtziger das Interesse an Khellas Theorie merklich nachließ, so bleiben seine Impulse in der Denktradition der internationalen Arbeiterbewegung doch relevant (vgl. Engelke et al. 2018, 412-427).

Die Frage einer gerechten Gesellschaft wird, allerdings mit einem anderen Theoriehintergrund, von der Schweizer Theoretikerin Silvia Staub-Bernasconi Ende der achtziger Jahre des vorigen Jahrhunderts wieder aufgegriffen (1986 und 2007a), indem sie die Befriedigung von Bedürfnissen als zentrales Element in ihre Theorie einbezieht. Menschen haben ganz unterschiedliche Bedürfnisse. Einige sind grundlegend, wie etwa die Nahrungsaufnahme, ein Dach über dem Kopf und die Beziehung zu anderen. Dabei können wir diese Grundbedürfnisse von Wünschen und Aspirationen unterscheiden. Dieser Unterschied ist insofern wichtig, als Grundbedürfnisbefriedigung in etwa gleichzusetzen ist mit der Achtung vor dem Mensch-Sein bzw. der Verwirklichung der Menschenwürde. Dieser Zusammenhang von Menschenwürde und Bedürfnisbefriedigung wird insbesondere mit Blick auf die sozialen Realisierungschancen zum Dreh- und Angelpunkt der Gerechtigkeitsdebatte. Bedürfnisbefriedigung ist nämlich abhängig von der Verfügbarkeit und dem Zugriff auf Ressourcen. Nahrungsaufnahme verlangt die Verfügbarkeit von Essen, das Dach über dem Kopf ist an eine Wohnung gebunden, und Beziehungen sind an das Vorhandensein von Bezugspersonen gekoppelt. Vereinfacht ausgedrückt sind nun aber die Verteilungschancen ungleich gestreut, da die Ausstattungsunterschiede (Einkommen, Bildung, Status) dazu führen, dass der Zugriff auf Ressourcen für manche Menschen leichter ist als für andere. Klientinnen der Sozialen Arbeit verfügen in der Regel über eine geringe Ausstattung und sind hinsichtlich der Ressourcenzuteilung benachteiligt, da sie sich schlechter durchsetzen können. Denn es gibt einen Zusammenhang zwischen der Grundausstattung und den Möglichkeiten zu agieren. Der Fachbegriff dazu ist *Austausch*. Mit anderen Worten: Ausstattungsarme Menschen verfügen über weniger Einkommen, weniger Wissen, weniger Bildung und weniger Status als die etablierten Gesellschaftsmitglieder. Und sie haben damit für den Austausch einfach schlechtere Karten: Wenn die Verteilung, die Teilhabe an den Möglichkeiten, die die Gesellschaft an Arbeit, Kultur etc. bietet, nun aber wesentlich an Austausch gekoppelt ist, hat das Klientel der Sozialen Arbeit das Nachsehen. Die Schnellen, die Fitten, die Gebildeten, die mit Statusmacht Ausgestatteten sind, da sie sich besser auskennen und die besseren Arbeitsstellen erhalten, sich Privilegien sichern können usw., klar im Vorteil. Aufgabe der Sozialen Arbeit ist daher nach Staub-Bernasconi, für einen gerechteren Austausch zu sorgen. Soziale Arbeit kann das dadurch leisten, indem sie Menschen befähigt und darin unterstützt, ihre Bedürfnisse zu befriedigen und gleichzeitig an den Bedingungen für gerechtere Austauschstrukturen zu arbeiten. In besonderer Weise wird hier die Verknüpfung von individueller Problematik mit den gesellschaftlichen Rahmenbedingungen thematisiert. Soziale Gerechtigkeit ist nach der Theorie von Staub-Bernasconi weniger mit armen oder reichen Gesellschaften verknüpft als vielmehr mit der Art und Weise, wie die Verteilung gesellschaftlich organisiert ist. Aus dem Sozialstaatsprinzip und der sich daraus ableitenden Sozialpolitik ergeben sich zwangsläufig die staatlichen Anstrengungen zur Kompensation von Beeinträchtigungen und zum Ausgleich von Benachteiligungen. Und in vielen Debatten können wir mit Staunen feststellen, wie schwierig das ist. Ob es sich um Diskussionen und Abstimmungen zu Sozialhilfesätzen, Frauenquote und Behindertenabgabe, Kindergeld, Elterngeld oder um Themen zu Inklusion und Migration dreht, immer schwingt die Frage der (sozialen) Gerechtigkeit mit.

Ein zentrales Problem besteht aber nach wie vor und wurde zunächst von Staub-Bernasconi nur unzureichend gelöst. Gibt es so etwas wie einen Maßstab für die Befriedigung der Grundbedürfnisse bzw. ist Grundbedürfnisbefriedung schon gleichzusetzten mit der Verwirklichung von Menschenrechten? Oder ist hierfür mehr anzusetzen? Gibt es eine praxisnahe Systematik, die möglicherweise die abstrakten Begrifflichkeiten herunterbricht und die auch im internationalen Kontext Bestand haben kann? Denn die Fragen von Bedürfnisbefriedigung und gerechtem Austausch sind ja nicht nationale, sondern mit Blick auf die unterschiedlichen Gesellschaften durchaus internationale.

In dieser internationalen Debatte liefert die US-amerikanische Wissenschaftlerin Martha C. Nussbaum (1999) mit ihrem politisch-philosophischen Ansatz (also keiner speziellen Theorie der Sozialen Arbeit) zu der Frage, wie Mensch-Sein kulturübergreifend gelingen kann, relevante Anstöße für die Gerechtigkeitsdebatte. Sie nutzt dafür den Begriff des *guten Lebens*, der mehr meint als die Befriedigung der Grundbedürfnisse. Wie aber kann gutes Leben allgemein definiert werden? Gibt es so etwas wie einen Maßstab, der auch mit Bezug auf ganz unterschiedliche Gesellschafts- und Lebenskontexte gelten kann? Mit Rückgriff auf das Denken von Aristoteles (384-322 v. Chr.) konzipiert Nussbaum ihren Ansatz. Die Vorzüge einer konkreten staatlichen Verfassung liegen demnach darin, die im Zuständigkeitsbereich lebenden Menschen zu befähigen, sich für ein gutes Leben und Handeln nach Maßgabe der materiellen und natürlichen Bedingungen des Gemeinwesens zu entscheiden. Konkurrierende Systeme lassen sich danach beurteilen, wie sie diese Basis, die Grundbedingungen, hierfür sicherstellen. Neben den schon bekannten Verteilungschancen von Geld, Grund und Boden geht es ihr vor allem um die Verwirklichungschancen von Fähigkeiten und Tätigkeiten, die ein gutes Leben ausmachen. Unterfüttert mit den ökomischen Analysen und gerechtigkeitstheoretischen Ideen des indischen Ökonomen Amartya Sen[19] entwickelt Nussbaum daraus den sogenannten Fähigkeiten-Ansatz (amerikanisch: *Capabilitiy Approach*). In einem ersten Schritt begannen die beiden Wissenschaftler, Kriterien zu erstellen, die als Maßstab für Lebensqualität an möglichst vielen Orten der Welt angewendet werden können. Zum guten Leben (in der Sozialen Arbeit würden wir sagen: gelingenden Alltag) gehören neben Gesundheit, physischer Integrität und Grundbedürfnisbefriedigung immer auch die Entwicklung von Vorstellungskraft und Gedanken, die Fähigkeit, Gefühle ausdrücken und empfinden zu können, Möglichkeiten, gute Beziehungen zu pflegen, sich zugehörig und daheim zu fühlen. Das können wir getrost mit dem Wort *inkludiert* verbinden. Schließlich lässt sich in dieser Konzeption auch im besten Sinne des Wortes die Idee von Partizipation unterbringen: den eigenen Lebenskontext mitgestalten zu können, Möglichkeiten und Anlässe zum Lachen, Spielen und zum Entspannen zu haben, all das steht auf Nussbaums Liste.

Diese Liste bildet faktisch die Grundstruktur der menschlichen Lebensform ab. Diese, wie die Autorin meint, offene Liste (offen für Ergänzungen oder Kürzungen) dient letztlich als Orientierungspunkt, um darzulegen, was unabdingbar zu einem geglückten bzw. guten Leben gehört und wie man es erreichen kann. „Zur Beantwortung dieser Frage untersuchen wir ein breites Spektrum von menschlichen Selbstinterpretationen zu vielen Zeiten und an vielen Orten. [...] Das Ergebnis dieser Untersuchung besteht also nicht in der Erstellung einer Liste wertneutraler Fakten, sondern in der Entwicklung einer normativen Konzeption.“ (Nussbaum 1999, 188-189).

Wissenschaftlich untermauert wird umgangssprachlich beantwortet, was einem Menschen nicht fehlen darf, damit er auch wirklich ein menschenwürdiges Leben führen kann (Nussbaum 1999, 190-210):

1. Die Fähigkeit, ein volles Menschenleben bis zum Ende zu führen
2. Gesundheit insbesondere als Ernährung, Wohnen, Sexualität und Mobilität
3. Fähigkeit, unnötigen Schmerz zu vermeiden und freudvolle Erlebnisse zu haben

19 1998 erhielt Sen den Nobelpreis für Wirtschaftswissenschaften für seine Arbeiten zur Wohlfahrtsökonomie, zur Theorie der wirtschaftlichen Entwicklung und zum Lebensstandard.

4. Fähigkeit, fünf Sinne zu benutzen, sich etwas vorstellen und denken zu können
5. Bindungen zu Dingen und Personen einzugehen, zu lieben, zu trauern, Sehnsucht und Dankbarkeit zu empfinden
6. Sich Vorstellungen vom Guten zu machen und kritisch über die eigene Lebensplanung nachzudenken
7. Für andere und bezogen auf andere zu leben, verschiedene Formen familiärer und sozialer Beziehungen einzugehen
8. Verbundenheit mit Tieren und Pflanzen und der ganzen Natur zu (er-)leben
9. Fähigkeit zu lachen, zu spielen und Freude an Erholung zu haben
10. Das eigene Leben und nicht das eines anderen zu leben.

Zusammengefasst geht es um die Fähigkeit, das eigene Leben in der eigenen Umgebung und im eigenen Kontext „selbstbestimmt" zu leben.

Anhand dieses Kataloges kann bewertet werden, inwieweit eine Gesellschaft allen Menschen die Entwicklung dieser Fähigkeiten ermöglicht: die Kontrolle über den eigenen Körper, frühkindliche Entwicklung, praktische Vernunft, menschliches Miteinander, die Verantwortung für die Umwelt und für Schwächere sowie die Entwicklung emotionaler, kognitiver und kreativer Potenziale.

Somit liegt erstmals eine Liste von Grundfähigkeiten vor, die der Mensch entwickeln können sollte, um ein glückliches, besser: geglücktes Leben zu führen. Letzten Endes geht es darum, das eigene Leben im eigenen Kontext ohne wesentliche Fremdbestimmung zu führen. Diese Liste bleibt vage genug, um für spezifische regionale Besonderheiten noch offen zu sein. Die Verbindung mit der Sozialen Arbeit wird spätestens dann deutlich, wenn dieser Katalog darauf hin bewertet wird, inwieweit eine Gesellschaft ihren Mitgliedern die Entwicklung dieser Fähigkeiten ermöglicht oder eben versagt. Dieser innovative Ansatz wurde zur Grundlage des *Human Development Index*, den die Vereinten Nationen heute ihren Entwicklungsberichten zugrunde legen. Die Frage nach dem guten Leben ist die Frage nach dem gelingenden Leben, also die Verknüpfung von Voraussetzungen, Möglichkeiten und Fähigkeiten. Der Fähigkeiten-Ansatz fragt nach den Realisierungschancen und verweist eindeutig auf die Gesellschaft bzw. den Staat. Der Staat bleibt zuständig für die Daseinsvorsorge und hat die Aufgabe, die Rahmenbedingungen für ein gelingendes, selbstbestimmtes Leben zu schaffen. Wir könnten auch sagen: der Staat hat die Aufgabe, die Realisierungschancen der Grundbefähigungen zu schaffen.

Nussbaum betont, dass diese Liste nicht abschließend ist und auch weitere Aufschlüsselungen und Unterscheidungen zulässt. Die Liste formuliert keine Vorschriften, sondern lenkt die Aufmerksamkeit auf grundlegende Bereiche.

Interessant ist auch, dass Nussbaum darauf hinweist, dass alle Bereiche auf der Kriterienliste gleichermaßen relevant sind und dass das Fehlen einer Komponente nicht durch ein Mehr einer anderen ausgeglichen werden kann. Durch die Verknüpfung von den lebensumgebenden Bedingungen mit den individuellen Möglichkeiten entstehen kombinierte Fähigkeiten, die stark an den Empowerment-Ansatz[20] erinnern. Es braucht also beides, um die Verwirklichungschancen zu realisieren, Ressourcen und Ressourcennutzung. Ein gutes Leben, ein gelingender Alltag, hängt damit nicht einfach von der Frage ab: Wie viele Ressourcen stehen zur Verfügung, sondern immer auch davon, wie der Zugang dazu ist und was der Einzelne tun und sein kann.

Die Frage des guten Lebens wird hier also empirisch angegangen, indem Einzelerfahrungen nicht individuell und ohne Bezug auf ihren Entstehungskontext beurteilt, sondern systematisch zusammengedacht werden. Es werden auch nicht nur ökonomische Faktoren herangezogen, sondern in einem konzeptuellen Vorschlag möglichst alle Lebensbereiche ins Auge gefasst. Mit der Definition des Möglichkeiten-Ansatzes wird der Gerechtigkeitsbegriff auch sozialwissenschaftlich fassbarer, da er die Wechselwirkung von individueller Handlungsbefähigung und gesellschaftlichen Verwirklichungschancen thematisiert. Soziale Gerechtigkeit kann daher auf der konkreten Alltagsebene verknüpft werden mit den Begriffen des guten Lebens oder einem gelingenden Leben. Der Perspektivwechsel „auf ein gelingendes Leben“ ermöglicht es der Sozialen Arbeit, sich auf die Verbesserung der Verwirklichungschancen zu konzentrieren und dabei die individuelle Problemlage mit der gesellschaftlichen Dimension zu verbinden. „Daher kann eine Theorie und Praxis der Lebensführung im Sinne einer Wissenschaft der Sozialen Arbeit nicht umhin, das enge Zusammenspiel von Handlung und Struktur, von Subjekten und Struktur, von Personen und Gesellschaft sowie von Individuen und Gemeinschaft als systematisches Verwoben sein zu erkennen.“ (Röh 2013, 15) Das Beeinflussen dieser Verhaltens- und Verhältnisstrukturen setzt einen Doppelfokus der Sozialen Arbeit. Sie kann einerseits die *internal capabilities*, d.h. die subjektiven Möglichkeiten von Klienten beeinflussen. Andererseits kann sie auf die *external capabilities*, d.h. die gesellschaftlichen Möglichkeiten, Einfluss nehmen. Die Verknüpfung dient der Erreichung von daseinsmächtiger Lebensführung. Das Modell der daseinsmächtigen Lebensführung stammt von Dieter Röh. Es beschreibt, welche Voraussetzung das gelingende Leben des Capability Approach benötigt und an welcher Stelle die Soziale Arbeit

20 Wikipedia bietet eine gute Übersetzung: Mit Empowerment (von engl. empowerment = Ermächtigung, Übertragung von Verantwortung) bezeichnet man Strategien und Maßnahmen, die den Grad an Autonomie und Selbstbestimmung im Leben von Menschen oder Gemeinschaften erhöhen sollen und es ihnen ermöglichen, ihre Interessen (wieder) eigenmächtig, selbstverantwortlich und selbstbestimmt zu vertreten. Empowerment bezeichnet dabei sowohl den Prozess der Selbstbemächtigung als auch die professionelle Unterstützung der Menschen, ihr Gefühl der Macht- und Einflusslosigkeit (powerlessness) zu überwinden und ihre Gestaltungsspielräume und Ressourcen wahrzunehmen und zu nutzen.

unterstützen kann. Damit sich für ein gutes, gelingendes Leben entschieden werden kann, bedarf es der Kompetenzen und deren Förderung und Bildung. Soziale Teilhabe, soziale Sicherung und persönliche Befähigung tragen zur Kompetenzförderung bei.

Was bleibt am Ende der Gerechtigkeitsdebatte? Sozialarbeiter sind tagtäglich mit Problemen konfrontiert, die an ungerechte Zustände geknüpft sind, und erleben, wie die Menschen darunter leiden. Strukturen manifestieren sich in den persönlichen Schicksalen der Klientel. Sozialarbeiterinnen sehen an und mit ihren Klienten, wie *Marginalisierung* im Alltag geschieht und was es bedeutet, an den Rand gedrängt zu werden. Sozialarbeiter müssen täglich, wenn sie die Hintergründe nicht ausblenden wollen oder können, ertragen, dass die Gerechtigkeitsdebatte mitunter scheinheilig und auch ignorant geführt wird.

Und deshalb ist die Gerechtigkeitsdebatte elektrisierend. In der Theorie ist es leichter als in der Praxis nachzuvollziehen, dass die Gerechtigkeitsdebatte gesplittet werden muss: Die Sicherung der Voraussetzungen zur Daseinsfürsorge und -vorsorge sind nämlich zunächst Aufgaben der Politik und Gesellschaft insgesamt und nicht Sache der Sozialen Arbeit. Sie werden erst dann mit Sozialer Arbeit verknüpft, wenn diese Voraussetzungen nicht gegeben sind oder die Menschen ihre Möglichkeiten nicht nutzen können. Und das ist ja nun der Normalfall: Es gibt derzeit keine Gesellschaft, die gerecht verteilt, auch wenn zahlreiche Modelle und Utopien dazu existieren. Und die geschichtliche Erfahrung zeigt, dass der steinige Weg zu einer gerecht verteilenden, voraussetzungsvollen Gesellschaft, je nachdem wie er geführt wurde, auch getränkt ist mit dem Blut unzähliger Menschen, die auf dem Altar dieser Utopien geopfert worden sind.

Sozialarbeiterinnen bleiben anfällig für die große Lösung der sozialen Gerechtigkeit. Das ist gut so, solange diese nicht die einzig mögliche ist.

Gedankensplitter

Genau das nicht:
Eben mal die Welt retten ...
Sarkastisch werden ...
Sondern:
Da sein – ein Gegenüber sein – ehrlich sein.
Sich zur Verfügung stellen. Authentisch sein.
Unbequem sein. Fragen stellen. Sich nicht mit schablonenförmigen Antworten zufriedengeben.
Weiter fragen. Unbekanntes Terrain erkunden.
Möglichkeiten sehen, wo Wege verstellt scheinen.
Neues wagen. Alte Pfade in neuem Licht sehen.

Humor und Lachen.
Unbekannte Wege eröffnen und Unsicherheiten aushalten.
Sich selbst infrage stellen. Eigene Vorstellungen und Bilder von anderen Menschen und Lebensformen immer wieder kritisch überprüfen.
Gnädig mit den eigenen Unzulänglichkeiten umgehen.
Auch Scheitern einbeziehen.
Und jeden Tag wieder aufs Neue:
Da sein ....
Und immer wieder:
Grenzen ziehen.
In Bewegung sein.
Beziehungen, Freundschaften, eigene Interessen hegen und pflegen.
Schönes kultivieren, kleine Momente schätzen, Pausen vom Alltag nehmen, für Urlaub und freie Zeit sorgen.
Und genau dann kann es:
Ein wunderbarer Beruf sein, mit Entwicklungsmöglichkeiten, Lebendigkeit, Bewegung und großen Herausforderungen.
Und genau das ist es eben nicht:
Eben mal die Welt retten ...

Monika Knopp-Vater

Einführende Literatur

Wendt, Wolf Rainer (2008 a+b): Geschichte der Sozialen Arbeit 2. Die Profession im Wandel ihrer Verhältnisse. Wiesbaden: Springer Fachmedien.

Weiterführende Literatur

Röh, Dieter (2013): Soziale Arbeit, Gerechtigkeit und das gute Leben. Eine Handlungstheorie zur daseinsmächtigen Lebensführung. Berlin: Springer

Staub-Bernasconi, Silvia (2018): Soziale Arbeit als Handlungswissenschaft. Auf dem Weg zu kritischer Professionalität. Stuttgart: UTB.

6. Noch nicht genug – Soziale Arbeit und die Gerechtigkeitsdebatte zwei

Neben der großen und abstrakten Frage der Gerechtigkeitsdebatte (Wie kann soziale Gerechtigkeit verwirklicht werden?), die eine gesellschaftspolitische ist und bleiben sollte, existieren in der Sozialarbeitspraxis tagtäglich viele konkrete. Die Frage nach den Zugangschancen, nach Ressourcenverteilung oder -verweigerung, nach Marginalisierung und randständigen Existenzen bestimmen nicht selten den Alltag der Fachkräfte.

Es kommt regelmäßig vor, dass Klienten nicht ausreichend über die ihnen zustehenden Leistungen aufgeklärt werden oder man sie ihnen sogar vorenthält. Nicht, dass dies als nachweisbares Versäumnis der (Sozial-)Administration deklariert werden könnte. Schon deshalb nicht, weil für viele Leistungen komplexe Anträge gestellt werden müssen – und um die entsprechenden Anträge stellen zu können, ist in dem ausdifferenzierten Hilfesystem ein umfangreiches Wissen an Rechtskenntnissen und Verwaltungsabläufen geradezu notwendig. Es gibt zwölf Sozialgesetzbücher (ein vierzehntes ist in Vorbereitung – laut Medienberichten soll die eigentlich anstehende Benennung SGB XIII übersprungen werden und mit SGB XIV fortgeführt werden. Als Begründung wird angeführt, dass die Zahl 13 (XIII) eine „Unglückszahl" sei und es „mehrere Argumente, auch vonseiten der Betroffenenverbände" gegeben hätte). Sozialgesetzbücher benennen die je einschlägigen Leistungs- bzw. Anspruchsberechtigten, die zum Teil komplizierten Voraussetzungen für Leistungen, und es gibt die dazugehörigen Ausführungsbestimmungen.

Da bedarf es schon eines profunden Sach- und Sprachverständnisses, um sich zurechtzufinden, Anträge stellen und Bescheide lesen zu können, aber auch die Möglichkeiten des Widerspruchs zu kennen. Dass Handlungsbedarf besteht, zeigt eine repräsentative Studie der Gesellschaft für deutsche Sprache (GfdS 2009)[21]: Demnach haben selbst vier von fünf Abiturienten oder Akademiker Probleme damit, Beamtendeutsch zu verstehen. Fachsprache ist immer auch Geheimsprache und dient dazu, Macht zu erhalten. An der Brandenburgischen Landesakademie für öffentliche Verwaltung gibt es eigens Seminare für Beamte mit dem Titel „Amtsdeutsch vermeiden – verständlich formulieren“. Ob lange, verschachtelte Bandwurmsätze, umständliche und passive Formulierungen, Gebrauch von Fachwörtern – vieles macht das Lesen von Behördenbriefen zur Qual. Beispiele gibt es genug: „Gemäß dem Rundschreiben des Bundesministeriums des Innern erfolgt die Zahlung im Vorgriff auf die Änderungstarifverträge unter dem Vorbehalt der Rückforderung und unter Ausschluss der Berufung auf den Wegfall der Bereicherung.“ Alles klar? Lutz Kuntzsch von der GfdS in Wiesbaden übersetzt: „Bei eventuellen Rück-

21 https://gfds.de/wp-content/uploads/2014/08/Umfrage_Rechts-_und_Verwaltungssprache.pdf [18.11.2021].

forderungen kann man sich nicht darauf berufen, das erhaltene Geld schon ausgegeben zu haben“ (zit. n. Riedel 2013, 1). Diese Formulierung ist aber leider juristisch nicht haltbar, erklärt der Sprachberater. Hunderttausende Mitarbeiter in der öffentlichen Verwaltung, unzählige Gesetzesbände und Briefe: Michaela Blaha weiß, wie schwierig es ist, das Behördendeutsch aus den Köpfen zu kriegen. Sie ist Geschäftsführerin des Internet-Dienstes für eine moderne Amtssprache – eines Unternehmens, das aus einem Forschungsprojekt in Bochum hervorgegangen ist. „Bei vielen herrscht noch die Haltung vor: Wir haben eine hoheitliche Aufgabe zu erfüllen“, sagt Blaha (ebd.). Im Ergebnis falle ein „preußischer Ton“ in die Sprache ein. Die Beraterin wünscht sich, dass Behörden bundesweit da, wo es Sinn macht, schön formulierte und juristisch wasserdichte Standardbriefe verschicken. Dass die Verwaltung in einem schlechten Ruf steht und Bürger und Bürgerinnen allen Grund haben, sich darüber zu beklagen, hat Jürgen Kaube[22] gerade angesichts des administrativen Corona-Desasters beschrieben; er bezieht sich dabei auf den deutschen Soziologen Niklas Luhmann, der sich allerdings an einer Ehrenrettung der Verwaltung versucht hat. Lesenswert, da erhellend.

Nicht genug damit. Neben den sprachlichen Hürden sind es vor allen Dingen die sektoralen Strukturen und Grenzen[23], die rechtlich zementiert dafür sorgen, dass der Normalbürger keine Chance hat, auch nur annähernd zu begreifen, welche Hilfen ihm zustehen und – schlimmer noch – warum er bestimmte Leistungen nicht erhält. Es ist zwar genau festgelegt, wo der Wirkungskreis eines Sozialgesetzes beginnt und wo er endet, aber die Wirklichkeit erweist sich einmal mehr als nicht kompatibel mit den Texten. Und so kommt es zu (Versorgungs-)Brüchen, zu nicht nachvollziehbaren Entscheidungen und zu administrativen Lösungen, die nicht nur unverständlich, sondern schlicht ungerecht sind.

Grundsätzlich schwierig wird es immer an den Übergängen, dort, wo die Zuständigkeit eines Leistungsträgers wechselt bzw. nicht eindeutig ist, wo sowohl eine Mehrfachzuständigkeit gegeben ist als auch Nichtzuständigkeit zur Diskussion steht. Nehmen wir das Beispiel eines arbeitslosen jungen Erwachsenen. Ist die mit der Arbeitslosigkeit verbundene Situation ein *Fall* für die Jugendhilfe (SGB VIII) oder für die Arbeitsagentur (SGB II und III) oder gar für beide? Es kommt sozusagen zur rechtlichen Leistungskonkurrenz. Und hier ist rechtliches und sozialpädagogisches Wissen und Können gefordert. Wie ist der Stand in Sachen Berufsausbildung? Welcher sozialpädagogische Unterstützungsbedarf besteht? Wie stellt sich die Situation der sozialen Integration dar? Statt Klärung der sich gegenseitig ergänzenden oder ausschließenden

22 Jürgen Kaube: Die Entscheider. FAZ v. 7.11.2021, 33.

23 Sektoren können unter verschiedenen Gesichtspunkten identifiziert werden. Zunächst im Hinblick auf den Ort der Leistungserbringung: ambulant, teilstationär, stationär; dann im Hinblick auf den Zeitpunkt: präventiv, kurativ, rehabilitativ und palliativ; oder berufsspezifisch: medizinisch, pflegerisch, sozial.

Hilfeleistungen kann es auch schon einmal zu einem Hin und Her im Behördendschungel kommen. Gut, wer da eine Sozialarbeiterin neben sich weiß. Denn die inhaltlichen Schnittstellen von Arbeitsvermittlung, Qualifizierung und Jugendsozialarbeit brauchen zwischen den Fachbehörden abgestimmte Verfahrensmuster, sie verlangen nach einer koordinierten Kooperation.

Oder betrachten wir die Übergangs- oder Schnittstellenproblematik am Beispiel Suchterkrankung. Ein Opiatabhängiger erhält die Möglichkeit zur Substitutionsbehandlung[24]. Aus fachlicher Sicht ist die medikamentöse Vergabe der Ersatzmittel in der Regel nur dann sinnvoll, wenn parallel dazu eine psychosoziale Begleitung erfolgt. Die medikamentöse Vergabe (das Medikament und die dazugehörige ärztliche Leistung) wird von der Krankenkasse als SGB V-Leistung bezahlt, die psychosoziale Begleitung aber nicht. Die Krankenkassen begründen das damit, dass eine Kostenübernahme dieser psychosozialen Begleitung durch die Soziale Arbeit eine Überschreitung der durch das Gesetz vorgesehenen Begrenzungen auf medizinische Leistungen bedeutet. Weiter wird argumentiert, bei der Substitutionsbehandlung handele es sich nicht um eine kausale Suchttherapie, sondern nur um die ärztliche Vergabe eines Substituts. Wer glaubt, es gäbe nun für die psychosoziale Begleitung einen finanzierten Rechtsanspruch, der ist hoffnungsvoll, aber naiv. Gibt es nicht. Länder und Träger teilen sich die Kosten auf freiwilliger Basis, also ohne gesetzliche Kostenregelung. Das ist ungerecht.

Noch gravierender wird es, wenn offensichtlich willkürlich anmutendes Verhalten von Ämtern, das aber rechtlich absolut gedeckt ist, zu schwierigen Situationen und existentiellen Bedrohungen führt: Die Regel ist, dass die Menschen in Deutschland krankenversichert sind, gesetzlich mit einigen Ausnahmen als Pflichtversicherung konzipiert. Genau genommen müsste es aber heißen, dass wir glauben, die Menschen seien hierzulande in der Regel krankenversichert – im Gegensatz zu vielen anderen Ländern wie beispielsweise dem hochentwickelten Amerika.[25] Es wird von Sozialpolitikern seit den sogenannten Hartz-Reformen (2005) als großer gesundheits- und sozialpolitischer Fortschritt propagiert, dass alle Bürgerinnen und Bürger der Bundesrepublik Deutschland in jeder Lebens- und Problemlage krankenversichert sind. Diese gesundheits- und sozialpolitische Errungenschaft wird aber beispielsweise

24 Eine Substitutionsbehandlung erfolgt mit gesetzes- und richtlinienkonform zu verordnenden Ersatzmedikamenten, um entweder in absehbarer Zeit eine Abstinenz zu erreichen oder im Sinne einer Dauersubstitution eine Schadensminimierung anzustreben und damit den Gesundheitszustand und die soziale Situation der Patienten deutlich zu verbessern und gleichzeitig Schaden von der Gesellschaft abzuwenden.

25 Trotz *Obamacare:* – die im Jahr 2010 verabschiedete Gesundheitsreform sollte allen unversicherten Menschen in den USA Zugang zu einer Krankenversicherung verschaffen, aber es sind immer noch 27.5 Millionen nicht versichert. Das hat sich auch unter der Präsidentschaft von *Trump* nicht verändert.

radikal ab absurdum geführt, wenn junge ALG II-Empfänger[26] unter 25 Jahren bei einem Terminversäumnis auf *Null-Leistung* sanktioniert werden und damit aus dem Leistungsbezug des jeweiligen Jobcenters abgemeldet werden. Diese Sanktionierung auf null hat zur Folge, dass die Leistungsabteilung des Jobcenters den sanktionierten Jugendlichen auch bei der Krankenkasse abmeldet, da er nach dem Gesetz vollständig aus dem Leistungsbezug fällt. Das ist juristisch zwar einwandfrei. Diese Verfahrensweise trifft aber beispielsweise jugendliche Wohnungslose besonders hart, da die Sanktion schon beim ersten Melde- bzw. Terminversäumnis verhängt werden kann und auch wird. Aber auch ältere Wohnungslose sind von der Sanktionierungspraxis der Jobcenter betroffen und müssen dann ohne Krankenversicherungsschutz auskommen. Gravierend wirkt sich dies bei Unfällen oder gesundheitlichen Beeinträchtigungen dieser Menschen aus, da Krankenhäuser die Behandlung ohne Versicherungsschutz oft ablehnen. Auch die Sozialämter lehnen eine Kostenübernahme wegen des selbstverschuldeten Versicherungsverlusts ab. Eine Abmeldung von der Krankenversicherung durch die Leistungsabteilung der Jobcenter dürfte – wenn überhaupt – nur dann möglich sein, wenn für Wohnungslose ein anderer Sozialleistungsträger die Weiterversicherung bei der gesetzlichen Krankenversicherung gewährleistet. So sollte es sein, ist es aber nicht. So passiert es, dass die Zahl der Nichtversicherten steigt.

Ein weiteres Beispiel: Krankenkassen machen es ihren Versicherten oft schwer, die ihnen zustehende Mütter- oder Mutter-Kind-Kur zu erhalten. In zwölf Prozent der Fälle, so die Zahlen des Müttergenesungswerkes im ersten Halbjahr 2012, wurden die Frauen an die Rentenversicherungsträger verwiesen – obwohl diese gar nicht zuständig waren und die Anträge daher ablehnten. „Das ist ein Verschiebebahnhof, der beendet werden muss. Wir arbeiten daran“, so die Geschäftsführerin eines Müttergenesungswerkes[27]. Offen bleibt, ob es sich dabei um Unwissenheit der Angestellten handelt oder um eine bewusste Methode der Kassen, Kosten einzusparen.

Gedankensplitter

Kompetenz

Anruf beim Jobcenter, nachdem ich festgestellt habe, dass der Mehrbedarf für Alleinerziehende auf dem Bescheid fehlt. Frage des erstaunten Mitarbeiters: „Seit wann gibt es das denn?“ Antwort meinerseits: „Schon immer!“ Frage des Mitarbeiters: „Wollen Sie meinen Job machen?“

Ursula Koch

26 Das Arbeitslosengeld II (kurz: ALG II; umgangssprachlich meistens *Hartz IV* genannt) ist in Deutschland die Grundsicherungsleistung für erwerbsfähige Leistungsberechtigte nach dem Zweiten Sozialgesetzbuch (SGB II).

27 http://www.derwesten.de/region/krankenkassen-blocken-antraege-auf-muetter-kuren-ab-id7249717.html#plx1025840179 [21.11.2021].

Ein weiteres Beispiel: Im August 2014 verkündet der Bundesverbraucherminister, dass die EU-Richtlinie zum „Girokonto für jedermann" zügig umgesetzt werden soll. Der Rechtsanspruch auf ein Konto auf Guthabenbasis würde bald verankert. Offensichtlich ist das erst durch die europäische Richtlinie möglich. Dass jeder das Recht auf ein Basiskonto haben sollte, war bis dato nicht unumstritten, auch wenn im Wirtschaftsleben niemand mehr ohne eines auskommt. Dennoch hatten in Deutschland, im August 2014 rund 670 000 Menschen kein eigenes Girokonto – darunter Obdachlose, Saisonarbeiter, freie Dienstleister oder Gaststudenten. In den Banken wird diesen unliebsamen Kundengruppen nach wie vor ein Konto vorenthalten. Im internen Jargon wird hier gern von Schalterhygiene gesprochen. Wenn Sie zu den EU-Skeptikern gehören, werden Sie, je nachdem wie Sie die Sache mit dem Konto betrachten, bestärkt oder verunsichert: Denn das EU-Parlament hatte im April einem Rechtsanspruch jedes Bürgers – auch ohne festen Wohnsitz – auf ein Konto zugestimmt. Die deutschen Banken werden also nun von der EU gezwungen, hier Abhilfe zu schaffen. Offensichtlich war man dazu alleine nicht in der Lage. Armes Deutschland: und auch im Jahre 2021 verfügt etwa ein Prozent der Erwachsenen noch immer nicht über ein eigenes Konto.

Die Praxis der Sozialen Arbeit ist voll von solchen und ähnlichen Beispielen aus vielen unterschiedlichen Bereichen. Sozialpädagoginnen werden täglich mit kleineren und größeren Hindernissen, Mängeln und mitunter auch willkürlichen Anwendungen und Auslegungen von Sozialgesetzen und Ausführungsbestimmungen konfrontiert, die zum Nachteil der, wie es im Amtsdeutsch heißt, *Anspruchsberechtigten* führen. Und sie erleben immer wieder, dass häufig nur derjenige, der sich auskennt, der für seine ihm zustehende Leistung eintreten kann, diese auch erhält. Die Hürden sind hoch: Für viele (Sozial-)Leistungen müssen Anträge gestellt werden, die eine Bedarfs- und Bedürftigkeitsprüfung beinhalten. Die kann sehr umfangreich ausfallen und scheut auch nicht davor zurück, in sehr persönliche Sphären einzudringen. Der dann durch den Kosten- oder Leistungsträger ergehende Bescheid muss erst einmal verstanden werden, damit eventuell dagegen vorgegangen werden kann. Ob in einigen Branchen die standardmäßige Ablehnung von Widerspruchsanträgen gängige Verfahrenspraxis ist, haben wir nicht eigens recherchiert; es lässt sich aber vermuten, da es sich lohnen kann, gestellte Ansprüche erst einmal abzulehnen: Denn die Quote derer, die Widerspruch einreichen, ist gering, zumal ein Widerspruch zwar nicht sofort, aber doch im Verlauf des Verfahrens, begründet werden muss. In manchen Branchen kommt dann als zusätzliche Barriere noch die Notwendigkeit von gutachterlichen oder amtsärztlichen Stellungnahmen hinzu. Da geht es nicht um Gefälligkeitsgutachten, da erfolgt in der Regel eine enge Auslegung der Gesetzestexte. So erfreut sich der medizinische Dienst der Krankenkassen spätestens seit Einführung der Pflegebegutachtung eines zweifelhaften Rufes – Pflegebedarfe werden in Minuten umgerechnet und manchmal entscheiden mehr oder weniger nachvollziehbare Ermittlungen über das Vorliegen oder Versagen einer Pflegebedürftigkeit.

Es geht nun nicht darum, pauschal allen Kosten- und Leistungsträgern zu unterstellen, nicht sorgsam zu arbeiten. Aber der vorgegebene Gesetzesrahmen wird häufig in enge administrative Handlungsweisen überführt, die eine umfassende Problemeinschätzung erst gar nicht ins Auge fassen. Denn das Leistungsgeschehen der gesetzlichen Träger ist an bestimmte Voraussetzungen geknüpft. So soll etwa in der Krankenversicherung eine Leistung dem allgemein anerkannten Stand der medizinischen Erkenntnisse entsprechen, notwendig und wirksam sein und zugleich wirtschaftlich erbracht werden. Da bleibt einerseits viel Spielraum für Interpretationen, andererseits sind die Vorgaben recht eng gefasst: die Leistung soll gleichzeitig

- dem allgemeinen Stand der medizinischen Erkenntnis entsprechen. Das führt in das weitverzweigte Netz von Richtlinien, die erstellt und angepasst werden müssen, in Ausschüssen beraten und verabschiedet werden und die natürlich immer auf dem neuesten wissenschaftlichen Stand sind;
- notwendig sein. Die Entscheidung darüber, was notwendig ist, wird gern, weil wirklich schwierig und komplex, Experten überlassen: Es bedarf der Expertise, um festzustellen, was vorliegt, und um festzulegen, was getan werden muss. Während es im Einzelfall bei sorgsamem Vorgehen dabei durchaus zu guten Ergebnissen kommen kann, entfernt sich eine *generelle* Vorgabe und Entscheidungsfindung von der individuellen Situation. Es ist zudem ein Irrglauben anzunehmen, dass die Kriterien für solche generellen Vorgehensweisen unter rein fachlichen Aspekten erstellt und angewendet werden. Dazu ein Beispiel: Im Bereich der Psychotherapie war und ist es strittig, wann ein Bedarf an ambulanter Psychotherapie besteht, also ab wann eine Psychotherapie fachlich notwendig ist (dies ist insofern von Interesse, als dies Auswirkungen hat auf die Anzahl von Psychotherapeuten, die das Versorgungssystem vorhalten muss, um den Bedarf zu decken). Es gab nun in den neunziger Jahren des vorigen Jahrhunderts eine renommierte Studie (Meyer et al. 1991), die zu dem Ergebnis kam, dass der zu deckende Bedarf an ambulanter Psychotherapie bei rund fünf Prozent der Versicherten liege, zu der damaligen Zeit eine unfassbare Vorstellung. Eine anschließend als Gegengutachten in Auftrag gegebene Expertise kam zu dem Ergebnis, dass statt der fünf lediglich von gut zwei Prozent Behandlungsbedarf auszugehen wäre. Wie das, werden Sie fragen: Gab es neuere Untersuchungen, bahnbrechende Entwicklungen, neue Berechnungsmodelle? Nichts dergleichen. Es reichte aus, dass ein Kriterium im Ermittlungsmodell ein wenig verschoben wurde. Während die grundlegende Studie zu dem Ergebnis kam, dass ein Schweregrad psychischer Störungen auf einer mehrstufigen Skala von drei die Notwendigkeit von ambulanter Therapie begründet, wurde in der Expertise dieser Schwergrad um einen Level auf

Schweregrad vier erhöht – *notwendig* wurde danach die Behandlung also erst, wenn die Störungen bzw. die Symptomatik gravierender waren. Und schon hatte sich die Anzahl halbiert (‚notwendig' klingt unumstößlich und objektiv, ist es aber nicht).

- wirtschaftlich sein. Wirtschaftlich ist etwas dann, wenn sich Aufwendungen und Ertrag in einem guten Verhältnis befinden, wenn also Kosten und Wirkungen nach Lage der Dinge vertretbar sind. Wirtschaftlich vertretbar ist eine Entscheidung beispielsweise dann, wenn von zwei Kliniken die preisgünstigere ausgesucht wird – vorausgesetzt, sie produziert keine schlechteren Ergebnisse als die teurere. Das Wirtschaftlichkeitsgebot soll unnötige und unsinnige Kosten vermeiden und eine qualitativ hochwertige Versorgung bei bezahlbaren Preisen sicherstellen. Das Problem in der Praxis ist natürlich, dass häufig valide Daten für eine Effizienzberechnung fehlen: Es liegt zwar der Preis für eine Leistung vor, aber die Wirkungen sind nicht so eindeutig; dieser Zusammenhang ist tatsächlich schwierig zu ermitteln. Ein weiterer Aspekt: Es ist eine Binsenweisheit, dass die Verhinderung eines Vorfalls (Verhinderung stationärer Maßnahmen, Verhindern des Eintretens einer Erkrankung) nicht nur sinnvoller, sondern möglicherweise auch kostengünstiger ist. Das führt aber nicht dazu, dass präventive Programme ausfinanziert wären. Unter wirtschaftlichen Gesichtspunkten lässt sich nämlich anführen, dass der Nachweis für Wirksamkeit bei gleichzeitig eingesparten Kosten erst einmal erbracht sein muss, ehe eine solche Maßnahme standardmäßig in den Leistungskatalog übernommen wird.

Gerade das ökonomische Interesse kann dazu führen, dass Klienten häufig nicht umfassend beraten werden – aus Angst vor einer sogenannten leistungserschließenden Beratung. Man stelle sich vor, eine Klientin würde richtig gut beraten und dadurch in die Lage versetzt, auch etwas über ihr bisher nicht bekannte Leistungsansprüche zu erfahren. Das Schreckgespenst einer Ausweitung von Leistungen genügt, damit es nicht dazu kommt.

So bleibt es häufig dabei, dass schon ein bisschen Glück dazugehört, eine kompetente Sozialarbeiterin zu haben – die sich sozialrechtlich und administrativ auskennt und die sich der Sache annimmt - oder die Politik doch ein Einsehen hat. Bisher war es so: Wenn Asylsuchende in den ersten fünfzehn Monaten krank wurden, mussten sie eine Bescheinigung bei der Kommune besorgen, damit sie zum Arzt gehen konnten; weitere Instanzen folgten. In einigen (nicht allen!) Bundesländern können *Flüchtlinge* jetzt die elektronische Gesundheitskarte nutzen.[28] Vorteile: Die Asylsuchenden erhalten einen verbesserten Zugang zu den Gesundheitsleistungen. Er ist weniger mühsam, da kein Weg zum Sozialamt erforderlich ist und die Karte in der Praxis sie mit

28 http://gesundheit-gefluechtete.info/gesundheitskarte/ [21.11.2021]

gesetzlich Versicherten gleichstellt. Die Sozialbehörde wird entlastet, da der Prüf- und Entscheidungsaufwand wegfällt. Geht doch!

Einführende Literatur

Wendt, Wolf Rainer (2008 b). Geschichte der Sozialen Arbeit 2. Die Profession im Wandel ihrer Verhältnisse. 5. Aufl., Stuttgart: Lucius & Lucius.

Weiterführende Literatur

Lambers, Helmut (2020): Theorien der Sozialen Arbeit. 5. Auflage. Opladen: Budrich.
Seithe, Mechthild (2013): Schwarzbuch Soziale Arbeit. 2. Aufl., Wiesbaden: VS.

7. Helfen und Soziale Arbeit – Zwei Begriffe, die irgendwie zusammengehören

Wir haben bisher schon eine ganze Reihe von Überlegungen angestellt, was Soziale Arbeit heute ist, was alles dazugehört – und was nicht: welche Aufgabenfelder, welche Methoden, welche Berufe, welche Einrichtungen oder welche Ziele. Spannend ist aber auch zu wissen, was einmal dazugehört hat, heute jedoch nicht mehr, das heißt, welche Ziele die Soziale Arbeit einmal verfolgt und dann wieder verworfen hat bzw. welche Absichten aus den unterschiedlichen Gründen nicht mehr vertreten werden. Also: Was war Soziale Arbeit einmal, wie wurde sie das, was sie heute ist, und was ist in ihrer Entwicklung unterwegs verloren gegangen?

Für diese Betrachtung würde sich natürlich ein Blick in die Berufsgeschichte Sozialer Arbeit anbieten, diese Perspektive wird in Lehrbüchern auch gerne eingenommen, ebenso die Geschichte der Methoden oder Handlungsfelder und gerne auch die der Institutionen: Wann und warum wurden zum Beispiel die ersten Jugendämter gegründet – und wie? Das sind gängige Fragen. Inhaltlich wäre es aber vielleicht interessanter, was in der Entwicklung der Sozialen Arbeit jeweils die unterschiedlichen Ziele und Funktionen waren und wer darum gerungen hat. Das sind dann Fragen zur Ideen- und Diskursgeschichte. Es gibt sogar noch mehr Betrachtungsweisen, zum Beispiel den biographiegeschichtlichen Zugang, sprich: Welche Personen waren in der Entwicklungsgeschichte so wichtig, dass man sich nach langer Zeit, manchmal nach Jahrhunderten noch an sie erinnert? Und was war das Besondere, das sie gemacht, geleistet, verändert haben? Oder die frauengeschichtliche Dimension: Wie war das mit dem Genderaspekt, besser gesagt, mit der geschlechtlichen Arbeitsteilung, wie man es häufig lesen kann: den Männern die Theorie, den Frauen die Praxis? – War es so? Es gibt sogar noch eine Reihe weiterer Blickrichtungen, beispielsweise den der Sozialpolitik, die Soziale Arbeit oft als eine Geschichte der Armut versteht. Aber mit der Auflistung von Zugängen wollen wir es jetzt gut sein lassen, denn Sie sehen schon: Die eine Geschichte der Sozialen Arbeit gibt es nicht, es gibt nur unterschiedliche Brillen, mit denen man sie betrachten kann.

Im Folgenden setzen wir uns eine Brille auf, die bisher noch nicht genannt worden ist, nämlich die der *Sozial- und Kulturgeschichte sozialen Handelns.* Zwar wird die Herausbildung Sozialer Arbeit üblicherweise in die Zeit der Industrialisierung datiert und mit der gesellschaftlichen Notwendigkeit begründet, individuelle Notlagen abzufedern. Das ist nicht falsch, aber es reicht nicht aus. Denn Soziale Arbeit hat sich aus Hilfevorstellungen entwickelt. Die Vorstellungen, wie das Helfen geschehen soll, haben sich aber immer wieder verändert. Soziale Arbeit ist nicht in einem kontinuierlichen und gradlinigen Prozess zum Besseren hin entstanden. Um das zu verstehen, muss man sich die

Funktion von Hilfe im menschlichen Miteinander anschauen: Was ist Hilfe und wozu ist sie da?

Menschen waren und sind – ob in einfachsten oder in komplexen Gesellschaften – der eigenen Hilfebedürftigkeit ausgeliefert und damit auf die Hilfe anderer Menschen angewiesen. Dabei ist es nicht wichtig zu unterscheiden, ob Hilfe quasi *automatisch* geschieht, weil sie eine Urkategorie des menschlichen Handelns darstellt (Scherpner 1962) und Menschen – anthropologisch betrachtet – also gar nicht anders können oder ob Hilfe in der Menschheitsgeschichte als sinnvolles (funktionales) wechselseitiges Handeln entstanden ist (Luhmann 1973). Festhalten lässt sich dagegen, dass Helfen zu allen Zeiten und in allen Gesellschaften stattfindet, aber unter sich wechselnden Formen und Bedingungen geschieht. Diesen Wandel und die jeweilige Funktion der Hilfen über die Zeitläufte hinweg zu verstehen – das ist entscheidend! Wir wollen die Geschichte Sozialer Arbeit hier als eine Geschichte des Helfens verstehen und betten sie zunächst in soziale und kulturelle Zusammenhänge ein und dann politisch in die Sozialgeschichte Deutschlands. Wir werden bei unserem Flug durch die Geschichte sehen, wie es zur Entstehung der *typisch deutschen Arbeitsteilung* zwischen Staat und Wohlfahrtsverbänden gekommen ist, warum das Recht und die Bürokratisierung einen so hohen Stellenwert einnehmen, uns wird aber auch die Ausbildung Sozialer Arbeit begegnen – bis hin zu dem, was wir heute in Deutschland unter professioneller Sozialer Arbeit verstehen, nämlich staatlich organisiertes soziales Handeln.

Ein weiterer wichtiger Grund, warum wir dem Buch die Kapitel zur geschichtlichen Entwicklung hinzugefügt haben, liegt einfach darin, dass sich Sozialarbeiter oder Sozialpädagoginnen der historischen Wurzeln und Funktionen Sozialer Arbeit bewusst sein müssen, wenn sie sich mit ihrem Beruf identifizieren wollen. Warum? – Weil die komplizierte Gegenwart nicht ohne Rückschau in die Vergangenheit verstanden werden kann und weil eine Zukunftsgestaltung ohne Verständnis der vergangenen Hilfevorstellungen weniger gut möglich ist. Das heißt nichts anderes, als dass das gegenwärtige berufliche Selbstverständnis Sozialer Arbeit nicht zuletzt aus der wechselhaften Geschichte des Helfens hervorgegangen ist und in Teilen auf ihr beruht. Diesen Zusammenhang macht man sich natürlich nicht tagtäglich klar, im Gegenteil, es ist menschlich und verständlich, die aktuellen Lösungswege für soziale Probleme als gegeben hinzunehmen, ohne dass man ständig nach den Ursachen von bestimmten Handlungsmustern oder rechtlichen Grundlagen fragt. Das geht nicht nur Sozialarbeitern so. Auf der anderen Seite dürfte einleuchten, dass das Vergangene nicht einfach beendet ist, sondern in seinen (Nach-)Wirkungen bis in die Gegenwart hineinreicht. Das passiert sowieso, unabhängig davon, ob man sich dessen bewusst ist oder nicht. Aber sich der (Nach-)Wirkungen bewusst zu sein, das hat natürlich Vorteile, denn die Kenntnis und die Auseinandersetzung mit der Entwicklung Sozialer Arbeit betreffen die eigene berufliche

Identität und helfen dabei, das eigene sozialarbeiterische Handeln besser zu verstehen und es in überindividuelle Zusammenhänge einzuordnen.

C. Wolfgang Müller (1928–2021), ein bedeutender deutscher Sozialpädagoge, verwirrt zunächst in seiner Methodengeschichte Sozialer Arbeit (2006), wenn er ausführt, was Soziale Arbeit nicht ist: „Sozialarbeiter und Sozialpädagogen arbeiten nicht wie Bernhardinerhunde. Sie sind keine Helfer. Auch keine professionellen. Sie verwalten einen Fonds von Steuergeldern und Spenden, aus dem jene Menschen zeitweilig unterstützt werden, die das zum Überleben Notwendige nicht aus eigener Arbeit erwirtschaften können. Und sie übernehmen zeitweilig Pflege- und Erziehungsverpflichtungen dieser Personen gegenüber Dritten – meist gegenüber Kindern, Jugendlichen und Alten.“ (Müller 2006, 13)

Aha, keine Helfer also. Viele Sozialarbeiter ergreifen diesen Beruf aber gerade, um „Menschen zu helfen“. Vielleicht ist das ja auch Ihre Motivation, dann müsste das Zitat eigentlich stutzig machen. Denn ist es nicht so, dass wir es gewohnt sind, „mit der Vorstellung des Helfens Züge des Freiwilligen, Spontanen, Schenkenden, Unerwartbaren zu verbinden“? (Luhmann 1973, 21).

Was ist denn Hilfe dann? Nun, so genau wissen wir das noch nicht, dazu schauen wir uns ganz kurz Luhmanns (1973) „Kulturgeschichte des Helfens an“. – Wie gehen wir dabei vor? Wir wollen uns die verschiedenen historischen Abschnitte, wie schon angekündigt, in ihrem sozialen, politischen und kulturellen Kontext ansehen. So lässt sich ausmachen, dass man für jede dieser Phasen – mit ihren Möglichkeiten, Umständen, Entwicklungsunterschieden und Denkweisen – Leitlinien für die Ausformungen Sozialer Arbeit erkennen kann, die uns zeigen, dass sich Soziale Arbeit nicht im „luftleeren Raum“ abgespielt hat und abspielt. Das gilt insbesondere für die Armenpflege als der Fürsorge für Erwachsene (Sozialarbeit) und für die Jugendfürsorge (Sozialpädagogik). Wie Sie schon wissen, haben beide Entwicklungslinien zwar vergleichbare historische Wurzeln, die sich im Laufe der Zeit zu eigenständigen fürsorgerischen Strömungen entwickelt hatten, ehe sie dann in der Gegenwart ineinandergeflossen sind bzw. sich „im Strang“ Sozialer Arbeit verbunden haben.

Der Formenwandel der Hilfe

Unternehmen wir mit Luhmann einen kurzen Ausflug in die übliche Epocheneinteilung (Antike, Mittelalter, Neuzeit), dann sehen wir, dass sich Hilfe in einfachen Gesellschaften (wie der Antike) als etwas *Normales*, etwas Wechselseitiges darstellt. Denken Sie an eine Stammesgesellschaft: Die Bedürfnisse der Mitglieder sind nicht komplex und, noch wichtiger, sie sind für alle gleich. Heißt: Ist die Ernte schlecht, hungern alle, ist der Winter lang, frieren alle usw. Man *hilft* sich untereinander entweder individuell durch Tausch oder bei Notlagen, zum Beispiel bei der Gefahrenabwehr, kollektiv. Weil diese Art der Hilfestellung in der (Not-)Gemeinschaft absolut selbstverständlich und überlebenswichtig ist, wird auch die Hilfeleistung quasi von allen *automatisch* erwartet, ein Dankeschön in unserem heutigen konventionellen Sinn gehört nicht dazu. Wer allerdings zu dieser gemeinschaftlichen Hilfeleistung („eine Hand wäscht die andere") nicht bereit ist, der riskiert den Ausschluss aus der Dorfgemeinschaft oder der Sippe und – damit gleichbedeutend – oft genug sein Leben.

Mit anderen Worten: wegen der wechselseitigen Hilfeverpflichtung der Mitglieder braucht es noch keine speziellen Hilfsdienste, das ist das Positive. Das Negative ist jedoch, dass dieses System nur in ganz einfachen Gemeinschaften funktioniert und keiner weiß, wann von ihm Hilfe erwartet wird, wann er zur Hilfe verpflichtet sein wird. Diese einfachen Gesellschaften existierten nicht nur in grauer Vorzeit, man kann heute auch bestimmte isoliert lebende, abgeschiedene (z.B. ethnische) Gruppen und in gewisser Weise sogar Familien-, Nachbarschafts- oder Freundesgruppen darunter fassen.

Gemeinsames Merkmal ist immer: das Zusammenleben ist geregelt, wenig hierarchisiert, nichts ist schriftlich dokumentiert, die Grundbedürfnisse sind überschaubar und die denkbaren Notlagen sind allen bekannt. Die Hilfe geschieht wechselseitig (reziprok) und selbstverständlich – und wenn nicht, dann ist es eben „aus mit der Freundschaft".

Anders als in einfachen werden in hochkulturellen Gesellschaften („Mittelalter") die Aufgaben aufgeteilt bzw. ausdifferenziert: es gibt Handel, Handwerk, Technik, Verteidigung, Verwaltung etc.; es entstehen Schichten, z.B. Stände, die nicht durchlässig sind oder, um es in einem heutigen Sprachbild auszudrücken, die eine gläserne Decke haben – und übrigens auch einen gläsernen Boden. Die Hilfe untereinander verändert sich, weil das einfache System der Gegenseitigkeit nicht mehr funktionieren kann. Vor allem ändert sich, dass sich auf der Grundlage von Gerechtigkeitsvorstellungen auf unserem Kontinent das Helfen nun als herausragende christliche Tugend und gleichzeitig als christliche Pflicht entwickelt (Luhmann 1973, 26). Es entstehen neue Regeln, und zwar bezogen auf das Helfen wie auf das Danken, allein auf der übereinstimmenden Willensbekundung der Parteien beruhend, Konsensualvertrag genannt. Was bedeutet das?

In komplexen Gesellschaften ist das Zusammenleben für Menschen nicht mehr so überschaubar, und auch der Austausch von Hilfe wird komplexer. Es gibt nun Regeln für das Geben und Nehmen, denn die ursprünglich gegenseitige Hilfeform verändert sich zwangsläufig zu einer moralisch begründeten bzw. veranlassten Hilfe. Damit ist gemeint, dass Hilfe kompliziert wird und der Empfänger sich nicht mehr mit der gleichen Art von Hilfe revanchieren kann. Beispiel: Wie will jemand, der Hilfeleistungen von Schreibern oder Priestern oder Ärzten in Anspruch nimmt, diese Hilfe reziprok vergelten, wo er selbst doch weder ein Schreiber oder Priester oder Arzt ist? Er macht das jetzt mit Geld, Honorar genannt („Gib mir so viel, wie dir meine Hilfe wert ist!").

Wir haben nun erfahren, wie das Helfen in einfachen (Stammesgesellschaften) und hochkulturellen Gesellschaften (Mittelalter) verstanden wurde. Wie aber verhält es sich mit der Hilfe in modernen[29] Gesellschaften (Neuzeit)? In den modernen, sehr komplexen Gesellschaften der Gegenwart haben sich Funktionen, die früher auf gesamtgesellschaftlicher Ebene (Luhmann 1973, 31) ausgeführt wurden, um der Übersichtlichkeit und Ordnung willen, auf Organisationen verlagert, die sich auf bestimmte Aufgaben spezialisiert haben, zum Beispiel auf Ökonomie oder Recht usw. Die Aufgaben Helfen und Erziehen stehen jetzt nicht mehr nur zufällig zur Verfügung, sondern sind im Sozial- und Bildungssystem angesiedelt, wo die Hilfe systematisch und in Programmen geschieht. Das hat für den Hilfeempfänger Vor- und Nachteile, wie wir noch sehen werden.

Jetzt gehen wir aber noch einmal einen Schritt zurück, denn wir haben uns bisher zwar mit dem Wandel bzw. der Kulturabhängigkeit des Helfens befasst, aber noch nicht erfahren, wie die Hilfe denn konkret ausgesehen hat bzw. aussieht.

Vorläufer Sozialer Arbeit oder: Betteln als Beruf

Wie muss man sich die Armenfürsorge im Mittelalter vorstellen? Zunächst einmal: die Gesellschaftsordnung war eine ganz andere, als wir sie heute kennen. Das Individuum war dem Gemeinwohl untergeordnet, sein Platz darin wurde ihm zugewiesen (Hildebrandt 2012). Es gab eine „heilige Ordnung", wo alle Schöpfung auf Gott ausgerichtet war: Priester standen in der Gesellschaftsordnung ganz oben, gefolgt von der weltlichen Herrschaft, dem Adel also, dann dem bürgerlichen Stand mit seinen Händlern, Handwerkern, Bauern etc. Daran schloss sich der arme Stand (der Besitzlosen, lateinisch: *pauperes*) an, und als letztes folgte der bedürftige Stand (lateinisch: *egentes*) der Witwen, Waisen, Kranken (Schilling/Klus 2018, 21).

Unsere Fragen von heute, wie Armut verringert oder gar abgeschafft werden könnte, die stellten sich in der Ständegesellschaft gar nicht – alles wurde als Teil der göttlichen Ordnung aufgefasst, daran wurde nicht gerüttelt: selbst für Thomas von Aquin[30] (1224-1274), der erstmalig eine Almosenlehre – wir sa-

29 Als moderne Gesellschaften bezeichnet man die zeitgenössischen Gesellschaften seit der Neuzeit (also etwa seit 1750).

30 Der Gelehrte Thomas von Aquin (1224–1274) hatte eine Almosenlehre entworfen, in der das Gemeinwohl vor dem Wohl des Individuums stand. Er akzeptierte die Ständeordnung des Mittelalters, da sich darin die göttliche Ordnung spiegele. Wichtig war das Seelenheil; jedoch galt die Pflicht zur Arbeit als göttliches Gebot für diejenigen, die nicht von eigenem Besitz leben konnten. Betteln galt als ehrbare Arbeit bzw. als ehrlicher Broterwerb. Den Reichen boten die Armen die Gelegenheit,

gen heute Armutstheorie dazu – war die ökonomische, soziale und politische Ungleichheit *natürlich,* nämlich *gottgegeben.* Aber mit seiner Almosenlehre definiert er die christliche Armenfürsorge neu und gilt, weil er das theologische und soziale Denken in Europa auf Jahrhunderte geprägt hat, manchen als der erste Theoretiker der Sozialen Arbeit. Seine Thesen beeinflussen das abendländische Denken bis heute und wirken gerade in der Sozialen Arbeit nachhaltig: Nicht nur der Caritasverband begründet seine Arbeit mit christlicher Nächstenliebe, auch das Subsidiaritätsprinzip der heutigen deutschen Sozialpolitik geht über den Weg der christlichen Soziallehre auf Thomas von Aquin zurück (Engelke 1998, 39f.).

Aber: Wie sieht sie aus, diese zentrale christliche Lehre? – Es geht um den Zusammenhang von Barmherzigkeit und Geld. Denn der einzig gangbare *Weg ins Himmelreich* führt nach dem damaligen religiösen Verständnis – sozusagen dem *Zeitgeist* – für Reiche[31] nur über Werke der Barmherzigkeit und speziell über die Gabe von Almosen, eine Verpflichtung, die Thomas von Aquin aus dem Gebot der Nächstenliebe (Caritas) und der Barmherzigkeit ableitet: Reiche sind verpflichtet, von ihrem Überfluss denen etwas abzugeben, die äußerste Not leiden. Das heißt: „Wohlhabende Bürger stiften zu Lebzeiten oder vererben ihr Vermögen für wohltätige Zwecke“ (Amthor 2012, 53), wobei die Gelder vor allem in den Bau und die Unterhaltung von Hospitälern fließen. Empfängerin der Spenden ist die Kirche, die die Almosen verwaltet und verteilt, dafür zuständig sind Bischöfe, Äbte, Priester und Ordensfrauen – der geistliche Stand eben. Etwas, das wir uns heute nicht mehr vorstellen können: Das Betteln gilt als legitime und würdige Form des individuellen Broterwerbs und unterliegt in der mittelalterlichen Gesellschaft (noch) keinerlei Ächtung (Sachße/Tennstedt 1998, 29). Außerdem sind sie, auch wenn sich das in unseren Ohren zynisch anhören mag, für das Heil der Sünder und Reichen geradezu unentbehrlich. Aber immerhin: die Armen profitieren von dieser Konstruktion. Oder anders ausgedrückt: Hier handelt es sich um eine eigennützige Hilfeform, wo der Vorteil des Reichen im Vordergrund steht, nicht die Not der Armen.

Gedankensplitter

Tagebuch, 8. Juni, 16.38
Testament zu meinen Gunsten geändert.

Piet Klocke (2021, 80)

durch die Gabe von Almosen ihrer christlichen Pflicht nachzugehen (Berger, David (2004): Thomas von Aquins ‚summa theologiae‘. Darmstadt: Wissenschaftliche Buchgesellschaft.).

31 Im Markus-Evangelium heißt es dazu: „Eher geht ein Kamel durch ein Nadelöhr, als dass ein Reicher in das Reich Gottes gelangt!“ (Mk 10,25).

Schutzherrschaft für Kinder

Wie ist es armen Kindern zu dieser Zeit ergangen? Hatten sie keine Eltern, die für sie sorgen konnten, kamen sie in die Familie des nächsten männlichen Verwandten, der als Vormund über sie die Schutzherrschaft (Scherpner 1966, 19) ausübte. Gab es auch diese Verwandten nicht, drohte den Kindern ein schlimmes Schicksal, sie wurden zusammen mit fremden Erwachsenen in Hospitälern untergebracht – man mag sich nicht vorstellen, was das für viele von ihnen bedeutet hat. Erst als diese Spitäler vollends zu Elendsunterkünften verkommen waren, hat man Babies, die vor dem Portal von Kirchen und Klöstern abgelegt worden waren, dann in gesonderten Findel- und Waisenhäusern untergebracht. Ein kindgerechtes Leben darf man sich darunter aber auch jetzt nicht vorstellen: Sie erhielten dort nur die allereinfachste materielle Versorgung, und wer von ihnen überlebte, hatte schon Glück[32]. An Erziehung in unserem Sinn war nicht zu denken, auch nicht an Ausbildung, allenfalls an eine Art Anleitung zum Betteln, damit sie sich das Nötigste verdienen konnten – und nicht in die „sittliche Armut“ abrutschen würden. Aus dem Bestreben, diese Kinder vor dem quasi vorgezeichneten Weg in Kriminalität und Prostitution zu schützen, entsteht im Laufe der Zeit die Sozialpädagogik als die Geschichte von armen Kindern.

Mit dem (Hoch-)Mittelalter geht eine ökonomisch gute Epoche zu Ende: die reichen Städte wirkten anziehend auf *arme Gesellen*, die dorthin zogen, um – wie im Märchen – ihr Glück zu suchen, denn Betteln, auch das aggressive Betteln, gilt ja als anerkannter Erwerbszweig[33], der noch dazu lukrativ ist. So kommt es, dass in den einst blühenden Städten irgendwann die Armutsbevölkerung überwiegt (Sachße/Tennstedt 1998, 27ff.). Mit einem Wort: Das alte Prinzip der Almosen ist nicht länger funktional, die indirekte Armenhilfe stößt an ihre Grenzen. – Was also machen die Städte? Sie *regulieren* die Armutshilfe fortan, es kommt zu einer Armutsverwaltung.

Hilfe gegen Arbeit in der frühen Neuzeit und im Feudalismus

Es ist leicht nachzuvollziehen, dass unter den genannten Umständen die Armut jetzt immer stärker als Bedrohung der Gesellschaft erlebt wird und man das Betteln nun zunehmend verbietet und sogar bestraft. Mit dem aufstrebenden Bürgertum hat sich die Moralvorstellung geändert:

Armut und Betteln gelten nun immer weniger als gottgewollt, sondern zunehmend als moralisch verwerflich. In der Folge geht die Vergabe von Almosen mehr und mehr von den kirchlichen Einrichtungen auf den Rat der Städte

32 Die Säuglingssterblichkeit lag in Waisenhäusern bei geschätzten siebzig Prozent (vgl. Schilling/Klus 2018, 5).

33 Wer dazu Genaueres erfahren möchte, dem sei der Band von Robert Jütte (2000) empfohlen: Arme, Bettler, Beutelschneider. Eine Sozialgeschichte der Armut. Weimar: Hermann Böhlaus Nachf. Weimar GmbH & Co.

über, es entsteht eine öffentliche Armutspflege mit einer Art kommunaler Sozialverwaltung, die zunächst in den großen Reichsstädten das Armutsproblem durch Bettel- und Polizeiverordnungen, die nach arbeitsfähigen und arbeitsunwilligen Armen unterscheiden (Amthor 2012, 55) eindämmen will. Nur arbeitswillige Armen haben in den neu konzipierten Armenordnungen[34] noch solange Anspruch auf eine zeitlich knapp befristete, materiell dürftige Unterstützung, bis sie Arbeit gefunden haben (Wendt, W.R. 2008a, 26ff.). Almosen werden nun als letzte Option verstanden, den Armen zu helfen. Und die alten Hospitäler differenzieren sich zur Durchsetzung der Arbeitspflicht in Zucht- und Arbeitshäuser aus, sie werden also de facto Gefängnisse.

Ziel dieser programmatischen Maßnahmen war die Abschaffung des Bettelns: nur noch wenigen Armen wird unter restriktiven Bedingungen erlaubt, durch Betteln ihren Unterhalt zu verdienen; die Berechtigung muss mit einer sichtbar zu tragenden Plakette (*heiligs Blechle*) nachgewiesen werden. Für die Überprüfung und Kontrolle stellen die Städte ehemalige Soldaten und Polizisten als hauptberufliche Armenpfleger ein, die aus ihrem alten Beruf das Verwalten kennen und wissen, wie man hart durchgreift (Engelke et al. 2018, 70). Daneben sind auch ehrenamtliche Armenpfleger tätig, das sind angesehene Bürger, die vom Rat der Stadt auf Zeit gewählt werden. Die systematische und rationale Armenfürsorge gewinnt an Bedeutung.

Wir halten fest: Es kommt zu einer Unterteilung in *gute* Bettler (Plakette) und *schlechte* Bettler (ohne Berechtigung), die schlechten werden fortan kriminalisiert (Sachße/Tennstedt 1998, 34ff.) und haben sich wohl auch nur mit kriminellen Machenschaften über Wasser halten können.

Anders ausgedrückt: mit der Unterscheidung in rechtschaffene Arme und selbstverschuldete Arme taucht im Zusammenhang mit Armut die *Schuldfrage* erstmalig auf. Die guten unterliegen einer pädagogischen Absicht (und sichtbaren Stigmatisierung). Das Bettelabzeichen dient der Disziplinierung und Durchsetzung von Regeln der städtisch-handwerklichen Mittelschicht, nämlich den Tugenden Fleiß, Ordnung, Disziplin und Mäßigung. Die rechtschaffenen Armen werden nur so viel wie unbedingt nötig unterstützt, die selbstverschuldeten Armen dagegen gar nicht; die ‚schlechten' Armen werden – durchaus in pädagogischer Absicht – immer stärker zur Arbeit in Arbeits- und Zuchthäusern gezwungen.

Überall in Europa gibt es seit dem 15. Jahrhundert Theorien zur Armutsentstehung und -bekämpfung (vgl. Engelke et al. 2018, 33). Einer der ersten Armutstheoretiker ist Jean Luis Vives (1492 – 1549), der 1526 für seine Stadt Brügge das Konzept der Arbeitspflicht, Bedürftigkeitsprüfung, öffentlichen Arbeitsbeschaffungsmaßnahmen und Erziehung der Armen zur Arbeit (insbesondere der armen Kinder) entworfen hat.

34 Hier war die Stadt Nürnberg Vorläufer (vgl. Scherpner 1984, 33ff.).

Die Kirche wird aus der Armenfürsorge verdrängt, die Städte entziehen den Klöstern und Stiftungen die Verwaltung der Almosenausteilungen, und das *Betteln als Beruf* wird verunmöglicht. Damit wird das mittelalterliche Prinzip der Caritas durch ein systematisches und vor allem rationales Prinzip der Armenpflege/Armenfürsorge ersetzt. Das heißt: Hilfe wird zunehmend organisiert und „in Programmen aufgelegt", die sich je nach politischer, wirtschaftlicher oder weltanschaulicher Situation auch wieder ändern lassen.

Die veränderte modernisierte Armenfürsorge des Absolutismus („Hilfe nach Programmen") zeichnet sich durch Kriterien aus, die dem Wesen nach bis heute gelten (Sachße/Tennstedt 1998, 130-132):

- *Kommunalisierung* (Verdrängung der Kirche, Wohnortprinzip, es ist festgelegt, wer die Hilfe ausführt);
- *Rationalisierung* (Hilfe ist nicht mehr zufällig. Sie hängt nicht davon ab, ob der Geber in Geberlaune ist oder, wenn ja, ob der Arme gerade zur richtigen Zeit am richtigen Ort ist; Hilfe ist jetzt an Regeln gebunden; Dauer von Hilfen ist festgelegt);
- *Bürokratisierung* (Armutsverwaltung: Berechtigung zu und Bezug von Hilfen wird kontrolliert; nach heutigem Verständnis würde man sagen: die Wirksamkeit der Hilfen wird evaluiert).
- *Pädagogisierung* (Unterstützung der rechtschaffenen Armen – „arm, aber ehrlich" – als Subjekte positiver Arbeitserziehung).

Damit hat die Armenpflege nun zwei Erscheinungsformen: neu ist, dass das Spendenaufkommen der privaten Wohltätigkeit jetzt in der Hand der Kommunen liegt und reguliert wird. Daneben gibt es nach wie vor die geschlossene Armenpflege, also die Einweisung von Armen, Siechen, Krüppeln und psychisch Kranken bzw. Auffälligen in geschlossene Anstalten. Diese Spitäler, Siechenhäuser oder Tollhäuser liegen in der Hand von Landesherren, die ihrerseits wirtschaftliche Ziele verfolgen, das heißt: die Eingewiesenen haben im Auftrag und auf Rechnung der Obrigkeit zu arbeiten. Oder anders ausgedrückt: Alle diese Anstalten waren ökonomisch bzw. *sozialpolitisch*, aber keinesfalls sozial orientiert (Wendt, W.R. 2008a, 27). Gleichzeitig verfolgt man eine Erziehung zur Arbeit, damit ist körperliche Arbeit in Verbindung mit religiöser Erziehung gemeint, was im 18. Jahrhundert als das Allheilmittel gegen Armut (Amthor 2012, 69) schlechthin gilt, sprich: Wir haben es mit Sozialdisziplinierung in Gestalt von Fürsorge (Sachße/Tennstedt 1998, 36ff.) zu tun.

Zwischenfazit

Im ausgehenden Mittelalter und in der frühen Neuzeit ändert sich die gesellschaftliche Ordnung und mit dem Anwachsen der Städte erreicht das Prinzip des Bedarfsausgleichs „Almosen gegen Seelenheil" seine Grenzen. Nicht mehr der Geber steht im Mittelpunkt des Hilfeprozesses, sondern der Bedürftige in seiner individuellen Notlage. Es kommt zur langsamen Ablösung der religiös (moralisch) begründeten Hilfe durch Hilfe gegen Arbeit. Erziehung zur Arbeit, Arbeitspflicht und Arbeitszwang werden zunehmend als Mittel gegen Armut eingesetzt. Betteln soll die Ausnahme sein und wird in Bettelordnungen reglementiert.

Die Armenpflege gerät in den öffentlichen Zuständigkeitsbereich für Menschen, die ohne Unterstützung ihre Existenz nicht sichern können. Der Staat bzw. die Obrigkeit übernimmt für diese Aufgabe aber nicht allein die Verantwortung. Vorgelagerte Sicherungen (Subsidiarität) wie Familie, ständische oder private Unterstützung (Armenpflege) werden vorrangig genutzt. Die öffentliche Unterstützung als Ausfallbürge ist nur die Ultima Ratio, wenn es sonst keine Hilfen gibt. Der Grundsatz, dass der Staat nur nachrangig zuständig ist, wird noch durch die Arbeitspflicht der Hilfeempfänger verstärkt, die wiederum auf der Unterscheidung von arbeitsfähigen, arbeitsunfähigen und arbeitsunwilligen Armen beruht. Neben den Strukturelementen Nachrangigkeit und Arbeitspflicht sind die Orientierung am absoluten Existenzminimum und die Ausübung harter disziplinarischer Maßnahmen mit der Ausgrenzung von „Faulen" zur Abschreckung der arbeitsfähigen Armen gedacht – und zu deren Motivierung, auch noch die unbequemste Lohnarbeit anzunehmen: Fürsorge als Sozialdisziplinierung. Zur öffentlichen Hilfe gehört fortan Kontrolle, ein Prinzip, das bis heute fortwirkt. Neben der privaten Wohltätigkeit ist die geschlossene Armenfürsorge mit Armen- und Arbeitshäusern die vorherrschende Form der Armenpflege.

Einführende Literatur

Wendt, Wolf Rainer (2008 b). Geschichte der Sozialen Arbeit 2. Die Profession im Wandel ihrer Verhältnisse. 5. Aufl., Stuttgart: Lucius & Lucius.

Weiterführende Literatur

Lambers, Helmut (2020): Theorien der Sozialen Arbeit. 5. Auflage. Opladen: Budrich.

Jütte, Robert (2000): Arme, Bettler, Beutelschneider. Eine Sozialgeschichte der Armut. Weimar: Hermann Böhlaus Nachf. Weimar GmbH & Co.

8. Helfen und Soziale Arbeit – Auf das Wie kommt es an

Juan Vives (1492-1549) hat in seinen fortschrittlichen Ideen zur Prävention von Armut auch die Kinder im Blick: Sie sollen nicht mehr zum Betteln geschickt werden, sondern Erziehung und Schulbildung erfahren (Zeller 2006), einen einfachen Beruf erlernen und als Erwachsene für ihren eigenen Lebensunterhalt aufkommen können. Diese Ideen bleiben aber eher theoretisch, in der Praxis haben wir es im 16. Jahrhundert mit zwei Varianten von Findel- und Waisenhäusern zu tun. Das sind einmal Waisenhäuser als *Wirtschaftsunternehmen*, wo verwahrloste Kinder in einer Art Kindergefängnis leben: sie müssen arbeiten, und die Betreiber verdienen Geld damit (vgl. Amthor 2012, 69). Max Weber hat die dortige Einübung von Fleiß, Disziplin, Ordnung, Sparsamkeit und Pflichtgefühl als Einfluss der protestantischen Ethik auf die Verbreitung der (Wirtschafts-)Tugenden im Sinne einer „Erziehung zur Industrie" beschrieben (Wendt, W.R. 2008a, 31). Aber es bildet sich im Pietismus auch eine Gegenfunktion der Waisenhäuser heraus, nämlich die von *Erziehungseinrichtungen*. Der Theologe August Hermann Francke (1663–1727) übernimmt die humanistischen Ideen von Rousseau und Vives und entwickelt daraus in Halle (Tenorth 2000, 83) einen besseren Typ des Waisenhauses: Eine charakterlich und pädagogisch geeignete Persönlichkeit soll die Organisation selbstständig übernehmen und die Einrichtung führen. Auch die Art der Finanzierung ist neu: nicht mehr die Kommunen oder religiöse Gemeinschaften, sondern eine Gruppe gleichgesinnter Förderer (und Spender) quer durch die Schichten sind nun Träger der Einrichtungen. Anders ausgedrückt: in dieser echten Hilfeeinrichtung geht es den armen Kindern – zum ersten Mal – gut.

Für die Franckeschen Stiftungen in Halle entwirft August Hermann Francke ein Konzept, das zwar der Ehre Gottes dienen soll, aber aufgrund der Bildungsintention für die damalige Zeit neu ist und in ganz Europa nachgeahmt wird, sei es in Schulen, Waisenhäusern oder der Lehrerausbildung (Schilling/Klus 2018; 56ff.). Das Erziehungskonzept umfasst fünf wichtige Aspekte:

1. Die religiöse Erziehung ist Grundpfeiler der pädagogischen Zielrichtung.
2. Den Kindern wird vermittelt, ihr Gewissen rational zu erforschen, um ein vernunftgesteuertes Leben führen zu können. Dafür müssen sie lesen, schreiben und rechnen können, also eine einfache Schulbildung erhalten.
3. Der pietistischen Auffassung entspricht das Prinzip der permanenten sinnvollen bzw. nützlichen Beschäftigung. Müßiggang ist verboten, gilt sie doch als aller Laster Anfang. Die Kinder lernen Alltagspraktisches, z.B. den Gebrauch des Kalenders usw.
4. Auch Körperpflege und Hygiene sind Bestandteil der Erziehung; so spielen saubere Kleidung, helle und ordentliche Wohnungen oder Bewegung im Freien – heute Sport genannt – eine bedeutende Rolle.

5. Lehrer und Erzieher sind nicht mehr „Zuchtmeister“, sondern übernehmen die (pädagogische) Rolle des Vaters, der die Eigenarten seines Kindes kennt und es in seiner Individualität fördert und unterstützt (Scherpner 1966, 74ff.).

Noch einen Schritt weiter geht Johann Heinrich Pestalozzi (1746–1827) in seinen Erziehungsvorstellungen. Auch er ist dem Gedanken der Aufklärung verpflichtet, die die Menschen aus der materiellen wie geistigen Herrschaft des Adels wie der Kirche führte.

Alle Menschen sind gut, sagt die Aufklärung

Es sind die humanistischen Reformideen, die zur Zeit Pestalozzis in der mitteleuropäischen Pädagogik die Richtung vorgeben: entsprechende Lesebücher und Erziehungsromane werden vom lesenden Bürgertum verschlungen, das gilt auch und gerade für die Schriften und Ideale („Alle Menschen sind gut!“) von Pestalozzi: Pädagogik ist neu, sie verkörpert den Zeitgeist, man begegnet ihr enthusiastisch (Niemeyer 2010 20f.), so auch den Ideen und Idealen Johann Heinrich Pestalozzis[35].

Die (psychologisch angelegten) Erziehungsmethoden Pestalozzis streben eine dreifache *Menschenbildung* von Kopf, Herz und Hand (Engelke 1998, 87) an und nehmen im Grunde die heute übliche Kompetenzorientierung (Wissen, Können, Haltung) damit schon vorweg.

Die Ausbildung „des Kopfes und der Hand“ als Ermöglichung und Vorbereitung auf ein sittliches Leben soll verhindern, dass Jungen kriminell werden und Mädchen sich prostituieren – auch wenn sie arm sind und es bleiben werden. „Der Arme muß zur Armut auferzogen werden“, so Pestalozzi (1945, 39f.). Sein Fokus liegt auf der Elementarbildung von Kindern in der Familie (und später in der Schule), damit die Kinder lernen, sich selbst zu helfen.

Kritiker werfen Pestalozzi vor, er habe für ein rechtschaffenes Leben in Armut erzogen, aber an der Armut selbst nichts geändert. In der Pestalozzi-Forschung werden seine Positionen sehr kontrovers diskutiert: von patriarchalisch, über autoritär bis hin zu partnerschaftlich und sogar liebevoll reichen die Zuschreibungen (Engelke 1998, 91). Wie auch immer: vermittelt durch seine Zusammenführung von Hilfe, Ausbildung und Erziehung gehen selbst in der aktuellen Sozialpädagogik noch heute viele Ansätze auf Pestalozzi zurück, und das Konzept der familienorientierten Erziehung gilt in der Sozialpädagogik und speziell in der Heimerziehung bis heute als Goldstandard. Viele sehen

35 Pestalozzi hat in seinem Leben viele praktische Anläufe genommen, um seine Ideen in Schulgründungen über Lehrerausbildungsstätten bis zu Institutsgründungen praktisch werden zu lassen (Engelke 1998, 82). Keiner dieser Versuche ist auf Dauer erfolgreich gewesen (Osterwalder 1996), wohl aber seine pädagogischen Schriften. Berühmt geworden sind die Stanser Briefe (1799), in denen er einem Freund seine Erfahrungen mit dem neu gegründeten Waisenhaus Neuhof beschreibt.

in den neuen Ansätzen Johann Heinrich Pestalozzis die Geburtsstunde der Sozialpädagogik und ihn als deren Begründer, was aber so nicht gesagt werden kann. Denn es handelt sich ja bei Pestalozzi, wie auch bei Francke, zunächst um Initiativen von Einzelnen, die sich nicht flächendeckend durchgesetzt haben. Die Waisenhäuser mit ihren gefängnisähnlichen Zuständen sind ja weiter die Regel.

Die „eigentliche" Geburtsstunde Sozialer Arbeit

Da in der Moderne die alte Ordnung zerfällt und das Elend (zunächst stark) wächst, gilt der Beginn der Industrialisierung üblicherweise als der *eigentliche* Beginn der Sozialen Arbeit. Das ist nicht falsch, aber so ganz richtig ist es, wie Sie schon gelesen haben und noch weiter erfahren werden, auch wieder nicht. Ab der Moderne gilt jedoch, dass Hilfe – ganz gleich von wem und für wen – generell in Programmen geleistet wird. Das hat den großen Vorteil, dass Hilfe systematisch stattfindet, also für den Einzelnen sicher und erwartbar ist. Der Nachteil: Hilfe wird unter bestimmten Bedingungen geleistet, die sich je nach Politik, Menschenbild und Kassenlage problemlos wieder ändern lassen. Anders gesagt: Ist für eine bestimmte Notlage keine (programmatisch festgelegte) Hilfe vorgesehen – tja, dann Pech gehabt…!

Die Zeit der Industrialisierung

Zunächst einmal sind zwei Entwicklungen für die Entstehung der bürgerlichen Gesellschaft, wie wir sie heute kennen, entscheidend: einmal natürlich der Kampf gegen die feudale Ordnung, die in der französischen Revolution ihren sichtbarsten Ausdruck findet, und zum anderen die von England ausgehende Industrialisierung, die in ganz Westeuropa eine grundlegende Veränderung der Arbeits- und Lebensbedingungen mit sich bringt. Was tatsächlich der fundamentale Auslöser des Pauperismus (pauper, lat. = arm), also der Massenarmut in Deutschland war, die im 19. Jahrhundert zu Verelendung, sozialen Unruhen und der so genannten sozialen Frage geführt hatte, ist für uns nicht das Entscheidende. Ob es die preußischen Reformen mit der Freizügigkeit, der Gewerbefreiheit, der Aufhebung von Zünften und Heiratsbeschränkungen mit dem Bevölkerungswachstum oder eine wirtschaftliche Rezession durch das Aufeinandertreffen von vorindustriellen sozioökonomischen Strukturen und Missernten, die Vorgehensweisen und Zustände im Frühkapitalismus („Raubtierkapitalismus") waren – oder alles zusammen: Es kommt im Rahmen des sozioökonomischen Strukturwandels zu einer riesigen, ungekannten Massenarmut (Sachße/Tennstedt 1998, 179-195).

Waren Teile der Landbevölkerung vor der Bauernbefreiung noch über ihr Dienstverhältnis mehr schlecht als recht abgesichert, so führt die Landflucht sehr viele in ungesicherte Lebens- und Einkommensverhältnisse. Die Menschen zieht es in die Städte, einmal wegen der Aussicht auf liberalere Lebensverhältnisse („Stadtluft macht frei!"), aber auch in der Hoffnung, vom Kuchen des wirtschaftlichen Fortschritts selbst etwas abzubekommen (Sachße/ Tennstedt 1998, 179f.). Das Überangebot an Arbeitskräften führt in Verbindung mit dem Konkurrenzprinzip der Gewerbefreiheit zu sinkenden Löhnen bei steigenden Lebenshaltungskosten. Das wiederum zwingt das entstehende Proletariat dazu, die gesamte Familie am Erwerbsleben zu beteiligen. Da die Bevölkerung schneller wächst als die Wirtschaft, werden die städtischen Ballungsräume zu Zentren von Elend und Verwahrlosung. Sabine Hering und Richard Münchmeier (2014, 26) fassen die Situation so zusammen: „Wochenarbeitszeiten von bis zu 90 Stunden, lange Anmarschwege, keine Arbeitspausen, keine Sonntagsruhe, gesundheitsgefährdende und unfallträchtige Arbeitssituationen." Hinzukommt, dass die Fabrikherren besonders gerne Frauen und Kinder beschäftigen, weil sie denen (noch) weniger zahlen müssen. Man mag sich kaum vorstellen, wie es in Familien zuging, wo kleine Kinder sich selbst überlassen waren, während die Eltern und die älteren Geschwister über sehr lange Zeiten abwesend waren. Und was passierte, wenn die dann völlig ausgepowert nach Schicht und Heimweg nach Hause kamen? Trautes Heim, Glück allein – bestimmt nicht.

Die Soziale Frage – und die gesellschaftlichen Antworten

Der tiefgreifende soziale Wandel des 19. Jahrhunderts ruft breite, weltanschaulich ganz unterschiedliche soziale Bewegungen hervor. Wir haben es mit Emanzipationsbestrebungen der wohlhabenden Bürger zu tun, ebenso mit der bürgerlichen Frauenbewegung, dann der Arbeiterbewegung und den religiösen Bewegungen beider christlichen Kirchen, die das Heil in einer Rückbesinnung auf Gott sehen und die sozialen Nöte als Folge von Verweltlichung und Abkehr von Religiosität interpretieren (Erweckungsbewegung). In all diesen sozialen Bewegungen findet sich eine ausgeprägte Motivation für ehrenamtliche Tätigkeiten, die allerdings je nach Weltanschauung ganz unterschiedlich gelagert sind. So entwickeln sich in der Folge der ersten Industrialisierungsphase mit all ihrem Elend und all den negativen sozialen Folgen um die Mitte des 19. Jahrhunderts herum viele private Einzelhilfen und karitative Initiativen, die durch *Liebesthätigkeit* die Not lindern wollen (Hering/Münchmeier 2014, 25). Die Vorläufer der heutigen Wohlfahrtsverbände gründen sich ebenfalls in dieser Zeit, indem sich Initiativen in Vereinen und Vereine zu Dachverbänden[36] zusammenschließen.

Das heißt: Interessengruppen aus den Reformbewegungen jener Zeit, die sich aufgrund traditioneller Humanitätsvorstellungen oder liberaler Ideen den so-

36 So hat sich schon 1848 der „Central-Ausschuß für die Innere Mission der Deutschen Evangelischen Kirche" – als erster großer Wohlfahrtsverband und Vorläufer des Diakonischen Werks der EKD gebildet (Wichern); 1897 gründet sich aus vielen regionalen Vereinen und Einrichtungen der Deutsche Caritasverband. Neben den christlichen Kirchen entsteht unter ehrenamtlicher Leitung früh eine jüdische Wohlfahrtspflege in den Gemeinden (vgl. Amthor 2012, 86).

zialen Problemen der Zeit zuwenden wollen - Arbeiterbewegung, beginnende Frauenbewegung, Jugendbewegung, Reformpädagogik, Erneuerungsbewegungen in den Kirchen – formieren sich und widmen sich, in heutiger Diktion, dem bürgerschaftlichen Engagement.

Das soziale Ehrenamt erfährt enormen Zuspruch vor allem aus drei sozialen Bewegungen, die inhaltlich durchaus Schnittmengen haben: den Emanzipationsbestrebungen des Bürgertums, den religiösen Erneuerungsbewegungen und der bürgerlichen Frauenbewegung. Die gesellschaftliche Bedeutung des ehrenamtlichen sozialen Engagements wächst stark und gewinnt große gesellschaftliche Bedeutung. In diese Zeit fällt auch die Entwicklung der staatlichen Armenpflege – auf die bisher ja noch kein Rechtsanspruch besteht – hin zur Fürsorge mit ihren gesetzlichen Regelungen.

Das bürgerliche Ehrenamt

Am Beispiel der Individualisierung von Armenpflege lässt sich das Engagement von reformorientierten Bürgern besonders gut erläutern:

So wird von Caspar Voght (1752-1839) in Hamburg ein neuer Typus der Hilfe eingeführt, der die Armenhilfe individualisiert (Wendt, P.-U. 2018, 72):

Bedürftigkeitsprüfung in der Armenhilfe als neuer Hilfetypus

Jeder einzelne Armutsfall wird auf Bedürftigkeit geprüft und die Arbeitserziehung planvoll eingerichtet. Die sogenannte ehrenamtliche offene Armenpflege wird, anders als heute, praktisch ausschließlich von männlichen Ehrenamtlern ausgeübt, und zwar unentgeltlich. Und das ging so: Armenpfleger, nämlich „rechtschaffene, unbescholtene“ Bürger, wurden ausgesucht und dazu bestimmt, die Lebensverhältnisse der einzelnen Armen zu erforschen und zu kontrollieren. Wenn die Armen in den Wohnquartieren Anträge auf Unterstützung gestellt hatten, mussten sie sich bei den drei Armenpflegers ihres Quartiers vorstellen und wurden einem ausgiebigen Verhör unterzogen. Die Angaben zur Person, etwa zum Gesundheitszustand, Beobachtungen zum „sittlichen Betragen“, zum Zustand der Kleidung, zum Einkommen oder zum Grad der Verarmung wurden in einem Fragebogen („Fragstücke zur Abhörung der Armen) eingetragen, der immerhin 51 Fragen enthielt. Die Angaben wurden dann durch die Armenpfleger in der Wohnung der Armen überprüft; diese Besuche fanden immer wieder unangemeldet statt; auch holte man über sie Auskünfte von Nachbarn und städtischen Behörden ein (Wendt, W.R. 2008a, 73f.).

Gedankensplitter

Noch mehr Erwartungen

Anruf einer jungen Frau: „Ich will die Kindermöbel bei Ihnen bestellen!“ Der Hinweis, dass sie zunächst zur Beratung kommen muss und auch Unterlagen mitbringen soll, damit ich mir ein Bild ihrer Situation machen kann, wird mit Unverständnis aufgenommen. Das wäre nicht nötig, sie brauche nur das Geld für die Möbel.

Ursula Koch

Sie sehen: Jeder einzelne Armutsfall wird auf Bedürftigkeit geprüft und die Arbeitserziehung planvoll eingerichtet. Nebenbei: Diese Einzelfallprüfung haben wir (in abgeschwächter Form) in der Sozialen Arbeit heute noch. Es mag sein, dass die strikte Hamburger Lösung in unseren Ohren nach Entwürdigung und Diffamierung klingt, tatsächlich war sie aber ein Wegbereiter für die kommenden Modernisierungen des Armenwesens in Preußens (Sachße/Tennstedt 1998, 286ff.). Außerdem stand sie quasi Pate für das Elberfelder Modell (1867), das weltberühmt geworden ist.

Dieses Elberfelder Modell, genauer: Elberfelder Quartiersystem, war für die Armutsbewältigung so neu und so außergewöhnlich organisiert, dass wir es uns näher anschauen müssen (Schilling/Klus 2018, 31; Hammerschmidt et al. 2017, 23; Sachße/Tennstedt 1998; 214ff.). Hier wird ganz systematisch *Hilfe von Mensch zu Mensch* geleistet:

Das Elberfelder Modell: Hilfe organisieren

1. Die Stadt wird in Bezirke aufgeteilt und die Bezirke noch einmal in Quartiere, wobei ein Quartier einem Straßenblock entspricht.
2. Jedem Bezirk steht ein gewählter zwangsverpflichteter (ehrenamtlich und unentgeltlich arbeitender) Vorsteher vor.
3. Jedem Quartier steht ein ehrenamtlicher unentgeltlicher Pfleger vor.
4. Den Armen soll durch Arbeitsbeschaffungsmaßnahmen geholfen werden.
5. Die verantwortliche Armenbehörde stellt eine große Anzahl freiwilliger Helfer in ihren Dienst, die die Armen aufsuchen, kontrollieren und entsprechend ihrer Befunde Unterstützung beantragen.
6. Die ehrenamtlichen Pfleger betreuen höchstens vier arme Familien, damit sie ordentlich prüfen/helfen können.
7. Die Armenpfleger werden dezentral tätig; sie sollen keine ausführenden Organe der Armenverwaltung sein, sondern auf Bezirksebene selbstständig Unterstützungen beschließen.
8. Jede Unterstützung soll nicht länger als vierzehn Tage gewährt werden, um Dauerleistungen (und Gewöhnung der Armen) zu vermeiden.

Was wollte die Stadt Elberfeld, heute ein Stadtteil von Wuppertal, um 1850 mit diesen Maßnahmen erreichen? Als eine der typischen dicht besiedelten Industriestädte hatte sie einen überproportional hohen Anteil von armen Einwohnern. Mit der Aufteilung in sechzig Quartiere wollte Elberfeld die unzureichende kommunale Armenverwaltung an die Bedingungen der entstehenden Industriegesellschaft anpassen und hatte deshalb drei Prinzipien eingeführt:

- Die ineffiziente städtische Armenverwaltung wird dezentralisiert.
- Aufgrund der geforderten Ehrenamtlichkeit erhöht sich die Zahl der Helfer (kleine Beamte, Handwerker, Kaufleute) und verringert sich die Zahl der betreuten Armen und damit die kommunale Kostenseite.
- Das Prinzip der befristeten Bewilligung der Hilfe setzt auf die Selbsthilfe der Armen - an deren Veränderungswillen man ganz offensichtlich gezweifelt hat (Sachße/Tennstedt 1998; 214ff.).

Sie sehen: Das Elberfelder Modell ist deshalb etwas ganz Besonderes, weil es a) systematisch angelegt ist und b) Bürger (Ehrenamtler) andere Bürger (Arme) unterstützen sollen.

Aber auch dieses wohlwollende Prinzip „von Mensch zu Mensch“ kommt mit der Zeit an seine Grenzen: die Ehrenamtler sind zunehmend überfordert – heute würde man wahrscheinlich sagen, es fehlte ihnen an Ausbildung und Supervision. Jedenfalls wird in den Folgejahren die Armenpflege in einen Innendienst mit Entscheidungsbefugnissen und einen Außendienst mit ehrenamtlich tätigen, aber ausgebildeten Frauen (Schilling/Klus 2018, 33) aufgeteilt.

Zwang und Strafe als Antwort auf Armut

Was passiert mit den armen Leuten, denen mit einer Unterstützung von zwei Wochen nicht geholfen ist? Weil entweder die Problematik zu vielschichtig ist oder die Arbeitsmotivation der Armen nicht ausreicht? Diesen Menschen droht das Gefängnis. Dabei müssen arme Menschen ihre prekäre Situation keineswegs selbst verschuldet haben, um in Anstalten eingewiesen zu werden, etwa bei Obdachlosigkeit nach dem Verlust der Wohnung. Die *Armenpolizei* kann in der Kaiserzeit (ab 1871) diese Maßnahmen – *Detention* genannt – ohne die geringste juristische Prüfung für drei Jahre anordnen, etwas, das für unser heutiges rechtsstaatliche Verständnis unvorstellbar ist. Mit einem Wort: Armut wird bestraft. Daneben ist es Aufgabe Polizei, die „arbeitsscheuen Armen in Arbeit“ zu zwingen (Sachße/Tennstedt 1998, 245f.).

Gedankensplitter

Bedingungsloses Grundniveau.

Piet Klocke (2021, 153)

Neben diesen armenpolizeilich-verwaltungsrechtlichen Akten existierten auch strafrechtlich-judikative Strafen. Diese Strafe einer „angemessenen Beschäftigung in einem Gefängnis" wird von einem Gericht für Bettler, Landstreicher und Arbeitsscheue verhängt, „welche eine Unterstützung aus öffentlichen Armenfonds empfangen, wenn sie sich weigern, die ihnen von der Obrigkeit angewiesenen, ihnen entsprechende Arbeit zu verrichten" (W. Dittmar, 1848, 385; zit. n. Sachße/Tennstedt 1998, 245). Das nannte sich Korrektionshaft und war als Strafe für schuldhaftes Handeln und für die *Besserung* der armen Delinquenten gedacht, knallharte Maßnahmen also. – Sie sehen, die ehrenamtlich Tätigen hatten mehr als nur einen Grund, dem behördlichen Armenwesen etwas Humaneres entgegenzusetzen.

Wir haben es in der zweiten Hälfte des 19. Jahrhunderts im Armenwesen also mit zwei Formen zu tun:

- der offenen Armenfürsorge – beispielsweise des Elberfelder Systems, wo Ehrenamtliche unter kommunaler Vorgabe und Aufsicht tätig sind
- und den geschlossenen Armenhäusern, die faktisch Gefängnisse sind, in denen schuldhaft in Armut geratene Menschen einsitzen und arbeiten müssen, allerdings auch Arme, die für ihre Situation nicht verantwortlich sind.

Und es bleibt dabei: Der Arbeitszwang in Anstalten ist die vorherrschende Maßnahme gegen Armut, sowohl in Preußen als auch in anderen Landesteilen.

Die religiöse Rettungsidee für arme Kinder

Wir haben weiter oben gehört, dass es neben den ehrenamtlich agierenden Bürgern eine weitere soziale Bewegung gegeben hat, nämlich die der „religiösen Rettung". An ihr lässt sich die Armutsbewältigung bei Kindern gut nachzeichnen. Lebten Kinder und Jugendliche in Waisenhäusern in katastrophalen Verhältnissen, wo sie bloß ‚verwahrt' und einer kasernenhofartigen Behandlung ausgesetzt (Amthor 2012, 85) waren, und eine Ausbildung ihrer Betreuer als unnötig galt, so riefen gerade diese inhumanen Zustände jetzt wohltätige, vor allem religiöse, Initiativen auf den Plan, die sich in der Kinder- und Jugendfürsorge und in der Kleinkindererziehung engagierten.

Von der humanistisch orientierten Hamburger Armenordnung haben wir ja schon gehört; sie stellt auch für die Kinderfürsorge deshalb etwas ganz Besonderes dar, weil es ihr auch um vorbeugende Armenpflege geht: nicht nur die verwahrlosten Kinder, die unmittelbar (Überlebens)Hilfe brauchen, sollten profitieren, sondern generell alle armen Kinder. Das geschah mit einem umfassenden Armenschulsystem, dem die armen Kinder zugeordnet waren und das selbst der Erziehungsbehörde – nicht der Armenverwaltung! – unterstellt war. Hans Scherpner (1966, 110; zit. n. Schilling/Klus 2018, 58) bringt es so auf den Punkt: „Das Neue des Hamburger Modells war, dass man hier den ersten Versuch unternahm, die Kinder- und Jugendfürsorge aus der Armenfürsorge herauszunehmen und als ein eigenes Gebiet gesellschaftlicher Hilfeleistung zu erkennen und zu organisieren". Da es sich hier nicht mehr um Initiativen von Einzelnen handelt, wie zuvor bei Francke oder Pestalozzi, sondern tatsächlich um eine „flächendeckende" soziale Bewegung, sehen viele, auch wir, hierin die eigentliche Geburtsstunde der Sozialpädagogik.

Vor allem in der protestantischen Rettungshausbewegung mit ihrem christlich-sozialpädagogischen Ansatz hat die Kinder- und Jugendfürsorge eine moderne Entwicklung genommen; dafür steht Johann Hinrich Wichern (1808-1881)[37]: er sieht die Gründe für die Verwahrlosung armer Kinder nicht im frühkapitalistischen System, sondern in der Abkehr von christlichen Werten, weshalb er sich für die „Errettung der Seelen" einsetzt und das sogenannte *Rauhe Haus* gründet. Das ist ein Rettungshaus für verwahrloste und straffällig gewordene Kinder und Jugendliche, wo die Anstaltserziehung – und das ist das Besondere! – durch Familienerziehung ersetzt bzw. nach dem Bild der Familie organisiert worden ist. Das bedeutet zum Beispiel, dass es dort keine Schlafsäle mehr mit oft zweihundert Kindern gibt, sondern Gruppen mit zehn oder zwölf Kindern (Puhl 2004, 83ff.). Wicherns Vorstellungen der familienähnlichen Kindererziehung in Heimen verbreitet sich in ganz Deutschland und ist noch heute in der Heimerziehung von Kindern und Jugendlichen von Bedeutung.

Wicherns Erziehungskonzept des Erziehungsdorfes *Rauhes Haus* (Schilling/Klus 2018, 59; Scherpner 1966, 140ff.) in Stichworten:

Das Erziehungskonzept des *Rauhen Hauses*
Die Erziehung muss freiwillig sein, sie ist keine Strafe. Eltern müssen den Erziehungsauftrag bzw. die elterlichen Rechte auf die Einrichtung übertragen. Das Erziehungsdorf besteht aus mehreren kleinen Einrichtungen („Familienhäusern"), in der zehn bis zwölf Kinder leben und von einem erwachsenen elterlichen oder geschwisterlichen Freund („Bruder") angeleitet werden. Das Leben im Erziehungsdorf soll weniger das Leben in einer einzelnen Familie nachbilden als das Zusammenleben mehrerer Familien.

37 Begründer der Inneren Mission (1848), heute besser bekannt als Diakonie, dem evangelischen Wohlfahrtsverband, hat maßgeblichen Einfluss auf die Herausbildung einer modernen Kinder- und Jugendfürsorge genommen.

Ziel der Rettungsarbeit ist es, auf die Rückkehr des Kindes in das Elternhaus hinzuarbeiten, nachdem ein auskömmliches Verhältnis der Kinder zu den leiblichen Eltern (wieder) hergestellt worden ist.
Die Brüder als Leiter der Familiengruppen werden ebenfalls im Rauhen Haus ausgebildet.
Geeignete „Zöglinge" des Rauhen Hauses können selbst Brüder werden und auf diese Art via Bildung die damals noch bestehenden Klassenschranken durchbrechen; so haben sie die Chance, „etwas aus sich zu machen".

Wichern verzichtet vollkommen auf öffentliche Unterstützung seines Erziehungsdorfes, um von vorneherein einer eventuellen staatlichen Einmischung in seine (damals) fortschrittlichen Erziehungsvorstellungen vorzubeugen, und setzt ausschließlich auf großzügige Spender, die er tatsächlich findet[38]. Dafür betreibt er eine Art Marketing mit Public Relations; er beherrscht in seinen Mitteilungen („Fliegende Blätter") die Kunst der Polemik und Skandalisierung so perfekt, dass er Spenden immer wieder erfolgreich einwerben kann (Puhl 2004, 84). Wicherns Erziehungsidee ist sehr erfolgreich und findet über die Stadt- und Landesgrenzen hinaus viele Nachahmer. Insbesondere auch deshalb, weil sich sein Konzept wesentlich von der staatlichen Kinderfürsorge abhebt:

Die staatliche Kinderfürsorge verbessert sich zwar im Kaiserreich grundlegend: allerdings gibt es hier noch keine wirklichen *sozialpädagogischen Ansätze* wie in der privaten Fürsorge. Aber auch die staatliche Ordnungspolitik wird in Richtung einer Pädagogisierung insgesamt humaner. Trotzdem bleibt zu bedenken, dass die Unterbringung von Kindern in Arbeitshäusern erst 1878 abgeschafft wird und Jugendliche sogar erst mit Beginn des zwanzigsten Jahrhunderts davon verschont bleiben (Amthor 2012, 140).

Ab dem Jahr 1880 herum herrscht in Preußen Schulpflicht, so gut wie alle Kinder gehen zur Schule und erhalten eine Berufsausbildung (Tenorth 2000, 184ff.). Für arme Kinder heißt das aber nicht, dass sie nun keine Kinderarbeit mehr zu verrichten hätten. Zwar dürfen Kinder ab 1903 nicht mehr in Fabriken arbeiten (Wolf 1977, 68f.), aber dafür ist Heimarbeit in proletarischen Familien noch sehr weit verbreitet. In den Familien ist Kinderarbeit jedoch noch viel schwieriger zu überwachen als in den Fabriken, wo vor allem Frauen aus der Frauenbewegung als ehrenamtliche Fabrikinspektorinnen unterwegs sind und die Einhaltung der Arbeitsschutzgesetze (Nachtarbeit, Schwangere, Kinder etc.) überwachen. Aktiv verhindern können die ehrenamtlichen Helferinnen die Missstände zwar nicht, aber sie können Kinderarbeit aufdecken, dokumentieren und den Behörden den Missbrauch wenigstens melden – in der Hoffnung, dass er dann in Teilen abgestellt werden wird.

38 Christian Niemeyer bezeichnet Johann Hinrich Wichern – zu Recht – als einen begnadeten „Sozialmanager" und Experten in Sachen Sozialmarketing (Niemeyer 2010, 58ff.), der nach heutigem Verständnis Public Relations und Fundraising vom Feinsten betrieben hat.

Für gefährdete (proletarische) Kinder existieren um die Jahrhundertwende schon eine ganze Reihe spezialisierter Einrichtungen - mit speziellen Programmen, würde man heute sagen -, insbesondere die öffentliche Fürsorge für Pflegekinder und die Fürsorgeerziehung allgemein, zu der 1911 die Jugendpflege hinzukommt (Amthor 2012, 141f.; Hammerschmidt et al. 2017, 44ff.).

Was bedeutet das – Fürsorgeerziehung?

Fürsorgeerziehung meint *öffentliche Zwangserziehung* und hat sich aus der Pädagogisierung des Strafrechts herausentwickelt: Für straffällige, verwahrloste Kinder zwischen sechs und zwölf Jahren ist eine Zwangserziehung in geeigneten Familien oder Erziehungs- bzw. Besserungsanstalten vorgesehen. Diese Zwangserziehung vollzieht sich gegen Entgelt auf privatrechtlicher Grundlage. Die öffentliche Erziehung, jetzt Fürsorgeerziehung genannt, weitet sich ab 1900 deutlich aus und verfolgt zwei Ziele: Erstens den *guten Kindern* aus *schlechtem Milieu* Schutz und Erziehung zu bieten und zweitens die verwahrlosten (und häufig straffällig gewordenen) Kinder umzuerziehen (Hammerschmidt et al. 2017, 43ff.). Die vorbeugenden erzieherischen – statt strafenden Gedanken gewinnen durch die Reformbewegung des aufgeklärten, sozialreformerisch engagierten Bürgertums auch in der Fürsorge an Bedeutung, man sieht den Erziehungsnotstand nicht länger in der sittlichen Verwahrlosung begründet, sondern in der strukturellen Überforderung der proletarischen Kleinfamilie als Folge der ungelösten sozialen Frage.

Fürsorgeerziehung mit ihrem militärischen Drill ist jetzt nur noch die letzte der Möglichkeiten, stattdessen werden auf Dauer angelegte Jugendhilfemaßnahmen eingerichtet. Allerdings sind auch diese Maßnahmen normierend und sozial disziplinierend und nicht, wie heute, verstehend und unterstützend. Dennoch: Die Jugendhilfe entwickelt sich im Kaiserreich zu einem großen und eigenständigen Bereich. Diese Jugendhilfemaßnahmen sollen in ihrer Gesamtheit landesweit einer eigenen Behörde unterstellt werden. Dazu kommt es zunächst noch nicht, sondern erst 1922 mit dem Jugendwohlfahrtsgesetz. Aber Hamburg gründete schon 1911 als erste deutsche Stadt ein eigenes Jugendamt, und andere Städte folgten dem Beispiel. (Das beantwortet eine der Fragen, die wir ganz zu Beginn dieses Kapitels gestellt haben.)

Einen großen Entwicklungsschritt nach vorne macht die Kleinkindpädagogik, oft umschrieben mit *Entdeckung der Kindheit*, weil vor allem die wohlhabenden Bürger ihre Kinder immer stärker in den Blick nehmen und die Kindheit langsam als eigene Entwicklungsphase begriffen wird, der man den – aus heutiger Sicht – notwendigen Raum gibt. Die bürgerlichen Kinder haben es also gut. Und die anderen? Man denkt zunehmend auch an sie: So gründet Theodor Fliedner die ersten Kleinkindschulen (Fliedner 1958, 12; zitiert nach Amthor 2012, 88f.), die gerade für Kinder gedacht sind, deren Mütter arbeiten müssen und für häusliche Erziehungsaufgaben wenig Zeit und Kraft haben; Friedrich Fröbel erfindet den Kindergarten, gedacht als Einrichtung für Kinder sowohl aus prekären Familien, aber auch aus gut gestellten Familien, die bemüht sind, Kinder unter ihresgleichen Kind sein zu lassen. Dieses Konzept der Kindergartenpädagogik wird als *the kindergarten* eine weltweit bis heute andauernde Erfolgsgeschichte antreten (Wendt, W.R. 2008a, 267 ff.).

Schauen wir zum Ende noch auf die dritte soziale Reformbewegung, die bürgerliche Frauenbewegung, und vor allem auf ihre Bedeutung für die Entwicklung der professionellen Sozialen Arbeit.

Bürgerliche Frauen – im Reich der Freiheit

Um 1848 herum fordern in Deutschland viele Frauen, dass die Errungenschaften der französischen Revolution nach Freiheit und Gleichheit nicht nur für Männer, sondern auch für sie gelten sollten. Es bilden sich erste demokratische Frauenvereine[39], die konsequenterweise gleiche Bildung und Ausbildung für Mädchen wie für Jungen anstreben. Außer für das Wahlrecht sprechen sich politisch engagierte Frauen vehement für das Recht auf Erwerbstätigkeit aus (Gerhard 1990). Das Recht auf Erwerbstätigkeit – warum? Während proletarische Frauen gezwungen sind, ihre Arbeitskraft außer Haus in der Fabrik oder auf dem Feld zu *verkaufen* und es ihnen darum um bessere Bedingungen im Rahmen der Lohnabhängigkeit geht (Dohm 1872), haben bürgerliche Frauen andere Ziele. Sie gelten als untauglich für eine Berufsausübung, ihnen bleibt nur das häusliche Umfeld; Partizipation und Mitwirkung im gesellschaftlichen Bereich sind Männern vorbehalten. Kein Wunder also, dass viele dieser Frauen die Möglichkeit einer (bezahlten oder unbezahlten) gesellschaftlichen Betätigung nutzen wollen, um „rauszukommen" – und sei es bei manchen aus Langeweile.

In Deutschland, in anderen europäischen Ländern und den USA schließen sich vor und nach 1900 bürgerliche Frauen in Vereinen und Gruppen zusammen und engagieren sich ehrenamtlich in der Wohlfahrt (Engelke 1998, 188). So wird in Berlin der Verein *Mädchen- und Frauengruppen für soziale Hilfsarbeit* gegründet[40], der interessierte Frauen und Mädchen anspricht, ehrenamtlich in Kindergärten, Waisenhäusern, Volksküchen und Krankenhäusern mitzuarbeiten oder Hausbesuche zu machen und sich so der persönlichen Fürsorge vieler Hilfsbedürftiger zu widmen (Sachße 2003; Kuhlmann 2000). Diese ehrenamtlich tätigen Frauen und Mädchen sind auch als Fabrikinspektorinnen tätig, um zu dokumentieren, ob und wie weit die neuen Arbeitsgesetze eingehalten wurden (wie wir bei der öffentlichen Kinderfürsorge schon erfahren haben).

39 Die Journalistin Luise Otto-Peters (1819–1895) ist die bekannteste Protagonistin und Mitbegründerin der Frauenbewegung, der es um Gleichberechtigung und Gleichbewertung geht; eine andere wichtige Frauenrechtlerin ist die Schriftstellerin Hedwig Dohm (1831–1919). Als frühe Vordenkerin des Feminismus erkennen sie geschlechtsspezifische Verhaltensweisen als anerzogen (gender: kulturell geprägt) und nicht von vorneherein als biologische Festlegung (sex).

40 Jeanette Schwerin, eine engagierte Frauenrechtlerin, gründet 1893 die erste Gruppe in Berlin.

Dabei war es den bürgerlichen Frauen wichtig, dass sie aus karitativen Gründen im städtischen Armenwesen und in der beginnenden sozialen Fürsorge tätig wurden und nicht etwa aus Emanzipationsbestrebungen heraus.

So oder so – die Frauen und Mädchen brachten zwar viel guten Willen mit, aber eben keine Kenntnisse. Denn in diesem Feld gibt es ja noch gar keine (Berufs-)Ausbildungen. Die Arbeit wird bisher in Anlehnung an das Elberfelder System von männlichen Armenpflegern ehrenamtlich wahrgenommen, die für diese Tätigkeit weder eine Ausbildung noch besondere Fähigkeiten mitbringen müssen, „obgleich Klagen über mangelhafte Ausübung ihrer Tätigkeit nicht abreißen wollen“ (Amthor 2012, 102). Frauen waren lange nicht zugelassen. Das änderte sich erst mit der Wende zum 20. Jahrhundert, als es ihnen *offiziell* gestattet wird, den Männern in der Armenfürsorge bei pflegerischen und hauswirtschaftlichen Belangen als Helferinnen zuzuarbeiten (Schröder 2001). Dieser Umstand und die Bestrebungen einer geeigneten Ausbildung für die Tätigkeit der sozial engagierten Frauen hat die Soziale Arbeit eng mit der (bürgerlichen) Frauenbewegung verknüpft. Denn, – so sagen es die Protagonistinnen der Frauenbewegung: Um diese sozialen („Care“-)Aufgaben sinnvoll ausführen zu können, braucht es das Prinzip der *geistigen Mütterlichkeit* (Sachße 2003, 101). Damit war der Genderaspekt eine Eingangsvoraussetzung - und die Männer außen vor. Mit dem argumentativen Schachzug (der geistigen Mütterlichkeit) wird das alte Ausschlusskriterium (Weiblichkeit) ins Positive gekehrt und das Frau-Sein mit den entsprechenden Verknüpfungen von Sorgen und Behüten als Grundvoraussetzung, als conditio sine qua non, für soziale Tätigkeiten erklärt. Die Frauen und Mädchen arbeiten also in einer für sie vollkommen unbekannten Welt – der Welt der Armut.

Damit die behüteten Bürgertöchter die Armutskonfrontation mit dem Elend, dem Hass, den üblen Gerüchen, der Gewalt, der Hilflosigkeit, dem rauhen Umgangston usw. bewältigen können, erwerben sie in den „*Mädchen- und Frauengruppen für soziale Hilfsarbeit*“ das nötige Wissen für die praktische Hilfe, und in Vorträgen wird ihnen auch theoretisches Wissen über ökonomische und soziale Zusammenhänge und das Verständnis dafür vermittelt (Sachße 2003). Diesen „*Mädchen- und Frauengruppen für soziale Hilfsarbeit*“ schließt sich 1893 die junge Alice Salomon[41] begeistert an (Kuhlmann 2000). Sie ist eine ehrenamtlich agierende, rationale Sozialreformerin, die später in Nationalökonomie (heute Volkswirtschaft) promoviert. – Sie muss als Externe studieren, denn Frauen ist das Universitätsstudium noch versagt. Alice Salomon ist bestrebt, soziale Verantwortung zu übernehmen und öffentlich zu wirken, um zu mehr Gerechtigkeit zwischen Männern und Frauen und zwischen arm und reich beizutragen. Sie konzentriert sich dabei nicht nur auf die Organisation der unmittelbaren Hilfe, an der sie sich selbst tatkräftig

41 Alice Salomon (1872–1948) ist Tochter wohlhabender Eltern, der im Grunde die „Laufbahn“ einer fürsorglichen Mutter und Ehefrau in einem repräsentativen bürgerlichen Haushalt bestimmt war.

beteiligt, sondern forciert die systematische Aus- bzw. Fortbildung der ehrenamtlichen Helferinnen. So entwickelt sie als Nachfolgerin von Schwerin 1899 die „*Gruppen*" in einjährige Ausbildungskurse weiter, die 1908 mit Unterstützung des Pestalozzi-Fröbel-Hauses zur Gründung der zweijährigen "Sozialen Frauenschule" in Berlin-Schöneberg führten. Damit war die erste überkonfessionelle Ausbildungsstätte für Soziale Arbeit, die *Soziale Frauenschule* entstanden – oder, anders ausgedrückt: Soziale Arbeit ist ein Ausbildungsberuf geworden (Feustel 2008). Die Soziale Frauenschule wird zum Vorbild für weitere Schulgründungen und hat die Entwicklung der Sozialen Arbeit in Deutschland in ihrer praktischen wie theoretischen Ausrichtung entscheidend mitgeprägt. Die wichtigsten Prinzipien – Interdisziplinarität, die enge Verbindung von Theorie und Praxis und die internationale Orientierung – sind noch immer Grundlagen der Ausbildung. Die heutige *Alice Salomon-Hochschule* ist aus der Berliner Sozialen Frauenschule hervorgegangen und wurde 1991 zu Ehren der Gründerin[42] nach ihr benannt.

Ende des Rundflugs

Mit dem Beginn Sozialer Arbeit als Ausbildungsberuf endet dieses Kapitel, das einen Einblick in die Entstehungsgeschichte und vor allem ein Verständnis für die wechselnden Funktionen von Hilfe vermitteln sollte.

Sie haben gesehen: Hilfe kann ganz *normal* und selbstverständlich als Bedarfsausgleich zwischen Individuen und Gruppen verstanden werden, zumindest in wenig komplexen Zusammenhängen. Hilfe bei Armut kann aber auch ganz spezielle Funktionen haben, wie etwa dem Seelenheil des Spenders zu dienen, während Armut als natürlich und gottgeben verstanden wird – und die Frage nach Gerechtigkeit sich nicht stellt.

Armut war aber durchaus auch ein Wirtschaftszweig, sowohl für die Bettler (Beruf) als auch für die Betreiber von Waisen- und Armenhäusern (Unternehmer). Dann gab es Zeiten, wo Armut mit der Schuldfrage verbunden war, man hat in gute Arme und in schlechte Arme unterschieden. Auf selbstverschuldete Armut hat man im *günstigen* Fall helfend mit Sozialdisziplinierung und im *ungünstigen* Fall strafend mit harten Sanktionen reagiert. Waren die Strafen jedoch sehr hart, wie bei der Armenpolizei und den Zuchthäusern, haben sich allerdings auch gesellschaftliche Gegenbewegungen entwickelt. Das geschah mit ganz unterschiedlichen Zielsetzungen, einmal ging es um

42 Alice Salomon gilt als die Begründerin des Ausbildungsberufes Soziale Arbeit, sie schreibt das erste deutsche Lehrbuch („Soziale Diagnose" in Anlehnung an Mary Richmond) und ist über ihre vielfältigen Funktionen in der Frauenbewegung wie der Wohlfahrtspflege hoch angesehen und international bekannt (Hering 2005, 16–32). Aber alle ihre Verdienste und Auszeichnungen schützen sie wegen ihrer jüdischen Abstammung nicht vor Diskriminierung. Schon Anfang der 30er Jahre werden ihr alle öffentlichen Ämter ebenso wie ihr Doktortitel entzogen. 1937 wird sie vor die Wahl gestellt: Auswanderung oder Konzentrationslager. Sie emigriert in die USA, wo sie 1948 in New York stirbt.

bürgerliche Gerechtigkeitsvorstellungen, um Humanität, dann um die Abkehr vom säkularen Leben und der neuerlichen Hinwendung zur Religion – oder eben auch um „Liebesthätigkeit" in der Fürsorgearbeit von Frauen, die sich gesellschaftlich engagieren wollten und das sonst nirgends konnten.

Das Hilfeverständnis hat in der Entstehungsgeschichte Sozialer Arbeit ganz unterschiedliche und sogar sich widersprechende Inhalte, Funktionen und Ziele: Erziehung, Kontrolle, Strafe und (Aus-)Bildung wechseln sich in den verschiedenen kulturell determinierten Hilfevorstellungen ab – und konkurrieren in den jeweiligen (Hilfs-)Programmen.

Zwar variiert die Dominanz der einzelnen *Hilfsmittel* stark, so sehr, dass man manchmal von *Moden* spricht. Aber das alles ist Soziale Arbeit, bis heute.

Grundlegende Literatur

Sachße, Christoph; Tennstedt, Florian (1998): Geschichte der Armenfürsorge in Deutschland. Vom Spätmittelalter bis zum 1. Weltkrieg. Band 1, 2. erw. u. Aufl., Stuttgart: Kohlhammer.

Weiterführende Literatur

Schilling, Johannes; Klus, Sebastian (2018): Soziale Arbeit. Geschichte – Theorie – Profession. 7., aktual. Aufl., München: Ernst Reinhardt (UTB).

9. Orientierungen in der Sozialen Arbeit – Alles Alltag oder was?

Helfen ist nach wie vor der zentrale Fokus in der Theoriebildung, vor allem aber in der Praxis, und beschäftigt daher Disziplin und Profession gleichermaßen. Dabei bezeichnet Soziale Arbeit sowohl eine wissenschaftliche Disziplin als auch eine sozialarbeiterische und sozialpädagogische Praxis, die darauf abzielt, die Selbstverfügung von Individuen wiederherzustellen, zu sichern oder zu stärken und auf der infrastrukturellen Ebene Zugangschancen zu erhöhen. Dabei unterscheidet die Soziale Arbeit verschiedene Herangehensweisen. Die Einzelfallarbeit dient der Verbesserung individueller Lebensverhältnisse, soziale Gruppenarbeit sorgt sich um die Entwicklung sozialer Kompetenzen. Und Quartiersarbeit befasst sich mit sozialen Räumen und Strukturen.

Den Rahmen dazu bilden unterschiedliche *Begrifflichkeiten*:

Orientierungen

Viele Wege führen nach Rom, so könnte man meinen, und so gibt eine Handvoll unterschiedlicher Ausrichtungen in der Sozialen Arbeit: Adressaten- oder Klientenorientierung, Alltags- und Lebensweltorientierung, Sozialraumorientierung, Nutzerorientierung, Ressourcenorientierung, Wirkungsorientierung. Sind alle relevant, gibt es Überschneidungen?

Doch nahezu ungeklärt scheint die Frage, wie viel Expertenorientierung Soziale Arbeit verträgt. Welche Expertenrolle billigt sie sich selbst zu, wie viel gesteht sie den Klientinnen zu, welche wird ihr von den anderen Professionen zugestanden? Hier spielt das Selbstverständnis eine große Rolle, aber auch die Außensicht.

Hilfeproduktion und Ko-Produktion

Wenn, und das darf angenommen werden, Soziale Arbeit eine spezifische Leistung, eine Dienstleistung ist, in deren Rahmen Hilfe hergestellt wird, ist zu fragen, wie dieser Prozess funktioniert. In die Sprache der Betriebswirtschaft übersetzt geht es um den Produktionsprozess von Hilfe. Es hat sich das Verständnis durchgesetzt, dass es sich bei Herstellung von Hilfe in der Sozialen Arbeit um eine *Ko-Produktion* handeln muss. Nicht die Fachkräfte der Sozialen Arbeit allein können Hilfe produzieren. Sie sind immer darauf angewiesen, dass die Klienten mit ihnen gemeinsam die Hilfen herstellen. Ohne die Mitwirkung und das Zutun der Klientinnen, ohne die aktive Umsetzung von Ideen und gemeinsam erarbeiteten Schritten kann Hilfe nicht greifen.

Pflichtproduktion

Was ist aber, wenn der Klient sich schwertut, nicht will oder nicht kann? Wenn der Klient nicht will, ist das ein Problem. Gibt es so etwas wie die Pflicht zur Leistung von Hilfe? Die Arbeit mit sogenannter Pflichtklientel oder Zwangsklientel muss hier genannt werden. Ein wenig anders verhält es sich, wenn der Klient nicht kann: Das ist mitunter noch schwieriger. Wie verhält es sich in diesen Fällen mit dem Anspruch von Selbstbestimmung und Autonomie – im Verhältnis zum Angewiesen-Sein auf Hilfe?

Mit Orientierung ist zunächst das Sich-Zurechtfinden in Raum und Zeit, im Gelände gemeint, sich eine Leitlinie zu eigen zu machen, sich auszurichten. Und an den vielen, auch wechselnden, Orientierungen kann schon abgelesen werden, dass die Ausrichtungsdiskussion nicht leicht zu führen ist.

Gedankensplitter

Ähnlich dem Auto-Navigationssystem proklamieren
nicht nur Politiker unbedingte Lösungsorientiertheit.
Im Angebot:
Wo die Orientierung fehlt, bleibt immer noch die Lösung.

Piet Klocke (2021, 184)

In den Theorien der Sozialen Arbeit (Sozialarbeit und Sozialpädagogik) sind zwei große Themen immer wieder zu finden: Armutsbekämpfung und Verhaltensveränderung. Ersteres im Rahmen von Fürsorge und Daseinssicherung, letzteres in Form von sozialpädagogischem Handeln. Während das Thema Armut stark auf die ökonomischen und damit überindividuellen Bedingungen verweist, geht es bei der pädagogischen Arbeit stärker um Aspekte der Verhaltensänderung. In jedem Fall steht der Klient im Mittelpunkt. Bei der Ausgestaltung von Hilfe ist – und das ist das Verdienst eines der anerkanntesten Theorievertreter, Hans Thiersch (u.a. 2010), eine *Alltags- und Lebensweltorientierung* leitend. Der Alltag ist das, was einen Menschen umgibt, was ihn prägt, was seine Möglichkeiten und Grenzen bestimmt.

Alltagsorientierung bedeutet, Respekt vor den Problembewältigungsversuchen der Klientinnen zu haben, deren Sicht der Dinge, deren subjektives Empfinden wahrzunehmen und zu würdigen. Lebensweltorientierte Hilfe verlangt von den Fachkräften demnach, dass sie Räume öffnen (im direkten und übertragenen Sinne), die für die Klienten verbaut oder versperrt sind. Hilfe, so die These, kann nur dauerhaft wirken, wenn sie in den Alltag integriert ist. Alltagsorientierung wurde und ist damit das vorherrschende Paradigma in der Sozialen Arbeit. Nach Thierschs Konzept der Lebensweltorientierung knüpft Soziale Arbeit an die Geschehnisse des Alltags – und so direkt an den Erfahrungen und Ressourcen der Klienten – an. Das verlangt Zeit und Respekt. Fokussiert die Alltagsorientierung als Ausgangspunkt auf das Individuum, so kann die Sozialraumorientierung im Unterschied dazu die Infrastruktur als Ankerpunkt nehmen. Es wird vom *Fall im Feld* gesprochen. Gemeint ist damit, dass die Bedingungen und Möglichkeiten in der umgebenden Umwelt intensiv genutzt werden. Konkret kann dies bedeuten, dass Hilfeangebote in räumlicher Nähe gesucht werden, dass der Sozialraum gestaltet wird. Lebenswelt- und Sozialraumorientierung verweisen darauf, dass Hilfemaßnahmen in der Nähe und unter Einbezug der familiären und informellen Hilfen geplant und durchgeführt werden und nicht etwa unabhängig davon im Irgendwo. Damit öffnet sich zugleich der Blick für die Gestaltungsnotwendigkeit vor Ort. Was gibt es an Diensten, Einrichtungen, Initiativen, Treffpunkten, Selbsthilfen, Nachbarschaften, die sich für das gestellte Thema anbieten? Und noch wichtiger: Was fehlt, was muss angepasst werden, was ist überholt, was wird genutzt? Sozialraumorientierung ist die konsequente Hinwendung zu einem Handlungsraum. Praktische Auswirkungen hatte dies Ende des letzten Jahrhunderts in der Neugestaltung der Arbeit von, um ein Beispiel zu nennen, Jugendämtern. Die Fallzuweisung erfolgte bis dato nach Buchstaben (Mitarbeiterin Müller war für Familien mit den Anfangsbuchstaben A-E, Mitarbeiter Schmitz für Familien mit den Anfangsbuchstaben F-J zuständig usw.). Mit der Sozialraumorientierung erfolgte der Zuständigkeitszuschnitt nach Bezirken oder Quartieren – eben nach Sozialräumen. Der Fall wurde nun im Feld gesehen und verortet. Damit wuchs das Bewusstsein, Hilfearrangements unter Nutzung der konkreten Umwelt zu gestalten. Es wurden Sozialraumteams geschaffen, die innerhalb der lokalen Landschaft agieren konnten. Alltags- und Sozialraumorientierung sind inzwischen in fast allen Handlungsfeldern der Sozialen Arbeit verankert. Professionelle Hilfeleistung knüpft damit unmittelbar an den hochrelevanten Orten der Entstehung bzw. Verfestigung von Problemen, aber auch an deren Veränderungspotenzialen an. Produktion von Hilfe im Kontext von Alltags- und Sozialraumorientierung heißt, nicht nur die Klientin und deren Familie in den *Produktionsprozess* von Hilfe einzubeziehen, sondern auch die umgebende Infrastruktur als Produktionsfaktor zu nutzen: Welche sozial- und gesundheitsbezogenen Dienste sind gut erreichbar und bieten einen niedrigschwelligen Zugang? Welche Angehörigen- oder Selbsthilfegruppen gibt es? Sind die Hilfeangebote untereinander vernetzt oder existieren sie unverbunden nebeneinander oder gar in Konkurrenz? Gibt es überhaupt eine Auswahlmöglichkeit oder bin ich auf einen einzigen Dienst angewiesen?

Wenn also Hilfe als Produktionsprozess betrachtet wird, sind daran Klienten, Personen (aus dem professionellen wie familiären Umfeld) und Strukturen (Einrichtungen, Dienste und Gruppen) beteiligt – am besten in der konkreten Alltagsumgebung.

Gedankensplitter

TEAM – Toll, ein anderer macht´s?!

Sonntagabend, ca. 22.20 Uhr; Rufbereitschaft als Bereichsleitung in einer stationären Jugendhilfeeinrichtung. Eine junge, noch unerfahrene Mitarbeiterin erklärt mir am Telefon völlig verzweifelt, dass die Gruppe nicht zur Ruhe kommt. Morgen sei Schule und die Jungs und Mädchen müssten jetzt schlafen, wollen aber lieber Fernsehen. Sie sollen auf Ihre Zimmer gehen,

aber sie rennen nur durch den Flur, kommen immer wieder aus den Zimmern und die Situation spitze sich zu. Was sie denn jetzt tun solle?!
Nachdem wir gemeinsam die Situation kurz rekapitulieren konnten, stellt sich heraus, dass der Film in etwa zehn Minuten vorbei ist. Sie habe aber darauf bestanden, den Fernseher auszumachen und das Wohnzimmer zu verlassen, da alle nun ins Bett müssten. Infolgedessen rebellierten die Jugendlichen und die Situation drohte zu eskalieren.
Ich frage Sie, wie oft Sie einen Film schaut und fünfzehn Minuten vor Ende den Fernseher ausmacht, ohne das Ende zu gucken? Völlig irritiert schnaubt Sie ins Telefon: „Aber hier im Übergabebuch steht drin, dass die Jugendlichen spätestens um 22.30 Uhr ins Bett müssen!"
Erst nachdem ich Ihr versichert habe, dass ich als Bereichsleitung die Verantwortung dafür trage, dass der Fernseher noch fünfzehn Minuten anbleiben kann, verabschiedet Sie sich kurz angebunden mit den Worten: „Ich trage das jetzt so hier ins Gruppenbuch ein. Sie können sich aber sicher sein, dass meine Teamleitung Sie morgen anrufen wird! Die versteht keinen Spaß bei so was!"
Notiz am Rande I: Nachdem der Film zu Ende war, sind alle Beteiligten auf ihre Zimmer und binnen kürzester Zeit war es ruhig im Haus.
Notiz am Rande II: Die reflexive Aufarbeitung dieses Ereignisses mit dem gesamten Team hat zu einem spannenden Teamentwicklungsprozess geführt.

Vanessa Schnorr

Als weitere Orientierungslinien gelten *Adressatenorientierung*, *Klientenorientierung* oder *Nutzerorientierung*. Die Gemeinsamkeiten sind hier größer als die Unterschiede. Wir sind geneigt zu sagen, schon immer war es eine Maxime der Sozialen Arbeit, den Klienten als Mensch in den Mittelpunkt allen Handels zu stellen. Warum dies so betont werden muss, ergibt sich aus dem Umstand, dass die Hilfeerstellung in der Regel nicht in einem marktwirtschaftlichen Aushandlungs- und Vergütungsprozess zustande kommt, sondern über Organisationen und Einrichtungen erfolgt. In der sogenannten freien Wirtschaft sucht sich ein Mensch mit seinem Anliegen einen (Dienst-)Leister, der gegen Gegenleistung (meist in Form von Geld) das gewünschte Produkt beschafft oder liefert (ob es sich um eine konkrete Sache wie ein Auto oder um eine abstrakte wie eine Anlageberatung handelt, ist zunächst zweitrangig). Dieses direkte und unmittelbare Verhältnis haben wir in der Konstellation Sozialarbeiter-Klient nicht. Es ist auch nicht so, wie z.B. bei einer ärztlichen Behandlung, dass nämlich ein Freiberufler seine Leistung anbietet und die vom Nutzer in Anspruch genommen wird. Die organisierten Hilfen der Sozialen Arbeit werden von Ämtern, Wohlfahrtsverbänden und freien Trägern angeboten und institutionell vermittelt und durchgeführt. Diese Art und Weise muss nicht automatisch dazu führen, dass der Klient im Mittelpunkt steht – oft liegen die Prioritäten anders: Gibt es einen reibungslosen Ablauf, der rechtssicher ist? Sind die Mitarbeiterinnen sinnvoll ausgelastet bzw. wie können mit möglichst wenig Mitarbeiterinnen möglichst viele Fälle bearbeitet werden? Erfolgt die Hilfegewährung nach nachvollziehbaren Standards, ist die administrative Bearbeitung vollständig? Ist die (Re-)Finanzierung für die Klientengruppen gesichert?

Soziale Arbeit ist auch eingebunden in ein Marktgeschehen. Ein Marktgeschehen, das eine stetig wachsende Branche und einen prosperierenden Markt hervorgebracht hat. Wir unterstellen hier, dass dieses Wachstum nicht aufgrund von marktstrategischen Überlegungen angeheizt wurde (das mag es in Ausnahmefällen geben), sondern weil Daseinsvorsorge und Teilhabesicherung aufwändiger geworden sind, weil das Ausmaß an sozialen Problemen in der sich immer weiter differenzierenden Gesellschaft nicht ab-, sondern zunimmt.

Hilfe zu organisieren, zu rationalisieren, gerecht zu verteilen obliegt damit meist den kommunalen Trägern sowie den gesellschaftlich beauftragten oder selbstverantwortenden Einrichtungen und Diensten. Innerhalb der Sozialen Arbeit beschäftigt sich das Sozialmanagement als entstehende Fachdisziplin mit den damit verbundenen Herausforderungen.

Deutlich wird aber: Die Forderung, den Klienten in den Mittelpunkt zu stellen, ist damit nicht überflüssig. Ganz im Gegenteil – in dem Maße, wie Hilfen verrechtlicht werden (Anspruch auf Hilfeleistungen per Gesetz), wie Qualitätssicherungssysteme und sozialadministrative Vorgaben usw. verbindlich vorgeschrieben oder im selbstgewählten Professionalisierungsprozess etabliert werden, kommt es (wieder) verstärkt zu der Forderung der Klientenorientierung. Wie brisant dies ist, zeigt beispielsweise die Auseinandersetzung über Klienten- oder Organisationsorientierung (consumer- versus system-driven Case Management)[43], eine Diskussion, die seit den neunziger Jahren geführt wird.

Tabelle 4: Case Management-Orientierung (in Anlehnung an Klug 2009, 49)

Kriterien	**system-driven Case Management administrative Funktion**	**consumer-driven Case Management klientenorientierte Funktion**
Kontrolle	Kontrolle der Ressourcen	Bedürfnisse des Kunden stehen im Mittelpunkt
Partizipation	Case Manager bestimmt den Gang der Untersuchung, Überwachung des Verhaltens von Klienten	Klienten definieren ihre Bedürfnisse und werden bei deren Befriedigung unterstützt

43 Erläuterungen zum Case Management erfolgen in Kapitel 17.

Kriterien	system-driven Case Management administrative Funktion	consumer-driven Case Management klientenorientierte Funktion
Orientierung	Rationalisierung und Kostenmanagement	Anwaltschaft und verstärkendes Vertrauen
Loyalität	geteilte Loyalität des Case Managers	Loyalität gilt allein dem Klienten
Zieldimension	Ziel ist eine optimale interorganisatorische Organisation (z. B. Vermeidung von Doppelbetreuung, Überbetreuung, unangemessener Betreuung).	Ziel ist erreicht, wenn Ziele des Klienten erreicht sind.

Auch wenn die beiden skizzierten Funktionen in der Praxis nicht in Reinform auftreten und es zu Vermischungen kommt, führen die unterschiedlichen Orientierungen für die Fachkräfte häufig zu Konflikten, da sie sowohl dem Anliegen der Klienten als auch dem ihres Anstellungsträgers gerecht werden sollen.

Aber auch wenn es nicht zum Konflikt kommt, muss in der Regel die bestehende Lücke zwischen dem Klientensystem und dem Versorgungssystem überbrückt werden. Diese Lücke besteht zwischen den eigenen Bemühungen der Klienten (Selbstsorge) im informellen System (Eigenaktivitäten und sorgendes Umfeld) und den professionellen Diensten im formellen System (Versorgung) mit materiellen und personellen Hilfen. Die Klientenseite wird dabei abgebildet durch die vorhandenen Erfahrungen, die im Milieu geltenden Werte und Normen, die vorhandene Alltagskompetenz und die Beschreibung dessen, was in der Sprache (also der Lebenswelt) der Klienten los ist. Die Versorgungsseite wird geprägt durch Regelwerke und Vorschriften (Gesetze und Ausführungsbestimmungen), durch Entscheidungsmacht und Organisationsinteressen und natürlich durch eine Expertensprache (oder haben Sie schon mal Ihren Arzt oder einen amtlichen Bescheid verstanden?).

Es kommt darauf an, die Lebenswelt und Sprache des Klientensystems mit dem Regelwerk und der'Sprache des Versorgungssystems zu verbinden. Einerseits ist mit Blick auf und gemeinsam mit den Klienten zu fragen: Was ist hier der Fall? Wo liegt der Bedarf? Wer kann was leisten? Was läuft schon, was nicht? Was ist der Plan, das Ziel? Darauf lässt sich mit Information, Beratung, Hilfe bei der Umsetzung, anwaltlicher und sozialer Unterstützung antworten. Andererseits erfolgt der Blick aus Sicht des Versorgungssystems: Was ist machbar? Wer ist wofür zuständig? Wie passend sind die Hilfen? Was ist effektiv und effizient? – Und ist dies durch Recherche, Aushandlung, Koordination und Kooperation zu bewerkstelligen? Die Soziale Arbeit hat für diese Überbrückungsarbeit speziell das Case Management[44] und die *Sorgeberatung* entwickelt. Sorgeberatung soll Personen (Klienten und Professionelle) und Organisationen zum Verstehen einer Aufgabenstellung und zur Entscheidungsfähigkeit führen bzw. befähigen: Verstehen durch Erörterung der Gesamtsituation (was ist los? etc.) und Befähigung, entscheiden zu können, was zur Anbahnung der Realisierung von Möglichkeiten getan werden kann bzw. soll (also eine Beratung darüber, welche Hilfe, Beratung, Behandlung, Maßnahme angegangen werden kann oder soll - oder eben nicht).

Einführende Literatur

Grunwald, Klaus; Thiersch, Hans (Hrsg.) (2016): Praxishandbuch Lebensweltorientierte Soziale Arbeit. Handlungszugänge und Methoden in unterschiedlichen Arbeitsfeldern. Weinheim/Basel: Beltz Juventa.

Weiterführende Literatur

Löcherbach, Peter; Klug, Wolfgang; Remmel-Faßbender, Ruth; Wendt, Wolf Rainer (Hrsg.) (2018). Case Management. Fall- und Systemsteuerung in der Sozialen Arbeit. 5. Auflage., München: Reinhardt.

44 Vgl. Kapitel 17 (Vernetzung – Wenn jeder an sich denkt, ist an alle gedacht).

10. Problembetrachtung – Die Brille der Sozialen Arbeit

Viele Wissenschaften haben den Menschen oder Probleme, mit denen sich Menschen beschäftigen müssen, zum Gegenstand. Mediziner beschäftigen sich mit Krankheiten und Gesunderhaltung, Psychologen mit Verhalten und Erleben, Soziologen mit gesellschaftlichen Fragen des Zusammenlebens, Juristen mit rechtlichen Sanktionen bei abweichendem Verhalten, Theologen mit der Bedeutung von diesseits und jenseits und Philosophen mit dem, was Mensch und Welt zusammenhält. Jede Wissenschaft muss zudem darüber Auskunft geben können, wie sie ihre Erkenntnisse gewinnt und welche Methoden sie zur Bearbeitung ihres Gegenstandsbereiches anwendet. Darüber hinaus gibt es zunehmend Bestrebungen, die sich interdisziplinär der Frage von Erkenntnisgewinnung widmen.

Alle Humanwissenschaften haben den Menschen im Blick. Was ist dabei die besondere Sichtweise der Sozialen Arbeit, welches Wissenschaftsverständnis, welches Menschenbild legt sie zugrunde? Na ja, wie das immer in der Wissenschaft der Fall ist, gibt es hierzu auch in der Sozialen Arbeit keine einheitliche Antwort.

Und es geht uns nicht darum, eine haarscharfe Trennung und zweifelsfreie Abgrenzung zu anderen Wissenschaften herauszuarbeiten. Das könnte auch kaum gelingen, da Überschneidungen zu den anderen Humanwissenschaften vielfältig sind. Es geht auch nicht um eine Vorstellung und kritische Diskussion der vorliegenden Theorien der Sozialarbeit(-swissenschaft). Wir starten eher den Versuch, die *Brille der Sozialarbeit* beim Blick auf den Menschen aufzusetzen. Hier fokussiert sich Soziale Arbeit auf den Ausschnitt von Problemen und Ressourcen, die zwischen Menschen, aber auch zwischen Menschen und Sozialstrukturen entstehen – eben sozialen Problemen und Ressourcen.

Gedankensplitter
Knast: „Ich will hier raus!"

Im Rahmen der externen Drogenberatung in einer großen Justizvollzugsanstalt wurde mir durch einen älteren Kollegen eine Zelle aufgeschlossen, damit die Häftlinge einzeln zu mir kommen konnten. Normalerweise blieb dabei die Tür der Zelle aufgeschlossen. Doch diesmal war der etwas ältere Kollege verwirrt und schloss die Tür einfach hinter sich zu. Was tun? Bis der erste Häftling zu mir käme, würde es noch dauern. Zwar hatte ich auch ein Telefon, ich wusste aber: Wenn ich die Zentrale anrufe, wissen die ganzen JVA-Bediensteten, dass ich eingeschlossen wurde, und würden sich über mich lustig machen. Also klopfte ich zunächst zögerlich, dann etwas stärker gegen die Tür. Nach einiger Zeit kam ein Kalfaktor vorbeigeschlurft und rief durch die Tür: „Wat willste, Jungelche?" Ich sagte: „Ich will hier raus!" Trocken antwortete er: „Männeken, dat wollen se alle hier!" Es dauerte etwas, bis ich ihn durch die Zellentür überzeugen konnte, dass ich kein Häftling bin, und er versprach mir, den Justizvollzugsbeamten Bescheid zu geben. Kurze Zeit später schlossen zwei Beamte die Zellentür auf, stürmten hinein und fragten: „Was machen Sie um alles in der Welt hier in unserer Zelle?“ Genervt sagte ich: “Entschuldigung, ich bin hier als Sozialarbeiter eingebrochen ...“.

Martin Schwaab

Der *defizitorientierte* Blick ist auf die Beeinträchtigungen gerichtet, auf Risiken und behindernde Manifestierungen im Zurechtkommen in der Gesellschaft, der *ressourcenorientierte* Blick liegt auf dem Gelingen im Alltag, den Möglichkeiten trotz widriger Umstände. Dass dabei vielfältige Überschneidungen zu anderen Wissenschaften bestehen, ist für unser Wissenschaftsverständnis kein Problem. Die Frage des Zurechtkommens mit Problemen ist nicht allein das Gegenstandsfeld der Sozialen Arbeit, sie betrifft ebenso psychologische Theoriebildung (beispielsweise bei Fragen der Bewältigungs-Strategien), wie Soziologie (wenn Theorien Entstehung und Folgen von abweichendem Verhalten beschreiben), die Medizin (etwa bei gesundheitlichen Themen wie Suchterkrankungen) usw.

Wenn sich Soziale Arbeit (wissenschaftlich und praktisch) mit dem Gelingen oder Nichtgelingen im Alltag beschäftigt, benötigt sie dazu zweierlei: einen klaren Blick, aber auch einen weiten Blickwinkel.

Ein weiter Blickwinkel ist unerlässlich, um das oft weit verzweigte Geschehen verstehen und deuten zu können und um einer vorschnellen Verkürzung der Situationsbeschreibung vorzubeugen. Stellen Sie sich vor, dass in einer Familie ein Schulproblem ganz offensichtlich im Vordergrund steht. Das heißt nun aber nicht, dass ausschließlich das Kind oder der Jugendliche das Problem hat oder gar ist. Das Anlassproblem, wie üblicherweise schlechte Noten oder Auffälligkeiten in der Klasse, ist der offensichtliche Teil der Sache, die Hintergründe sind eine andere. Es mag natürlich in etlichen Fällen genügen, dass eine gezielte Nachhilfe die Versetzung ermöglicht, dies dürfte aber schwierig sein, wenn weitere Faktoren ins Spiel kommen: Die schlechten Leistungen hängen nicht immer vom mangelnden Lernwillen oder falscher Lernstrategie ab. Krisen in Freundschaftsbeziehungen, miserabler Stand in der Klassengemeinschaft, angespanntes Verhältnis zu Lehrern, Konflikte zwischen den Eltern, prekäre Arbeitssituation des alleinerziehenden Elternteils, allzu beengter Wohnraum – diese Umweltfaktoren sind häufig hoch relevant bei der Betrachtung des Anlassproblems. Eine angemessen systematische Suche hilft, die Komplexität nicht von vorneherein unzulässig auf ein Problem des Kindes oder Jugendlichen zu reduzieren. Im Umgangsdeutsch: Auch, wenn etwas so schön auf der Hand liegt, muss das nicht unbedingt stimmen. Der weite Blickwinkel schützt davor, nur das Offensichtliche zu betrachten. Allerdings bedarf es daneben auch eines klaren Blickes. Während der weite Blickwinkel Komplexität erhöht, ist der klare Blick wichtig, um Komplexität zu verringern, nämlich Unnötiges und Unsinniges herauszufiltern. Der klare Blick ist notwendig, wenn man vor lauter Bäumen den Wald nicht mehr sieht. Hier gilt es, auslösende Bedingungen und problemerhaltende Strukturen zu identifizieren, damit aus der Vielzahl der Zusammenhänge die wichtigen, notwendigen und Not wendenden herausgelesen werden können: Das Problemknäuel muss entwirrt werden, damit Ansatzpunkte zur Lösung und Bewältigung erarbeitet werden können.

Der Blick der Sozialen Arbeit auf die Zusammenhänge muss im Umgang mit Komplexität also zweierlei leisten: All zu simple Vereinfachungen bei der Betrachtung von Problemen verhindern (etwa in der Problemzuschreibung: „ist ja mal wieder klar, dass das an dir liegt“) und gleichzeitig in die Vielfalt der Möglichkeiten etwas Ordnung bringen (oder bei der Suche nach Lösungen: „alle Dinge gleichzeitig anzugehen, ist sicher nicht zu schaffen“).

Gedankensplitter

Manchmal sehe ich nicht, was ich glaube.

Piet Klocke (2021, 83)

Die wenigen Ausführungen können nicht verhehlen, dass die Fragestellung grundsätzlicher zu fassen ist. Wie können soziale Probleme überhaupt erkannt werden, wie entstehen sie und – ganz banal: Womit haben wir es eigentlich zu tun, wenn wir von *sozialen Problemen* sprechen? Es ist offensichtlich, dass es einen Unterschied zu technischen Problemen gibt. Bei der Berechnung der Statik einer Brücke gibt es handfeste Regeln, die beachtet werden müssen, wenn die Brücke halten soll. Und wenn die Berechnungen stimmen, wird die Brücke halten; sind die Berechnungen falsch, wird sie einstürzen. Das ist eindeutig und vorhersehbar. Soziale Probleme sind irgendwie anders. Wir können nicht mit dieser Sicherheit berechnen, planen oder Entwicklungen voraussagen. Reaktionen auf Interventionen können, auch wenn sie planvoll und professionell durchgeführt werden, sehr unterschiedlich ausfallen. Soziale Phänomene sind keine handfesten Dinge, sie betreffen offensichtlich einen anderen Ausschnitt aus der Wirklichkeit. Manchmal rätseln wir, warum etwas als soziales Problem gilt, und manche Probleme kommen uns ganz schön konstruiert vor. Das führt zu der Frage, ob soziale Probleme generell *real* oder *konstruiert* sind, existieren sie wirklich oder sind es deshalb Probleme, weil sie zu Problemen gemacht wurden? Je nachdem, wie diese Frage angegangen wird, kommt man zu unterschiedlichen Ergebnissen. Ein kleiner Ausflug in die Welt der Erkenntnistheorie[45] scheint daher angebracht.

45 Erkenntnistheorie beschäftigt sich mit der Frage, wie wissen wir, was wir zu wissen glauben, so der Titel eines empfehlenswerten Buches von Paul Watzlawick (1984).

Auf der einen Seite gibt es die (wissenschaftstheoretische) Auffassung, dass das, was wir in der Welt und um uns herum vorfinden, real ist. Real in dem Sinne meint, dass es eine Welt außerhalb unserer Wahrnehmung, unseres Denkens und Fühlens gibt und dass es möglich ist, diese prinzipiell objektiv zu beschreiben. Eine andere Wissenschaftsauffassung widerspricht dem: Eine Trennung von mir und der Welt ist prinzipiell nicht gegeben, ein objektiver Blick von *außen* daher nicht möglich, und alles, was gedacht und gefühlt wird, ist ein *Konstrukt* des Gehirns. Gut veranschaulicht wird dieses Problem in Science-Fiction-Romanen oder Filmen. In dem aus dem Jahr 1999 weltbekannten Film *Matrix* existiert beispielsweise die von den Menschen wahrgenommene Wirklichkeit nur in Form einer in die Gehirne implantierten Computerwelt. Die Realität wird sozusagen errechnet und die Erlebnisse der Menschen werden in die Gehirne eingespeist – alles, was sie tun, sehen, schmecken und empfinden, ist losgelöst von ihren Körpern und wird ausschließlich im Kopf produziert (und – natürlich einem Science-Fiction-Film entsprechend – gesteuert).

Zu diesen gegensätzlichen Ansätzen (auf der einen Seite der *Realismus* und auf der anderen der *Konstruktivismus*) kommt noch eine Vielzahl von Ableitungen.[46]

Eine besondere Variante, die sich mit beiden genannten Auffassungen auseinandersetzt und als Hintergrund für unsere Fragestellung (sind soziale Probleme real oder konstruiert?) interessant ist, stellt die Systemtheorie dar. Sie greift einerseits die generelle Frage auf, wie wir erkennen können, und andererseits wirft sie einen speziellen Blick auf das Erkannte.

Befassen wir uns kurz mit der ersten Frage im Kontext Sozialer Arbeit: Dem Erkennen und der Objektivität von Erkenntnissen. Wichtig erscheint zunächst, und jetzt wird noch einmal der Unterschied von technischen und sozialen Problemen aufgegriffen, dass es offensichtlich einen Unterschied macht, ob wir uns mit der materiellen Welt oder der sozialen Welt befassen. Die beiden Welten scheinen nämlich sehr verschieden zu sein. Gehen wir zunächst einmal davon aus, dass es eine materiell existierende Welt gibt. Diese existierende materielle Welt um uns herum können wir aber immer nur mehr oder minder gut erkennen, da unsere Wahrnehmung die uns umgebende Realität nicht originalgetreu widerspiegeln kann – das können unsere Rezeptoren und unser Gehirn nicht leisten. Wir unterstellen, dass zumindest Gehirne real existieren, sonst drehen wir uns im Kreis. Nun kommen wir zu wichtigen Ableitungen: Es dürfte einleuchten, dass ein Apfel, gleich wo wir uns auf der Welt befinden, aufgrund der Gravitationskraft immer vom Baum runterfällt, und sich dies durch intersubjektive Erkenntnisse überall bestätigen lässt. Unsere Wirklichkeitsauffassung von der Realität kann in diesem Fall

46 ...und ebenso zahlreiche Veröffentlichungen.

also *zweifelsfrei* von anderen bestätigt werden. Interessant ist, dass auch hier eine letzte Unsicherheit bleibt, da die Erkenntnis bzw. der Erkenntnisstand von den gesellschaftlichen Entwicklungen nicht unabhängig ist. Denken wir nur daran, dass bis ins Mittelalter feststand, dass die Erde eine Scheibe ist und anderslautende Bekenntnisse als irreal galten. Erkenntnis ist also selbst im materiellen, naturwissenschaftlichen Bereich nicht absolut möglich bzw. immer auch gesellschafts- und kulturabhängig. Aber immerhin verfügen wir über einen Erkenntnisstand, der den materiell-naturwissenschaftlichen Bereich relativ gut *objektiv* abbildet. Wechseln wir nun zur sozialen Welt. Die soziale Welt, einschließlich unserer Frage nach der Realität von sozialen Problemen, ist – erkenntnistheoretisch – nicht mit materialistisch-naturwissenschaftlichem Denken oder entsprechenden Methoden zu erfassen. Das erwähnte Schulproblem würde mit diesem Denken und mit diesen Methoden nicht angemessen erkennbar. Wir würden der Sache nicht gerecht, wenn wir versuchen wollten, sie auf diese Weise zu erfassen. Soziale Phänomene unterscheiden sich dadurch, dass sie im Wesentlichen ein Produkt von Kommunikation sind. Die Sprache – entwickelt im Hören, Begreifen und Sprechen – stellt ein grundlegendes Element sozialer Vermittlung von Wirklichkeit dar. Wir denken in Sprache und wir *übersetzen* Empfindungen und Gefühle in Sprache – was zugegebenermaßen manchmal durchaus schwierig ist. Kommunikation wird zum entscheidenden Medium. Damit dürfte deutlich geworden sein, dass für die soziale Welt die Frage des *Konstruierens* hoch bedeutsam ist.

Gedankensplitter

Die Einen haben ein Bild von den Andern.

Piet Klocke (2021, 136)

Ein Problem kann folglich erst dadurch entstehen, dass darüber geredet wird. Erst durch das Darüber-Reden wird es zum Problem. Jetzt ist es natürlich schwierig zu klären, ob das Problem existieren würde, wenn nicht darüber gesprochen würde (und da sage noch jemand, das „Nicht-darüber-Reden" sei ein Problem!).

Erkenntnistheoretisch ist es auf jeden Fall hoch interessant, ob ein soziales Problem nun real existiert oder konstruiert ist. Die Auflösung: Soziale Probleme sind zwar konstruiert (da die soziale Welt konstruiert ist[47]), aber diese Konstruktionen sind durchaus real im Sinne einer von den Beteiligten gestalteten und geteilten Realität. Und jetzt kommt's: Es gibt, wenn die dargestellten Ausführungen Sinn ergeben, letztendlich nicht nur *eine* soziale Realität, sondern mehrere, es muss mehrere geben, da die Konstruktionen der Beteiligten

47 Genau genommen müsste man sich natürlich eingestehen, dass die Kommunikationen selbst wiederum nicht nur *software* sind, sondern an *hardware* (Gehirne als objektive Realität) gekoppelt sind – damit schwebt die soziale Realität nicht im luftleeren Raum.

nicht identisch sind. Die *Welten* unterscheiden sich: eine hundertprozentige Überstimmung, die eine einzige, wahre und objektive Wirklichkeit hervorbringt oder abbildet, gibt es nicht. Es gibt so viele Welten, wie es Beteiligte gibt. Und es gibt eine Verständigung (häufig leider auch das Gegenteil, eine Nicht-Verständigung, ein Nicht-Verstehen) über das, was gemeinsam geteilt wird. Das wird dann gern als die echte Realität angenommen. Ein Glück ist, dass wir im Alltag nicht permanent aufgefordert sind, diese erkenntnistheoretischen Verrenkungen vorzunehmen, um uns zurechtzufinden. Wenn es aber darum geht, soziale Probleme professionell zu untersuchen, zu identifizieren, zu beschreiben und einer Lösung zugänglich zu machen, ist diese Brille jedoch aufzusetzen. Soziale Probleme sind keine objektiven Dinge, die man nur auf *eine* bestimmte festgelegte Weise untersuchen und dann ebenso gesichert planvoll angehen und abarbeiten kann, soziale Probleme sind Phänomene, die man – letztlich so *oder* so betrachten kann – vorläufig wenigstens.

Gedankensplitter

Niemand ist normal, der Rest tut so.

Piet Klocke (2021, 122)

Noch etwas scheint wichtig: Soziale Probleme betreffen überwiegend, aber nicht ausschließlich, die soziale Realität. Häufig ist auch der materielle Bereich tangiert – das ist offensichtlich, wenn Klienten ohne Geld oder ohne Wohnung dastehen, wenn Klienten missbraucht und misshandelt werden. Dies bloß kommunikationstheoretisch zu deuten, greift zu kurz. Allerdings genügt, wie wir dargelegt haben, eine Erfassung der materiellen Dimension zur Problemerfassung nicht. In der Regel betreffen soziale Probleme Fragen von Beziehungen zwischen Menschen und damit eine – durch wechselseitig aufeinander bezogene Verhaltensweisen – gebildete Struktur oder anders ausgedrückt: ein System. Nicht nur die Beziehungen zwischen den Menschen, auch die umgebende Sozial- und Organisationsstruktur führt zu einer umfassenden Systembetrachtung. Und die Realitätsauffassung, die hierzu existiert, ist nicht einheitlich – sie ist bei jeder beteiligten Person anders. Schon bei der Frage, ob überhaupt ein Problem existiert, kann es sehr unterschiedliche Auffassungen geben: Was für die eine Person ein Problem ist, stellt sich für die andere als völlig unproblematisch dar. Das heißt, die Frage nach objektiven Erkenntnissen, nach eindeutigen Kriterien, entpuppt sich als unlösbar. In der soziologischen wie der psychologisch-psychiatrischen Wissenschaft und Praxis hat sich die Auffassung durchgesetzt, dass eine professionell objektive Sicht der Dinge nicht möglich ist – dass die zu beleuchtenden Phänomene letztendlich Konstruktionen darstellen. Psychologische, medizinische, psychosoziale Diagnosen sind das Ergebnis einer mehr oder weniger gelingenden Beschreibung von Symptomen, von Auffälligkeiten und Abweichungen. Aber es sind (wenn sie über naturwissenschaftlich festgestellte Untersuchungsergebnisse hinausgehen – was ja in der Regel der Fall ist) keine unverrückbaren Realitäten.

Die Soziale Arbeit hat sich daher, wie andere Humanwissenschaften auch, von der Vorstellung lösen müssen, dass nur eine soziale Realität existiert. Es gibt so viele sozialen Realitäten, wie es Beteiligte gibt. Wenn man dieser These zustimmt, hat das gravierende Folgen für die Problemeinschätzung. Bei der Sicht auf die Dinge zählt dann nicht (mehr), wer die bessere oder gar die richtige Auffassung hat, es geht daher auch nicht (mehr) darum, wer Recht hat – denn es gibt mehrere Wirklichkeiten! Und diese stehen in der Regel nicht widerspruchsfrei nebeneinander. Aber alle Realitätskonstruktionen sind zu respektieren, da sie mehr oder weniger einen realen Ausschnitt der sozialen Wirklichkeit erfassen. Eine allumfassende Realität kann nicht erfasst werden, alle Beteiligten können nur Fragmente davon erkennen. Diagnosen sind also keine unumstößlichen, objektiven Erkenntnisse, sondern das Ergebnis der Versuche, die Sichtweise von Experten aufgrund von deren Erkenntnissen festzuhalten. Und noch etwas wird damit relevant: Diagnosen sind selbst Teil der Konstruktion, schaffen quasi eigene soziale Realitäten und können so nicht nur zur Klärung, sondern im schlimmsten Fall auch zu Festschreibung und Stigmatisierung führen. Der mit einer bestimmten Diagnose belegte Klient kann nicht mehr unabhängig davon betrachtet werden. Und der Klient selbst verhält sich durch diese Erwartungshaltung möglicherweise auffällig (im Sinne einer sich selbst erfüllenden Prophezeiung). In der Literatur gibt es dafür zahlreiche Praxisbeispiele. Hier ein ausgewähltes (aus Heiner u.a. 1994, 105).

> „Der Leiter einer Wohngemeinschaft für psychisch Kranke meinte, schlechte Erfahrungen mit einem Arzt der psychiatrischen Klinik gemacht zu haben. Der letzte Bewohner, der ihm von diesem Arzt zur Aufnahme empfohlen wurde, erwies sich als sehr schwer integrierbar, ohne daß vorher auf sein aggressiv-eigenbrötlerisches Verhalten hingewiesen worden war. Außerdem konsumierte er bald nach seinem Einzug so viel Alkohol, daß anzunehmen war, daß er auch vorher schon abhängig war, obwohl der Arzt dies strikt verneint hatte.
>
> Als dieser Arzt wieder einen Patienten für die Aufnahme in der Wohngemeinschaft vorschlug, klingelten beim Sozialarbeiter sofort alle Alarmglocken; „Der will wieder mal einen schwierigen Fall bei uns loswerden, den sonst keiner haben will, und sagt nicht wirklich, was mit dem Patienten los ist. Er glaubt wohl, mit uns kann er das machen! Seinem Freund (Leiter eines konkurrierenden Trägers von Wohngemeinschaften) würde er das nie antun. Der kriegt immer die pflegeleichten Fälle. Und wir gehen hier auf dem Zahnfleisch." Als sich der Klient dem Team der Wohngemeinschaftsbetreuerinnen vorstellt, befragt ihn der Sozialarbeiter insistierend, bohrt nach, stellt Aussagen infrage und äußert sich skeptisch. Der Klient wird zunehmend unsicherer, reagiert

schließlich patzig: Er lasse sich keine Löcher in den Bauch fragen, vom Seelenstriptease habe er inzwischen auch genug. Die Reaktion bestätigt die Vermutung des Sozialarbeiters, daß der Klient *schwierig* sei. Als dieser schließlich die Frage nach Alkoholproblemen gereizt damit beantwortet, daß doch wohl jeder mal ein Bier trinke und eine Wohngemeinschaft, in der man das nicht dürfe, ja der reine Knast sei, sieht der Sozialarbeiter seine Befürchtungen voll bestätigt.

Sein eigener Anteil am Verhalten des Klienten wird ihm erst in dem Augenblick klar, als eine Kollegin interveniert und dem Gespräch eine andere Wendung gibt. Man wolle ihm ja keine Löcher in den Bauch fragen, und sie könne sich schon vorstellen, wie schwer es sei, immer wieder über sich Auskunft geben zu müssen. Aber irgendwie müsse man halt herausfinden, ob er in diese Wohngemeinschaft passen könnte. Er würde die anderen Bewohner ja gleich noch kennenlernen und könnte sich dann selbst ein Bild machen. Und mit dem Alkohol sei das insofern ein Problem, als einer der Bewohner vor nicht langer Zeit eine Entziehungskur abgeschlossen habe. Daher hätten sich alle darauf geeinigt, im Wohnzimmer keinen Alkohol zu trinken, um es ihm leichter zu machen. Der Klient reagiert sehr positiv auf die Kollegin. Er erwähnt, daß er vor dem Klinikaufenthalt auch eine Phase gehabt hätte, in der er sich nur noch den Kopf vollgeknallt hätte, um zu vergessen. Er könne gut mit der Regelung leben, daß im Wohnzimmer kein Alkohol konsumiert werden dürfte. Damit war es gerade noch einmal gelungen, eine neue offenere Situation zu schaffen, in der der Klient eine Chance hatte, durch sein Verhalten die Bedenken des Sozialarbeiters zu zerstreuen."

Gerade im diagnostischen Bereich (bzw. auch im Bereich der schriftlichen Dokumentation von Klientenkontakten) spielt das Medium Sprache eine wesentliche Rolle: Wie oben dargelegt, hat Sprache nicht nur beschreibende, sondern auch wirklichkeitsschaffende Funktionen. Das heißt aber, eine sprachliche Beurteilung von Klienten wird sich unwillkürlich auf die Einstellungen und Verhaltensweisen des Sozialarbeiters ihnen gegenüber auswirken: „Beispielsweise transportiert der Begriff ‚Schizophrenie' die Vorstellung ‚chronisch', ‚hoffnungslos', ‚nicht verantwortlich für die eigene Situation', ‚Opfer einer Krankheit', ‚kann nichts dafür'..." (Pfeifer-Schaupp 1995, 93; grundlegend dazu Watzlawick u.a. 1969; 1974). Von daher müssen wir vor einer vorschnellen – unter Umständen stigmatisierenden – Festlegung auf bestimmte diagnostische Begrifflichkeiten warnen.

Die hier aufgesetzte Brille legt nahe, Problemsicht und Diagnosen als soziale Konstrukte zu betrachten und ihren Wahrheitsanspruch zu relativieren. Damit werden auch die Allmachtsphantasien der Experten hinterfragt. Das ist gut so. Bevor aber nun das Kind mit dem Bade ausgeschüttet und der Fehlschluss gezogen wird, auf Diagnosen könne man gänzlich verzichten, sei angemerkt, dass dem nicht so ist: Diagnosen dienen natürlich weiterhin als wichtiger Beitrag zur Erhellung der Situation und haben in der Auseinandersetzung darüber, *was hier der Fall ist*, ihren angemessenen Platz. Wir sollten uns nur davor hüten, sie als einzig mögliche Interpretation anzusehen; eine Diagnose ist und bleibt eine Konstruktion. Das Verrückte ist nur, dass wir nicht mehr sehen können oder im Alltag ignorieren, dass es sich um Konstrukte handelt, denn Diagnosen schaffen Wirklichkeiten:

Denken Sie nur daran, wie sich die Welt verändert, wenn Sie aufgrund eines Befundes eine schlimme Diagnose erhalten: von heute auf morgen ändert sich alles – das, was Ihnen heute Sicherheit, Sinn und Perspektive gab, ist mit einem Schlag weg, die Realität entgleitet Ihnen sprichwörtlich. Die Welt ist eine andere geworden, nicht nur für Sie, sondern auch für Ihre Umgebung – ohne Zweifel. Und nun nehmen wir an, dass sich, warum auch immer, diese schlimme Diagnose als falsch herausstellt. Ist die Welt dann wieder so wie vorher? Wohl kaum: Die Realität hat sich durch das Konstrukt der falschen Diagnose verändert. Durch die (echte oder falsche) Diagnose kommt es zu nachhaltigen Veränderungen. Während im medizinischen Bereich häufig naturwissenschaftliche Befunde zur Untermauerung der Diagnose herangezogen und zu wichtigen Parametern werden, können wir in der Sozialen Arbeit darauf weit weniger bauen – wir sind angewiesen auf Beschreibungen und Beobachtungen.

In der Praxis kommt es nun darauf an, sich über die verschiedenen Sichtweisen zu verständigen, da die je eigene Konstruktion (gebunden an den je individuellen Erzeugungsprozess im Gehirn), sich von der Sichtweise der anderen unterscheidet. Eine objektive, einzig verbindliche Wahrheit gibt es nicht, sie bleibt unscharf oder strittig. Das schon allein deshalb, weil Probleme, mit denen wir es in der Sozialen Arbeit zu tun haben, in der Regel mehrdeutig (kontingent) sind. Die Dinge können so oder anders sein. Richtiger wäre sogar zu sagen: Die Dinge können sowohl *so* als auch *so* sein.

Die Erörterungen führen zu dem Ergebnis, dass objektive Erkenntnis nicht möglich ist und dass soziale Phänomene als Teil der sozialen Welt durchaus kontingent sind. Damit es nun nicht zu einer „Friede-Freude-Eierkuchen"-Mentalität kommt, die die dicksten Widersprüche einfach nebeneinander, stellt und Gefährdungsmomente ausblendet, bedarf es einer praxisbezogenen Einbettung. Es enthebt Soziale Arbeit nicht der Herausforderung, die verschiedenen Realitäten zu verbinden und die Sichtweisen zusammenzubringen. Die aufzusetzende Brille darf nicht zur rosaroten Brille werden und zur Verschleierung oder Verharmlosung von Problemen führen. Das, was *vorgefunden* wird – und das ist eine wichtige und schwierige Aufgabe – ist mit den Bordmitteln der Sozialen Arbeit zu analysieren, zu besprechen, zu erörtern. Die unterschiedlichen Zugänge und Sichtweisen haben alle ihre Berechtigung, sind aber letztendlich daraufhin zu betrachten, ob sie für die Problemerörterung und

-lösung tauglich sind und einen Beitrag zu einem gelingenden Leben leisten. Oder aber Schaden anrichten. Im Grunde geht es nicht darum, dass jemand Recht hat oder sich ein Interesse gegen ein anderes durchsetzt (Experte oder Klient), sondern um so etwas wie Verständnis, Moral, Ausgewogenheit und eben Entwicklung zu erzeugen und zu befördern. Dieser besondere Blick stellt daher eine zentrale Herausforderung dar. Und in der Praxis ist von Fall zu Fall sorgsam aufzudröseln, wie die verschiedenen Realitäten zu einer für die Beteiligten gemeinsam getragenen erkennntnis- und handlungsleitendenden Sichtweise werden.

Und damit kommen wir zum zweiten Punkt: Wenn wir also erkannt oder uns verständigt haben, dass es sich um ein Problem handelt, mit dem wir uns befassen, sollten wir nach der Beschaffenheit des Problems fragen und auch danach, wie es zustande gekommen und, im Besonderen, wie es zu lösen ist. Doch der Reihe nach:

Greifen wir noch einmal auf systemtheoretische Aussagen, jetzt zu Fragen des Prozesses der Entstehung und Veränderung, zurück. Hier ist für den Bereich der Sozialen Arbeit insbesondere die Frage nach Kausalitäten (also den Ursache-Wirkungszusammenhängen) wichtig und damit auch die Frage nach Veränderungsmöglichkeiten. Grundsätzlich geht ein systemtheoretisches Verständnis davon aus, dass soziale Systeme (als nicht triviale Systeme) sich selbst organisieren und im Gegensatz zu nicht lebenden Systemen (triviale Systeme, wie z.B. Maschinen) der Prozess der Selbsterhaltung von außen nicht eingesehen und direkt steuerbar ist. Die Art und Weise, wie Informationen aus der Umwelt aufgenommen und verarbeitet werden, ist intern festgelegt. Begründet wird dies mit der relativen Determination des Informationsverarbeitungsprozesses. Eine Beeinflussung durch die Umwelt geschieht zwar permanent, aber Richtung und Ausmaß entziehen sich einer Kontrolle von außen. Die Hauptaufgabe sozialarbeiterischer Intervention besteht demnach nicht mehr in der direkten Einflussnahme auf soziale Systeme, sondern vielmehr darin, Voraussetzungen dafür zu schaffen, um zu Eigenentwicklung bzw. Selbstorganisation anzuregen (Hilfe zur Selbsthilfe). Hilfe in der Sozialen Arbeit wird damit zur anstoßenden Kategorie, nicht zur direkt verändernden. Wichtig ist hierbei, dass die in das System hineingetragenen Informationen „zu der Melodie des Systems passen“ (Oswald; Müllensiefen 1986), also an die Prozess- und Kommunikationslogik des Systems so angepasst sind, dass das System sie in seine Struktur integrieren kann. Die Interaktion zwischen Sozialarbeitersystem und Klientensystem kann man daher auch als Koevolution (gemeinsame, wechselseitig beeinflusste Entwicklung) bezeichnen.

Die Brille der Sozialarbeit

1. Erkenntnistheoretische Kernsätze

- Die Erfassung von Wirklichkeit ist nur fragmentarisch möglich.
- Es gibt mehrere soziale Wirklichkeiten.
- Es gibt keine vom Beobachter unabhängige soziale Realität, sie wird konstruiert und der Beobachter ist Teil des Systems.
- Soziale Probleme sind keine Einzelphänomene. Eine Beachtung des Kontextes und eine Beobachtung der Zusammenhänge (in denen das Problem auftritt) sind relevant.
- Das, was der Fall ist, wird durch die Beteiligten ausgehandelt.

2. Evolutionstheoretische Kernsätze

- Lebende Systeme haben autonome und selbstreferentielle Teilstrukturen.
- Ihre internen Verarbeitungsprozesse sind nur bedingt direkt von außen beeinflussbar.
- Veränderung geschieht durch Koevolution. Sozialarbeiter und Klientensystem interagieren.

3. Interventionen

- Es kann die Neubildung von lebenden Systemen angestrebt werden: von Symptombehandlung zur Systembehandlung.
- Veränderung passiert und hat immer auch die Veränderungsethik zu beachten.
- Anstoßen bedeutet indirekt intervenieren (Angebote machen), wobei die Angebote besser verarbeitet werden können, wenn sie zur *Melodie des Systems* passen.
- Die Art und Weise der Verarbeitung ist jedoch nicht hinreichend planbar und beeinflussbar.

Die Betrachtung sozialer Probleme durch die Brille der Sozialarbeit weist damit einige Besonderheiten auf. Die Probleme manifestieren sich auf der individuellen und sozialen Ebene, verlangen, den Menschen in seiner umweltlichen Verschränkung zu sehen. In der amerikanischen Sozialarbeitstradition wurde dafür der Begriff *Person in Environment* (PIE – zu Deutsch: Person in seiner Umwelt) geprägt. Mit Umwelt ist die Umgebung, das Umfeld, das Milieu und die Ausstattung gemeint. Den Menschen in seiner Umwelt zu betrachten heißt, den Sozialbezug von Problemen (und Möglichkeiten) in den Mittelpunkt zu stellen. Dies bedeutet dann wiederum, körperliche und seelische Probleme auf der individuellen Ebene in ihrer Verschränkung mit der Umwelt zu betrachten, aber auch sozialstrukturelle Gegebenheiten in ihrer Auswirkung auf das Individuum in den Blick zu nehmen. Dazu ist ein Beobachtungssystem nötig, das dies erst einmal leisten muss, das die Vielzahl der Faktoren begrifflich und systematisch ordnet. In der Sozialen Arbeit wurden deshalb Klassifikationssysteme entwickelt, die einerseits die personenbezogenen Dimensionen, die umweltbezogenen Faktoren und drittens deren Zusammenwirken analysieren. Zur personenbezogenen Ausstattung zählen physische und psychische Merkmale, wie Körper- und Gehirnfunktionen, Wahrnehmung, Denken und Selbstbild, aber auch Verfügung über Bildung, Einkommen, Arbeit und Status. Die umweltbezogene Ausstattung befasst sich mit den Gegebenheiten von Beziehungen in den verschiedenen Kontexten (Familie, Freunde, Nachbarschaft usw.) und sozialer Infrastruktur (Einrichtungen und Dienste der sozialen und gesundheitlichen Versorgung, Arbeitsmarktsituation, Mobilität usw.). Das Zusammenwirken im Sinne von Nutzungsmöglichkeiten von Beziehungen und Diensten und Einrichtungen wird durch die Austauschdimension beschrieben, die behindernde oder fördernde Faktoren benennt. Im Laufe der Entwicklung wurden dann für die unterschiedlichen Handlungsfelder spezielle psychosoziale Diagnoseinstrumente entwickelt, die auf die Besonderheiten des jeweiligen Bereiches zugeschnitten sind. Es leuchtet ein, dass in der Kinder- und Jugendhilfe andere Schwerpunkte in der Erörterung und Analyse zu setzen sind als in der Seniorenarbeit oder in der Bewährungshilfe. Gemeinsamer Fokus bleibt aber die Konzentration auf eine gelingende Teilnahme und Teilhabe an und in der Gesellschaft. Soziale Arbeit fragt nach den Chancen und Risiken der Teilhabe. Im Laufe der Geschichte der Sozialen Arbeit gibt es hierzu unterschiedliche Ansätze und Begrifflichkeiten (je nach Autorin und Theorieansatz): Es finden sich die Begriffspaare Integration-Desintegration, Inklusion-Exklusion, Teilhabe-Ausschluss oder Partizipation-Marginalisierung.

Die *Brillen* oder Betrachtungswinkel haben sich ebenfalls im Laufe der Jahrzehnte verändert: Zu Beginn der systematischen Theoriebildung Anfang des zwanzigsten Jahrhunderts gab es eine starke ökonomisch-soziologische Orientierung, nach dem Zweiten Weltkrieg schlug das Pendel in Richtung Psychologisierung und Therapeutisierung aus, um sich dann in die oben beschriebene PIE-Konfiguration einzupendeln. Innerhalb dieser Betrachtungsorientierungen geht es inhaltlich immer um Fragen von (Sozial-)Erziehung bzw. um die Dimension des Sozialen in der Erziehung und um Fragen von Armut und Verelendung. Beide Dimensionen sind hochaktuell. Bei der ersten Frage (die gern der Sozialpädagogik zugeschrieben wird) geht es um individuelle Fördermöglichkeiten und Risiken und um strukturelle Chancengleichheit. Bei der zweiten Frage geht es – nicht nur in den hochentwickelten Gesellschaften – um die Frage, welcher Mindeststandard erfüllt sein muss, damit ein gelingender Alltag realisiert werden kann.

Diese Überlegungen münden zusammenfassend in spezielle Fragen, die sich durch das Aufsetzen der Sozialarbeitsbrille ergeben:

Wie können soziale Probleme beschrieben oder klassifiziert werden?
Was verursacht soziale Probleme?

Woraufhin sollen soziale Probleme verändert werden?

Wie können sie (professionell und wissenschaftlich begründet) beeinflusst werden?

Und wie gut kann das (wissenschaftlich) belegt werden?

Diese fünf Fragen strukturieren die derzeitige Debatte.

Gedankensplitter
Heutzutage ist alles mit allem, jeder mit jedem verbunden. Zu meiner Zeit war viel besetzt. Piet Klocke (2021, 101)

Einführende Literatur

Hosemann, Wilfried; Geiling, Wolfgang (2021): Einführung in die Systemische Soziale Arbeit. 2., überarbeitete Auflage. München: Reinhardt.

Weiterführende Literatur

Schlippe, Arist v.; Schweitzer, Jochen (2012): Lehrbuch der systemischen Therapie und Beratung I. Das Grundlagenwissen. Göttingen: Vandenhoeck & Ruprecht.

Lambers, Helmut (2020): Theorien der Sozialen Arbeit. 5. Auflage. Opladen: Budrich.

11. Nicht nur fürs Protokoll – Was ist denn nun der Gegenstand der Sozialen Arbeit?

Dass Soziale Arbeit etwas mit Hilfe (für notleidende Menschen) zu tun hat, ist schon klar. Im ersten Kapitel haben dazu Studierende ihre divergierenden Vorstellungen benannt: Unterstützung, Beratung, Helfen, Integration usw. Und selbstverständlich gibt es auch innerhalb der *Community* unterschiedliche Meinungen darüber, womit es Soziale Arbeit wissenschaftlich und praktisch zu tun hat bzw. haben sollte. Solche Diskussionen über die Eigenart, das Besondere, das Einzigartige eines akademischen Berufes finden in allen Disziplinen und Professionen statt. Es wird in der fachlichen Auseinandersetzung ein tragfähiger Konsens gesucht über Kern und Ränder des Gegenstandes, über Reichweite und Methoden. Zum grundlegenden Verständnis: Mit Disziplin ist ein *Wissenssystem* gemeint, das in lehrbare Form gebrachtes Wissen (Theorie und Forschung) umfasst. Theorien sind häufig abstrakt und müssen sich messen lassen an dem Kriterium der wissenschaftlichen Wahrheit. Das heißt, Theorien gelten so lange als wahr, bis sie widerlegt werden. Mit Profession ist dagegen ein *Handlungssystem* gemeint, das sich durch Wirksamkeit bewähren muss. Hier zählt, was in der Praxis dabei rauskommt. Denn Betrachten und Analysieren ist zu wenig, es wird Veränderung angestrebt, es soll etwas bewirkt werden. Daraus ergibt sich in der Praxis das Problem, dass Professionelle ihr (wissenschaftliches) Wissen und Können unter einem oft gegebenen Handlungsdruck anwenden müssen. Es kann nicht zugewartet werden, weil sich die Lage sonst verschlimmern könnte. Ob das tatsächlich zutrifft oder nur eine Vermutung ist – auch das ist meistens nicht klar.

Disziplinen liefern also das abstrakte Handlungs- und Erklärungswissen, auf welches die Profession ihre Tätigkeit stützt. Und die besondere Kompetenz von Professionellen besteht nun darin, dieses Wissen situationsgerecht auszugestalten. Neben dem Handlungsdruck gibt es auch noch weitere Widersprüche, mit denen man umgehen muss (Mieg 2005 mit Bezug auf Schütze 1996):

1. So müssen auf einer unsicheren empirischen Basis Prognosen über die Fall- bzw. Projektentwicklung angestellt werden: Ich weiß nicht sicher, was der Fall ist, da ich nicht alle notwendigen Daten habe, soll aber den weiteren Verlauf einschätzen können.
2. Es müssen die allgemeinen Typenkategorien des professionellen Wissens auf die Spezifität des konkreten Projektes bzw. Falls angewendet werden. Ich muss also sagen können, das ist *ein Fall von* z.B. Kindeswohlgefährdung, *ein Fall für* z.B. das Jugendamt, *ein Fall mit* z.B. Familie X, obwohl die Situation mehrdeutig ist.
3. Es soll der richtige Zeitpunkt zum Eingreifen zwischen Zuwarten und Intervention in der Entwicklung des Falles gefunden werden. Zu früh kann bedeuten, dass Betroffene noch gar nicht die Notwendigkeit von Verände-

rung sehen, zu spät heißt, dass möglicherweise irreversible Schäden aufgetreten sind.

Es zeigt sich, dass Professionelle über eine spezifische Expertise verfügen, d.h. die Expertenleistung ist bereichsspezifisch (und nicht auf andere Bereiche übertragbar). Die Expertenleistung hängt auch nicht ab von generellen Fähigkeiten wie Intelligenz oder Gedächtniskapazität, und es braucht etwa zehn Jahre an Training und Erfahrung, um diese Expertenleistung vollgültig erbringen zu können. Das ist eine sehr lange Zeit. Dabei ist zu berücksichtigen, dass nur durch eine spezifische akademische Ausbildung (das Studium) alle Ebenen der professionellen Kompetenz (Wissen, Können und Haltung) „bedient" werden können – gemeint sind:

- Subjektkompetenz (personenbezogene Schlüsselqualifikationen, wie z.B. Reflexionsfähigkeit, Selbstmanagement),
- Persönlichkeitskompetenz (realistisches Selbstbild, die eigenen Fähigkeiten situationsgerecht einsetzen zu können) und
- Berufsethos (sittliche und moralische Grundsätze, die das Handeln der Berufsgruppe bestimmen bzw. steuern).

Soziale Arbeit umfasst drei Segmente (oder Elemente): Disziplin (als Theoriebildung und Forschung), Profession (praktische Tätigkeit) und Lehre (akademische Ausbildung zum Erwerb von Wissen und Können). Bei der Diskussion um den Gegenstand ist daher zu beachten, dass dieser zwar generell für alle diese drei Segmente gilt, aber je spezifisch ausformuliert werden muss.

Zur Gegenstandsbestimmung gibt es mehrere Wege (wir wissen ja, viele Wege führen nach Rom). Es könnte betrachtet werden, was die Fachkräfte der Sozialen Arbeit tun, wobei das natürlich mit einer gewissen Unschärfe verbunden ist: Es ist ja fraglich, ob das, was die Kolleginnen und Kollegen den ganzen Tag so machen, ein gutes oder realistisches Bild von dem abgibt, was sie tun sollten. Wir könnten aber auch eine historisch-wissenschaftliche Analyse durchführen, um den Gegenstand Sozialer Arbeit in den verschiedenen Epochen anzuschauen und zu analysieren. Oder wir schauen uns an, was Theorievertreterinnen und -vertreter fachlich als relevanten Gegenstand herausgearbeitet haben. Schließlich könnten wir damit beginnen, das Universallexikon Wikipedia zu befragen, und wir erfahren: „Soziale Arbeit versteht sich als Profession, die wissenschaftsfundiert versucht, praktische soziale Probleme zu lösen, zu lindern oder zu verhindern."[48]

Jetzt müsste natürlich erläutert werden, was „soziale Probleme" sind und wer sie definiert. Das Alltagsverständnis „alles, was sozial ist" reicht nicht aus, es sollte schon als „terminus technicus" (Fachbegriff) präzisiert werden. Dazu

48 https://de.wikipedia.org/wiki/Soziale_Arbeit.

gibt es einige Versuche. Eine Arbeitsgruppe in Form eines Fachausschusses Theorie- und Wissenschaftsentwicklung brachte vor zwanzig Jahren folgende Kurzformel zustande: „Der Gegenstand der Sozialen Arbeit ist die Bearbeitung von gesellschaftlich und professionell als relevant angesehenen Problemlagen“ (Klüsche et al. 1999, 21). Immerhin: hier wird aufgegriffen, dass es einen Unterschied von gesellschaftlich als wichtig einzustufenden Problemen und professionell als bedeutsam identifizierten Problemen gibt. Das muss weiter konkretisiert werden. Die Gruppe kommt zu folgenden Feststellungen, nämlich dass

- es leidende, überforderte, nicht integrierte, zu fördernde Individuen gibt,
- solche Leidens-, Überforderungs- oder Exklusionszustände nicht nur individuelle, sondern auch strukturelle Ursachen und Folgen haben,
- Unterstützungsleistungen als Aufgabe Sozialer Arbeit anzusehen sind,
- Soziale Arbeit eine gesellschaftliche Funktion hat und dass sie sich mit entsprechenden Verhaltenserwartungen auseinandersetzen muss.

Erstes Ergebnis: Soziale Arbeit hat es mit Menschen zu tun, die offenbar Probleme „in der oder mit der Gesellschaft“ haben, sei es dadurch, dass sie „am Rand“ stehen, nicht hinreichend „teilhaben“ können, dass sie „diskriminiert“ werden, an „Krankheiten leiden“, bei anderen „anecken“, in Gewalt „verstrickt“ sind usw., die Palette ist riesig. Es geht aber offensichtlich um zwei Dimensionen: Einerseits erfüllen die Menschen nicht die Erwartungen der Gesellschaft (sie konsumieren Drogen, schlagen ihre Kinder, schaffen ihren Ausbildungsabschluss nicht, sind entwicklungsverzögert, können ihren Lebensunterhalt nicht unabhängig von Transferleistungen gestalten, sind irgendwie „anders“), andererseits erhalten diese Menschen nicht die ihnen „zustehenden“ Standards der Wohlfahrtsgesellschaft (sie erhalten keine angemessene Bildung bzw. Ausbildung oder einen fairen Arbeitsplatz mit ausreichendem Einkommen; ein barrierefreier Zugang zu Diensten und Einrichtungen bleibt verwehrt, bezahlbarer Wohnraum steht ihnen nicht zur Verfügung, etc.). Und es wird noch ein wenig komplizierter, wenn wir die Frage nach dem Warum stellen: Warum konsumiert Franz Josef Alkohol oder Haschisch? Wieso hat Annalena die Ausbildung „geschmissen“? Warum hat Chantal nicht gewusst, dass sie Anspruch auf eine Psychotherapie hat? Warum werden die Kosten für die 24-Stunden-Pflege von Oma Klara abgelehnt? Wieso ist der Anteil von Studierenden ohne akademisch gebildete Eltern überproportional niedrig? Warum ist der Anteil alleinerziehender Sozialhilfeempfängerinnen überproportional hoch?

Solche Fragen führen zum *zweiten Ergebnis*: So wichtig die Betrachtung der individuellen prekären Situation auch ist, sie darf nicht zu dem Fehlschluss führen, dass diese (allein oder hauptsächlich) individuell verursacht ist: In der individuellen Situation zeigen sich bei sozialen Problemen immer (auch) sogenannte strukturelle Ursachen. Strukturelle Ursachen sind (Rahmen-)Bedingungen, die z.B. durch Politik, Wirtschaft, Umwelt usw. gesetzt sind und deren Aufrechterhaltung dazu führen, dass es z.B. armen Menschen nicht möglich ist, ihrer Armut zu entfliehen. Ein gerechter Zugang zu Bildung, Gesundheit, dem Arbeitsmarkt etc. ist nicht gegeben, Chancengleichheit wird zwar propagiert, aber nicht realisiert. Relativ einfach ausgedrückt lässt sich sagen: Es geht z.B. um die Fähigkeit, individuelle Arbeitsbereitschaft in auskömmliche Arbeit umsetzen zu können. Nach Sen und Nussbaum (siehe Kapitel 5: Erst der Anfang – Soziale Arbeit und die Gerechtigkeitsdebatte) gibt es persönliche, soziale und umweltbedingte Umwandlungsfaktoren, damit die vorhandenen Ressourcen zur Entwicklung der Fähigkeiten genutzt werden können. Arme Menschen haben auf alle diese drei Faktoren nur bedingt Einfluss. Das beschränkt ihre Möglichkeiten und ihre Verantwortung. Die Beeinflussung von Strukturen benötigt wirkmächtige Akteure. Für den sozialen Bereich spielen hier natürlich die Arbeitsmarkt-, Gesundheits- und Sozialpolitik eine wesentliche Rolle. Das hat Soziale Arbeit zu berücksichtigen und in dieser Perspektive wird Soziale Arbeit auch so etwas wie praktizierte Sozialpolitik.

Drittes Ergebnis: Wenn es also der Sozialen Arbeit darum geht, nicht nur eine Feuerwehrfunktion innezuhaben, sondern möglichst nachhaltige Veränderungen zu bewirken und anzustoßen, ergeben sich daraus verschiedene Dimensionen für die Gegenstandsdebatte (vgl. Abb. 1: Gegenstandsmatrix Sozialer Arbeit). Zunächst liegt ein Doppelfokus auf der Ausrichtung. Gegenstand der Sozialen Arbeit ist sowohl die Bewältigung von Problemen, aber auch (zunehmend) das Gelingen von Lebensentwürfen.

Die Bewältigung Sozialer Probleme fußt auf der Bearbeitung von konkreten (sich auf individueller Ebene manifestierenden und strukturell verknüpften) Problemen und Problemlagen durch eine professionelle Bearbeitung. Ziel ist hier: Exklusionsrisiken zu minimieren oder eine menschenrechtskonforme Exklusionsverwaltung. Das ist der ursprüngliche, historisch gewachsene Kern der Sozialen Arbeit.

Zunehmend und in der Bedeutung wachsend (in der Grafik durch die Pfeile abgebildet) gerät die Förderung gelingenden Lebens in den Blick. Gemeint ist eine selbstbestimmte Lebensführung, die Verwirklichungschancen eröffnet und Teilhabe ermöglicht. Soziale Arbeit unterstützt dies durch Operationalisierung von Rechten, Ansprüchen und Möglichkeiten. Das Ziel ist hier nicht die Vermeidung von Leiden oder Problemen, sondern positiv formuliert: Inklusion soll erreicht werden.

Na ja, und dafür gibt es dann verschiedene Bezeichnungen in der Zieldimension Sozialer Arbeit:

- Zurechtkommen (im Alltag)
- Stärkung von Autonomie und Selbstbestimmung

- Realisierte Teilhabe (im Unterschied zur von der Politik proklamierten Teilhabe)
- gelungene Lebensführung (das Leben nicht einfach überstehen, sondern damit zufrieden sein können)
- Daseinsermächtigung (die Befähigungen zur gesellschaftlichen Teilhabe sichern).

Gedankensplitter

Anderswo gehört das Meiste zur Grunderstattung.

Piet Klocke (2021, 74)

Historisch betrachtet ist der „Fördergedanke“ erst spät in der Fachdiskussion aufgegriffen worden. Zu sehr standen und stehen zuerst die vulnerablen Gruppen im Vordergrund; das betrifft Menschen, die aufgrund ihrer körperlichen und/oder seelischen Konstitution (z.B. psychisch oder körperlich schwere Erkrankung/Behinderung) oder aufgrund ihrer besonderen sozialen Situation (z.B. Wohnungslosigkeit) besonders verletzlich sind und die nicht auf eigene Ressourcen zur Ereignisbewältigung zurückgreifen können. Die Theoriebildung hat im weiteren Verlauf, ab den achtziger Jahren des 20. Jahrhunderts, die Ausdifferenzierung von Gesellschaften aufgegriffen und festgestellt, dass auch eine sogenannte normale Entwicklung (Normalbiografie) zunehmend auf professionelle Unterstützung angewiesen ist. Das bedeutet, dass die Förderung bzw. finanzielle Entlastung von Familien oder die Ausstattung des Bildungssystems nicht ausreichen, um jedem durch angewandte Sozialpolitik („soziale Segnungen“) die volle gesellschaftliche Teilhabe zu gewährleisten. Es setzt sich aber langsam die Vorstellung durch, dass Soziale Arbeit auch da benötigt wird, wo es um die Bewältigung und die Gestaltung des Alltags geht.

Und dann gibt es zwei weitere Dimensionen, einerseits die Verhaltensbeeinflussung (bezogen auf das Handeln und als personenbezogene Dienstleistung) und andererseits Verhältnisarbeit (Gestaltung sozial gerechter Strukturen). Da die Selbstverfügung der Person von den umgebenden Strukturen maßgeblich beeinflusst wird, benötigt Soziale Arbeit Methoden, die sich positiv auf die subjektive Handlungsfähigkeit von einzelnen Personen und Gruppen beziehen, und auch solche, die eine Veränderung der Umgebung (des Umfeldes, des Sozialraumes, der politisch-strukturellen Rahmenbedingungen) bewirken. Das Schlagwort: ‚Der Fall ist immer ein Fall im Feld‘ verweist auf die hohe Bedeutung der sozialräumlichen Umgebung.

Ein paar Beispiele? Für die fallbezogene Arbeit hat die Soziale Arbeit die Soziale Einzelfallhilfe mit Beratung, Betreuung, Begleitung und Sozialtherapie entwickelt. Es gibt spezifische Ansätze für Erziehung, Bildung und Familienhilfe, für Trainings, Coaching und Mediation. Soziale Gruppenarbeit ist im

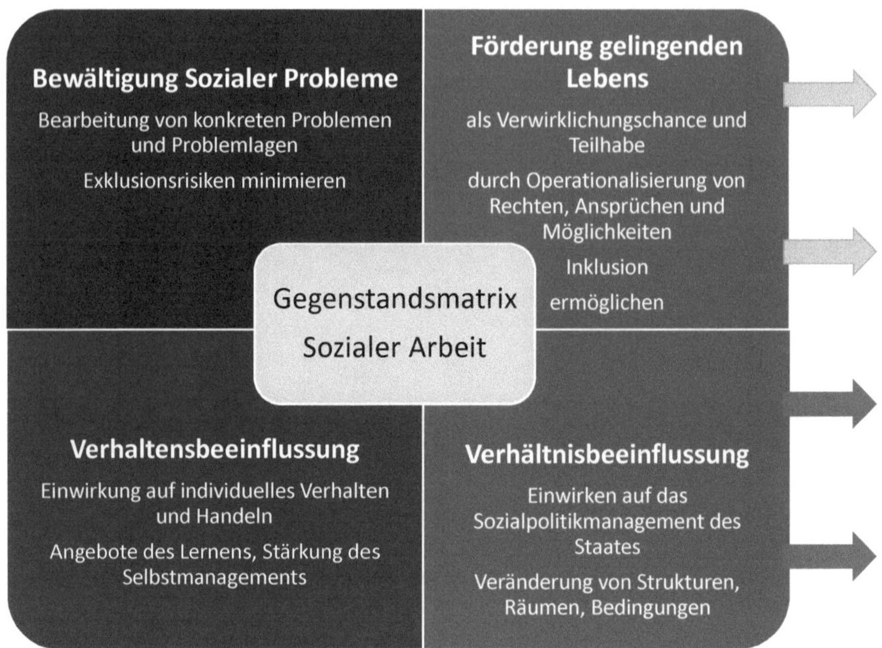

Abbildung 1: Gegenstandsmatrix Sozialer Arbeit

Rahmen von erlebnispädagogischen Maßnahmen weit verbreitet. In der sozialräumlichen Ausrichtung sind Streetwork, Case Management und aktivierende Gemeinwesenarbeit etabliert. Durch Sozialmanagement sollen Organisationen fachlich so gut aufgestellt werden, dass sie die Hilfen bedarfsorientiert und angemessen anbieten können. Und zunehmend (siehe die Pfeile in der Abbildung) wird die Bedeutung von Politikberatung erkannt. Sachße/Tennstedt haben den Zusammenhang von Staat und Sozialarbeit als Doppelstruktur des Sozialstaates beschrieben (1991): die Sozialpolitik ist für die Absicherung der Lebensrisiken sowie auch sozial gerechte Chancen zuständig, während die Soziale Arbeit sich auf personenbezogene Dienstleistungen konzentrieren kann.

In einer modernen Sprache kann formuliert werden:

> Der Sozialen Arbeit geht es um die Passung von gesellschaftlichen und persönlichen Möglichkeiten, damit Menschen ihr Leben nicht nur „bewältigen", sondern auch „gestalten" können.

Auch wenn es den Theorievertreterinnen und Theorievertretern zunehmend gelingt, den Diskurs zum Gegenstand besser aufeinander zu beziehen und Soziale Arbeit als Hilfesystem für ein gelingendes Leben zu adressieren, bleibt es wunderbar bizarr, die Vielfalt Sozialer Arbeit in den nachfolgend aufgestellten

Einteilungen zu betrachten: Klientengruppen, Bereich/Einrichtung und Methodische Aspekte

Klientengruppen der Sozialen Arbeit
Neugeborene, Kleinkinder, Kindergartenkinder, Kinder mit/ohne Behinderungen, Familien, Erziehungsberechtigte, Alleinerziehende, „Problemfamilien" (z.B. mit abweichendem Verhalten/Behinderung/ Suchtproblemen/ Schulproblemen/privaten Problemen/Migrationshintergrund/Armutsproblematiken/Gewalterfahrungen), Schüler, Berufseinsteiger, Berufsorientierer, Obdachlose, Migranten, Menschen mit Behinderung, Arbeitssuchende, (psychisch) Kranke, Pflege- und Sorgebedürftige aller sozialen Milieus, Opfer sexualisierter Gewalt und Ausbeutung.

Bereich/Einrichtungen der Sozialen Arbeit
Allgemeiner Sozialer Dienst, Alten-/Seniorenheime, Arbeits- und Lebensberatung, Asylbewerber- und Flüchtlingshilfe, Begegnungsstätten, Betriebliche Soziale Arbeit, Behörden, Beratungsstellen, Berufsberatung, Berufsförderungswerke, Betreutes Wohnen, Bewährungshilfe, Bürgerzentren, Erziehungsberatung, Familienhilfe, Familienzentren, Frühe Hilfen, Frühförderung, Häuser der offenen Tür, Hospize, internationale Jugendarbeit, Jobcenter, Jugendämter, Jugendberufshilfe, Jugendgerichtshilfe, Jugendmigrationsdienste, Jugendstrafvollzug, Jugendzentren, Kinder- und Jugendpsychiatrie, Kinderheime, Kinderhospize, Kinderschutzbund, Kitas, Kleinkindgruppen, Krankenhäuser, Mutter-Kind-Häuser, Obdachlosenheime, offene Kinder- und Jugendarbeit, Pflegefamilien, Schulsozialarbeit, Schuldnerberatung, Schwangerschaftsberatungen, SOS Kinderdörfer, Sozial-/Versorgungsämter, Soziale Dienste der Justiz, Sozialpsychiatrische Dienste und Einrichtungen, Sonderpädagogische Zentren, stationäre & ambulante Kinder- und Jugendhilfe, Tagesgruppen, Werkstätten, Wohn-/Tagesgruppen, Wohngruppen, Wohnheime, Suchthilfe, Wohnungslosenhilfe.

Methodische Aspekte der Sozialen Arbeit
Alltagsbegleitung, Angehörigenarbeit, Anleiten, Aufklärung, Begleiten, Beraten, Bestärkung, Betreuen, Beziehungsarbeit, Beziehungsaufbau, Bilden, Bildungsangebote, Bildungsarbeit, (Entwicklungs-)Begleitung, Ermutigung, Erziehen, Förderung, Freizeitgestaltung, Elementarpädagogik, Erlebnispädagogik, Erwachsenenbildung, geschlechtsspezifische Arbeit, Hausaufgabenbetreuung, Hilfe, Hilfestellung, Integration, Klinische Sozialarbeit, Kompetenzen fördern, Kontaktaufbau, Migrationsberatung, Motivation, Netzwerken, Offene Kinder- und Jugendarbeit, Organisation & Hilfe, Pflege, Prävention, Psychosoziale Notfallversorgung, Resozialisierung, Rehabilitationspädagogik, Schullaufbahnberatung, Schutz, Sexualpädagogik, Sonderpädagogik, soziale Betreuung, Soziokulturelle Animation, Soziotherapie, Streetwork, Soziale Gruppenarbeit, Sozialpädagogische Familienhilfe, Supervision, Struktur geben, Telefonseelsorge, therapeutisch orientierte Arbeit,

(Trauer-)Begleitung, Trauma-Pädagogik, Unterstützung, Vermitteln, Vermittlung, Verkehrspädagogik, (Weiter-)Bildung, Zeitgestaltung, Zirkuspädagogik.

Die Stichwortliste ist beeindruckend im Hinblick auf die große Anwendungsbreite der Sozialen Arbeit. Innerhalb dessen, und das ist ebenfalls bemerkenswert, gibt es zwei grundlegende Ausrichtungen: *Problemlösung* bei Fragen der Integration ist das eine, *Förderung* für ein zufriedeneres, eigenverantwortliches und selbstbestimmtes Leben das andere!

Einführende Literatur:

Klüsche, Wilhelm; Effinger, Herbert; Liesenhoff, Carin; Mangold, Jürgen (Hrsg.) (1999): Ein Stück weitergedacht. Beiträge zur Theorie- und Wissenschaftsentwicklung der Sozialen Arbeit. Freiburg i. Br.: Lambertus.

Vertiefende Literatur:

Spiegel, Hiltrud von (2021): Methodisches Handeln in der Sozialen Arbeit. Grundlagen und Arbeitshilfen für die Praxis. 7. durchgesehene Auflage. München: Reinhardt.

Lambers, Helmut (2020): Theorien der Sozialen Arbeit. Ein Kompendium und Vergleich. 5. Auflage. Opladen: Budrich.

12. Die Klienten der Sozialen Arbeit – Bitte nicht helfen, ich hab's schon schwer genug

Gedankensplitter
Perspektive

Tagebucheintrag eines depressiven Patienten: Gestern waren wir mit unserer Gruppe auf einer Frühlingswanderung rund um drei Eifelmaare. Es war sehr schön und sonnig. Am besten gefallen hat mir der kleine Friedhof über dem Totenmaar.

Rainer Ningel

Wir haben dargelegt, dass der Gegenstand Sozialer Arbeit die Beschäftigung mit sozialen Problemen ist. In der konkreten Praxis haben wir es natürlich nicht mit einem abstrakten Gegenstand zu tun; hier sind Menschen gemeint, die von solchen Problemen betroffen sind. Eine wichtige Vertreterin der Sozialen Arbeit, Silvia Staub-Bernasconi, hat einmal gesagt, dass Klienten der Sozialen Arbeit Menschen sind, die an und in der Gesellschaft leiden. Was heißt das? Wie kann man an der Gesellschaft leiden? Und was bedeutet Leid?

In der Tat fällt es schwer, diese Klienten vorurteilsfrei zu beschreiben, weil mit Beschreibungen immer auch Bewertungen verbunden sind. Das ist ein großes Problem. Beschreibungen stehen häufig in engem Zusammenhang mit Zuschreibungen. Zuschreibungen beeinflussen wiederum die Selbstbeschreibungen. Selbstbeschreibungen führen zu einem öffentlichen Selbstbewusstsein, also zu einem Bild, das jemand glaubt, in der Öffentlichkeit darstellen zu können oder zu müssen. Zuschreibungen führen zur Festschreibung von Erwartungen und Verhaltensweisen, führen zu Diskriminierung und dann schließlich zur Bestätigung von Vorurteilen. Das ist mit Leiden an und in der Gesellschaft gemeint. Doch bevor es wieder zu theoretisch wird, werfen wir zunächst einen Blick auf die Praxis der Sozialen Arbeit.

Nehmen wir das Beispiel von Norma[49]:

- nicht genug Geld
- keine Wohnung, die sie sich leisten kann
- sobald das Geld ausgeht: wohnungslos werden, teilweise auf der Straße leben
- nicht genug Schlaf, aus Angst vor Menschen, Hunger und Kälte im Winter
- manchmal bei anderen Personen unterkommen, oft völlig Fremden (Männer, die oft missbrauchen), um wenigstens ein Dach über dem Kopf zu haben

49 Entnommen aus Serr „Shattered Dreams" (2006, 43, zit. n. Göppner 2009, 81).

- Schwierigkeit, morgens aufzustehen, noch müde von einer schweren Nacht
- dieses Leben erzeugt Depressionen, das Gefühl, dass alles hoffnungslos ist
- ein schwaches Selbstbild (in Folge von Missbrauchserfahrungen und dem Eindruck, nirgendwo dazuzugehören)
- Alkohol und Drogen, um mit dem Leben zurechtzukommen und um zu vergessen
- nur wenn es richtig schlecht geht, begrenzte Hilfe von Wohlfahrtseinrichtungen
- am Boden zu sein macht richtig antisozial und isoliert, man sucht nach Gesellschaft und Hilfe unter anderen Wohnungslosen und Drogenabhängigen
- diese Kontakte lassen sie weiter zurückfallen zum Fixen, und so schließt sich der Kreis und beginnt von vorne: es geht ihr um das Geld.

Normas Probleme sind das, was wir gern als multiple Problemlage bezeichnen. Geldsorgen, persönliche Probleme, Depression, Obdachlosigkeit, Suchtprobleme. Es ist offensichtlich, dass hier ein Allrounder, eine Sozialarbeiterin gebraucht wird. Es braucht hier keine große Phantasie, um sich das Leid und Leiden vorstellen zu können. Das Beispiel Norma kann als Spitze des Eisbergs gelten, als sichtbarer Teil, als offensichtliches Leid. Die Not, unter der Norma leidet, ist nicht zu übersehen, nicht nur Randständigkeit oder Nicht-Zugehörigkeit fallen ins Auge, sondern das Herausfallen aus der Gesellschaft.

Das Beispiel ist – zugegeben – drastisch, aber Norma steht stellvertretend für die zahllosen Menschen, die typisch sind für einen Teil der Klienten von Sozialer Arbeit, nämlich diejenigen, die auf der Strecke geblieben und durch alle Systeme durchgefallen oder durchgereicht worden sind. Das Beispiel zeigt nicht, wie es dazu gekommen ist, welche Entwicklungen Norma genommen hat und welche Stationen im Lebenslauf dazu geführt haben, dass es über diese Abwärtsspirale zur jetzigen Situation gekommen ist. Es wird aber zu Recht vermutet, dass nicht allein persönliche Gründe dafür ausschlaggebend sind. Das Beispiel zeigt nur die äußere Seite – die *Wirklichkeit* besteht aber aus vielen Facetten:

Gedankensplitter
Paradox

Klientin über Wochen hinweg: „Ich kann nichts, ich bin nichts wert!"
Berater reißt der Geduldsfaden: „Also offen gesagt, habe ich langsam auch den Eindruck, dass Sie wirklich gar nichts draufhaben!"
Darauf sie ganz empört: „Also hören Sie mal. Ich habe schließlich schon einiges in meinem Leben geschafft!"

Individualität

In der Gruppentherapie saß links von mir eine Bauersfrau aus der Eifel. Tief berührt und schluchzend erzählte sie, dass sie sehr erschüttert sei und seit Wochen unter starken Selbstvorwürfen und Schuldgefühlen leide. Sie sei an

einem Montagmittag unter Alkoholeinfluss auf dem Sofa eingeschlafen und ihre Tochter, aus der Schule kommend, habe sie wachgerüttelt und geweint: „Mama, Du hast ja gar nichts gekocht!" Für sie, die sonst kaum aufgefallen war, sei eine Welt zusammengebrochen. Eher werde sie sich umbringen, als nochmal ein Glas anzurühren.
In derselben Gruppe berichtet kurz darauf ein Patient, ein fünfzigjähriger Lehrer, der aus dem Schuldienst entfernt worden war, er habe sein Trinken völlig unter Kontrolle und könne jederzeit aufhören, wenn er das wolle. Seine Frau hatte ihn schon vor Jahren verlassen und seine Kinder haben jeden Kontakt abgebrochen. Er hatte keine Wohnung mehr, schlief vorübergehend in einer Geschäftspassage, litt unter Polyneuropathie und unter Speiseröhrenvarizen.

Machtlosigkeit
Verzweifelter Patient: „Ich bin mit meinem Latein am Ende, ich brauch' Hilfe von anderen. Sagt mir, was ich tun soll! Wenn Ihr meint, man müsse Scheiße fressen, um abstinent zu werden, dann her damit!"
Zwickmühle
Ein Patient mit drogeninduzierter Psychose hatte sich nachts die Unterlippe abgeschnitten. Wurde notoperiert und mit kosmetischer Chirurgie wiederhergestellt. Zwei Monate später schnitt er sich erneut, wieder unter Dogeneinfluss, die Unterlippe ab. Wurde in unsere Klinik eingeliefert. Schreckliches Bild, insbesondere beim Essen.
Jedem war klar, dass er mit diesem Aussehen wohl keine Chance hatte, drogenabstinent zu leben. Allein schon ein Blick in den Spiegel war für ihn die Hölle. Dennoch – klare Anweisung: erneute Operation erst wieder, wenn eine eindeutige und belastbare Entscheidung für eine dauerhaft abstinente Lebensführung zu erkennen ist. Henne oder Ei?

Rainer Ningel

(Aus-)Bildung als zentrale Dimension

Mit der Einkommensarmut stark verknüpft ist die Dimension von Bildung: Schulbildung, Ausbildung, Fort- und Weiterbildung. Klienten der Sozialen Arbeit gehören – und hier greifen wir den bereits genannten, stigmatisierenden Begriff noch einmal auf – meistens zu den bildungsfernen Schichten.

Ökonomischer und sozialer Status hängen derart vom Bildungsniveau ab, dass es zunächst logisch und verständlich erscheinen muss, wenn sich der Wohlfahrtsstaat in Richtung Arbeitsmarktorientierung wandelt. Vor- und Nachteile dieser Entwicklung und Debatte erfolgen an anderer Stelle des Buches. Zunächst gilt es, den Zusammenhang zu erläutern:

In der heutigen Zeit gehen immer noch deutlich weniger Kinder aus Nichtakademikerfamilien studieren. „Dem Hochschulbildungsreport zufolge beginnen gerade einmal 21 Prozent der Kinder aus Nichtakademikerhaushalten ein

Studium, unter den Akademikerkindern sind es 74 Prozent. Und während rund ein Drittel der Arbeiterkinder das Studium abbricht, sind es bei den Akademikern nur 15 Prozent.“ (Schäfer 2019, 1)

Bildungsabschlüsse sind, so das Ergebnis zahlreicher Studien (exemplarisch Bacher/Moosgrouber 2019, IAB 2020) ein wesentliches Kriterium für die Verteilung von Lebenschancen in unserer Gesellschaft: Die spätere berufliche Position ist ebenso wie das zukünftige Erwerbseinkommen wesentlich vom erworbenen Bildungsabschluss abhängig. Dieser enge Zusammenhang zwischen (Aus-)Bildung und Berufschancen wird offensichtlich, wenn man das Arbeitslosigkeitsrisiko von Erwerbstätigen ohne Berufsausbildung betrachtet. Annähernd die Hälfte der Arbeitslosen verfügt über keine Berufsausbildung, während von den (sozialversicherungspflichtigen) Beschäftigten nur jeder Fünfte überhaupt keine Berufsausbildung hat; das heißt, der Anteil der Menschen ohne Berufsausbildung ist unter den Arbeitslosen mehr als doppelt so hoch, oder anders ausgedrückt: Mit höherer beruflicher Qualifikation sinkt die Gefahr, dauerhaft arbeitslos zu werden.

Auch das Risiko der Sozialhilfebedürftigkeit ist wesentlich abhängig vom Bildungs- und Ausbildungsniveau: In der Gruppe der Sozialhilfeempfänger liegt der Anteil der Personen ohne abgeschlossene Berufsausbildung bei über fünfzig Prozent. Der Anteil der Sozialhilfeempfänger ohne Schulabschluss ist fünfmal höher, als ihr Anteil an der Bevölkerung im erwerbsfähigen Alter ausmacht. Die Frage nach den erworbenen Bildungsabschlüssen ist für die Entwicklungsmöglichkeiten des Einzelnen damit hoch relevant.

Und schließlich: Der Anteil derjenigen, die die Schullaufbahn ohne einen Schulabschluss verlassen, ist zwar bundeslandbezogen und regional unterschiedlich hoch, doch im Abgangsjahr 2019 beendeten 53 833 Schülerinnen und Schüler ihre Schullaufbahn ohne einen Hauptschulabschluss (und damit genauso viele wie 2020: da waren es 53100). Damit gelang es 6,6 Prozent eines Jahrgangs nicht, wenigstens einen Hauptschulabschluss zu erwerben (Statistisches Bundesamt 2020).

Da Jugendliche ohne Schulabschluss bereits bei der Suche nach einem Ausbildungsplatz erheblich benachteiligt sind, ohne Berufsausbildung jedoch ihr Arbeitslosigkeits- und Sozialhilferisiko deutlich erhöht ist, stehen diese Zahlen für ein soziales Problem, dessen gravierende Folgen individuelle wie gesamtgesellschaftliche Zukunftsperspektiven verdüstern.

Wohnen und Armut

Mehr als eine Million Haushalten in Deutschland bleibt einer Studie (Holm et al. 2021) zufolge nach Abzug der Miete weniger als das Existenzminimum zum Leben übrig. Damit sind mehr als zwölf Prozent der Mieterhaushalte in deutschen Großstädten in einer prekären wirtschaftlichen Lage. Insgesamt leben in den betroffenen Haushalten rund 2,1 Millionen Menschen. Besonders stark betroffen sind demnach Haushalte mit Migrationshintergrund, mit Mietern mit niedrigem Bildungsabschluss oder von Alleinerziehenden. In dieser Gruppe bleibt einem guten Viertel nur ein Resteinkommen unterhalb des Existenzminimums. Das Fazit der Forscher: Die Wohnverhältnisse sind nicht nur Ausdruck, sondern in unseren Städten selbst Faktor der sozialen Ungleichheit. Die ohnehin schon bestehende Polarisierung der Einkommen wird durch die Mietzahlung noch verstärkt. Und weiter: Mieterhaushalte der höchsten Einkommensklasse hätten vor Abzug von Warmmiete und Nebenkosten im Mittel 4,4-mal so viel monatliches Nettoeinkommen wie die Haushalte der niedrigsten Klasse. Nach Zahlung der Bruttowarmmiete steige der Faktor sogar auf das 6,7-Fache. Denn ärmere Haushalte müssten einen weit überdurchschnittlichen Anteil ihres Einkommens für das Wohnen aufwenden, obwohl sie auf deutlich weniger Wohnraum in schlechter ausgestatteten Wohnungen lebten. 'Wohnen kann arm machen', resümierten die Forscher. Auch das Statistische Bundesamt hatte die Belastung der Haushalte mit den Wohnkosten analysiert. Nach seinen Daten lebten 2019 knapp vierzehn Prozent der Bevölkerung (11,4 Millionen Personen) in Haushalten, die von hohen Wohnkosten finanziell überlastet waren. Eine Überbelastung bei Wohnkosten sieht die Behörde dann, wenn ein Haushalt mehr als vierzig Prozent des verfügbaren Einkommens für Wohnen ausgibt – unabhängig davon, ob die Betroffenen zur Miete oder in den eigenen vier Wänden leben oder Kredite abzahlen.

Gesundheit und Armut

Ein weiterer Zusammenhang ist evident: Wer arm aufwächst, ist kränker. Die „Studie zur Gesundheit von Kindern und Jugendlichen in Deutschland" des Robert-Koch-Instituts (RKI 2015)[50] belegt, dass das soziale Milieu gravierende Folgen für die Gesundheit von Kindern und Jugendlichen bedeutet. Die Ergebnisse der Analysen weisen darauf hin, dass Kinder und Jugendliche aus Familien mit niedrigem Sozialstatus in vielen Bereichen geringere Gesundheitschancen haben. Das Risiko für einen nur mittelmäßigen bis sehr schlechten allgemeinen Gesundheitszustand ist bei Jungen und Mädchen mit niedrigem sozioökonomischem Status um gut das Dreifache erhöht im Vergleich zu Kindern mit hohem sozioökonomischen Status. Ein niedriger sozioökonomischer Status geht einher mit einer geringeren gesundheitsbezogenen Lebensqualität. Im Klartext:

Während elf Prozent der Kinder und Jugendlichen mit einem niedrigen Sozialstatus einen nur mittelmäßigen oder schlechten allgemeinen Gesundheitszu-

50 RKI/Robert-Koch-Institut (2015): Gesundheit in Deutschland. Berlin. https://www.rki.de/DE/Content/Gesundheitsmonitoring/Gesundheitsberichterstattung/GesInDtld/gesundheit_in_deutschland_2015.pdf?__blob=publicationFile [21.11.2021].

stand aufweisen, liegt dieser Wert bei sechs Prozent für Gleichaltrige aus der Mittelschicht. Und bei wohlhabenden und gut gebildeten Familien liegt die Quote gar nur bei drei Prozent. Bei Kindern aus benachteiligten Familien ist Bewegungsmangel, Übergewicht und Rauchen stärker verbreitet als beim Nachwuchs in der Mittel- und Oberschicht. Auch das Risiko für psychische Auffälligkeiten wie Angststörungen, Depressionen oder Hyperaktivität ist höher, wenn Kinder in Familien mit einem niedrigen sozioökonomischen Status aufwachsen. Zu den wenigen Ausnahmen gehören allergische Erkrankungen, die vermehrt bei sozial besser gestellten Kindern und Jugendlichen vorkommen.

So gilt für Kinder in Deutschland: Je höher der soziale Status, desto besser sind die Chancen für ein gesundes Aufwachsen. Die Lebenserwartung sinkt bei niedrigem Sozialstatus durchschnittlich um acht bis elf Jahre.

Die Ergebnisse aus KiGGS Welle 2 (RKI 2020) bestätigen diese Ergebnisse: sozial benachteiligte Kinder und Jugendliche haben einen schlechteren allgemeinen Gesundheitszustand und weisen häufiger gesundheitsbezogene Einschränkungen auf.

Der Zusammenhang von Armut und Gesundheit ist natürlich nicht auf die Altersgruppe von Kindern und Jugendlichen beschränkt. Dass sich Armut generell auf die Gesundheit auswirkt, wird mittlerweile durch zahlreiche Studien bestätigt. In weitreichender Übereinstimmung zeigen die Forschungsergebnisse, dass viele Erkrankungen, Gesundheitsbeschwerden und Risikofaktoren bei Personen, die in Armut leben, vermehrt vorkommen und eine erhöhte vorzeitige Sterblichkeit zu verzeichnen ist.[51]

Dieser Zusammenhang zwischen Armut und Krankheit ist laut Gerhard Trabert, Arzt und Sozialpädagoge und einer der profiliertesten Akteure in diesem Feld, ein doppelter: Arm und damit sozial benachteiligt zu sein, ist mit einer deutlich erhöhten Erkrankungsquote kombiniert. Armut führt zu Krankheit, aber zunehmend führt Krankheit auch zu Armut. Mittlerweile ist Krankheit der vierthäufigste Grund für eine Verschuldung. Die zahlreichen Zuzahlungen und Eigenbeteiligungen machen sich bemerkbar. Auch führten Krankheiten teilweise zu gravierenden Leistungseinbußen der Betroffenen und damit zu Einkommensverlusten.[52]

51 Vgl. beispielsweise dazu die Internetseiten des RKI zum Thema: https://www.rki.de/DE/Content/Gesundheitsmonitoring/Gesundheitsberichterstattung/GBEDownloadsK/2010_5_Armut.pdf?__blob=publicationFile [21.11.2021].

52 Hinweise auf der Internetplattform des Vereins Armut und Gesundheit in Deutschland e.V., http://www.armut-gesundheit.de/ [21.11.2021].

Armut als zentrale Dimension

Leiden an und in der Gesellschaft äußert sich zwar nicht immer so gravierend wie im Beispiel von Norma. Leiden an und in der Gesellschaft kennt viele Ausprägungen und hat häufig mit Armut zu tun. Armut ist ein zentrales Merkmal der Klienten Sozialer Arbeit. Armut hat mehrere Dimensionen: Es geht um Geld, es geht um Gesundheit, Bildung und Ausbildung, Freizeitgestaltung und politische Teilhabe. Die Frage von Lebensqualität und Lebenserwartung rückt in den Mittelpunkt und damit auch die Möglichkeit und Begrenzung von Lebensgestaltung.

Normas Beispiel führt einerseits deutlich vor Augen, wie schwierig der *Alltag* sein kann, aber es kann auch den Blick verstellen auf dahinterliegende Fragen der Ausgrenzung und Marginalisierung, die in einer Gesellschaft mit Armut verbunden sind. Denn Beispiele wie die von Norma können zu Bildern von Armut führen, die bestimmte Vorstellungen untermauern, die den Unterschied von Normalbürgern und Armen markieren, nämlich: Wer arm ist, hat wenig Geld; deshalb kann er sich vieles nicht leisten und leidet an einem Mangel an Gütern – er besitzt wenig.[53]

Arme Menschen haben nicht viel, sie verdienen entweder sehr wenig oder leben von der Sozialhilfe bzw. Grundsicherung (im Volksmund: Stütze, Hartz IV). Gern wird damit auch im landläufigen Sinne das Tragen abgenutzter oder unmoderner Kleidung (uncoole Klamotten: „Drei Streifen Adidas, zwei Streifen Caritas") als direkt sichtbares Zeichen verbunden, ebenso ungesundes Essen (Fastfood statt Biokost), verwahrloste Wohnung (Messis) und natürlich *Bildungsferne*. Der Blick auf die Armut führt mehr oder weniger bewusst zu einer Grenzziehung: die hüben und die drüben. Die einen sind auf der sicheren und oftmals wohlhabenden Seite und die anderen eben nicht. Armut wird somit zu einem trennenden Merkmal mit durchaus interessanten Wirkungen im Hinblick auf Dazugehörigkeit. Von Armut Betroffene müssen nämlich für Zuwendungen dankbar sein, sich über jede noch so kleine Spende in Form von Geld, gebrauchter Kleidung oder Lebensmitteln freuen. Es wird erwartet, dass sie sich entsprechend verhalten und auch in ihrem Konsum, in ihren Anschaffungen beschränken, also angemessen und vernünftig sind, um ihre Situation nicht noch weiter zu verschlimmern. Geradezu unverständlich für den Normalbürger (hüben) ist, wenn solche Menschen (drüben) mit übergroßem Fernseher der neuesten Generation ausgestattet sind, Spielkonsole für die Kinder und natürlich Tablet und Smartphone (und dann noch von der teuren Marke mit dem „i") besitzen. Dies ist nicht vereinbar mit der Vorstellung von (materieller) Armut und endet in dem Vorwurf: Statt Geld für solche Luxusgüter auszugeben, wäre es doch wohl sinnvoller und besser, für gescheite

53 Die folgenden Ausführungen basieren in Auszügen auf einem kurzen Essay von Magdalena Holztrattner (2014) und wurden von den Autoren ergänzt.

Nahrung zu sorgen, den Kindern anständige Bücher zu kaufen, Geld für die Mitgliedschaft in Vereinen auszugeben usw.

Die Verkennung des Zusammenhangs von Konsum bzw. Besitz und Dazugehörigkeit zu einer Gesellschaft (sichtbare Statuszeichen, die Zugehörigkeit markieren) verstärkt die Ausgrenzung und Marginalisierung. Auch wenn, wie erwähnt, Armut viele Facetten hat, wird die Einkommensarmut bei der Unterscheidung in hüben und drüben doch am stärksten wahrgenommen.

So betrachtet ist es nur natürlich, dass Familien viel daransetzen, ihren Kindern zu ermöglichen, dazuzugehören. „Armut und Smartphone gehören dann unweigerlich zusammen“ (Holztrattner 2014, 1).

Noch ein Beispiel. Es stand in der Zeitung (Hannoversche Allgemeine vom Freitag, 14.6.2013):

> Gelsenkirchen. Schantall Pröllmann ist dumm, konsumgeil, geschmacksverirrt und sagt Sätze wie „ich tu mich hier stylen". Sie ist die Antiheldin im Buch „Schantall, tu ma die Omma winken!" – das sich seit Monaten weit oben in der Taschenbuch-Bestseller-Liste tummelt. 130 000 verkaufte Exemplare bisher. Viele wollen anscheinend wissen, wie es ist da unten, in der bildungsfernen Unterschicht. Bei Menschen, die ihren Kindern gerne Namen geben, die sie selbst nicht richtig buchstabieren können. Wollen vor allem lachen auf dieser Abenteuerreise in den „Sumpf des schlechten Geschmacks" von Schantall und Sohn Dschastin. Geschrieben hat das Buch Kai Twilfer. Es ist sein Erstlingswerk und gleich ein Erfolg ... Sechs Mal musste schon nachgedruckt werden“.

Twilfer mimt den fiktiven Sozialarbeiter Jochen und lässt kein Klischee aus: Castingshows, Busreise nach Lloret de Mar, aufgemotzte Autos, Shoppen in Billigläden. So stellt man sich halt den Alltag von Pröllmanns vor, frei nach dem Motto: Ohne Schublade keine Lacher. „Die Leute wollen sich amüsieren über das Elend anderer", wird Twilfer zitiert: „Vielleicht suchen wir alle jemanden, dem es vermeintlich schlechter geht, weil er anders lebt" (ebd.).

Gedankensplitter
Stammtischgeschwätz

Twilfers Buch – so lustig es sich auf den ersten Moment liest – fällt auf einen bestimmten gesellschaftspolitischen Boden, der beginnend vor fast zwanzig Jahren, nämlich 2003, über Printmedien und Fernsehöffentlichkeit bereitet wurde. Im Kontext einer sogenannten Neuen Bürgerlichkeit treten seitdem über die einschlägigen Kanäle vulgärkonservative Strippenzieher à la Herwig Birg, Paul Nolte, Thilo Sarrazin, Peter Hahne, Walter Wüllenweber, Joachim Kutschke usw. regelmäßig auf den Plan, die das immer schon dagewesene Stammtischgeschwätz neuerdings in akademischen Jargon kleiden und unverhohlen eine Pädagogisierung der meist unterschichtigen Klientel der Sozialen Arbeit propagieren. Sozialpolitisch spüren wir die Folgen für die Soziale Arbeit schon längst: Die Hartz-Gesetzgebung (2005) markiert letztlich den Paradigmenwechsel hin zu einem aktivierenden Sozialstaat. Wenn die Alimentierung der Ärmsten (angeblich) nichts leistet zur Reintegration der sogenannten Unterschicht, was dann? Die Bielefelder Erklärung spricht von Bildung statt Disziplinierung der Unterprivilegierten. Diese Weisheit hat sich leider nicht politisch durchgesetzt. Vielmehr soll unsere Klientel durch den meist brennenden Reifen springen, und wir Sozialarbeiter dürfen dabei die Peitsche schwingen. Der Punkt ist, dass wir im gesellschaftspolitischen Klima aktivierender Hilfe Tendenzen wiederfinden, die sich vordemokratisch, wenn nicht gar antidemokratisch geben. Dass ich als Sozialpädagoge unter alltäglichen Bedingungen in der Tat nicht mit meiner Klientel befreundet sein möchte, weil von den Lebensentwürfen her keine wirkliche gemeinsame Anschlussfähigkeit besteht, heißt aber nicht, dass ich ihnen im Umkehrschluss als Sozialprofi vorschreiben darf, wie sie zu leben haben. Aber genau das tun die neuen Bürgerlichen unserer Zeit. Die Alimentierungen aus Steuergeldern sollen die „Asozialen" (Wüllenweber 2012) eben nicht für Pornos, Alkohol, Zigaretten, Fast Food usw. ausgeben, sondern davon ihren Kindern anständige Kleider und Schulhefte kaufen. Dass die neuen Bürgerlichen dabei ausgesprochen Empirie feindlich agieren, scheint die Agenten der neuen Bürgerlichkeit nicht zu stören (Wertewandel statt Wertverfall, siehe Helmut Klages, Sinus-Milieu-Studie).

Niels M. Hoffmann

Das Buch von Kai Twilfer war so erfolgreich, dass schon bald ein Nachfolgeband mit „Neuem aus dem Alltag des unerschrockenen Sozialarbeiters" erschienen ist.[54]

Humor ist, auch in der Sozialarbeit, ein durchaus probates und zu begrüßendes Element. Und auch das Buch provoziert humorvoll. Aber es bleibt die Frage, auf welche Kosten sich hier amüsiert wird. Es ist ein Unterschied, ob ich mich über Sozialarbeiterinnen oder Pädagoginnen lustig mache oder ob und wie Witze über die Klienten gemacht werden. Im ersten Fall werden die Grundzüge und Besonderheiten des Berufsstandes auf die Schippe genommen, karikiert und deren Schwächen und Macken überzeichnet. Es wird der Berufsgruppe sozusagen der Spiegel vorgehalten, mit einem Augenzwinkern, aber durchaus wertschätzend. Im zweiten Fall (und so ist es bei Kai Twilfer) werden ausschließlich die Klienten aufs Korn genommen, und es entsteht ein eher zwiespältiges Bild. Selbstverständlich gibt es im Buch hier genügend Lustiges (selbst wenn man nicht alle Pointen witzig finden muss).

54 In diesem Bändchen werden mehr oder weniger humorvoll die besseren Kreise aufs Korn genommen, da Frau Pröllmann durch Heirat sozial aufgestiegen ist.

Aber beim Lesen des Buches bleibt einem doch das Lachen im Halse stecken. Hier ist häufig kein Mitlachen möglich. Zu platt sind die Plattitüden, zu geschmacklos werden bestehende Vorurteile über Klienten der Sozialarbeit bedient, zu sehr gehen die Pointen auf Kosten der Klienten. Von Wertschätzung findet sich in dem Buch kaum eine Spur, es wird eher das Schubladendenken von denen auf der einen Seite und denen auf der anderen Seite gefördert.

Gedankensplitter

Auch ich habe angefangen, das Buch „Schantall, tu mal …" zu lesen, mich am Anfang amüsiert, es aber bald empört weggelegt. Ich teile absolut Ihre Meinung!

Christine Körber-Martin

Dass dieser Voyeurismus-Effekt vom Autor durchaus kalkuliert ist, erhöht zwar den Kaufanreiz, ist aber zu kritisieren. Im Englischen gibt es den Ausdruck *blaming the victim*. Damit ist gemeint, dass Benachteiligte oder Opfer nicht nur nicht bemitleidet werden, sondern im Gegenteil, ihnen wird vorgeworfen, an ihrer misslichen Lage selbst schuld zu sein. Ganz so weit geht das Buch zwar nicht, und es bleibt zu hoffen, dass die Leserinnen die unterschwelligen Zuschreibungen als solche erkennen.

Klienten können auch respekt- und liebevoll und mit einem Augenzwinkern beschrieben werden, wie die folgenden Gedankensplitter zeigen:

Gedankensplitter
Motivation

Ich: „Aber Franz, Du möchtest doch leben. So wirst Du bestimmt nicht alt!"
Franz: „Aber ich lebe doch, nach meiner Art und Weise. Wenn ich das bis 28 schaffe, dann hatte ich doch eine super Zeit. Oder meinen Sie, ich wollte so ein alter Sack werden wie Sie?"

Diagnostik

Ein ambulanter Klient beim Motivationsgespräch (ziemlich eindeutig liegt chronischer Alkoholismus, aber keine Krankheitseinsicht vor): „Ich kann jederzeit auf Alkohol verzichten, das macht mir überhaupt nichts aus."
Ich schlage ihm vor, dann könne er doch einfach bis zum nächsten Gespräch in zwei Wochen nichts trinken und wir würden dann über seine Erfahrungen mit der Abstinenz während dieser beiden Wochen sprechen.
Vierzehn Tage später erscheint er angetrunken: „Das Nichttrinken war so einfach, dass ich nach ein paar Tagen gemerkt habe, dass ich das locker hinkriege, und daraufhin habe ich das Experiment abgebrochen."

Suchtgewinn

Klient: „Ich war Kurierfahrer bei der BW und habe einige Tage Sonderurlaub bekommen für zigtausende Kilometer unfallfreies Fahren, keinen davon

bin ich nüchtern gefahren. Ohne Alkohol wäre ich gar nicht vom Hof gekommen."
Pilot: „Mit genügend Alkohol war ich durchaus in der Lage, Transatlantikflüge durchzuführen. Schwierig war es immer, ins Cockpit zu kommen."
Chirurg: „Ich war einer der wenigen, der die großen Herzoperationen durchführen konnte. Aber ohne meinen Assistenzarzt Dr. Gin wäre mir das nicht gelungen."

Rainer Ningel

Und zum guten Schluss:

Gedankensplitter
Wo ist die Klientin?

Drei Männer stehen vor der Tür und möchten einen Antrag auf Unterstützung stellen, da die Frau einer der Männer schwanger ist. Auf die Frage, wo denn die Frau sei, kommt die erstaunte Antwort: ob die denn auch dabei sein müsse?

Ursula Koch

Einführende Literatur

Böhnke, Petra; Dittmann, Jörg und Goebel, Jan (Hrsg.) (2018): Handbuch Armut. Ursachen, Trends, Maßnahmen. Stuttgart: UTB.

Weiterführende Literatur

Effinger, Herbert (2021): Soziale Arbeit im Ungewissen. Mit Selbstkompetenz aus Eindeutigkeitsfallen. Weinheim/Basel: Beltz Juventa.
Holm, Andrej; Regnault, Valentin; Sprengholz, Maximilian; Stephan, Meret (2021): Muster sozialer Ungleichheit der Wohnversorgung in deutschen Großstädten. Forschungsförderung Working Paper, Düsseldorf.

13. Auftraggeber für die Soziale Arbeit – Wer hat den Hut auf?

Sozialarbeiterinnen erhalten von verschiedenen Seiten Aufträge: Da wären zunächst die direkten Aufträge von ihrem Anstellungsträger (manchmal sogar in Form von Stellenbeschreibungen) zu nennen. In der Suchthilfe ist das zum Beispiel der Auftrag, Klienten zu helfen, *clean* zu werden. Wäre auch ein Auftrag denkbar, der lautet, weniger risikoreich zu fixen, also steriles Spritzbesteck zu verwenden, quasi gesundheitsbewusst zu fixen? Möglicherweise sind Sie irritiert: Muss es nicht immer das Ziel einer guten Arbeit mit Drogenabhängigen sein, sie von der Droge wegzubekommen?

Und damit sind wir schon bei der Frage der Auftraggeber Sozialer Arbeit. Wer alles erteilt diese Aufträge? Das einführende Beispiel mit dem Anstellungsträger verweist auf ein verschachteltes System. Ist ein Anstellungsträger mehr oder weniger Teil oder gar verlängerter Arm des Staates oder handelt es sich eher um einen unausgesprochenen Auftrag der Gesellschaft? Anleihen bei der Soziologie helfen zu klären, wer oder was Gesellschaft ist. Wenn Gesellschaft ein System von Mitgliedern oder Kommunikationen ist, mit ganz unterschiedlichen Abstufungen und Repräsentanten, dann ist nicht auszuschließen, dass der einfache Bürger auch Gesellschaft ist – entweder als Person beteiligt oder in Form von Kommunikation (das sollen die Soziologen klären, nicht die Sozialarbeiter). Und der einfache Bürger redet mit, wenn es um die Frage geht, was nun mit Drogenabhängigen zu passieren hat (die Begriffe Drogenkonsument oder gar Drogengebraucher stellen in Vorstellungen des gesunden Menschenverstandes häufig eine arge Verharmlosung des Phänomens dar). Natürlich mischen auch die Medien und die Politik mit. Wenn wir jetzt unterstellen, dass Soziale Arbeit die Instanz ist oder sein soll, die sich um Drogenabhängige *kümmert* (es ist ja in diesem Buch viel von sich kümmern die Rede), dann sollte zumindest auch geklärt sein, mit und in welchem Auftrag sie das tut. Und gefragt werden sollte: Reicht es aus, wenn Drogenabhängige *unauffällig* koksen, sniefen, trinken, spritzen? Oder sollen oder müssen sie clean sein? Ach ja, da wäre ja auch noch der Unterschied von legalen und illegalen Drogen, der historisch gewachsen ist und sich verfestigt hat.

Bis hierhin können wir festhalten, dass Gesellschaft (ob in Form von einfachen Bürgern oder Repräsentanten, wie Politikern und Anstellungsträgern) bei der Frage, was mit Klienten passieren bzw. was als Ziel von Sozialer Arbeit gelten soll, ein Wörtchen mitredet. Fehlt jetzt nur noch, dass die Idee Anklang findet, die Klienten sollten hierzu auch gehört werden und eigene Aufträge formulieren. Soll man ernsthaft fordern, Klienten bei der Frage, was mit ihnen passieren soll, was das Ziel der Maßnahmen sein soll, aktiv zu beteiligen? Wir meinen ja.

Gedankensplitter
Auftraggeber

Ein vierzehnjähriger Jugendlicher mit Beeinträchtigung kommt zum Geschäftsführer der Lebenshilfe und sagt: „Hör mal, du bist doch der Chef der Lebenshilfe – ich brauche ein Pflaster."

Christine Körber-Martin

Klientenbeteiligung bei diesen Fragestellungen einzufordern ist konfliktreich. Und die smarte Formulierung, „besser ein wenig beteiligen als gar nicht", hilft auch nicht wirklich. Wer ist der Auftraggeber für die Soziale Arbeit: der Klient, der die Helfer manchmal am liebsten *hinter den Mond* wünscht, oder die Gesellschaft, die aus sehr unterschiedlichen Gründen jemanden damit beauftragt, sich um das *Problem* zu kümmern? Und schließlich, kann sich die Soziale Arbeit nicht selbst Aufträge geben, wenn sie die Notwendigkeit sieht?

Gedankensplitter
„Ich geh nich in Rente" oder: ein Beispiel für personenzentrierte Soziale Arbeit

Seit vielen Jahren arbeite ich, Diplom-Sozialpädagogin (FH), in einer Werkstätte für behinderte Menschen (WfbM).
Zuständig bin ich für eine bestimmte Anzahl von Menschen mit geistiger, körperlicher und Mehrfachbehinderung. Meine Hauptaufgabe besteht darin, in regelmäßigen Abständen Teilhabepläne zu erstellen. Dies erweist sich immer mehr als eine zeitaufwändige Arbeit, die meist auf systemimmanente Ursachen zurückzuführen ist.
Für weitere Aufgaben, wie die soziale und persönliche *Begleitung* der Beschäftigten in *Konflikt- und Krisensituationen* oder *bei Veränderungswünschen im persönlichen Umfeld*, bleibt immer weniger Zeit.
Seit einigen Jahren biete ich gemeinsam mit Kollegen aus anderen Geschäftsbereichen eine Maßnahme gemäß dem Angebotskatalog der WfbM für ältere Beschäftigte an. Es handelt sich um ein Seminar, das zum Inhalt hat, ältere Beschäftigte auf die Zeit nach der beruflichen Tätigkeit im Rahmen einer Werkstätte vorzubereiten. Jedes Jahr laden wir Beschäftigte über 58 Jahre ein, an drei Vormittagen über das Thema Rente nachzudenken. Die Beschäftigten haben dabei die Gelegenheit, über die Rente etwas zu erfahren. Gleichzeitig haben sie die Möglichkeit zu erleben, was man tun kann, wenn die Tagesstruktur, die mit *Arbeit* verbunden ist, nicht mehr zu ihrem Alltag gehört. Unser Anliegen ist es unter anderem, ihnen die nähere Umgebung der Stadt bekannt zu machen, die man zu Fuß erreichen kann. Wir waren in der Vergangenheit in der Stadtbücherei, haben die Orte aufgesucht, wo man preiswert Kaffee trinken kann, und haben schöne Spazierwege entdeckt. Jedes Jahr verbringen wir zwei Vormittage in den institutions- und ortsansässigen Tagesstruktur-Angeboten für Rentner. Dies soll den Beschäftigten

die spätere Nutzung erleichtern. Trotzdem bedeutet für viele Beschäftigte die Rente einen großen Einschnitt in ihrem Leben.

Deutlich zum Ausdruck brachte dies vor einigen Jahren eine Beschäftigte mit Down-Syndrom, Frau B., als sie am Ende des letzten Seminartages mit Bestimmtheit sagte: „Ich geh nich in Rente! Ich arbeite weiter!“

Ich war beeindruckt, denn man hört selten eine Beschäftigte, die mit solch einer Bestimmtheit ihre Meinung äußert.

Es lag mir fern, sie in der nächsten Zeit davon zu überzeugen, dass es nicht anders geht, als mit Erreichung der Altersgrenze die WfbM zu verlassen. So lauten die aktuellen Vorgaben des Betriebes, denn die WfbM ist ein Leistungserbringer nach Paragraph 136 SGB IX und erbringt Leistungen zur *Teilhabe am Arbeitsleben*. Leistungsträger übernehmen die Kosten für die Leistungen nur bis zur Erreichung der Altersgrenze von Menschen mit Behinderung. Also bedeutete dies auch für Frau B., die WfbM dann verlassen zu müssen.

Meine Intention war herauszufinden, ob es möglich ist, ihren Wunsch zu realisieren, ich wollte sie in ihrer *Selbstbestimmung* stärken. Für mich bedeutet die Umsetzung der Inklusion, auch in meinem direkten Arbeitsumfeld danach zu handeln und Menschen mit Behinderung selbst entscheiden zu lassen, wo sie wohnen, wie sie leben und wo sie arbeiten wollen.

In dem konkreten Fall war es mir wichtig, den Wunsch von Frau B. zu respektieren und nach einer machbaren Lösung zu suchen.

Damit verhielt ich mich nicht nach betrieblicher Vorgabe, das war mir klar, aber gestärkt wurde ich in meinem eher unkonventionellen Vorgehen durch Mitarbeiter, die an den Arbeitsplätzen von Frau B. tätig waren. Sie wandten sich an mich und fragten, ob man nicht etwas tun könnte. Auch sie waren auf das Anliegen von Frau B. aufmerksam geworden, da sie davon erzählte, dass sie nicht in Rente gehen wolle.

Frau B. verbrachte fast ihr ganzes bisheriges Leben in der komplexen sozialen Einrichtung und kannte fast alle Bereiche. In früher Kindheit ging sie zur Förderschule, sie gehörte schon immer zu dem Bereich Wohnen, seit ihrer Jugend dann auch zu dem Bereich Arbeit. In den letzten Jahren war sie an zwei Arbeitsplätzen, vormittags in einer Weiterbildungseinrichtung und nachmittags in der Cafeteria eines Gesundheitsbereiches, tätig. Sie erledigte einfache hauswirtschaftliche Arbeiten, betreut von Fachkräften aus dem Bereich Hauswirtschaft der WfbM. Sie arbeitete sehr gerne, das äußerte sie oft, und das konnte man auch erkennen.

Schon seit einiger Zeit bemerkten die zuständigen Fachkräfte der WfbM bei Frau B. einen altersbedingten Abbau ihrer Leistungsfähigkeit. Sie machten sich Sorgen um ihre Gesundheit, sie hatte bereits einen freien Tag in der Woche, aber eine weitere Arbeitszeitreduzierung schien notwendig zu sein. Auch wollte man Vorbereitungen treffen im Hinblick auf ihre Zukunft, denn niemand konnte sagen, ob es gelingen würde, ein Weiterarbeiten zu ermöglichen. Aber falls es dazu kommen sollte, dann nur mit reduzierter Arbeitszeit, darin waren sich Fachkräfte und Sozialdienst einig. Frau B. willigte nach mehreren Gesprächen ein, einen der beiden Arbeitsplätze abzu-

geben. Sie entschied sich dafür, weiterhin vormittags in der Cafeteria des Gesundheitsbereiches tätig zu sein.
Das war etwa ein halbes Jahr vor Erreichung ihrer Altersrente.
Ihrem Wunsch entsprechend informierte ich ihren gesetzlichen Betreuer und das Wohnheim über ihr Anliegen, nicht in Rente zu gehen.
Dieses Anliegen fiel im Bereich Wohnen nicht auf fruchtbaren Boden. Im Gegenteil, man sah gar keine Veranlassung, dass Frau B. weiterarbeitet, sie solle stattdessen ihre Rente genießen. „Sie hat schon so viele Jahre gearbeitet, es steht ihr zu, jetzt eine ruhigere Zeit zu haben. Ein Weiterarbeiten sei gesundheitlich bedenklich, denn sie lässt sich gerne Süßigkeiten geben und ernährt sich dadurch unkontrolliert und deshalb ungesund. Eine Weiterarbeit schadet ihrer Gesundheit und wir werden das nicht unterstützen“, das waren Argumente aus dem Wohnheim.
Meinen Argumenten, dass Frau B. doch selbst entscheiden sollte, wie sie ihren Lebensabend gestaltet, und dass es ihre Entscheidung sein sollte, wann sie aufhört zu arbeiten, konnte oder wollte man nicht folgen. Aber ich hoffte, dass der Gedankenaustausch bei meinen Gesprächspartnern noch nachwirken würde.
Bei dem gesetzlichen Betreuer gestaltete es sich ganz anders. Er fand es großartig, dass Frau B. weiterarbeiten wolle. Er wusste, welch hohen Stellenwert die Arbeit bei Frau B. einnahm, und er würde auf jeden Fall ihren Wunsch unterstützen.
Als Nächstes ging ich daran abzuklären, ob Frau B. nach Erreichen der Altersrente überhaupt in der Cafeteria tätig sein kann, wenn die Betreuung durch die Fachkräfte der WfbM wegfällt.
In der Cafeteria signalisierte man uns, dass man sich freuen würde, wenn Frau B. die Arbeit, die sie bisher gerne übernommen hatte, weiterhin tun würde. Man war dort auch mit weniger Arbeitsstunden einverstanden, und vor allem sollte sie selbst entscheiden, wann sie ihre Arbeit beenden möchte. Man wäre auch gerne bereit, ihr für die Tätigkeit ein kleines Salär zu zahlen.
Jetzt blieb noch zu klären, wer die Versicherungsleistungen bei Fällen von Unfall oder Haftpflicht übernehmen würde.
Ich wandte mich an die Ansprechperson für die Gruppe ehrenamtlicher Damen im Gesundheitsbereich und schilderte die Situation. Erfreulicherweise zeigte man sich dort sehr bereit, Frau B. zu helfen und sie in die Gruppe mit aufzunehmen, obwohl sie nicht die übliche Ehrenamts-Aufgabe übernehmen würde. Dies sei noch mit dem zuständigen Leistungsträger abzusprechen.
Einige Tage später erhielt ich eine positive Rückmeldung, was bedeutete, dass Frau B. künftig ehrenamtlich tätig sein kann und miteingebunden sein wird in die Gruppe ehrenamtlicher Damen.
Erfreut über diese positive Nachricht besuchte ich Frau B. an ihrem Arbeitsplatz, um ihr von den Neuigkeiten zu berichten. Ich war allerdings erschrocken, als sie unter Tränen erzählte, nicht weiter arbeiten zu dürfen. Das hatte man ihr im Wohnheim so gesagt. Frau B. beruhigte sich erst, als ich ihr versprach, noch einmal mit dem Wohnheim zu sprechen und dass ich dazu auch den gesetzlichen Betreuer einladen würde.

Zu diesem Zeitpunkt ging ich davon aus, für Frau B. wäre alles geklärt, denn meine Arbeit im Sozialdienst war eigentlich erledigt, der Weg war geebnet, sie konnte an dem Arbeitsplatz weiterhin ehrenamtlich arbeiten. Aber nun tat sich für Frau B. doch noch eine weitere Hürde auf, in Form der noch fehlenden Zustimmung des Wohnheims.
Ich stellte fest: Entscheidend war offensichtlich nicht der Wunsch und der Wille von Frau B., was dem Sinn der UN-Übereinkommen über die Rechte von Menschen mit Behinderung (UN BRK) entsprechen würde. Diese Erfahrung mache ich leider häufig, denn nicht in allen Bereichen, nicht bei allen Fach- und Führungskräften oder Sozialdiensten, ist *Inklusion* angekommen. Im Grunde kommt es darauf an, dass der Mensch mit Behinderung selbst bestimmt. Die Mitarbeiter sollten sich in ihrer täglichen Arbeit vor allem im Umgang mit den Beschäftigten daran orientieren.
Nach einiger Zeit kam dann das Gespräch mit Frau B., dem gesetzlichen Betreuer, Herrn L. vom Wohnheim und mir zustande, das folgendes Ergebnis hatte: Frau B. kann zeitreduziert und nur an Vormittagen in der Cafeteria tätig sein, es sollen Absprachen mit den Mitarbeitern dort erfolgen, keine Süßigkeiten mehr zu verteilen; Frau B. erhält keine Bezahlung (das würde im Wohnheim zu Neid und Ärger unter den Bewohnern führen, war die Befürchtung von Herrn L.), sie kann, wenn sie es möchte, jederzeit ihr Ehrenamt beenden.
Frau B. freute sich sehr! – Sie hat inzwischen ihr Rentenalter erreicht und ist ehrenamtlich in der Cafeteria tätig.
Dieses Beispiel ist nicht nur ein Beispiel für personenzentrierte Soziale Arbeit, sondern auch ein Beispiel für gelungene Inklusion. So wie es allen Rentnern offensteht, ehrenamtlich tätig zu sein, sollte das auch für die Rentner einer WfbM möglich sein.
Wenn ich Frau B. begegne, strahlt sie mich freundlich an. Ich denke dann immer, als Sozialdienst erlebt man auch Glücksmomente in der Arbeit, besonders dann, wenn man anderen dazu verholfen hat, ihr Ziel zu erreichen.

Gerlinde Falta

Dieses Dilemma ist in die Sozialarbeitsliteratur zunächst als das *doppelte Mandat* eingegangen. Einerseits sind die Aufträge der Klienten (Wunsch nach Veränderung, Verbesserung, Wunsch, den Helfer möglichst rasch wieder loszuwerden) zu berücksichtigen, andererseits sind Aufträge der Gesellschaft (in Form von gesellschaftlichen Erwartungen bis hin zu handfesten gesetzlichen Grundlagen, die auch eine Kontrolle vorsehen) zu erfüllen. Soziale Arbeit tut gut daran, sich dessen immer bewusst zu sein. Unstrittig ist, dass es problematisch werden kann, sich auf eine Seite zu schlagen. Sozialarbeiterinnen neigen zwar dazu, sich auf die Seite der Klienten zu stellen (Solidarisierung mit den Schwachen), aber es gibt ja gesetzliche Aufträge, die nicht sinnlos sind. Es kann schon sehr hilfreich sein, zum Beispiel bei Vernachlässigung von Kindern einschreiten zu können, auch wenn die Eltern die Situation, also die Vernachlässigung, anders sehen.

Aber grundsätzlich ist dieses Dilemma nur lösbar, wenn es eine Verortung gibt, die weder einseitig die gesellschaftlichen Anforderungen noch einseitig die Klientenanforderungen übernimmt und die jeweils andere Seite ignoriert. Diese Verortung findet in der Wissenschaft (theorieorientiert und -basiert) und Profession (handlungsorientiert) der Sozialen Arbeit statt. Sozialarbeiterinnen und -pädagoginnen verfügen über eine eigene, professionelle Sicht der Dinge. Das hilft, mit den unterschiedlichen Auftragslagen fachlich zurechtzukommen.

Kehren wir noch einmal zu der Eingangsfrage von Drogengebrauchern (*Usern, Konsumenten, Fixern, Alkis* und wie immer wir sie nennen und sie selbst sich bezeichnen) zurück. Der heutige Wissens- und Könnensstand (State of the Art – jawohl: Stand der Kunst) ist das Ergebnis von jahrzehntelangen Erfahrungen und Forschungen. Und der belegt nun einmal, dass es verschiedene anzustrebende Möglichkeiten gibt bzw. geben sollte. Selbstverständlich kann es generell bei Alkohol- und Drogenmissbrauch sinnvoll sein, als Ziel *clean* oder *trocken* anzustreben. Aber ist es das einzige Ziel, und ist dieses Ziel für alle Betroffenen auch das passende? Wäre es nicht auch denkbar, sich mit etwas weniger zufriedenzugeben, also beispielsweise, die Risiken zu minimieren oder eine Verschlechterung zu verhindern? Ist es wirklich unsinnig, über *gesundheitsbewusstes Spritzen* nachzudenken in Zeiten, wo die Debatte auch berücksichtigen muss, dass durch Nadeltausch (weil kostenloses Spritzbesteck nicht vorgehalten wird) Infektionskrankheiten wie Hepatitis oder HIV übertragen werden? Wem nützt es, wenn die Anforderungen zwar sauber durchdekliniert sind, aber die Klienten sie nicht erfüllen können oder wollen? Wie sind Forschungsergebnisse zu bewerten, die eindeutig auch die Möglichkeit eines kontrollierten Alkohol- und sogar Heroinkonsums belegen? Wäre ein kontrollierter Umgang für viele Betroffene nicht wesentlich attraktiver als ein Verbot?

Es ließen sich noch viele solcher Fragen formulieren. Die Botschaft bleibt die gleiche: Gibt es ein eindeutiges Mandat für die Soziale Arbeit bzw. erfolgt die Mandatierung nur durch die Geldgeber? In der Wirtschaft ist die Sache eindeutig. Wer bestellt, bezahlt. Der Besteller ist ja in der Regel auch der Auftraggeber. Er formuliert seine Wünsche und Anforderungen und erhält je nachdem, wie viel er zu zahlen bereit ist, dann das Gewünschte. An verschiedenen Stellen haben wir schon darauf hingewiesen, dass dieses Verhältnis nicht so einfach auf die Problemstellungen der Sozialen Arbeit übertragbar ist. Auftraggeber, Kunde (bzw. Inanspruchnehmer) und Bezahler sind nicht identisch (das nennt man das sozialrechtliche Dreieck[55]), und auch die Frage der

55 Der Begriff sozialrechtliches Dreiecksverhältnis beschreibt das Verhältnis von Hilfeberechtigtem, Leistungserbringer und zuständigem öffentlichen Leistungs- und Kostenträger oder anders ausgedrückt: von Klient, Markt und Staat. https://www.sozialrecht-aktuell.nomos.de/fileadmin/sozialrecht/doc/Aufsatz_SRa_12_03.pdf [21.11.2021].

Trennung von Leistungserbringer und Inanspruchnehmer lässt sich nicht klar beantworten. Das, was zu bewerkstelligen ist, ist kein einseitiges Geschehen, und die anzustrebenden Ergebnisse stellen sich aufgrund der ordnungsgemäß erbrachten einseitigen (Dienst-)Leistung noch nicht automatisch ein. Es muss vielmehr ein Konsens darüber erzielt werden, wohin die Reise geht und wer was dazu beiträgt.

Von daher ist einleuchtend, dass die Auftragsklärung wichtig ist, dass aber offensichtlich einseitige Beauftragungen (oder gar Diktate) ihre Tücken haben. Zumindest kann berechtigt angezweifelt werden, ob dies ethisch gerechtfertigt und praktisch vollziehbar ist. In der Praxis sind die Widersprüche Alltag. Beispielsweise ist in der Beschäftigungsförderung eine Eingliederungsvereinbarung gesetzlich vorgeschrieben, daran sind die Leistungsgewährung sowie die Sanktionierung geknüpft. Diese Leistungsvereinbarung wird vom Mitarbeiter erstellt – im Auftrag etwa der Bundesagentur für Arbeit und im Rahmen des Versuchs, den Klienten wieder in Arbeit zu bringen. Genauso gut könnten wir aber auch formulieren, dass der Antragsteller den Auftrag an den Mitarbeiter der Bundesagentur erteilt, ihm zu einer neuen Arbeit zu verhelfen, weil ihm beispielsweise aufgrund von Insolvenz gekündigt wurde. Viele Konstellationen sind denkbar, viele Varianten abbildbar; aber es könnte der Konflikt entstehen, dass die beiden Auftraggeber sehr unterschiedliche Auffassungen von ihrem *gemeinsamen* Auftrag (Integration in Arbeit) haben. Die eine Seite sieht ihren Auftrag erfüllt, wenn eine zumutbare Arbeit angeboten wird, und verlangt im Grunde deren Annahme, die andere Seite sieht in diesem Angebot eher einen Einstieg in eine prekäre Abwärtsspirale und definiert dies nicht als ihren Auftrag. Das heißt, eine zufriedenstellende Lösung stellt sich nicht von selbst her.

Die aufgezeigten Beispiele aus der Suchtarbeit oder der Arbeitsförderung könnten beliebig erweitert werden und führen zu folgendem Ergebnis: Auftraggeber für die Soziale Arbeit sind gesellschaftliche Repräsentanten (in Form von Organisationen und kommunalen oder staatlichen Institutionen) *und* die Klienten. Soziale Arbeit muss diese Aufträge in einem schwierigen Gleichgewicht zwischen Bedürfnissen und Interessen (Aufträgen) des Klienten, den Rechtsansprüchen und den Kontrollinteressen der öffentlichen Auftraggeber ausbalancieren.

Damit das überhaupt gelingen kann, ist der Rückzug auf das Mandat der eigenen Profession sinnvoll. Neben dem Wissen und Können zur Analyse und Bewertung von Aufträgen besteht das dritte Mandat, auch Tripelmandat[56] genannt, in dem Ehrenkodex, den sich die Soziale Arbeit unabhängig von externen Einflüssen selbst gegeben hat. Dieser verpflichtet die Fachkräfte bei der Bearbeitung von Problemen, die Selbstverfügung von Menschen auf der

56 https://www.socialnet.de/lexikon/Tripelmandat [Zugriff: 21.11.2021].

Basis von Bedürfnisbefriedung und sozialer Gerechtigkeit zu stärken. Dieses ethisch begründete Referenzsystem erlaubt eine kritische Distanz gegenüber den Adressatinnen, den Trägern, Finanzgebern und der Politik gleichermaßen und stellt so etwas wie eine übergeordnete Legitimationsbasis für die Annahme oder Verweigerung von Aufträgen dar.

„Wissenschaftsbasierung und Berufskodex verschaffen also der Sozialen Arbeit nicht nur die Basis für unabhängige Urteile über Situation, Probleme, deren Erklärung und Bewertung sowie über die Wahl von Vorgehensweisen, sondern zudem auch eine eigene, allgemeine Legitimations- und Mandatsbasis für eigenbestimmte, professionelle Aufträge. Sie muss bei gravierenden Problemen nicht unbedingt auf ein Mandat, einen Auftrag oder Vertrag warten, der ohnehin auf sich warten ließe" (Staub-Bernasconi 2007b, 13).

Aufträge, die die Soziale Arbeit übernimmt, bewegen sich daher einerseits in einem Spielraum von Maximalforderungen (*clean sein*) und Minimalforderungen (*risikoarmer Konsum*), andererseits müssen sie sich immer messen lassen an den ethischen Standards, die sich die Soziale Arbeit selbst gesetzt hat.

Einführende Literatur

Staub-Bernasconi, Silvia (2018): Soziale Arbeit als Handlungswissenschaft. Auf dem Weg zu kritischer Professionalität. Stuttgart: UTB.

Weiterführende Literatur

Benz, Benjamin; Rieger, Günter; Schönig, Werner; Többe-Schukalla, Monika (Hrsg.) (2013): Politik Sozialer Arbeit. Band 1: Grundlagen, theoretische Perspektiven und Diskurse. Weinheim/Basel: Beltz Juventa.

Rieger, Günter; Wurtzbacher, Jens (Hrsg.) (2019): Tatort Sozialarbeitspolitik. Fallbezogene Politiklehre für die Soziale Arbeit. Weinheim/Basel: Beltz Juventa.

14. Soziale Arbeit als professionelle Hilfe – Hauptsache, wir haben darüber geredet – oder was?!

Eine Freundin ruft an und bittet Sie dringend um Hilfe. Sie müsse unbedingt wegen ihrer Tochter mit jemandem vertraulich reden. Sie fühlen sich geehrt und - auch wenn es Ihnen gerade zeitlich nicht passt, schaufeln Sie sich die nötige Zeit frei. Sie treffen sich und wollen das Problem mit ihr besprechen. Ihre Gesprächspartnerin hat nun so viel auf dem Herzen, dass das Gespräch gut zwei Stunden in Anspruch nimmt. Sie hören zu, sind geduldig und erfahren viele Dinge, die Sie bisher weder von Ihrer Freundin, deren Tochter oder der Ehe wussten. Sie bemühen sich, die Situation zu verstehen und auch den einen oder anderen Ratschlag zu geben. Das ist nicht ganz einfach, weil Ihre Freundin hinter jeder Lösungsoption gleich wieder ein neues Problem sieht. Dennoch: Am Ende zeigt sich Ihre Freundin erleichtert, bedankt sich überschwänglich und verspricht, sich die nächsten Tage zu melden. Danach hören Sie längere Zeit nichts mehr von ihr. Eigentlich möchten Sie gern wissen, ob sich die Probleme gebessert haben, trauen sich aber auch nicht, die Freundin deswegen anzurufen. Nach drei Wochen treffen sie sich zufällig. Die Freundin begegnet Ihnen sehr zurückhaltend. Erst auf Ihr Nachfragen bemerkt sie knapp, dass sich die Situation nicht verändert habe. Es ist ihr unangenehm und sie will nicht mehr darüber reden. Das Gespräch wendet sich eher belanglosen Themen zu und nach wenigen Minuten ist alles gesagt bzw. steht ein Anschlusstermin an. Sie verabschieden sich etwas distanziert und verunsichert.

Sie fragen sich, was passiert ist. Sie erinnern sich, wie dringend die Freundin die Angelegenheit gemacht hatte, wie intensiv und lang sie erzählte und wie gut Sie sich auf Ihr Gegenüber eingestellt hatten. Und jetzt ist sie wie ausgewechselt. Als ob sie sich schämt, an dieses Gespräch erinnert zu werden. Was ist da schiefgelaufen?

Eine der interessantesten Fragestellungen, nicht nur in der Sozialen Arbeit, beschäftigt sich damit, wie der Prozess der Hilfegestaltung aussieht. Wie funktioniert das *Hilfegeben*?

Warum fällt es manchen Menschen schwer, Hilfe anzunehmen, während andere geradezu geschickt ihre Hilflosigkeit einsetzen? Was führt dazu, dass manche Menschen nach einem Beratungsgespräch sich eher zurückziehen, während andere sich verstärkt an die Beraterin wenden? Macht es einen Unterschied, ob Menschen hoch motiviert sind bei der Lösung von Problemen, oder reicht es, wenn sie die Dinge geschehen lassen?

Gedankensplitter
Wie ich lernte, Geduld zu haben. Oder: langsamer ist manchmal schneller

Situation:
Ich erhielt den Hinweis auf eine über siebzigjährige Frau, die im Krankenhaus hier in der Kreisstadt lag. Zu dieser Zeit gab es noch keine spezielle psychiatrische Abteilung. Es könne sich eventuell um Demenz handeln, und eine beginnende Verwahrlosung sei offensichtlich. Ich sollte die Klientin mit dem Namen Müller *zur Abklärung der Situation und Klärung erforderlicher Hilfen im Krankenhaus* aufsuchen.
An der Pforte erfragte ich die Zimmernummer und ging rasch auf die Station. Das Schwesternzimmer war nicht besetzt, also klopfte ich an die Zimmertür und trat dann ein; alle drei Betten waren mit älteren Damen belegt. Auf meine Vorstellung, dass ich gerne Frau Müller sprechen wollte, und auf die Nachfrage, wer Frau Müller sei, hoben alle drei Patientinnen die Hand und gaben sich als Frau Müller aus.
Also verließ ich das Zimmer und wartete geduldig vor dem Stationszimmer auf eine Krankenschwester.
PS: Alle drei Damen hielten sich für Frau Müller, alle drei waren dement.

Harald Wellems

Nicht unerheblich scheint auch die Frage nach Veränderungsmöglichkeiten und -grenzen zu sein. Wolfgang Niedecken und seine Kölsch-Rockband BAP haben auf einem ihrer Alben eine interessante Fabel vertont, die Fabel vom Wolf und Skorpion[57]:

> Die Sonne steht hoch am Himmel, kaum noch Grün, aus Gras wurde Stroh.
>
> Bloß Rauch zuerst, dann kommt er näher, lichterloh, der Sturm aus Feuer.
>
> Tiere blöken, schreien, rennen, auch der Wolf, bis runter zum Fluss,
>
> wo er kurz stehenbleibt und tief Luft holt, ehe dass er springt, was er wohl muss.
>
> „Wer spricht da“, denkt der Wolf, der irgendetwas gehört, doch hier in einer Nähe nirgendwo ein anderes Tier sieht.
>
> Jetzt wieder: „Ich hier unten!“, ruft eine Stimme, während der Wald heißer als tausend Höllen brennt.

57 Im Original natürlich im Kölschen Dialekt – hier zum besseren Verständnis ins Hochdeutsche übersetzt. Online im Internet: http://www.bap.de/start/musik/songtexte/titel/wolf-un-skorpion [21.11.2021].

> Ein Skorpion, der auf acht Beinen zittert, fleht: „Bück dich, lass mich auf dich drauf,
>
> ich kann nicht schwimmen und will nicht sterben!" „Nein, ist klar ... hältst du mich für bekloppt?
>
> Komm bloß nicht näher, ich weiß, wer du bist: Die Kreatur, die alles, was ihr zu nahe kommt, sticht.
>
> Nein, dir vertraut nur der, der nie vor dir gewarnt wurde, Gevatter Wolf kriegt man so schnell nicht umgarnt."
>
> Worauf der Skorpion meint: „Wie jetzt? Hat ein Wolf denn gar kein Herz?
>
> Nur auf deinem Rücken komme ich rüber, vergiss das Gift in meinem Schwanz!"
>
> Die Hitze wird langsam unerträglich, und ehe das Feuer sein Fell versengt,
>
> knurrt unser Wolf: „Okay, beeil dich und halt dich gut fest, wenn ich springe!"
>
> Und so passiert es dann, was jeder kommen sah. Das andere Ufer ist schon fast zum Greifen nah,
>
> Da hört man im Pelz vom Wolf den winzigen Passagier: „Du bist der Größte, mein Held, ich danke dir."
>
> Doch mitten in dem Satz ein Stachel, als wäre er von einem anderen Tier,
>
> sticht zu, und der Wolf jault: „Wieso nur? Denn jetzt, du Depp, ersaufen wir!"
>
> Der Skorpion sagt: „Tut mir leid, Wolf, dass unsereins nicht anders kann.
>
> Was gäb' ich drum, könnte ich es halten, mein Wort, einmal nur, sorry, Mann!"

Bevor wir auf die Fragen nach Veränderungsmöglichkeiten eingehen, gibt es noch ein Beispiel, dieses Mal aus dem professionellen Kontext:

Ein (amerikanischer) Arzt hat einmal gesagt: AIDS wäre eine gut behandelbare Erkrankung, wenn es den Patienten nicht gäbe. Nun könnte man meinen, der Arzt sei zynisch oder wenig einfühlsam. Weit gefehlt. Dem Arzt ist nur aufgefallen, dass die sinnvolle und notwendige HIV-Therapie (gut behandelbar) nicht zur Alltagsrealität seiner Patienten (überwiegend Drogengebraucher) passt. Eine AIDS- bzw. HIV-Therapie ist ein komplexes Geschehen und verlangt von den Patienten eine absolute Therapietreue. Die Wirksamkeit der Medikamente hängt davon ab, ob die Einnahme absolut regelmäßig erfolgt, andernfalls sinkt der Wirkungsgrad gegen null. Das ist in etwa vergleichbar mit der Einnahme der Verhütungspille, die ja auch täglich eingenommen werden muss. Wird sie vergessen oder aus anderen Gründen nicht eingenommen, ist der Empfängnisschutz nicht gewährleistet. Welche Frau käme ernsthaft auf die Idee, wenn sie die Pille an zwei Tagen vergessen hat, am dritten die Dosis für drei Tage zu nehmen und zu glauben, damit sei der Schutz wieder hergestellt? Therapietreue ist also angesagt. Auch in der AIDS-Therapie kann die vergessene Tagesdosis nicht durch die doppelte Dosis am nächsten Tag kompensiert werden. Erst vor diesem Hintergrund wird die Aussage des Arztes verständlich: Er merkt, dass die geforderte Therapietreue, die ja nur zu realisieren ist, wenn sie in den Alltag der Patienten passt, bei einigen seiner Patienten nicht gegeben ist. Die Rahmenbedingungen stimmen nicht. Statt die Medikamente gewissenhaft täglich einzunehmen, hat der Patient sie an einem Tag vergessen – aufgrund von für ihn wichtigen Ereignissen im Szenealltag –, an einem anderen Tag ist ihm etwas dazwischengekommen. Die geforderte Therapietreue passt nicht zum alltäglichen Leben, sie verlangt zu viele ungewöhnliche Anpassungen.

Fachlich könnten wir sagen: Wenn es nicht gelingt, die Hilfen (hier: medikamentöse Therapie) alltagsnah zu installieren, besteht das hohe Risiko, dass sie nicht greifen. In der Medizin wird hierzu der Begriff der *Compliance* verwendet (man versteht darunter ganz allgemein den Grad, in dem das Verhalten einer Person – etwa in Bezug auf die Einnahme eines Medikamentes – mit dem ärztlichen Rat korrespondiert). Compliance – im obigen Beispiel oder im Kontext der Sozialen Arbeit – geht über das personenbezogene Verhältnis von Arzt und Patient hinaus, es betrifft sehr stark auch die Einbeziehung der Lebenswelt des Patienten.

Ein weiterer, grundlegender Aspekt ist zu bedenken: „Die nun in der Praxis häufig vorkommende Annahme, jemand sei hilfsbedürftig, aber wisse es nicht, impliziert daher immer und notwendig eine Einschränkung des Personenstatus des Betreffenden als eines vollverantwortlichen Aktors noch vor aller näheren Diagnose. Da nun die Zuschreibung verminderter Handlungsfähigkeit in der Regel mit gewichtigen Folgen für die Würde der betreffenden Person verbunden ist und bekanntlich die Verifikation von Behauptungen, in denen askriptive [zugeschriebene] Prädikate wie 'hilfsbedürftig' vorkommen, nie endgültig vorgenommen werden kann, gebietet es die Einsicht in die Wahrheitsbedingungen solcher Zuschreibungen, denjenigen, dem man etwas zuschreibt, zumindest gleichberechtigt zu hören“ (Brumlik 2004, 211). Die Zuschreibung von Hilfsbedürftigkeit ist der Ausgangspunkt in der Sozialen Arbeit; Klienten wenden sich an Einrichtungen, weil sie Hilfe benötigen oder weil ihnen gesagt wird, dass sie Hilfe benötigen. Das institutionell vorgegebene Machtgefälle zementiert dies. Brumlik verlangt daher eine Berufsethik, „deren oberste Maxime darin besteht, die Zuschreibung von Hilfsbedürftigkeit nur konsensuell mit dem der Hilfsbedürftigkeit Verdächtigten vorzunehmen beziehungsweise keine Hilfsmaßnahmen einzuleiten, ohne die durch freie Einsicht gewonnene Zustimmung des Klienten einzuleiten." (ebd.)

Bei der Frage nach der Strukturierung von Hilfe sind verschiedene Aspekte zu berücksichtigen:

- die Beziehungsdimension
- die situative Komponente
- die subjektive Deutung
- der Prozess.

Gedankensplitter
Provokation

Ich hatte einen narzisstischen Patienten, der immer Sonderbehandlungen wünschte. Ich brachte ihm dann bei einem Abendessen im Speisesaal auf einer großen französischen Platte ein Wiener Würstchen an den Tisch. Mit den Worten: „Eine Extrawurst für Herrn Bauer!"
Das war eine viel wirksamere Intervention als die stundenlangen Therapiegespräche zuvor.

Rainer Ningel

Ohne zu sehr ins Detail zu gehen, lohnt sich ein Blick auf diese Faktoren.

Die Beziehungsdimension beinhaltet das Verhältnis von Hilfeempfänger und Hilfegeber – und ist nach wie vor in ihrer Wirkungsentfaltung umstritten. In den (psychoanalytisch ausgerichteten) Konzepten der Sozialen Arbeit der sechziger und siebziger Jahre des vorigen Jahrhunderts wurde der Beziehungsdimension eine herausragende Funktion zugeschrieben, sie wurde quasi als wichtigster Faktor identifiziert. Eine vertrauensvolle Beziehung war nicht nur die Voraussetzung, sondern das tragende und gestaltende Element der Hilfe. Dies gilt heute – mit Recht – als nicht erwiesen. Unstrittig ist natürlich, dass eine beruflich funktionale Beziehung zwischen Sozialarbeiterin und Klientin notwendig ist. Sie ist aber kein Garant für erfolgreiches Arbeiten. Mehr Relevanz wird beispielsweise den Grundbedingungen im Vermittlungsprozess beigemessen. Der Hilfeprozess als solcher und die Rahmenbedingungen gelangen in den Fokus.

Relativ gut belegt ist die Wirkungsweise von sozialer Unterstützung (vgl. Waldow 1989). Soziale Unterstützung ist einerseits ein normaler Prozess im alltäglichen Leben, kann aber auch – und das ist für uns interessant – gezielt als Hilfeleistung eingesetzt werden. Soziale Unterstützung findet also alltäglich statt und ist wichtig für die Integration im Rahmen des Hineinwachsens in die Gesellschaft, aber auch für die individuelle Selbstwertbestätigung. Obwohl mit dem Begriff *soziale Unterstützung* durchaus positive Ergebnisse assoziiert werden (Unterstützung), ist dies keineswegs immer gegeben (wie im Eingangsbeispiel von der Freundin aufgeführt).

Soziale Unterstützung als Hilfeprozess funktioniert durch einen Ressourcenaustausch[58].

Im günstigsten Fall ist der Ressourcenaustausch ein reziproker, also gegenseitiger, Austausch. Beide Partner bringen sich mit ihren Gedanken und Fähigkeiten ein, und es entstehen gemeinsame neue Ideen. Demgegenüber führt ein einseitiger Prozess auf Dauer zur Ressourcenverarmung: Nur eine Seite *bringt etwas ein*, die andere Seite hält sich zurück und ist bald kaum noch beteiligt. Im Hilfeprozess geht es nicht nur darum, dass der Helfer gibt, sondern dass der Hilfeempfänger auch etwas zurückgeben kann. Fehlt dies, kann der Empfänger auf Dauer nichts mehr (an)nehmen, weil die Austauschkomponente fehlt. Es gibt daher einen Zusammenhang zwischen persönlichen Ressourcen und der Fähigkeit, diese einzusetzen und zu nutzen. Nicht das bloße Vorhandensein von Ressourcen ist entscheidend, sondern die Art, wie sie eingesetzt und für einen regen Tausch genutzt werden. Hilfe funktioniert nicht, wenn dieser Zusammenhang missachtet wird.

Aus den Untersuchungen (Waldow 1989, mit Bezug auf Cohen; Wills 1985) geht außerdem hervor, dass eine Person nur unter bestimmten Bedingungen zur Annahme von Hilfe bereit ist. Bei den allgemeinen Vermittlungsbedingungen kommt es darauf an, dass eine emotionale Sicherheit bei der Neueinschätzung von Situationen und eine Umdeutung von Krisen möglich ist. Eine emotionale Verunsicherung („Wie konntest Du Dich bloß so verschätzen") ist wenig hilfreich. Stattdessen sollte die Ereigniseinschätzung eine Distanz zur konkreten Problematik verschaffen („Mit Abstand betrachtet, sieht das schon weniger bedrohlich aus") und eine Bewertung von außen als hilfreich erscheinen lassen („So von außen gesehen, habe ich nicht mal Unrecht gehabt"). Vor allen Dingen aber sollte die Einschätzung des Ereignisses aber eine Bestätigung der eigenen Kompetenz leisten („Es tut gut zu merken, dass meine Anstrengungen nicht sinnlos sind"). Und ganz wichtig ist natürlich die direkte Unterstützungsleistung. Sie kann in Form einer gezielten Informationsvermittlung erfolgen („Bedenken Sie, dass Sie nach Paragraph 7a einen Rechtsanspruch auf eine neutrale Beratung haben") oder durch Rückmeldungen, die der Selbstwertsteigerung dienen („Dass Sie das trotz der negativen

58 Ressourcen kennen wir alle. Ressource ist eine Quelle oder ein Mittel, das eingesetzt wird oder auf das zurückgegriffen wird, um eine Handlung oder einen Vorgang zu unterstützen. Ressourcen im Hilfeprozess können materieller (Geld) oder immaterieller Art (Wissen und Fähigkeiten) sein, sie können – und das ist für die Diskussion um Hilfe zentral – gezielt eingesetzt oder versagt werden. Ressourceneinsatz kann also förderlich oder hinderlich sein. Wie Ressourcen wirken, unterliegt auch der Kontrolle des Ressourcengebers.

Erfahrungen nochmal versucht haben, ist bewundernswert“) und manchmal auch durch direkte Vorschläge:

Gedankensplitter
Es geht auch einfach

Eine junge Frau kommt mit ihrer Mutter in die Beratung. Sie ist schwanger, hat aber einige Probleme, vor allem mit ihrem Partner. Im Laufe des Gespräches steigern sich beide Frauen in eine rege Diskussion über die Fragen, was zu tun sei. Nach der Fokussierung meinerseits auf das eigentliche Problem, nämlich, dass der Partner offenbar keine Lust habe zu arbeiten, überlegen wir gemeinsam, welche Strategien greifen könnten. Den Vorschlag, ihn nicht wie bisher zu bitten, sondern eher unter Druck zu setzen, quittieren beide mit Erstaunen. Am nächsten Tag kommt die junge Frau mit ihrem Stiefvater ohne Termin in die Beratungsstelle. Sie ist völlig aufgeregt, da sie gemeinsam ihren Freund so bedrängt hätten und sogar mit ihm zu möglichen Arbeitsstellen gefahren seien. Und er nun tatsächlich einen Arbeitsvertrag unterschrieben habe. Sie wirkt gelöst und fast ungläubig, dass sie dies nun so durchgezogen hat. Ohne meine Ideen hätte sie sich das nicht getraut. Jetzt, nach einem halben Jahr, hat der Partner immer noch die Stelle, und die Geburt des gemeinsamen Kindes steht kurz bevor.

Ursula Koch

Direkt unterstützen ist auch möglich durch eine spezielle Interpretation von Ereignissen, die fachlich als *positive Konnotation* (positive Deutung eines Sachverhaltes oder eines Verhaltens) bezeichnet werden. Mit diesen Methoden werden neue Sichtweisen von Situationen und Verhalten angestrebt. Das Umdeuten bezieht sich dabei auf einen größeren Rahmen, das positive Bewerten auf ein einzelnes Verhalten; die positive Konnotation ist auf ein spezielles Verhalten gerichtet. Beispiel: Klientin: „Vor lauter, lauter kann ich weder rechts noch links schauen.” Umdeutung des Beraters: „Wissen's was, wir schauen uns das von oben und unten an” (Helming u.a. 1999, 271).

Sozialarbeiter sollten sich von dem Gedanken lösen, dass soziale Unterstützung immer positiv wirkt: Es gibt auch ambivalente, feindselige, einengende und überfürsorgliche Unterstützung.

Und damit kommen wir zum Kern der Überlegungen. Die Vorstellung vom Ressourcentausch erhellt das Verständnis darüber, dass eine Person als Subjekt entscheidet, ob und was sie an Hilfe annimmt und was nicht – bzw. im professionellen Kontext: welche Hilfe der Klient annehmen kann und welche nicht.

Gedankensplitter
Versöhnung

Ein Patient erzählt (etwa 1982) weinend in seiner Therapiegruppe: Er litt unter seiner NS-Vergangenheit; teilweise hatte er Dienst in einem KZ machen müssen und dabei grauenvolle Dinge gemacht. Er habe seit vielen Jahren keine Nacht mehr durchgeschlafen und sich immer mit Alkohol betäuben müssen. Die Bilder würde er nie mehr los. Da meldet sich eine neue Patientin, die an diesem Tag zum ersten Mal in der Gruppe ist, krempelt die Ärmel hoch und zeigt eine Tätowierung, die sie als Überlebende von Auschwitz ausweist. Auch sie habe die Bilder nie loswerden können, schlafe nie durch und rieche nachts die verbrannten Leichen.
Beide versöhnen sich beeindruckend unter Tränen. Die ganze Gruppe heult Rotz und Wasser.

Rainer Ningel

Und mit Blick auf die Wirkungen können wir feststellen: Soziale Unterstützung wirkt negativ, wenn sie konfliktreich ist – wenn beispielsweise Hilfeempfänger und Hilfegeber unterschiedliche Wege zur Lösung sehen und der Geber sich durchsetzt. Dann wird die Hilfe sozusagen übergestülpt. Im professionellen Rahmen ist das leider nicht ungewöhnlich, weil der Helfer qua Ausbildung und Funktion glaubt, die richtige Lösung präsentieren zu können, und der Klient sich nicht zutraut, die besseren Ideen zu haben.

Soziale Unterstützung wirkt auch dann negativ, wenn sie so massiv ist, dass eine *internale Kontrollattribuierung* nicht mehr möglich ist. Damit ist Folgendes gemeint: Der Hilfeempfänger weiß nicht, wie die Lösung zustande gekommen ist, und er hat das Gefühl, die Hilfe nicht steuern zu können bzw. keine Kontrolle über den Verlauf zu haben. Deftiger formuliert, könnte man sagen, der Klient wird „mit dem Caritaskreuz erschlagen“ – das kommt immer dann vor, wenn der Helfer über das Ziel hinausschießt. Nicht das Prinzip der denkbar kleinsten Intervention ist dann handlungsleitend, sondern das Füllhorn von Hilfen wird ausgeschüttet. Anfällig für massive Hilfeleistungen sind solche Sozialarbeiter, die unreflektiert besonders viel für ihre Klientinnen erreichen wollen. Schließlich, und das ist für das Handeln im professionellen Kontext maximal bedeutsam, werden den Unterstützungsleistungen negative Wirkungen zugeschrieben, wenn sie nur über ein Symptom erfolgen, also Unterstützung nur gegeben wird, wenn ein Symptom gezeigt wird. Beispiel: Die Klientin möchte *keine Hilfe*, aber in ihrem betrunkenen Zustand kann sie unmöglich *auf die Straße gesetzt werden*, es muss sich jemand um sie kümmern.

Zum vertieften Verständnis des Prozesses sozialer Unterstützung sollte man sich vor Augen führen: Wird Hilfe angeboten, muss zunächst ein Anreiz für die Zielerreichung gesetzt werden, denn: Der Klient wird nicht jede Hilfe vorbehaltlos annehmen und der Helfer nicht jede Hilfe vorbehaltlos anbieten (vgl. Ressourcenaustausch). Hilfe zu geben und zu nehmen ist immer ein interaktionistischer Prozess: Der, der Hilfe annehmen soll, wägt innerlich ab, ob die Hilfe für ihn gut ist und er sie annehmen will und kann. Alles Handeln der professionellen Helferin stellt einen Eingriff in die Kompetenz des Klienten dar. Deshalb steht über allem die Tatsache, dass das Selbstwertgefühl des Nehmers entscheidend ist für die Wirksamkeit der Hilfe. Mit anderen Worten: Jede Form der Unterstützung, jede Hilfe, stellt immer auch einen Eingriff in das Bewältigungsverhalten einer Person (des Unterstützungsnehmers) dar. Letztendlich bedroht jede Unterstützung das Individuum in seiner Selbsteinschätzung und seinem Selbstwertgefühl.

Hilfe greift nicht, wenn sie zu einer erheblichen Verminderung des Selbstwertgefühls führt oder die Gefahr besteht, dass der Klient den Erfolg allein dem professionellen Helfer zuschreibt. Die Klientin muss daher einbezogen werden, sonst hat sie das Gefühl der Hilflosigkeit, sie lernt kein Bewältigungsverhalten, sondern nur, dass sie ihre Probleme der Helferin *präsentieren* muss, die dann alles regelt. Dies führt zur Verringerung der Ressourcen und nicht selten zur Hilflosigkeit der Klientin. Umgekehrt darf Hilfe nicht zur Befriedigung eigener Bedürfnisse des professionellen Helfers dienen.

Zum Schluss kommen wir noch einmal auf das Eingangsbeispiel zurück: Auf die Freundin, die Sie so dringend um Hilfe gebeten hatte und sich später so unerwartet reserviert zeigte. Die Freundin war beim zweiten Treffen nicht undankbar oder ignorant, sie musste aus Selbstschutz so reagieren. Sie hatte möglicherweise im ersten Gespräch zu viel von sich preisgegeben, sich zu schnell und zu weitgehend offenbart, sich zu hilflos gezeigt, und hatte nun Angst, Dinge aus der Hand zu geben, die sie (im Nachhinein) lieber selbst regeln wollte und vielleicht auch konnte.

Einführende Literatur

Kupfer Annett (2015): Wer hilft helfen? Einflüsse sozialer Netzwerke auf Beratung. Tübingen: dgvt-Verlag.

Weiterführende Literatur

Gahleitner, Birgitta (2017): Soziale Arbeit als Beziehungsprofession. Bindung, Beziehung und Einbettung professionell ermöglichen. Weinheim/Basel: Beltz Juventa.

„Wir wollten doch nur helfen" - Soziale Arbeit und ihre Risiken und Nebenwirkungen. Gesellschaftskritische Anregungen für Theorie und Praxis. - Konzept für ein Projekt im B.A. Studiengang Soziale Arbeit an der Alice Salomon Hochschule Berlin ab dem WiSe 2017 bis zum SoSe 2019. https://www.ash-berlin.eu/fileadmin/Daten/Einrichtungen/StudierendenCenter/Lehrbetriebsamt/Projektantr%C3%A4ge/04_Wir_wollten_doch_nur_helfen.pdf. [21.11.2021]

15. Unterstützungszirkel – Ist Geben seliger denn Nehmen?

In der Praxis der Sozialen Arbeit – aber nicht nur dort – zeigt sich, dass sich Hilfeverläufe positiv oder negativ entwickeln und verfestigen können. Das folgende Modell der Zirkel im Unterstützungsverlauf[59] vereint die bisherigen Überlegungen. Im Prozess der Hilfe gibt es Nehmer und Geber. Im Mittelpunkt stehen Selbstwertgefühl und interner Verarbeitungsprozess. Die Zirkel im Unterstützungsverlauf werden einmal aus Sicht des Nehmers (Hilfeempfängers) und dann aus Sicht des Gebers (Helfer) skizziert (vgl. Löcherbach 1992).

Negative Zirkel im Unterstützungsverlauf

Voraussetzung für Hilfe ist, dass der Hilfenehmer auf irgendeine Art signalisiert, dass er Hilfe benötigt. Andernfalls wird Hilfe einfach übergestülpt, dann wird von Unterstützerseite ein Unterstützungsbedürfnis unterstellt – und es fehlt an Respekt gegenüber einer anderen Sicht. Das kann schon damit beginnen, wenn Lehrer diejenigen Schüler, die ihnen, aus welchen Gründen auch immer, auffallen, an die Schulsozialarbeit überweisen. Dadurch, dass der Schüler auffällt, benötigt er ja offensichtlich Hilfe, und er wird *gemeldet*. Übernimmt der Schulsozialarbeiter ungefragt die durch den Lehrer erfolgte Zuschreibung, ignoriert er, dass es sich zunächst um die subjektive Wahrnehmung der Lehrkraft handelt und dass der Schüler selbst möglichweise gar keine Notwendigkeit für einen Hilfebedarf sieht oder hat. Es kann sogar sein, dass sich diese Etikettierung negativ auf den Schüler auswirkt. Die Prüfung, ob Hilfebedürftigkeit vorliegt, ist immer dann schwierig, wenn die Überweisung im Rahmen eines mehr oder weniger starken Pflicht- oder gar Zwangskontextes erfolgt (und das ist der Standard in der Sozialen Arbeit).

59 Die Idee zur Konstruktion der (negativen wie positiven) Unterstützungszirkel geht auf Waldow (1989) zurück.

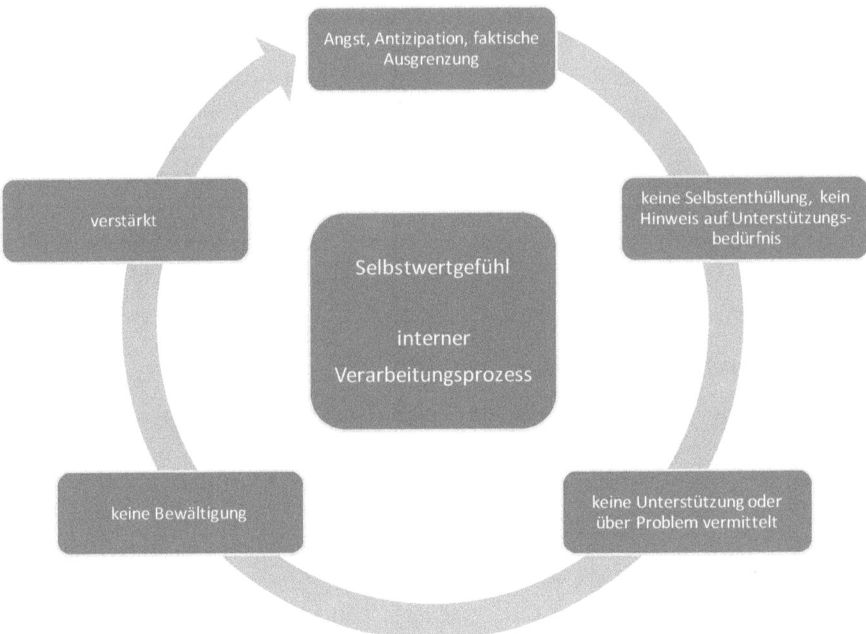

Abbildung 2: Erlebnisprozess der Vermeidung von Hinweisen auf Unterstützungsbedürfnis aus Sicht des Nehmers

Gedankensplitter
Erwartungen

Eine Mutter kommt mit ihrer achtzehnjährigen Tochter in die Beratungsstelle und berichtet, dass sie (die Tochter) schwanger sei und sie (die Mutter) nicht wisse, wie es weitergehen soll. Der Kindesvater wäre nicht der Richtige für ihre Tochter. Sie solle außerdem ihre Lehre weitermachen. Das fände auch der Chef gut, er würde schon alles organisieren. Und ergänzend fragt sie mich, was ich denn nun für ihre Tochter tun könne?
Ich habe mich an die Tochter gewandt und gefragt: „Mit welchen Fragen kommen *Sie* zu mir und möchten Sie allein mit mir sprechen?“

Ursula Koch

Um also ein Hilfesignal (Unterstützungsbedürfnis) interpretieren zu können, ist es gut, wenn der Betroffene bereit und in der Lage ist, das Problem und seine Beteiligung daran zu schildern. Fehlt eine Vertrauensbasis, ist der potenzielle Hilfenehmer nicht zur Selbstenthüllung bereit. Angst vor Selbstenthüllung kommt nach dieser Theorie wesentlich durch Antizipation (also der Vorwegnahme oder der Erwartung) von Ausgrenzung („wenn ich das enthülle, dann ...“) zustande. Klienten haben aber auch faktische Ausgrenzung erlebt und misstrauen dem Sozialarbeiter. Dies tun sie umso eher, je stärker der Sozialarbeiter als Vollstrecker behördlicher Institutionen wahrgenommen wird. Ob im Jugend- oder Sozialamt, in der Bewährungshilfe oder im Gesundheitsamt, das Offenbaren von Problemen kann weitere Fragen und unangenehme Folgen nach sich ziehen. Am besten, so denken viele Klienten, hält man sich zurück. Die fehlende Selbstenthüllung, gepaart mit fehlendem Hinweis auf ein Unterstützungsbedürfnis, führt in der Regel dazu, dass der Klient keine Unterstützung erhält und eine Bewältigung der Problemsituation nicht erfolgen kann. Das wäre zunächst nicht weiter schlimm. Häufig geschieht aber Folgendes: Die Problemsituation ist von *außen betrachtet* so gravierend, dass etwas getan werden muss, der Helfer entscheidet über den Kopf des Betroffenen hinweg, was zu geschehen hat, der Nehmer wird mitunter zu Auskünften und damit zur Selbstenthüllung gezwungen und muss zur Abwendung weiterer Nachfragen und weiterer Eingriffe in sein Leben die Hilfe geschehen lassen. Die Maßnahmen zeigen möglicherweise zunächst auch Wirkungen, aber der Nehmer kann sich die Hilfe und die Lösung nicht selbst zuschreiben. Es *wird ihm geholfen*, aber es kommt nicht zu einer echten Bewältigung. Ganz im Gegenteil: In der nächsten Situation hat der Klient vielleicht keinen Mut, die Situation besser zu bewältigen bzw. zu sagen, dass er Hilfe braucht. Diese Art von Hilfe führt eher zu Beruhigung der als Kontrollinstanz wahrgenommenen Helferperson. Es kommt zu einem Management des Problems, das heißt, es werden Regelungen getroffen, die die Auffälligkeit reduzieren, eine Bewältigung durch Auseinandersetzung und aktives Angehen bleiben aber aus.

Nun ließe sich ins Feld führen, dass es Situationen gibt, die ein Eingreifen etwa bei Gefahr im Verzug (Schädigung, Missbrauch, Gefahr der Psychose etc.) notwendig machen. Das gibt es in der Tat, und in solchen Ausnahmesituationen ist ein Eingreifen von außen bei geringem oder fehlendem Zutun des Klienten legitim. Aber erstens sollten Ausnahmen nicht die Regel bestimmen, und zweitens stellen diese Eingriffe im Grunde keine Hilfe dar, wenn sie nicht in den Gesamtprozess integriert werden können: Sie verstärken das Gefühl von Hilflosigkeit, und die Beziehung wird hinterher schwieriger sein als vorher – es sei denn, dass die Handlungsweise des Professionellen dem Klienten im Nachhinein verständlich, also für ihn nachvollziehbar, gemacht werden kann.

Die Etablierung von negativen Zirkeln kann durch unprofessionelles Vorgehen hervorgerufen werden, insbesondere dann, wenn der Prozess der Hilfe unabhängig von der Befindlichkeit, unabhängig von den Ressourcen und den Mitwirkungs- und Steuerungsmöglichkeiten des Klienten durchgeführt wird. In der beruflichen Arbeit geschieht dies am ehesten bei der sogenannten schwierigen Klientel. Schwierige Klienten haben ein schlechtes Image, gelten als unmotiviert, unkooperativ oder verweigern die Mitwirkung. Abbrüche und Rückfälle sind sozusagen an der Tagesordnung. Damit wären wir schon bei der Sichtweise des Helfers.

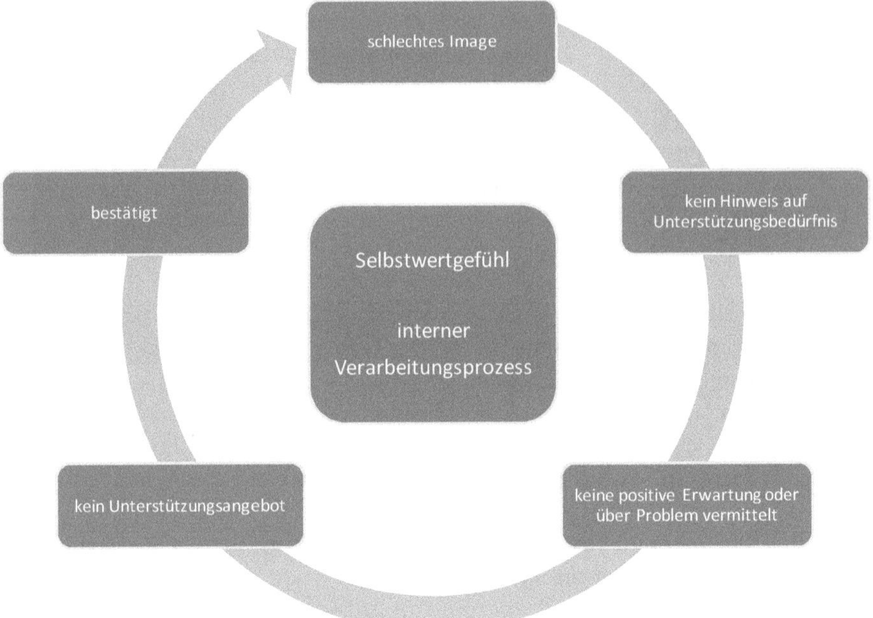

Abbildung 3: Erlebnisprozess der Vermeidung sozialer Unterstützungsangebote aus der Sicht des Gebers

Schlechtes Image meint aus Sicht des Gebers eine Defizitorientierung des Klienten: Der zugewiesenen Klientengruppe wird, insbesondere bei chronischen Verläufen, wenig zugetraut, die Anzahl der Rückfälle spricht Bände, die Abbruchrate ist hoch, eine Zusammenarbeit illusorisch und die ins Auge zu fassenden Hilfen stehen aufgrund der problematischen Situationen eigentlich immer schon fest usw. Selbst wenn nur einzelne Aspekte davon zutreffen (oder sogar nur ein einziges, wie z.B. gehäufte Rückfälle), ist es erstaunlich, dass sich solch ein schlechtes Image rasch ausbildet. Diese Grundkonfiguration führt dazu, dass die Selbstenthüllung des Klienten ausbleibt (Helfer: „Ich will dem ja nicht alles aus der Nase ziehen müssen." oder „Warum soll man sich die Mühe machen, ist doch eh´ zwecklos.") und daher Signale für ein Unterstützungsbedürfnis fehlen. Dadurch entsteht beim Helfer keine positive Erwartung in Bezug auf eine erfolgversprechende Zusammenarbeit. Fehlende Hinweise auf ein Unterstützungsbedürfnis können dazu führen, dass entweder gar kein Unterstützungsangebot gemacht wird („Kommen Sie wieder, wenn Sie eingesehen haben, dass Sie Hilfe benötigen!") oder nur ein Pro-Forma-Angebot („Laut Gesetz stehen Ihnen diese Hilfen zu. Allerdings verlangt dies

Ihre Mitwirkungspflicht, zu der Sie aber offenbar derzeit nicht bereit sind."). Abweichend davon erfolgt dann ein über das offizielle Problem vermitteltes Unterstützungsangebot: Steht das Problem so auffällig im Vordergrund, dass der Geber handeln muss, erfahren Geber und Nehmer keine positive Unterstützungserfahrung. In diesem Fall ist der Nehmer nicht weitergekommen und wenn, dann nur via *Zwangsbeglückung* durch den Sozialarbeiter. Der Helfer (Geber) macht natürlich auch keine positive Unterstützungserfahrung, ganz im Gegenteil: Die anberaumte Hilfe greift nicht richtig, die Situation wird auf Dauer nicht besser, es kommt zu Abbrüchen. Das schlechte Image des Klienten bestätigt sich und bleibt bestehen.

Negative Zirkel im Unterstützungsverlauf können auch als zunehmende Nichtteilhabe am Ressourcenaustausch betrachtet werden: Wird die Hilfe einfach *durchgezogen*, führt dies dazu, dass der Geber schlimmstenfalls immer reicher, potenter wird und, was entscheidender ist, der Nehmer immer ressourcenärmer. Negative Zirkel in der professionellen Arbeit führen dazu, dass Klienten lernen, immer weniger selbst zu versuchen (Nehmer: „Ich kann ja doch nix.") und die Helfer immer mächtiger werden („Aufgrund meiner Erfahrung ist es besser, wenn ich das gleich selbst mache."). Das fatale Ergebnis besteht in einer Art Abhängigkeit des Nehmers vom Geber: Dem Klienten wird die Möglichkeit vorenthalten, Erfahrungen mit der eigenen Verantwortung zu machen, und die Defizite werden zementiert, der Sozialarbeiter räumt eine Krise nach der anderen aus dem Weg. Dadurch wird aufseiten des Nehmers faktische Ausgrenzung gefördert.

Wohl wissend, dass es die Gefahr der Verfestigung negativer Zirkel gibt und dass Klienten mit solchen Hilfeerfahrungen in der Sozialen Arbeit regelmäßig auftauchen, muss es Ziel professioneller Arbeit sein, solche negativen Zirkel zu unterbrechen und in positive Zirkel umzuwandeln.

Positive Zirkel im Unterstützungsverlauf

Zunächst ist hervorzuheben, dass die professionelle Helferin für die Gestaltung des Unterstützungsprozesses verantwortlich ist, wohlgemerkt für das Arrangement des Prozesses, nicht für das Ergebnis. Das Ergebnis des Prozesses bleibt offen. Es hängt ja gleichermaßen von der Sozialarbeiterin und der Klientin ab, was daraus wird. Und es sei noch einmal betont, dass die Nehmerin bestimmt, ob und was sie von den möglichen Hilfeangeboten annehmen möchte.

Hilfe bzw. Unterstützung verlangt vom professionellen Helfer daher eine doppelte Sicht der Dinge: Er muss die Sichtweisen des Betroffenen und seine eigenen als Helfer einnehmen können, um entsprechende Ansatzsatzpunkte für eine gelingende Prozessgestaltung zu finden.

Beginnen wir wieder mit der Sicht des Unterstützungsnehmers (Klienten):

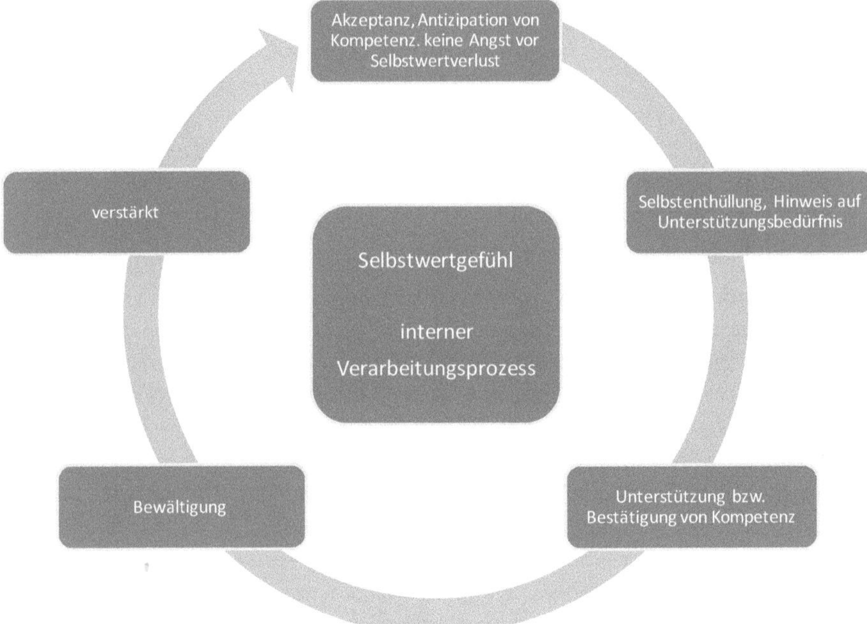

Abbildung 4: Erlebnisprozess der Stärkung sozialer Unterstützung aus Sicht des Nehmers

Gedankensplitter

Menschen verändern sich!

Als junge Forscherin im Feld der Heimerziehung habe ich im Rahmen einer qualitativen Studie Jugendliche und junge Erwachsene in ihrem Lebensumfeld (meist in der stationären Jugendhilfe) besucht und interviewt. Wir wiederum waren sehr neugierig darauf zu erfahren, was die jungen Menschen in Wohngruppen alles erleben und wie sie darüber denken. In dem Kontext erinnere ich mich an ein Gespräch, in dem mich eine junge Frau förmlich anbrüllte: „Ich will mich nicht verändern! Alle sagen mir, ich muss mich verändern. Ich will aber nicht anders sein!"

Völlig perplex und verunsichert durch diesen lauten Gefühlsausbruch (in der sonst sehr ruhigen Gesprächssituation) erwidere ich, dass ich nicht verstehe, was sie genau meint. Irritiert verstummt die junge Frau, schaut mich an und erklärt mir dann seelenruhig: „Verstehst Du nicht? Sie wollen, dass ich anders bin. Entwickeln, das will ich mich gerne. Aber jemand anders, möchte ich nicht sein!"

Vanessa Schnorr

Akzeptanz, Antizipation von Kompetenz, keine Angst vor Selbstwertverlust

Aus Sicht des Klienten ist es notwendig, ein Gefühl von Akzeptanz und Zutrauen zu spüren. Zur Entwicklung einer Lösungshoffnung gehört immer auch die Antizipation, also die Vorwegnahme, von Kompetenz („Das schaffe ich, das schaffen wir!"). Daher muss vom professionellen Helfer erwartet werden, seinem Gegenüber Respekt zu zollen, zunächst unabhängig von Einzelhandlungen oder einzelnen Vorfällen. Das grundsätzliche Gefühl von Akzeptanz kann allerdings nur dann durchgängig vermittelt werden, wenn es echt und kongruent, das heißt in Übereinstimmung mit verbalen und nonverbalen Aussagen, vorhanden ist. Akzeptanz kann als vierstufiger Prozess dargestellt werden:

1. Stufe: Orientierung – meint das Interesse an anderen Menschen; meint die Auseinandersetzung mit ihnen und damit, dass sie anders sind als man selbst.
2. Stufe: Kenntnis – hier verstanden als die generelle Kenntnis der Lebenswirklichkeiten der Klienten.
3. Stufe: Akzeptanz – das Anderssein von Menschen zu akzeptieren und nicht als Widerspruch zu sich selbst und seinen Lebensvorstellungen zu interpretieren.
4. Stufe: Toleranz – das Anderssein als wichtig zu erachten und nicht unbedingt verändern zu wollen.

Diese Stufen sollten generell, also unabhängig vom einzelnen Klienten, verinnerlicht sein. In der konkreten Praxis müssen diese Akzeptanzstufen schon durchlaufen sein, bevor ein Klient kommt. Sie sind die Voraussetzung dafür, dem Klienten Akzeptanz zu vermitteln. Grundsätzlich ist damit auch die Antizipation von Kompetenz verbunden. Die professionelle Helferin verfügt bestenfalls über ein Menschenbild, das nicht nur die Schwächen, sondern auch die Stärken der Klienten einbezieht (Klienten haben schließlich bisher auch ohne den Helfer überlebt!). Die Kunst besteht darin, vermitteln zu können, dass die Klientin selbst etwas kann, dass ihre Kompetenz nicht grundsätzlich infrage gestellt wird, sondern Fähigkeiten gesehen und gestärkt werden können. Der Helfer begibt sich auf die Suche nach Fähigkeiten, über die die Klientin verfügt, und erhebt diese Fähigkeiten bewusst in der Anamnese[60] ("Wie haben Sie dies bisher gelöst, wie kamen Sie bisher mit der Situation zurecht?").

60 Die Anamnese (griechisch: Erinnerung) ist das Ergebnis einer Erhebung im Rahmen der professionellen Tätigkeit. Die Anamnese fasst die Problem- und Ressourcengeschichte eines Klienten aus seiner persönlichen Erfahrung zusammen und wird von der Fachkraft aufgezeichnet.

Selbstenthüllung

Im Rahmen dieser Erörterung erfolgt der schwierige Schritt der Selbstenthüllung. Bei den Ausführungen zu den negativen Zirkeln wurde gezeigt, dass Klienten Angst vor Selbstwertverlusten haben können. Um ihnen diese Angst zu nehmen, sollte die professionelle Helferin gerade in der Anfangsphase die Verantwortung dafür übernehmen, dass die Selbstenthüllung des Klienten nicht unnötig ausgedehnt wird, da sonst die Gefahr des Verlustes von Selbstwertgefühlen besteht. Die Klientin darf nicht (auch nicht hinterher) das Gefühl haben, mehr preisgegeben zu haben, als sie wollte – oder sich dafür schämen. Der professionelle Helfer kann dem Klienten deutlich signalisieren, wenn er in der Anfangsphase zu weit geht (Helfer: „Dies scheint ein wichtiges Thema zu sein, aber das sollten wir später besprechen ..."), er sollte Rückzugsmöglichkeiten anbieten. Verläuft die Anfangsphase unkontrolliert intensiv, besteht die Gefahr eines Abbruchs der Beziehung, die Klientin kommt nicht mehr, weil auch sie spürt, dass sie mehr von sich preisgegeben hat, als sie wollte, und sich dafür im Nachhinein schämt. Wichtiger als ein fulminanter Einstieg sind Anknüpfungspunkte für weitere Gespräche, in denen die Selbstenthüllung themenbezogen geleitet wird. Die Themen ergeben sich häufig aus dem Auftrag, den der professionelle Helfer qua Amtes hat, und für deren Erörterung hat der Sozialarbeiter die Verantwortung zu übernehmen.

Hinweis auf Unterstützungsbedürfnis

Gelingt die angemessene Selbstenthüllung, gibt der Klient differenzierte Hinweise auf Unterstützungsbedürfnisse in bestimmten Lebensbereichen. Es ergibt sich für ihn ein differenziertes Bild der Problem- und Ressourcenlage und es schält sich heraus, wo Hilfe notwendig ist und wo eben auch nicht.

Unterstützung und Bestätigung der Kompetenz

Die eigentliche Unterstützungsleistung folgt dem Prinzip der geringstmöglichen Intervention. Es wird nur so viel getan bzw. unterstützt, dass etwas angestoßen wird. Der Helfer achtet darauf, möglichst wenig in das Bewältigungsverhalten des Klienten einzugreifen. Ist nun tatsächlich Unterstützungsbedarf notwendig, kommt der professionelle Helfer dem nach. Aber oft kann der Klient die Situation selbst meistern, obwohl er glaubt, Unterstützung zu benötigen. In diesem Fall meint Unterstützung eher Bestätigung der Kompetenz des Klienten, es geht also darum, ihm zu helfen, seine eigenen, aber auch fremden, ihm zur Verfügung stehenden, Ressourcen zu nutzen. Dann kann der Klient sich die Veränderung eher selbst zuschreiben, es kommt zur Bestätigung der Kompetenz aus Sicht des Nehmers („Ich kann etwas tun!" und nicht „Mit mir wird etwas getan."). Das ist der Unterschied zwischen aktiver und passiver *Anpassung* und folgt dem Grundsatz von Hilfe zur Selbsthilfe, sie führt zur Nutzung von Ressourcen und einem regen Ressourcenaustausch.

Bewältigung

Diese Vorgehensweise lässt zu, dass Klienten in diesem Zirkel die Erfahrung der Bewältigung machen können und sich selbst und die Beziehung zum professionellen Helfer positiv interpretieren. Selbst wenn es im Prozessverlauf zu erneuten Problemen kommt, selbst wenn einige Maßnahmen mit Schiffbruch enden, die grundsätzliche Ausrichtung eines kooperativen Vorgehens bleibt in der Regel stabil. Der Klient ist aktiv, da die Hilfe unter seiner Regie durchgeführt wird. In der Praxis der Sozialen Arbeit ist es zwar die Regel, dass die Probleme nicht vollständig (auf-)gelöst werden können, erreicht werden kann aber, dass der Klient durch die positiven Erfahrungen eine Bestätigung seiner Kompetenz erfährt und er sein Bewältigungsverhalten erweitern kann.

Die Sicht des Unterstützungsgebers wird im Anschluss erläutert.

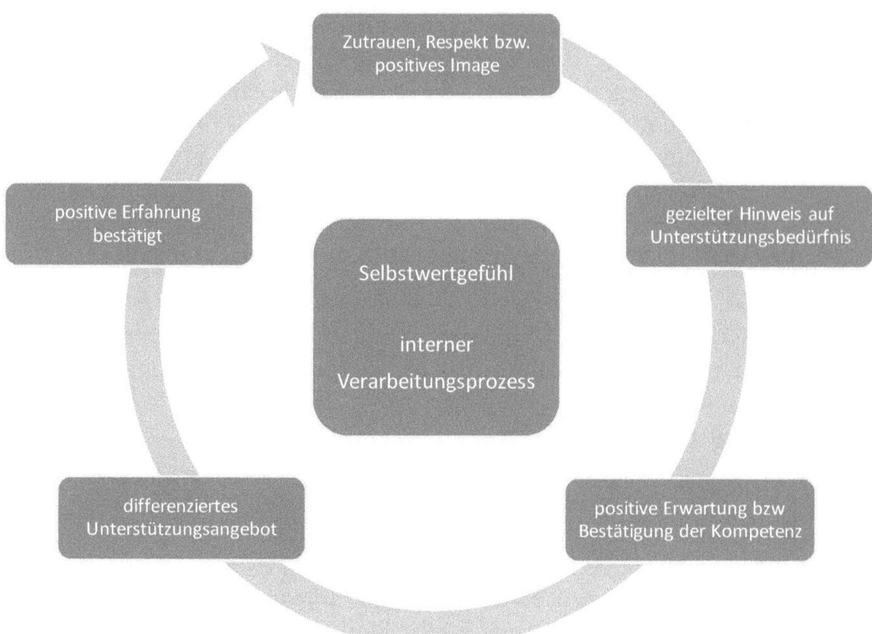

Abbildung 5: Erlebnisprozess der Stärkung sozialer Unterstützungsangebote aus Sicht des Gebers

Zutrauen, Respekt bzw. positives Image

Ein positives Image entsteht, wenn sich der Helfer in die Lage der (potenziellen) Klienten versetzen kann und der Problemgruppe, mit der er es beruflich zu tun hat, grundsätzlich etwas Positives abgewinnen kann. Dazu gehört auch, Bewältigungsverhalten, Bewältigungsmechanismen und Ressourcen der

Klientengruppe zu kennen – auch wenn das schon mal unfreiwillig komisch wird:

Gedankensplitter
Ressourcenorientierung

Berater: Aber irgendwas müssen Sie doch können!
Klient: Hm! Viel trinken konnte ich schon immer gut.

Rainer Ningel

Diese generelle Kompetenz, eine positive Grundhaltung gegenüber der jeweiligen Klientengruppe einzunehmen, benötigt feine Ausprägungen, die nach Arbeitsfeldern differieren. In der Arbeit mit Menschen mit Behinderung besteht zum Beispiel die Herausforderung darin, diese nicht als Sorgenkinder[61] zu betrachten, sondern als Menschen mit Handicap, die normal und selbstbestimmt leben (wollen und – mit Assistenz – können). Im Feld der Suchtkrankenhilfe gibt es nicht überwiegend *Junkies*, die dem Klischee aus dem Buch „Wir Kinder vom Bahnhof Zoo"[62] entsprechen. Drogengebraucher und -abhängige sind genauso wenig willenlose Kranke wie kontrolliert Konsumierende. Sie konsumieren Drogen, viele können den Konsum nicht steuern oder kontrollieren, und eine größere Anzahl der Konsumenten ist sogar abhängig in dem Sinne, dass eine Abstinenz nicht gelingt – aber sie sind nicht willenlos.

Eine profunde Kenntnis über die jeweilige Adressatengruppe und die Klärung der eigenen Vorurteile ist also Voraussetzung dafür, um Klienten mit Zutrauen und Respekt begegnen zu können. In der konkreten Praxis führen Respekt und Zutrauen dazu, das, was ein Klient erzählt, als Ausschnitt seiner Lebenswirklichkeit zu akzeptieren.

Gedankensplitter
Corona

In der Pandemie läuft die Kommunikation mit den Klientinnen hauptsächlich online. Manchmal passiert es daher, dass Informationen mehrfach verschickt werden. Irgendwann kommt eine Mail mit der Frage einer Klientin: „Geht es Ihnen gut?".

Ursula Koch

61 Bis zum Jahr 2000 hieß die durch die Soziallotterie bekannte Initiative „Aktion Mensch" ja noch „Aktion Sorgenkind" – ein Beleg für die veraltete Denkweise, dass behinderte Menschen eher Sorgen machen als normal zu sein.

62 Das biographische Buch „Wir Kinder vom Bahnhof Zoo" von Christiane F. ist das populärste Buch in Deutschland, das die Situation drogenabhängiger Kinder aus der Gropiusstadt im Berliner Bezirk Neukölln schildert.

Gezielter Hinweis auf Unterstützungsbedürfnis

Diese Grundhaltung ist die Basis für eine gelingende Erörterung, die Schritt für Schritt das Anlassproblem weiter ausdifferenziert. Die vorurteilslose Begegnung kann dazu führen, dass Klienten unter Wahrung ihrer Selbstachtung Sachverhalte darlegen, die einen konkreten Hinweis auf ein Unterstützungsbedürfnis enthalten („Klient hat Vertrauen zu mir").

Positiver Anreiz bzw. Bestätigung der Kompetenz

Entweder *spürt* der professionelle Helfer dann von sich aus den positiven Anreiz zu helfen oder es ergeben sich, häufig damit einhergehend, Ansatzpunkte, wo der Klient durchaus in der Lage ist, sich selbst zu helfen: die Erwartung einer Bestätigung der Kompetenz festigt sich.

Differenziertes Unterstützungsangebot

Ob nun durch direkte Unterstützungsleistung (zum Beispiel Beratung) oder Begleitung: Das Angebot muss passen, das heißt, es muss differenziert erfolgen und nicht allgemein. Es geht nicht darum, die Helferqualitäten herauszustellen („Mit meiner Hilfe wirst du es schon schaffen"), sondern zu spezifizieren, was zu tun ist, was die Eigenleistung des Klienten ist und worin die Leistung der professionellen Helfer besteht. Hilfe wird zwischen Nehmern und Gebern ausgehandelt.

Positives Unterstützungserfahren

Es geht voran: Die Helferin sieht, dass die Klienten das Unterstützungsangebot dazu nutzen, eigene Bewältigungserfahrungen zu machen, und dass das Angebot nach mehrmaligen Versuchen und Anpassungen greift und Veränderungen anstößt. Diese positive Unterstützungserfahrung führt zur Bestätigung des Selbstverständnisses als helfendem Beruf. Der Anerkennung des positiven Images von Klienten steht nichts im Wege.

Ein positiver Kreislauf ist daher das Ziel im Helfensprozess. In diesem Zirkel macht, wie wir gesehen haben, nicht nur der Klient, sondern auch der Helfer eine positive Unterstützungserfahrung. Es entsteht auf der Gefühlsebene der Eindruck, dass die Hilfe gegriffen hat. Es ist für die Beteiligten dabei zunächst unerheblich, was den Ausschlag gegeben hat: Dass der Helfer *so gut* gearbeitet oder der Klient *die Kurve gekriegt* hat.

Der professionelle Helfer, der diesen Prozess arrangiert und gestaltet, steht vor der Frage: „Wo können im Umgang mit Klienten negative Zirkel identifiziert werden und wie können sie unterbrochen und in positive Zirkel umgewandelt werden?" Gelingt dies, profitieren Nehmer und Geber durch einen regen Ressourcenaustausch. So einfach ist es – auf dem Papier. Na ja, und manchmal klappt es ganz von allein.

Gedankensplitter
Sport und Bewegung

Patient nach einer Kanufahrt im Rahmen der erlebnisorientierten Angebote: „Als ich mit meinem Kanu auf der Irrel fast abgesoffen wäre, wollte ich eigentlich jammern, motzen, schimpfen und rufen, dass mir gefälligst mal jemand helfen soll. Aber die anderen hatten mit sich genug zu tun, und ich habe gemerkt, da kommt keiner, und wenn ich mir nicht selber helfe, dann saufe ich ab. In dem Moment ist mir einiges klargeworden."

Rainer Ningel

Einführende Literatur

Killersreiter, Birgitt; -Maria Rottlaender, Eva (2021): Beratung – Begleitung – Empowerment. Kommunikationsgrundlagen für Sozial- und Gesundheitsberufe. Stuttgart: UTB.

Weiterführende Literatur

Herriger, Norbert (2020): Empowerment in der Sozialen Arbeit. Eine Einführung 6., erweiterte und aktualisierte Auflage. Stuttgart: Kohlhammer

Schubert, Franz-Christian; Rohr, Dirk; Zwicker-Pelzer, Renate (2019): Beratung. Grundlagen – Konzepte – Anwendungsfelder. Wiesbaden: Springer Fachmedien.

16. Über den Tellerrand hinaus – Warum ein Hilfeplan so schwierig ist

Während sich die bisherigen Erörterungen stark auf die Personen von Sozialarbeiterinnen (Helfer) und Klientinnen (Hilfeempfänger) konzentrierten, folgt nun die Ausweitung der Perspektive. Die persönliche *Zweierbeziehung* ist ja nur eine von vielen Konstellationen in der Sozialen Arbeit. Häufig haben es Sozialarbeiter mit mehreren Klienten (Familien oder Gruppen) zu tun. Je mehr Personen und Personengruppen am Problem und an der Problemlösung beteiligt sind, umso komplexer und schwieriger wird die Situation. Das leuchtet ein. Nur unverbesserliche Optimisten sehen die Chance, dass sich mit jedem zusätzlichen Beteiligten die Lösungsideen überproportional vermehren. Realistisch ist eher, dass die jeweiligen Eigeninteressen eine gute Lösung erschweren oder verhindern. Eine gute Lösung muss zwar nicht für alle gleichermaßen gut sein, eine gute Lösung sollte aber zumindest das zugrundeliegende Problem aufheben, entschärfen oder erträglicher machen. Das wiederum hängt von vielen Faktoren ab: von der Struktur des Problems, von den beteiligten Akteuren und nicht zuletzt vom limitierten Rahmen der Änderungsmöglichkeiten. Bei der Betrachtung von Klientenfragestellungen und -problemen zeichnet sich die Soziale Arbeit durch die Alltags- und Lebensweltorientierung aus. Dieser Blickwinkel ist insofern interessant, als diese Alltagsorientierung vorschnell als unprofessionell abgewertet werden kann.

Fachliches Vorgehen zeichnet sich ja normalerweise dadurch aus, dass ein Experte das zu lösende Problem analysiert – selbstverständlich mit der nur ihm verständlichen und zugänglichen Methodik –, um dann in einem häufig auch nur ihm klaren Vorgehen zur Lösung zu gelangen: Das Problem wird von ihm durch eine (Dienst-)Leistung gelöst, er ist für diesen Lösungsprozess autorisiert, und die angestrebte Lösung besteht in der Beseitigung oder Minderung der Problematik. Der *Inanspruchnehmer* muss entweder nichts tun oder den Anweisungen des Experten folgen. Gern spricht man im Dienstleistungs- oder Behandlungssektor dann von Compliance – der zu Behandelnde folgt den Behandlungsempfehlungen.

Dies, so kann begründet vermutet werden, funktioniert in der Regel bei Problemstellungen, die entweder ein Mittun des Inanspruchnehmers nicht aktiv erfordern („Es wird mit mir etwas gemacht, und ich muss das über mich ergehen lassen.“) oder deren Lösung unabhängig von den Verhaltensweisen des Empfängers funktioniert („Es ist außerhalb meines Zutuns, die Intervention des Experten führt auf jeden Fall zum gewünschten Ergebnis.“) und die ein Verstehen des Lösungsnehmers nicht voraussetzt („Man sagt, es funktioniert, auch wenn man nicht daran glaubt.“). Im Bereich der Sozialen Arbeit sind Lösungsprozesse, die auf diese Art funktionieren, äußerst selten.

Im Gegenteil: Der Lösungs- oder Bewältigungsprozess ist in der Sozialen Arbeit nicht nur in ein interaktionelles Geschehen eingebunden – eine Lösung wird geradezu unmöglich, wenn der Klient nicht mitspielt, wenn er nicht die erste Geige spielt.

Daher beschäftigten sich Sozialarbeiter in der Praxis mit folgenden Fragestellungen:

Welche Rolle spielt die Umgebung bei der Problemlösung? Oder noch genauer: Wie müssen Lösungen aussehen, die in das Alltagshandeln integrierbar sind? Wie stark beeinflusst der Alltag (mit allen Herausforderungen wie Geld, Beziehungen, Lebensumstände, Freundeskreis, Familie) die Lösungs(un-)möglichkeit?

Gedankensplitter
Problemlösung

Zunächst einmal bin ich mir sicher, dass die Art und Weise der Problembetrachtung davon abhängt, wo und wie Soziale Arbeit angesiedelt ist. Der konkrete Arbeitsbereich bestimmt die Anforderungen und die vorherrschenden Sichtweisen (Leitbild, Organisationsstrukturen ...). Meine Betrachtungsweise besteht darin, Menschen als Mitglieder unterschiedlich funktionierender, innen und außen gelagerter *Systeme* anzusehen, die ein Verstehen des individuellen *So-geworden-Seins* (mit den einhergehenden Problematiken) ermöglicht. Mittels eines solchen Vorgehens kann ich mit den Klienten komplexe Sachverhalte beschreiben und dahinterstehende Kausalitäten aufdecken. Ein sinnbildlicher Vergleich fällt mir dazu ein: Menschen, die ausgestattet sind mit einer innenliegenden Struktur, befinden sich an irgendeinem Ort innerhalb eines großen spinnenartigen Netzes. Dieses Netz trägt sie, gibt ihnen Halt, bietet Entwicklungsmöglichkeiten und begrenzt sie zugleich. Gerät dieses Netz durch äußere oder innere Einflüsse in Schwingungen oder wird es verletzt, dann hat das Auswirkungen auf jeden Einzelnen. Anhand dieses Beispiels wird sichtbar und nachvollziehbar, dass Soziale Arbeit keinerlei Rezepte zur Problemlösung in der Tasche bereithält und auch nicht bereithalten muss. Ich persönlich betrachte Probleme als fehlgeschlagene Lösungsversuche mit all den darin befindlichen und daran angelagerten Dynamiken, Kausalitäten, Synergien und Korrelationen.

Was Soziale Arbeit sicher leisten kann, ist *Übersetzungsarbeit*. Übersetzungsarbeit in verschiedenen Richtungen: Zum einen versteht Soziale Arbeit die unterschiedlichen Sprachen der verschiedenen Professionen (Medizin, Jura, Psychologie, Ökonomie ...) und ist in der Lage, dem Klienten Zusammenhänge darzustellen, aber auch zwischen den unterschiedlichen Professionen vermittelnd tätig zu sein. Zum anderen kann sie hilfreich tätig werden beim Übersetzen von einem Ufer zum anderen Ufer – und dabei neue Möglichkeiten erkennen und neue Wege gehen, für und mit dem Klienten. Das erfordert Verbindungs- und Vernetzungsarbeit.

Doch egal, welche Betrachtungsweise zu Rate gezogen wird, egal wie und wo Verbindungs-, Übersetzungs- oder Vernetzungsarbeit stattfindet, Soziale Arbeit gerät immer auch an Grenzen. Grenzen, die sie selbst aufzeigt und

setzt (zum Beispiel zur bewussten Abgrenzung von anderen Professionen), aber auch Grenzen, an die sie stößt (Strukturen in der Person, aber auch Strukturen, die die Person umgeben, Gesellschaftsstrukturen, Politik, Ökonomie, andere Professionen ...).
Wie bestimmend Sichtweisen sind, habe ich an einem Beispiel erlebt: Ein 33-jähriger Mann nimmt an einer stationären Entwöhnungstherapie teil, mit der Diagnose ICD-10 F 15.2. (psychische Verhaltensstörung durch andere Stimulanzien, einschließlich Koffein, Abhängigkeitssyndrom). Zudem, so das Ergebnis der medizinischen Anamnese, habe die hohe Drogendosis (Amphetamine) eine induzierte Psychose hervorgerufen. Zur Behandlung der entwickelten Psychose wurde ihm sowohl ein aufhellendes als auch ein dämpfendes Neuroleptikum verabreicht. Aufgrund dessen traten Nebenwirkungen auf, wie Müdigkeit, Antriebsminderung, Mundtrockenheit oder Vergesslichkeit. Innerhalb der Arbeitstherapie wirkte er insbesondere im feinmotorischen Bereich ungeschickt. Seine Auffassungs- und Intelligenzleistung, so berichteten die Therapeuten, sei eher unterdurchschnittlich entwickelt, daher sei mit Einschränkungen in der beruflichen Eingliederung zu rechnen.
Diese *objektiven* interdisziplinären Feststellungen, gepaart mit der zurückgezogenen, ruhigen, fast stoisch wirkenden Art des Patienten, führten bei den verschiedenen Gegenübern mitunter dazu, dass er als Mensch mit besonderem Hilfebedarf wahrgenommen wurde. Seine stationäre Therapiezeit als auch die sich anschließende Adaption[63] absolviert er rückfallfrei. Innerhalb der Adaptionsphase wurde in Absprache mit dem zuständigen Therapeuten und dem Rehabilitanden eine anschließende Tätigkeit in einer WfbM (Werkstatt für behinderte Menschen) avisiert und das weitere Vorgehen in die Wege geleitet (Vorstellung in einer WfbM, Begleitung in einer Außenwohngruppe ...).
Die durchweg sehr guten Rückmeldungen des Praktikumsgebers in der Adaptionsphase brachten die Therapeuten zu der Überlegung, ob eine WfbM den Rehabilitanden womöglich unterfordere. Innerhalb eines Klärungsgespräches klagte der Klient über neuerdings einsetzende Kopfschmerzen bei der Arbeit, das mit Augenflimmern einhergehe (bei gleichbleibender Medikation). Nach einer hausärztlichen Untersuchung wurde unser Rehabilitand zu einem Augenarzt überwiesen. Der attestierte eine Sehschwäche von acht (!) Dioptrien. Diese Sehschwäche bestehe, so der Arzt, aller Wahrscheinlichkeit nach bereits seit Kindertagen (!!!). Der Patient erhält daraufhin seine erste Brille. Eine schrittweise Verhaltensveränderung des Klienten wurde wahrnehmbar. Es war mir eine Freude, ihn sich freuen zu sehen, seine Welt mit klaren Augen zu sehen, und endlich huschte sogar ein Lächeln über sein Gesicht. Mittlerweile begibt er sich auf Entdeckungsreisen. Er geht viel wandern, sucht den Kontakt zu anderen und freut sich über seine zunehmende Selbstständigkeit. Seit einigen Monaten wohnt er in einer WG für Suchterkrankte, geht einer Vollzeittätigkeit nach und lernt mit Begeiste-

63 Unter Adaption (= Anpassung) versteht man eine Behandlungsphase im Anschluss an eine stationäre (Drogen-)Therapie. Die Adaption dient dem Klienten als Hilfestellung, sich in den Bereichen Wohnen, Arbeit, Freizeit und Beziehungen zu orientieren.

rung kochen. Er wünscht sich bessere Lese- und Rechtschreibkenntnisse und möchte daher an einem Abendkurs teilnehmen.
Ich frage mich: „Wie hat dieser Mensch bisher seine Welt wahrgenommen – und die Welt ihn?"
Dieser Fall hat mich darin bestärkt, gerade bei schwierigen Fällen, nicht vorschnell und ausschließlich auf professionelle Deutungsversuche (Diagnosen) zu setzen, sondern alltäglichen Sichtweisen (gesundem Menschenverstand) genügend Raum zu geben, um vor lauter Professionalität das Einfache und Naheliegende nicht zu übersehen.

Beate Blaese

Im vorhergehenden Kapitel haben wir mit Blick auf die Zweierbeziehung zwischen Sozialarbeiterin und Klientin das Konzept der sozialen Unterstützung vorgestellt, das nun um sozioökonomische (wie Einkommen und Bildung) und ökologische Umweltfaktoren (wie Anzahl und Zugang zu Diensten) erweitert wird.

Das führt zu vielfältigen Herausforderungen: Hilfen werden, je mehr Personen beteiligt sind, nicht einseitig plan- und steuerbar, und der Hilfeprozess bedarf einer professionellen Gestaltung. Es muss eine Verknüpfung von Alltagssprache und Fachsprache stattfinden, denn einerseits müssen die Klientinnen verstehen, um was es geht, aber auch die beteiligten Dienste und Professionen müssen fachlich eingebunden werden. Sozialarbeiterinnen sind von daher Spezialisten für die Gestaltung von Hilfeprozessen, die eine alltagsbezogene Einbettung erforderlich machen (vgl. dazu auch Kapitel 17 zur Vernetzung).

Warum ein Klimavertrag so schwierig ist

Hintergrund Thema wird international seit Jahren auf die lange Bank geschoben – Fünf Gründe dafür

Von Anja Semmelroch

■ **Berlin.** Wissenschaftlich gibt es am Klimawandel eigentlich keine Zweifel mehr. Über die angemessene Antwort streitet die Staatengemeinschaft allerdings seit Jahrzehnten. Die fünf Hauptgründe:

1 Es geht nicht nur um die Klimasünden von heute. Heute stößt das Schwellenland China deutlich mehr Treibhausgase aus als die USA. Aber CO_2 wirkt in der Atmosphäre etwa 100 Jahre lang nach, und historisch betrachtet sind die heutigen Industrieländer die Hauptverantwortlichen für die Erderwärmung. Rechnet man alle Emissionen seit Beginn der systematischen Aufzeichnungen um 1850 zusammen, führen die USA gefolgt von der EU die Liste an. Die aufstrebenden Wirtschaftsnationen leiten daraus ein Recht auf eine „nachholende Entwicklung" ab. Wer gerechterweise wie viel für den Klimaschutz zu tun hat – das hängt also von der Betrachtungsweise ab.

2 Alle sehen zuerst die anderen in der Pflicht. Das Bild sieht noch einmal anders aus, wenn man statt der nationalen Gesamtemissionen den Pro-Kopf-Ausstoß anschaut – also wie viel jeder einzelne Bürger eines Staates zur Erderwärmung beiträgt. Hier relativiert sich der Anteil der bevölkerungsreichen Länder China und Indien am Klimawandel, Hauptsünder sind nun Australien, die USA, Saudi-Arabien und Kanada. Mit der passenden Statistik lässt sich der Schwarze Peter also immer den anderen zuschieben.

3 Unterschiedliche nationale Interessen müssen unter einen Hut gebracht werden. Auch wenn die Notwendigkeit, etwas gegen den Klimawandel zu tun, überall gesehen wird – verbindliche Zusagen kollidieren nicht selten mit wirtschaftlichen oder machtpolitischen Interessen. Für die Schwellenländer hat das schnelle Wirtschaftswachstum Priorität. Die Golfstaaten leben vom Erdölexport. Vor allem Brasilien belastet das Weltklima mit der Rodung der Amazonas-Regenwälder. Australien, die USA und Kanada setzen traditionell auf fossile Energieträger. In den Verhandlungen sind diese Staaten in der Vergangenheit oft als Bremser aufgetreten.

4 Der Klimawandel trifft vor allem die Schwachen. Die klimatischen Veränderungen werden weltweit zu spüren sein, aber vor allem Menschen in den ohnehin gebeutelten Entwicklungsländern hart treffen. Niedrig liegende Küstengebiete, beispielsweise in Bangladesch, oder Inseln wie die Malediven sind von einem Anstieg des Meeresspiegels bedroht, in der Sahelzone lassen Dürren und Überschwemmungen Trinkwasser und Nahrung noch knapper werden. Den Leidtragenden mangelt es nicht nur am Geld und an der Technologie, um sich darauf einzustellen. Sie haben in den Gesprächen auch eine vergleichsweise schwache Verhandlungsposition.

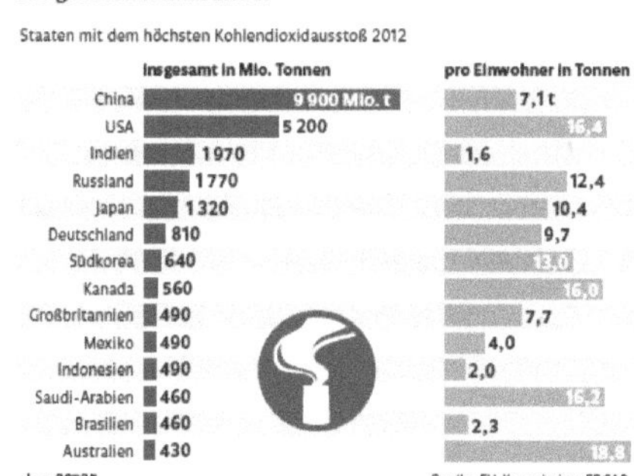

5 Mit Klimaschutz lässt sich zu Hause schlecht Wahlkampf machen. Die Klimapolitik einzelner Staaten kann sich mit der innenpolitischen Konstellation schnell ändern. In Deutschland lässt der Atomausstieg die CO_2-Emissionen wieder ansteigen. Die australischen Konservativen haben unlängst die Klimaschutzsteuer der Vorgängerregierung kassiert. US-Präsident Barack Obama weckte Hoffnungen auf eine Kehrtwende in der amerikanischen Klimapolitik, aber für ein Gesetz fehlt seinen Demokraten die Mehrheit im Kongress. Dazu kommt, dass das komplexe Problem Klimawandel, dessen Auswirkungen sich bisher gut ausblenden lassen, nur bedingt im Wahlkampf „zu verkaufen" ist. Das Thema ist also prädestiniert dafür, auf die lange Bank geschoben zu werden.

Abbildung 6: Warum ein Klimavertrag so schwierig ist (Rheinzeitung vom 23.9.2014, 6)

Und das ist nicht so einfach. Wir wählen zunächst ein Beispiel aus der Umweltdebatte (vgl. Abb. 5), das zeigen soll, wie schwierig es ist, mehrere Beteiligte unter einen Hut zu bekommen und die unterschiedlichen Interessenlagen zu bündeln. Auch die Fragen von Verursachung und Verantwortung sind schlicht schwierig. Und dann übertragen wir diese exemplarische Debatte auf eine Situation in der Sozialen Arbeit.

Nachdem wir nun fünf gravierende Gründe bzw. Thesen vorgestellt haben, warum es so schwierig ist, einen Klimavertrag zu verabschieden bzw. warum er sich auf die lange Bank schieben lässt, wollen wir dieses Szenario auf eine typische Situation in der Sozialen Arbeit übertragen. Analog könnte das so aussehen:

Warum ein Hilfeplan für die Familie Parker so schwierig ist

Hintergrund – Thema wird von den Beteiligten seit Monaten auf die lange Bank geschoben

– Fünf Gründe dafür

Berlin Sozialarbeitswissenschaftlich gib es an der Vernachlässigungssituation eigentlich keine Zweifel mehr. Über die angemessene Antwort streitet die Beteiligtengemeinschaft allerdings seit Monaten. Die fünf Hauptgründe:

1. **Es geht nicht nur um die Vernachlässigungssituation von heute.** Heute steht die Strafanzeige wegen Körperverletzung gegen Lebenspartner Herrn Sorge im Vordergrund, aber Familie Parker[64] ist dem Jugendamt seit vielen Jahren bekannt. Frau Carmen Parker hat finanzielle Probleme und wurde mehrmals alkoholisiert angetroffen. Die Kinder Randy (15 Jahre) und Tim (13) weisen keine konstanten Leistungen in der Schule auf, und Randy wurde dem Schulpsychologischen Dienst aufgrund zunehmend unkontrollierter Wutausbrüche vorgestellt. Historisch betrachtet stammt Familie Parker aus London, die Mutter von Frau Parker zog mit Ihren Kindern nach ihrer Trennung nach Berlin, als Carmen Parker im Kleinkindalter war. Die systematischen Aufzeichnungen zeigen, dass Familie Parker eine wechselvolle Geschichte – auch mit dem Jugendamt – erlebt hat. Wer gerechterweise wie viel zur Problemlösung beizutragen hat – das hängt von der Betrachtungsweise ab.
2. **Alle sehen zuerst die anderen in der Pflicht.** Das Bild sieht noch einmal anders aus, wenn man statt der aktuellen Situation die Gesamtsituation betrachtet – also wie viel jeder Einzelne zur Vernachlässigungssituation beigetragen hat. Hier relativiert sich der Anteil von Familie Parker. Hauptsünder sind nun die schwierige Herkunftssituation, die finanziellen Probleme und die mangelnden Chancen und Unterstützungsleistungen der Systeme Schule, Jugendhilfe und soziale Sicherung. Mit der passenden Statistik lässt sich der Schwarze Peter also immer den anderen zuschieben.
3. **Unterschiedliche Eigeninteressen müssen unter einen Hut gebracht werden.** Auch wenn die Notwendigkeit, etwas gegen die Vernachlässigung zu tun und einen Hilfeplan zu erstellen, überall gesehen wird – verbindliche Zusagen kollidieren nicht selten mit wirtschaftlichen oder machtpolitischen Interessen. Für die Familie hat das Zusammenbleiben Priorität. Eine Trennung kommt für sie nicht infrage. Das Jugendamt setzt traditionell auf Herausnahme, der schulpsychologische Dienst auf Therapie. In den Verhandlungen sind die Behörden in der Vergangenheit oft als Bremser aufgetreten.
4. **Die Vernachlässigungssituation trifft vor allem die Schwachen.** Die Auswirkungen der misslichen Lage werden nachhaltig zu spüren sein, aber vor allem die jungen Menschen in der ohnehin gebeutelten schwierigen Situation hart treffen. Schlechte Schulleistungen und geringes Selbstwertgefühl lassen Ausbildungschancen und selbstbestimmte Zukunftsgestaltung noch

64 Das Beispiel der Familie Parker wird ausführlich dargestellt in Kleve u.a. (2003).

geringer werden. Den Leidtragenden mangelt es nicht nur an Geld, Bildung und Partizipation, um sich auf die Zukunft einzustellen. Sie haben in den (Hilfeplan-)Gesprächen auch eine vergleichsweise schwache Verhandlungsposition.

5. **Mit Vernachlässigungssituation lässt sich zu Hause schlecht Wahlkampf machen.** Die *Familienpolitik* einzelner Akteure kann sich unter der systemischen Konstellation schnell ändern. Eine Minimierung des Trinkverhaltens von Frau Parker lässt ihre Stressquote wieder ansteigen. Eine Trennung von Herrn Sorge vergrößert die finanziellen Probleme. Das Jugendamt weckte Hoffnungen auf eine Kehrtwende in der Ausgestaltung der Hilfe, aber für das Maßnahmenbündel fehlt den Fachkräften die Zusage der wirtschaftlichen Jugendhilfe. Dazu kommt, dass das komplexe Problem alltäglicher Vernachlässigung, dessen Auswirkungen sich bisher gut ausblenden lassen, im sozialpolitischen Wahlkampf nur bedingt verkaufen lässt. Das Thema ist also prädestiniert dafür, auf die lange Bank geschoben zu werden.

Die Übertragung ist sehr grob und da sie sprachlich bewusst eng an den Pressetext anschließt, wird sie der komplexen Gesamtsituation bei weitem nicht gerecht. Aber das Grundthema sollte verständlich geworden sein. Es ist in der Sozialen Arbeit nicht sinnvoll, Problemlösungen nur dadurch anzugehen, dass der Fokus auf *eine* Person, *ein* Merkmal oder *eine* Störung gerichtet wird. Professionelles Handeln besteht darin, in der Lage zu sein, die Situation möglichst umfassend zu analysieren und mit dem Wissen um die unterschiedlichen Sichtweisen, Begrenzungen und Möglichkeiten einen gangbaren Ausweg zu suchen (schreibt sich leichter, als es in der Praxis ist).

Gedankensplitter

Wie ich mein erstes Hilfeplangespräch sabotiert habe

Hilfeplangespräch mit und für ein 14jähriges Mädchen. Die Mutter ist schwer aufgeregt und hat sich sicherheitshalber ihre Gedanken, Ängste und Wünsche auf einem Papier aufgeschrieben und mit in das Gespräch genommen. Wir sind mit dem Mädchen ins Jugendamt gefahren, ihre Mutter treffen wir dort. Kurz vor dem Hilfeplangespräch geht die Bürotür der Sozialarbeiterin auf und sie bittet mich, kurz alleine ins Büro zu kommen. Sie stellt sich kurz vor, schüttelt mir die Hand und erklärt fast ein wenig beiläufig, dass sie heute extremen Zeitdruck hätte, der Fall wäre ja klar, wir würden einfach die Ziele aus dem letzten Hilfeplan nehmen, dann wären wir ja schnell durch. Dann schiebt sie mich quasi wieder aus dem Büro in den Flur. Die Tür schließt sich und ich frage mich, ob das gerade wirklich passiert ist. Fünf Minuten später geht die Tür wieder auf. Mutter, Tochter und ich werden im Büro begrüßt und bekommen Plätze zugewiesen. Ohne Wasser und Kaffee startet das Gespräch. Ziemlich unschlüssig, wie wir alle möglichst unbeschadet aus dieser Situation wieder herauskommen sollen, entscheide ich mich (während die Sozialarbeiterin im PC synchron tippt und die Mutter nach der aktuellen Situation fragt) dazu, von meinem Stuhl aufzustehen

und zur Tür zu gehen. Mit den Worten: „Das war schon einmal gut für ein erstes Probegespräch. Wir sollten zeitnah einen Termin für ein echtes Hilfeplangespräch verabreden", bewege ich Mutter und Tochter nonverbal dazu, aufzustehen und mit mir den Raum zu verlassen. Glücklicherweise gelingt mir das.
Vielleicht bleibt noch zu erwähnen, dass die Sozialarbeiterin sich fortan geweigert hat, mit mir zusammen Fälle zu bearbeiten.

Vanessa Schnorr

Sozialarbeiterinnen als Gast in einer „fremden" Welt

Darf man als Sozialarbeiter beim ersten Hausbesuch eigentlich Gläser und Tassen ablehnen und damit die Familie als Gastgeber enttäuschen?

Vanessa Schnorr

Einführende Literatur

Ader, Sabine; Schrapper, Christian (2020): Sozialpädagogische Diagnostik und Fallverstehen in der Jugendhilfe. München: Reinhardt.

Weiterführende Literatur

Hampe-Grosser, Andreas; Haye, Britta; Kleve, Heiko; Müller, Matthias (2011): Systemisches Case-Management. Falleinschätzung und Hilfeplanung in der Sozialen Arbeit. Heidelberg: Carl Auer.

17. Vernetzung – Wenn jeder an sich denkt, ist an alle gedacht

Netzwerke sind wichtig – wir alle sind Teil von ganz unterschiedlichen Netzwerken, ob es sich um persönliche (familiäre und berufliche) oder virtuelle bzw. digitale (Facebook, Twitter, WhatsApp) Vernetzung handelt, das spielt zunächst keine Rolle. Netzwerke sind Teil unseres Lebens, und viele Menschen sind geradezu stolz auf ihre großartigen Vernetzungen. Der Netzwerkbegriff ist unter fachlichen Gesichtspunkten zunächst wieder mal ein Containerbegriff – es passt ganz viel rein, es muss aber noch sortiert werden.

Die Systematisierung von Netzwerken ist daher wichtig, wenn Sozialarbeiterinnen mit Netzwerken in der beruflichen Tätigkeit in Verbindung kommen, wenn sie Netzwerke aufbauen oder Netzwerke managen wollen. Die älteste und einfachste Unterscheidung ist die zwischen informellen (oder natürlichen) und formellen (künstlichen) Netzwerken. Dabei umfasst das informelle Netzwerk die Familienmitglieder, Freunde, die Nachbarschaft und – im Übergang zu den formellen Netzwerken – die ehrenamtlichen Kontakte oder Selbsthilfegruppen. Kennzeichnend für informelle Netzwerke sind entweder die natürliche Zuordnung (hineingeboren werden: Familie, Verwandtschaft) oder die frei gewählten Freundschaftsbeziehungen und Bekanntschaften. Allen gemeinsam ist, dass es für die *Beziehungsgestaltung* in diesen informellen Netzwerken keine verschriftlichten oder vertraglichen Regelungen gibt. Natürlich existieren in jeder Familie und Freundschaft Regeln, aber sie sind nicht schriftlich fixiert. Es würde auch komisch aussehen, wenn wir im Freundeskreis erst einmal mit einer Kooperationsvereinbarung aufwarten, die regelt, wie die Übergabe von Informationen zu handhaben ist und welche Instrumente wir dabei nutzen. Gleichwohl hat das auch etwas Verführerisches, wenn Sie sich vorstellen, Sie müssten sich darum kümmern, ob das Verschwiegenheitsgebot auch im Freundeskreis eingehalten wird und Sie gegebenenfalls eine Schweigepflichtentbindung benötigten, wenn Sie mit Ihrer Freundin A über Vorfälle von Freundin B reden, die Ihnen von Freundin C vertraulich mitgeteilt worden sind. Oder stellen Sie sich vor, Regelungen ausarbeiten zu müssen, die den familiären Umgang festschreiben. Am Anfang stünde dann am besten eine Präambel, in der sich jedes Netzwerkmitglied zur Gemeinwohlorientierung verpflichtet, gepaart mit Kommunikations- und Entscheidungsregeln („Wer vertritt die Familie nach außen? Gibt es einen Familienrat?") und Instrumenten der Zusammenarbeit (Checkliste „Biomüll entsorgen", „Spülmaschine einräumen", „Spülmaschine ausräumen", „Besucherplanung Opa Altenheim"). Es ist deutlich geworden, dass die Regelungen für das Zusammenleben auch in informellen Netzwerken höchst relevant und wirksam sein können, sie sind aber nicht in eine Vertragsform zu gießen, und manche Beziehungen, wie die Mutter-Kind-Beziehung oder eben die familiäre, gelten als so natürlich, dass ein Formalisierungsgrad wirklich entbehrlich ist. Bei den sogenannten formellen bzw. künstlichen Netzwerken ist das anders. Kennzeichnend hierfür ist, dass es eine vertragliche Grundlage beziehungsweise eine verbindliche Regelung der Zusammenarbeit gibt. Aber auch hier gilt: Der Spielraum ist groß. Neben schriftlichen Vereinbarungen und Verträgen existieren selbstverständlich auch mehr oder weniger verbindliche *unausgesprochene* Regelungen, die dem Vertrauensaufbau, der Zielsetzung und Kooperation dienlich sind. Spannende Fragen sind zum Beispiel: Lässt sich Kooperation verpflichtend oder vertraglich einfordern? Was kann und muss sinnvoll schriftlich verfasst sein, was ist übertrieben förmlich und hemmt eher die Netzwerkarbeit? Ab wann benötigt ein Netzwerk ein professionelles Netzwerkmanagement? Und was umfasst das alles?

In der beruflichen Vernetzungsarbeit, die sich auf Netzwerktheorie und Netzwerkkonzepte bezieht, wird zwischen fallbezogener und systembezogener Netzwerkarbeit unterschieden. Fallbezogene Netzwerkarbeit umfasst Aufgaben, die im Rahmen einer konkreten Klienten Situation notwendig sind. Für und mit dem Klienten wird überlegt, welche Hilfen von welchen Diensten erbracht werden sollen, *wie die Dienste sinnvoll zusammenarbeiten* und wie das für eine Person zusammengestellte, sozusagen arrangierte, Netzwerk erweitert oder optimiert werden kann. Bei der systembezogenen Netzwerkarbeit geht es darum, die Vernetzung in einer Organisation oder in einem Bereich zu verbessern, zum Beispiel in einem *Netzwerk Demenz*. Ein solches Netzwerk hat zur Aufgabe, die Versorgung von allen betroffenen Menschen (Demenzkranke und deren Angehörige) zu analysieren, auf den Prüfstand zu stellen und die Angebotspalette auf den Bedarf abzustimmen. Das erfordert Kooperation und Koordination.

In der Sozialen Arbeit hat sich aus diesen Anforderungen heraus ein eigener Ansatz gebildet: Das Care und Case Management, wobei Care Management mit Versorgungsoptimierung gleichzusetzen ist und Case Management wörtlich übersetzt so viel wie Fallmanagement oder Fallsteuerung bedeutet (vgl. DGCC 2020; Wendt/Löcherbach 2009 und 2017). Case Management wird angewendet in speziellen Fallkonstellationen und zwar immer dann, wenn eine derart komplexe Versorgungsituation entsteht, dass eine *kooperative Leistungserbringung* erforderlich ist. Konkret ist das dann der Fall, wenn eine Fachkraft, ein Dienst oder eine Organisation aufgrund der vielfältigen Aufgaben allein überfordert ist, wenn neben Gesundheits- oder Erziehungsproblemen und schwieriger finanzieller Situation auch noch Probleme von Arbeitslosigkeit oder Pflegebedürftigkeit eines Angehörigen hinzukommen. Dann ist Case Management angesagt.

Der Begriff des Managens schreckt zunächst natürlich erst einmal ab, hat er doch so gar nichts mit sozialer Tätigkeit zu tun. Und so wird der Handlungsansatz Case Management, auch wenn er in Deutschland schon seit Jahrzehnten bekannt ist, immer noch und immer wieder kritisch diskutiert. Die Befürworter schätzen ihn als eine der wichtigsten Innovationen im Sozial- und

Gesundheitswesen, Kritiker sehen in ihm ein neo-liberales Instrument, das im Wesentlichen Sparzwänge legitimieren soll. Dazu das folgende Beispiel:

> Wenn Wörsdörfer da steht, auf dem Balkon vor seinem Büro, und immer neue Zigaretten dreht, um nicht aufhören zu müssen mit dem Reden, dann spürt man, dass sich etwas in ihm angestaut hat. Diese wachsende Entfremdung vom Beruf nagt an ihm. „Case-Manager“, sagt Wörsdörfer verächtlich. „Wer mich so nennt, der kriegt eine Verleumdungsklage.“ (Blasberg 2008, 3).

Das Zitat stammt aus einem Frontbericht aus Berlin-Wedding, wo Case Manager den Sozialarbeiter ersetzen sollen. Der Bericht trägt den Titel „Die verhinderten Retter vom Jugendamt“. Es stehen sich mit dem Manager, dem früheren Jugendamtsleiter und jetzigen Stadtrat Fritsch, mit „vergoldetem Druckbleistift und Blackberry" und dem „alten Idealisten Wörsdörfer“ (O-Ton) zwei Protagonisten gegenüber: auf der einen Seite die kalte Organisation („In Deutschland arbeiten gerade rund 600 Jugendämter daran, sich zu verschlanken, und fast alle suchen ihr Heil in der Privatisierung, in standardisierten Abläufen und Checklisten. Man ahnt, dass die meisten dieser Ideen Sparvorschläge sind im Gewand der Modernisierung, und vielleicht muss die Gesellschaft eine grundsätzliche Antwort finden auf die Frage, wie viel ihr der Schutz von Kindern wert ist.“) auf der anderen Seite der klientenorientierte, aufopfernde Sozialarbeiter Wörsdörfer („Wörsdörfer ist der Einzige aus seinem Team, der hier im Wedding wohnt. Vor ein paar Tagen schob er sein Rennrad durch das Viertel, und zu jedem zweiten Haus fiel ihm eine Geschichte ein.“).

Neben solchen Reportagen und Magazinbeiträgen (der Stern berichtete über ein Case Management in Bremen im „Fall Kevin“)[65], gibt es demgegenüber natürlich auch fachlich differenzierte Auseinandersetzungen. Insgesamt fällt auf, dass häufig ein sehr verkürztes Verständnis von Case Management erörtert wird und in den aufgeführten praktischen Beispielen zwar der Name Case Management verwendet, aber sonst weder in der Implementierung noch in der Umsetzung dem Case Management-Ansatz, so wie er konzipiert ist, entsprochen wird. Es ist, wie W.R. Wendt schon vor Jahren treffend formuliert hat, nicht überall Case Management drin, wo Case Management draufsteht.

Es handelt sich häufig um sogenannte Eye-Catcher-Modelle, also schlichte Umbenennungen der Praxis fürs Auge: Für das Image nach außen werden Sozialarbeiterinnen und Sozialpädagogen quasi über Nacht zu Case Managern gemacht. Dabei zeigt die Praxis sehr deutlich, wie notwendig ein fachliches Case Management für junge Menschen und Familien ist, die mit vielfältigen Problemen befasst sind. Dort ist eine sektorenübergreifende Zusammenarbeit

65 https://www.stern.de/panorama/fall-kevin-die-lange-liste-des-versagens-3324710.html [21.11.2021].

dringend geboten. Es geht ja nicht nur um Erziehungsprobleme, sondern gleichzeitig auch um materielle Sorgen (Wohnung, Einkommen, Versicherung, Arbeit), um ein Zurechtkommen in der Lebensführung im Alltag, und es geht um die Nutzung von informellen und formellen Netzwerken.

Der Ablehnung im Sozialbereich liegt daher häufig eine einfache Verwechslung zugrunde: Abzulehnen ist zu Recht der Managementbegriff, wenn es um die Person als solche (umgangssprachlich eben: den Fall) geht. Im Case Management ist aber nicht die Person der Fall, sie bleibt unverfügbar. Der Fall ist die zu bewältigende Situation – und die kann sehr wohl gemanagt werden.

Fallmanagement meint also nicht, dass wir Personen managen, sondern dass ein komplexer Hilfeprozess durch Kooperation der verschiedenen Dienste und Helfer sinnvoll vonstatten geht.

Es geht um ein Unterstützungsmanagement. Die Unterstützung erfolgt durch Verknüpfung informeller Hilfen und formeller Versorgung für eine Person oder Familie im Rahmen von deren eigenen Möglichkeiten. Dieses Selbstmanagement wird für bestimmte Belange (eben fallweise) durch den Case Manager ergänzt oder ersetzt. Dabei wird, wie gesagt, nicht die Person oder Familie zum *Fall* (die kann und soll ja nicht gemanagt werden), sondern es wird in gemeinsamer Bearbeitung geklärt, was der Fall (die zu regelnde und zu bearbeitende Situation) ist. Case Managerinnen bedienen sich methodisch des *Regelkreises*[66] im Case Management und arrangieren auf der Grundlage einer Bedarfsfeststellung die Hilfeprozesse.

Wie oft kommt es vor, dass Klienten sowieso bei mehreren Einrichtungen *Kunden* sind, dass sie mit Sozial- und Jugendamt, der Bundesagentur für Arbeit, dem Kinderarzt, einer Beratungsstelle oder dem Familiengericht zu tun haben. Oftmals wissen die Helfer nicht einmal voneinander und die Klienten sind mit den vielen Diensten und deren Angeboten regelrecht überfordert. So kann es vorkommen, dass Dinge doppelt laufen oder notwendige Absprachen unterbleiben. Klienten erhalten dann auf jeden Fall nicht die richtige Hilfe zum rechten Zeitpunkt – jedenfalls dann nicht, wenn nicht die spezielle Einzelperspektive gefragt ist, sondern eine Zusammenschau und eine koordinierende Zusammenarbeit. Hier verspricht Case Management *Hilfen aus einer Hand*. Case Managerinnen prüfen zunächst, was alles anliegt, in welchen Bereichen Rat gebraucht wird, und sprechen mit den Klienten ab, wer alles in den Hilfeprozess eingebunden werden soll. Sie haben die Aufgabe, Vernetzung herzustellen: Dazu müssen sie sich auskennen, sollten wissen, welche Dienste und Einrichtungen was genau anbieten. Sie arrangieren passgenaue Hilfen

66 Der Regelkreis ist ein Managementkreislauf und besteht aus nacheinander ablaufenden Phasen: 1. Klärung/Aufnahme, 2. Bedarfsermittlung, 3. (Versorgungs-)Planung, 4. Monitoring und Leistungssteuerung, 5. Auswertung, 6. Rechenschaftslegung. Die Phasen helfen, gerade bei komplexen Fallkonstellationen, die Vorgehensweise übersichtlich zu strukturieren.

und bringen, falls erforderlich, die Helfer an einen Tisch. In der Praxis werden dann durch den Einsatz von Case Management aus z.B. siebzehn Helfern und Diensten, die unkoordiniert alles Mögliche in einem vielschichtigen *Fall* tun, nur noch zehn Dienste, die dann allerdings abgestimmt die Versorgung unter der Regie der Case Managerin sichern. Viel häufiger aber sind Case Manager damit beschäftigt, überhaupt erst einmal ein Hilfenetz aufzubauen: Es wird geschaut, was und wer fehlt, wer, wann, was an Hilfe leisten kann, wie die Abläufe auf die Reihe gebracht werden können. Das ist mit einer koordinierten Leistungserbringung gemeint. Und es lohnt sich: für die Betroffenen und die benötigen Helfer, die jetzt nur noch *einen* Ansprechpartner haben, der Sorge dafür trägt, dass Maßnahmen und alle Helfer zusammen an der Problemlösung arbeiten.

Das fallbezogene Case Management wird in der Organisation ergänzt um ein fallübergreifendes Netzwerkmanagement, weil es hier darum geht, für unterschiedliche Klienten- und Patientengruppen einer Einrichtung passende Behandlungsprogramme zu installieren (vgl. die nachstehende Tabelle).

Tabelle 5: Netzwerktypen im Case Management

Ansatz	Netzwerk-Typ	Beschreibung
Case Management	fallbezogen (einzelfallbezogen)	Regelgeleitete Zusammenarbeit bezüglich des Einzelfalls mit mehreren beteiligten Diensten, einrichtungsintern oder extern
	fallübergreifend (fallgruppenbezogen)	
Care Management	fallunabhängig (versorgungsbezogen)	Bedarfsgerechte Hilfen erheben, koordinieren, organisieren und strukturelle Voraussetzungen im Gemeinwesen schaffen für eine bestimmte Adressatengruppe (zum Beispiel für an Alzheimer erkrankte Menschen und ihre Angehörigen)

Damit die Vernetzung der Hilfen für die Einzelarbeit und Fallgruppen gelingen kann, ist eine dritte – fallunabhängige - Vernetzungsebene wichtig. Damit erfolgt der Übergang ins *Care* Management. Hierbei geht es um den Aufbau von themenbezogenen Netzwerken: In einer Region wird beispielweise ein *Netzwerk Frühe Hilfen* (das sind Hilfen und Unterstützungen für Familien mit Säuglingen und kleinen Kindern) oder das eben erwähnte *Netzwerk Demenz* initiiert, aufgebaut und gepflegt. Alle Einrichtungen, Dienste und selbstständig tätige Professionelle (wie Ärzte oder Therapeuten), Ehrenamtliche sowie Patienten- und Angehörigenvertretungen, die in dem Themenfeld arbeiten, können und sollen in diesem Netzwerk mitarbeiten, sollen ihre Expertise, ihre Angebote und ihre Erfahrungen einbringen. Was sie alle verbindet, so unterschiedlich auch ihr Zugang zu dem Thema sein mag, ist ein gemeinsames Ziel: Die Versorgungssituation zu verbessern, Lücken in der Versorgung zu finden und zu schließen, Praxisprobleme zu thematisieren und Lösungen anzustreben. Die Möglichkeiten reichen vom gegenseitigen Kennenlernen der verschiedenen Angebote über Bedarfsanalysen bis hin zu konkreten Maßnahmen der besseren Zusammenarbeit. Durch eine funktionierende Vernetzung können dann die Grenzen der versäulten Versorgung überwunden werden. Diese Grenzen bestehen, wenn es von der stationären in die ambulante Versorgung geht oder wenn unterschiedliche medizinische, pflegerische oder sozialarbeiterische Maßnahmen verbunden werden müssen. Schließlich stellen die engen Zuständigkeiten der Sozialgesetze eine große Hürde da: Ist die Jugendhilfe (nach dem Kinder- und Jugendhilfegesetz, SGB VIII) noch zuständig oder sind Ansprüche nach dem Arbeitsförderungsgesetz (SGB III) zu stellen – und was ist, wenn die Ansprüche hin- und hergeschoben werden? Die genannten Grenzen und Hürden sind in der Praxis für alle Beteiligten, Adressaten der Hilfe wie Anbieter, tagtäglich zu spüren. Case Management soll hier sektorenübergreifend wirken.

Der Handlungsansatz des Care und Case Managements ist so erfolgreich, dass er mittlerweile über die Soziale Arbeit hinausgeht und hinausgehen muss. Care und Case Management finden nicht nur Anwendung in der Sozialen Arbeit, sondern haben sich in der Beschäftigungsförderung, im Handlungsfeld Gesundheit und Pflege, bei Versicherungen, in der Eingliederungshilfe und im Strafvollzug etabliert.

Ohne die Erfolgsgeschichte schmälern zu wollen, bleibt der Hinweis auf die nicht leichte Umsetzung bestehen. Der Ansatz benötigt vielfältige Voraussetzungen. Ein fachlich fundiertes Care und Case Management ist angewiesen auf qualifizierte Fachkräfte, die in Case Management aus- bzw. weitergebildet sind. Denn die erforderlichen Kompetenzen zur Realisierung von Beratung, Koordination, Kooperation und Vernetzung müssen zunächst einmal erworben werden, sie bauen auf einer bestehenden fachlichen Qualifikation auf. Es hat sich auch gezeigt, dass Einrichtungen, wenn sie den Handlungsansatz nutzen wollen, ihre Organisation daraufhin anpassen müssen und dass der Aufbau eines Case Management-Systems ein aufwändiger Prozess ist. Schließlich benötigt eine Vernetzung auf regionaler Ebene bis zu ihrer Funktionsfähigkeit viel Planungs- und Aufbauarbeit und bedarf eines professionellen Netzwerkmanagements, wenn man nicht riskieren will, dass nach den ersten zwei oder drei Netzwerktreffen die Luft ausgeht, weil eine systematische Koordination fehlt. Erste Forschungen in Deutschland zeigen, dass ein gut implementiertes Care und Case Management dem Anspruch eines wirkungsvollen und wirtschaftlichen Vorgehens gerecht wird, dass sich die Versorgungssituation für Klienten und Patienten verbessert und auch die beteiligten Professionellen von der Kooperation profitieren.

Ist doch schön, wenn ein Ansatz, der in der Sozialen Arbeit entwickelt wurde, auch von anderen Humandiensten genutzt wird.

Einführende Literatur

Deutsche Gesellschaft für Care und Case Management (Hrsg.) (2020): Case Management Leitlinien. Rahmenempfehlungen, Standards und ethische Grundlagen. 2. Auflage, Heidelberg: medhochzwei.

Weiterführende Literatur

Löcherbach, Peter; Wendt, Wolf Rainer (Hrsg.) (2020) Care und Case Management. Transprofessionelle Versorgungsstrukturen und Netzwerke. Stuttgart: Kohlhammer.

18. Interkulturelle Kompetenz – Ohne Angst vor dem Fremden

Nicht erst die vielen ungelösten Probleme von Flüchtlingen, die 2015 die Nachrichten beherrschten, auch die Zuwanderung durch Arbeitsmigration und die damit verbundenen veränderten Lebens- und Bedarfslagen haben einen Einfluss auf das Selbstverständnis von Sozialer Arbeit. Sie stellen die im Laufe der letzten Jahrzehnte gewachsenen Hilfsangebote vor neue Aufgaben und Herausforderungen. Aber die heute notwendigen Tätigkeiten reichen häufig – und zunehmend häufiger – über das Bekannte und Vertraute hinaus, liegen oft jenseits der eigenen Muttersprache, dem gewohnten sozialen Umfeld, der kulturellen Prägung, der nationalen Zugehörigkeit und – bei den Älteren – sogar jenseits der Ausbildung. Wir sprechen von Interkulturalität oder auch von Transkulturalität.[67; 68] Was ist damit gemeint? Zunächst einmal heißt es, dass die aktuellen Entwicklungen (Globalisierung und demographische Veränderung müssen hier als Stichworte genügen) vor allem Bereitschaft erfordern. Nämlich die Bereitschaft, weitere Sprachen zu lernen, sich mit neuen kulturellen Einflüssen vertraut zu machen und sich mit anderen Problemen auseinanderzusetzen als den immer schon bekannten. Und, das Wichtigste: bereit zu sein, auf das Neue, das Fremde, das Unverständliche, manchmal auch das Angstmachende – auf das alles angemessen und innovativ zu reagieren. Sprich, zunächst Antworten auf (manchmal noch ungestellte) Fragen zu suchen. Das Zauberwort heißt *interkulturelle Kompetenz*. Damit ist die Befähigung von Menschen gemeint, unter den Bedingungen einer von Vielfalt[69] geprägten Gesellschaft agieren zu wollen und zu können. Das hört sich gut an, richtig weltläufig. Es ist auch leicht gesagt. Aber es ist nicht leicht zu machen.

Zwar ist die Herkunft von Klienten – und damit ihre ethnische Zugehörigkeit, ihre kulturelle Prägung und weltanschauliche Orientierung – nur eine Dimension aus dem Diversity-Repertoire (*race, class, gender*), aber eine für die Soziale Arbeit sehr wichtige. Wer mit Menschen unterschiedlicher Herkunft zu tun hat, und das betrifft in der Einwanderungsgesellschaft praktisch alle Handlungsfelder Sozialer Arbeit, der muss gut Bescheid wissen über Zuwanderungsgeschichte, Herkunftsländer, internationale Verflechtungen, Gründe für Flucht und Auswanderung, Migrationsgeschehen, rechtliche Grundlagen – und sicher noch einiges mehr. Aber er muss nicht nur viel wissen, er muss

67 Wer sich mit dem Thema Interkulturalität und Soziale Arbeit näher befassen möchte, dem sei der Band von Thomas Kunz und Ria Puhl (2011) empfohlen.

68 Wer dem Thema Interkulturalität lieber in einem wunderbaren und sehr gut lesbaren Roman begegnen möchte: Der äthiopische Autor Dinaw Mengestu lässt seine Leser mitfühlen, wie es ist und wie lange es dauert, in der neuen Heimat – in seinem Fall den USA – wirklich *anzukommen*. Sein Buch „Zum Wiedersehen der Sterne" ist in viele Sprachen übersetzt und mehrfach ausgezeichnet worden, auf Deutsch erschienen bei Classen, Berlin 2009.

69 Statt Vielfalt wird in dem genannten Zusammenhang üblicherweise der Begriff Diversity benutzt, der die Dimensionen Kultur/Ethnie, Alter, Geschlecht, sexuelle Orientierung, Behinderung, Religion/Weltanschauung (*race, class, gender*) umfasst.

auch viel können, nämlich einen methodisch und konzeptionell prall gefüllten Handwerkskoffer besitzen; daneben sind persönliche Fähigkeiten und Fertigkeiten (*Haltung*) im Umgang mit Verschiedenheit unerlässlich.

Gedankensplitter
Integration

Eine aus Syrien stammende Klientin schickt mir eine Mail am 8. März: „Guten Tag. Ich sende Ihnen meine Unterlagen. Alles Gute zum Frauentag."

Ursula Koch

Das Thema Interkulturalität wollen wir folgendermaßen angehen: Zunächst schauen wir uns an, wie sich die Zuwanderung nach Deutschland über die Zeit hinweg in der Sozialen Arbeit niedergeschlagen hat. Dann müssen wir Ihnen natürlich auch erläutern, was Interkulturalität in der Sozialen Arbeit genau bedeutet, aber auch in der Gesellschaft allgemein, nämlich die Sensibilisierung für das Eigene, das Fremde, das Gemeinsame, weg vom „Wir hier – Ihr da". Dann schauen wir uns einzelne Handlungsfelder an; am sinnvollsten erscheint uns ein Blick auf die Schnittstelle Schule – Beruf, weil der Übergang für Jugendliche mit Migrationshintergrund oft schwierig ist. Und weil wir manchmal nicht so recht verstehen, warum das eigentlich so ist. Anderes, wie die Elternarbeit von und mit Migranten, können wir nur anschneiden.

Ganz am Schluss des Kapitels zeigen wir Ihnen, wie interkulturelle Kompetenz in der sozialarbeiterischen Ausbildung eingeübt werden kann. Denn selbstverständlich vorhanden ist sie ja (leider) nicht.

Zuwanderung in Deutschland

Migration ist in Deutschland (und nicht nur hier bei uns) seit langem der Normalfall: Jeder Fünfte hat einen Migrationshintergrund. Das heißt, er oder sie - oder aber ein Teil der Familie - ist eingewandert. Trotzdem hat sich Deutschland lange nicht als Einwanderungsland gesehen – geändert hat sich das erst 2005 mit dem Einwanderungsgesetz[70]. Tatsächlich hat es in der deutschen Geschichte aber von jeher „grenzüberschreitende Wanderungsbewegungen" (Butterwegge 2011, 16) gegeben.

So sind im vorletzten Jahrhundert viele Deutsche in die *neue Welt* ausgewandert. Das folgende Jahrhundert mit seinen Weltkriegen verzeichnet viele Wanderungs- und Fluchtbewegungen: Denken wir an Auswanderer, Aussiedler, Spätheimkehrer oder *displaced people*. Heute bewirken das internationale Gefälle zwischen Arm und Reich, politische Verfolgung, Kriege, aber auch Dürrekatastrophen, dass Menschen ihre Heimat verlassen. Die Soziologie nennt die Summe dieser menschlichen Schicksale ganz sachlich *Wanderungsbewe-*

70 Seitdem versteht sich Deutschland auch offiziell als Einwanderungsland.

gungen; wir müssen wissen, dass sich, auch wenn es zurzeit anders scheinen mag, nur ein kleiner Teil davon in Europa bzw. in Deutschland abspielt. Das gilt selbst für die Flucht- und Asylmigration.

Unbegleitete minderjährige Flüchtlinge – „Mutterseelenallein nach Deutschland" titelte Focus online im Sommer 2015 und schrieb:

> „Der jüngste unbegleitete Flüchtling, der jemals im Landkreis Passau Aufnahme fand, war ein Jahr alt. Ein Junge, ohne Eltern, ohne Erwachsene, in den Armen seines 17-jährigen Bruders, der ihn von seiner Heimat in Afghanistan bis kurz hinter die Landesgrenze der Bundesrepublik trug. Im Juni kamen sie an, die Eltern hatten sie auf der Flucht verloren, irgendwo in der Türkei."[71]

Kinder und Jugendliche fliehen vor Zwangsprostitution oder Zwangsheirat, vor familiärer Gewalt oder Kinderarbeit, vor Genitalverstümmelung oder der Rekrutierung zum Kindersoldaten. Manche fliehen, weil sie keine Eltern mehr haben. Und manche werden auch gezielt von den Eltern geschickt, in der Hoffnung auf ein besseres Leben für die Kinder. Nach dem Kinder- und Jugendhilfegesetz muss ein ausländischer unbegleiteter Minderjähriger direkt vom Jugendamt in Obhut genommen werden.

Die Kinderflüchtlinge kommen dann in sogenannte Clearingstellen – das sind Einrichtungen der Jugendhilfe, also der Sozialen Arbeit. Dort wird geschaut, ob es Verwandte oder geeignete Personen gibt, bei denen das Kind leben kann. Wenn man niemanden findet, kommt das Kind in ein kleines Heim und erhält einen Vormund, der seine Interessen vertritt und darauf achtet, dass alles, was geschieht, im *Wohl des Kindes* liegt. Der Bundesfachverband Unbegleitete Minderjährige Flüchtlinge e.V.[72] dokumentiert eine Zunahme von 2.998 in Obhut genommenen unbegleiteten minderjährigen Flüchtlingen im Jahr 2009 auf 6.584 in 2013. Im Jahr 2015 wurden über 42.000 minderjährige Flüchtlinge in Obhutnahme genommen.[73]

Von der Ausländersozialarbeit zur interkulturellen Sozialen Arbeit

Genau wie die Situation und das weitere Vorgehen bei unbegleiteten Kinderflüchtlingen – via Soziale Arbeit – in einer Clearingstelle abgeklärt werden muss, so war und ist auch das Migrationsgeschehen von Erwachsenen in

71 http://www.focus.de/politik/deutschland/politik-und-gesellschaft-mutterseelenallein_id_4876601.html [21.11.2021].

72 http://dip21.bundestag.de/dip21/btd/18/041/1804185.pdf [21.11.2021].

73 Tangermann, Julian; Hoffmeyer-Zlotnik, Paula (2018): Unbegleitete Minderjährige in Deutschland. Herausforderungen und Maßnahmen nach der Klärung des aufenthaltsrechtlichen Status. Fokusstudie der deutschen nationalen Kontaktstelle für das Europäische Migrationsnetzwerk (EMN). Nürnberg: Bundesamt für Migration und Flüchtlinge, S. 18. https://www.bamf.de/SharedDocs/Anlagen/DE/EMN/Studien/wp80-unbegleitete-minderjaehrige.pdf?__blob=publicationFile&v=18 [21.11.2021].

Deutschland immer von pädagogischen Klärungsprozessen begleitet. Dabei hat sich die frühe Sozialarbeit mit und für sogenannte Gastarbeiter über verschiedene Phasen zu einer interkulturellen Sozialen Arbeit hin entwickelt. Während zu Zeiten der Gastarbeiteranwerbung (ca. 1955-1973) die großen Wohlfahrtsverbände wie Caritas und Diakonie zunächst eine niedrigschwellige Soziale Arbeit anboten, in dem bikulturelle und bilinguale Mitarbeiter die Migranten bei der Bewältigung von wirtschaftlich-sozialrechtlichen (Alltags-)Problemen berieten, ging es bei den folgenden pädagogischen Angeboten um die (sozialräumliche) Integration von Gastarbeiterfamilien. – Damit war die Ausländerpädagogik geboren: „Das problematisierende Interesse richtete sich unter der Annahme eines Kulturkonflikts und Modernisierungsrückstands auf die Integrationsprobleme der Migrantenfamilie aus“ (Yildiz 2011, 34). Man sprach vom *Ausländerproblem* und betrachtete bei Migranten vor allem die *Defizite*, die es zu kompensieren galt. Aber in den vergangenen zwanzig Jahren entwickelte sich eine Form der interkulturellen Sozialen Arbeit, der es nicht länger um Defizite der Migranten geht, sondern um Differenzen, nicht mehr um Assimilation[74], sondern um Anerkennung, nicht mehr um Förderung und Kompensation, sondern um Begegnung und Verstehen – und zwar auf Augenhöhe.[75]

Heute, so sagt es Hubertus Schröer, ist Soziale Arbeit entweder interkulturell oder sie ist nicht professionell. Das heißt aber nichts anderes, als dass interkulturelle Orientierung zu einem Qualitätskriterium guter Sozialer Arbeit geworden ist. Darum die Frage: Was ist Interkulturalität jetzt genau? Sehr klare, einleuchtende Antworten auf diese Fragen geben Handschuck und Schröer (2012): Sowohl in der Theorie wie in der Praxis Sozialer Arbeit herrscht Konsens darüber, dass dem interkulturellen Verständnis ein weit gefasster Kulturbegriff zugrunde liegen muss. Es geht dabei um unterschiedliche Lebensformen, Unterschiede des Geschlechts, der Generationenzugehörigkeit, der Religion und sexuellen Orientierung und um sozioökonomische Faktoren. In der Sozialen Arbeit wird Interkulturalität als Prozess zwischen Deutschen und Zugewanderten aufgefasst, zwischen Mehrheitskultur (*Dominanzkultur*) und den Kulturen von Minderheiten. Interkulturalität gilt in der Sozialen Arbeit als Orientierungshintergrund, der aus einer selbstkritischen Wahrnehmung und gleichzeitigen Wahrnehmung von kultureller Vielfalt entsteht. Sie sehen schon – wir haben es mit einem schillernden Begriff zu tun! Im Grunde meint er nichts anderes als die Anerkennung und Wertschätzung von Andersartigkeit – und das Verstehen-Wollen dieser Andersartigkeit. Warum das wichtig ist? Weil die gesellschaftlichen Entwicklungen und Veränderungen eine neue Sicht auf Vielfalt und Andersartigkeit einfordern. Denn die alten Vorstellungen von Anpassung und Normalität erfüllen ihren Zweck schon

74 Assimilation bezeichnet den Vorgang der Anpassung bzw. Angleichung von verschiedenen gesellschaftlichen Gruppen.

75 Vgl. das Plädoyer von Franz Hamburger (2009): „Abschied von der interkulturellen Pädagogik“.

lange nicht mehr. Wir müssen heute wissen, wie man mit Uneindeutigkeiten (Ambivalenzen) umgehen und wie man Ungewissheiten aushalten kann. In der Sozialen Arbeit müssen wir heute auch zum Wechsel von Perspektiven willens und fähig sein. Wir müssen einfach kapieren, wie notwendig reflexives Handeln, also Nachdenken, ist – und wie unbrauchbar die fertigen Rezepte sind. Mit einem Wort: wir müssen in Zusammenhängen denken – und ohne interkulturelle Kompetenz geht das nicht.

Gedankensplitter
„Kultur ist wie ein Tanz: Man kann nicht mittanzen, wenn man die Schritte nicht kennt." Ein Plädoyer für die interkulturelle Kompetenz

Der Trainer Gary Thomas hat vor einigen Jahren in einem Interview mit der ZEIT den Umgang mit unterschiedlichen Kulturen mit einem Tanz verglichen. Dieses Bild begleitet mich seither und oftmals habe ich mir schon gewünscht, musikalischer zu sein ... Denn trotz der ungarischen Wurzeln meiner Familie und eines kulturwissenschaftlichen Studiums kann ich im Umgang mit Kolleginnen und Kollegen und mit Menschen anderer Kulturen die Momente des Stolperns leider nicht verhindern. Aber geht das überhaupt?

Seit meinem sechsten Lebensmonat reise ich. Zunächst nur zu den Großeltern in den Süden Ungarns, später in verschiedene Regionen Europas. Mit sechzehn Jahren kannte ich bereits den Südwesten der USA und den Südosten Australiens. Früh wurde ich von meinen Eltern ermutigt, mich den Strapazen und Herausforderungen des Reisens zu stellen, mit Menschen ganz verschiedener Herkunft in Kontakt zu sein. Ich genieße den Austausch und empfinde interkulturelle Begegnungen als überaus anregend. Doch was auf privaten Reisen als vielleicht kuriose Begebenheit ins Reisetagebuch aufgenommen werden kann, wie zum Bespiel ein sehr willkürlich erscheinender Busfahrplan, kann im Alltag zu (bisweilen sehr) irritierenden Erlebnissen werden.

Zum Beispiel: Gerne wird ‚uns Deutschen' nachgesagt, sehr pünktlich, zuverlässig und verbindlich zu sein. Das sind sozusagen die uns bekannten Schritte im Tanz, genannt: effektives Zusammenleben. Menschen, die aus Gesellschaften stammen, in denen Pünktlichkeit eine untergeordnete Rolle spielt, bringen uns in unserer Effektivität zum Stolpern ... und, bei aller Liebe, sind wir erstmal etwas älter geworden und haben wir den kindlichen Übermut hinter uns gelassen, dann wissen wir, dass man sich beim Stolpern auch verletzen kann. Wir reagieren also mitunter verärgert und werten das Handeln des Gegenübers als respektlos. Warum bringt er uns in diese Gefahr? Doch mit welchem Recht bewerten wir einen anderen Menschen, der unseren Tanzschritt (noch) nicht beherrscht?

Zu selten fragen wir in solchen Situationen nach. Noch seltener bitten wir um Hilfe, um eine Erklärung des Verhaltens. Wir sind nicht an den neuen Tanzschritten des Gegenübers, des Fremden, interessiert. Um bei diesem Beispiel zu bleiben: Zu selten fragen wir, welchen Wert Zeit überhaupt hat. Die

Begegnung mit einer konträren Auffassung oder einer anderen Haltung birgt doch für uns die Chance, unseren vertrauten Tanz aus einer Außenperspektive zu betrachten, ihn zu hinterfragen und vielleicht sogar zu optimieren.
An diesem Punkt setzt die interkulturelle Kompetenz an. Hier geht es nicht um Dos und Don'ts. Ein gutes Seminar zu dem Thema hilft uns, unsere Momente der Irritation, die im Umgang mit anderen Menschen nun mal nicht verhindert werden können, zu verstehen und einzuordnen. Die stetige Auseinandersetzung mit der persönlichen interkulturellen Kompetenz schult die eigene Reflexionsfähigkeit und befähigt zu Offenheit und Neugier – dem Eigenen und dem Fremden gegenüber.
Ja, wer regelmäßig den Tanz der Kulturen tanzt, stolpert ab und an. Interkulturelle Kompetenz als Metronom lässt uns aber schnell den Takt wieder aufnehmen. Und wir können weitertanzen.

Patricia Missler

Was gehört zur interkulturellen Kompetenz? Zum Beispiel darüber nachzudenken, welche *Fremdheitsbilder* gesellschaftlich in Umlauf sind. Bilder, die einen Unterschied machen zwischen *ihnen und uns*, zwischen uns (von) hier und denen aus der Fremde. Thomas Kunz (2011, 90ff.; 2009) hat solche Geschichten zusammengetragen. Er hält zunächst einmal fest, dass Medien im Integrationsprozess eine enorme Rolle spielen. Sie können auf Integrationsdiskurse, Selbst- und Fremdbilder einwirken – im positiven wie negativen Sinn: Medien können vermittelnd, aber auch polarisierend wirken. Das heißt, Medien leisten einerseits einen Beitrag zur Realitätswahrnehmung, andererseits schaffen sie auch soziale Praxis. Wieso? Erstens: Indem wir uns fragen, welche Bilder wir uns von Migranten, Flüchtlingen, Einwandern, Ausländern machen, also Menschen, die nicht eigentlich *zu uns*, den Menschen der sogenannten Mehrheitsgesellschaft, gehören, unterscheiden wir von vorneherein in *wir und sie*. Es geht um die Beschreibung von Dritten als den Besonderen, den Anderen im Sinne von Abweichung. Zweitens: Die Frage, *welche* Bilder wir uns *machen*, zeigt, dass wir uns auch andere Bilder machen könnten. Wenn die vorhandenen Bilder gemacht sind, konstruiert sind, ist auch die soziale Praxis konstruiert. Und hier sind wir bei den Sozialarbeitern und Sozialpädagoginnen. Auch sie lesen Zeitung, auch sie hören Nachrichten, sie sprechen mit anderen. Will sagen, dass diese Bilder, die wir uns machen und die die Medien für uns machen, in der Regel auch das Verständnis und die individuelle Interpretation von Sozialarbeiterinnen widerspiegeln. Sie sind ja Mediennutzer, und sie sind natürlich – wie alle anderen auch – in die gesellschaftlichen Diskurse und Sichtweisen verstrickt. Umso mehr müssen sich Sozialarbeiter Gedanken über die konstruierten Fremdheitsbilder machen, sie müssen unterscheiden können zwischen Stereotyp, Vorurteil, Diskriminierung. Das gehört zu ihrem Beruf. In der Arbeit mit Flüchtlingen oder mit Migranten, gesellschaftliche Prozesse wahrnehmen zu können, das erfordert große Reflexionsfähigkeit und hohe interkulturelle Kompetenz. Sozialarbeiter lernen, sprachsensibel mit beliebten Metaphern umzugehen, mit denen sowohl die Wir-Gruppe als auch die Sie-Gruppe gerne belegt werden. So sind im Kontext von Flucht, Asyl und Migration Bilder von Naturkatastrophen besonders beliebt. Thomas Kunz zeigt: Die Asylantenschwemme, die Einwandererfluten und die Flüchtlingsströme verdeutlichen anschaulich die Funktion von Fremdheitsbildern. Metaphern sind allgegenwärtig, leuchten unmittelbar ein und haben eine hohe Überzeugungskraft. Trotzdem sind sie falsch. Darauf nicht hereinzufallen, das ist eine Voraussetzung für gute Soziale Arbeit. Es geht ihr darum, das Infragestellen eigener (begrifflicher) Selbstverständlichkeiten als professionelle Haltung einzuüben. Nagelprobe: Wem hat sich das Wortbild *Flut* angesichts der Flüchtlingsproblematik noch nicht aufgedrängt? Und es geht Sozialer Arbeit darum, neue Begriffe und Sprechweisen zu entwickeln, die bisherige Bilder und ihre Bedeutungsinhalte – Flut zum Beispiel – wenn schon nicht löschen, so doch unterlaufen können.

Handlungsfelder

In welchen Tätigkeitsbereichen muss Soziale Arbeit besonders kultursensibel handeln? In einem Einwanderungsland gibt es, wie wir schon gesagt haben, ja praktisch keine Handlungsfelder, wo Soziale Arbeit nicht mit Themen und Folgen von Migration zu tun hätte. Wir greifen einfach einmal einige heraus: Integration durch Bildung ist in Deutschland ein großes Thema. Darum ist es wichtig, die ungleichen Chancen und schwierigen Übergänge zwischen Schule und Beruf für Jugendliche mit Migrationshintergrund zu betrachten, die nicht erst seit dem PISA-Schock bekannt sind. So sind Jugendliche mit Migrationshintergrund überproportional häufig in Angeboten der Jugendsozialarbeit vertreten, die die schulische und berufliche Integration fördern will. Eine interkulturell orientierte Soziale Arbeit muss sich fragen, ob die Maßnahmen wirklich auf die Herausforderungen zugeschnitten sind und folglich helfen. Wenn nicht, müssen Sozialarbeiter fachliche und organisatorische Verbesserungen begründen und kommunizieren. Ein Tätigkeitsfeld Sozialer Arbeit, das sich unmittelbar daran anschließt, ist die Elternarbeit mit Migranten. Um den Schulerfolg ihrer Kinder besser unterstützen zu können, müssen Eltern in Zuwandererfamilien verstehen, wie das deutsche Schulsystem funktioniert und welche Entscheidungen sie zugunsten des Bildungserfolgs ihrer Kinder treffen müssen. Denken Sie jetzt: Was hat Soziale Arbeit damit zu tun? Das ist doch Sache der Schule! – Ja, das ist es wohl. Aber es funktioniert dort nicht gut. Das deutsche Bildungssystem hat hier große Mängel, auch das gab uns PISA schriftlich. Soziale Arbeit übernimmt einen Teil dieser Aufgaben – und kann es auch besser.

Weitere Tätigkeitsfelder liegen in Pflegeeinrichtungen oder in Frauenhäusern oder, oder, oder. Ein bedeutsames Feld ist die Arbeit mit sogenannten *Illegalen*; das sind Menschen *ohne Papiere* und infolgedessen unsicheren Aufenthaltsperspektiven. In nahezu allen Lebensbereichen haben Statuslose mit schwierigen Situationen zu kämpfen, seien es die gesundheitliche Versorgung, Chancen auf dem Arbeits- und Wohnungsmarkt oder auch der Zugang zu Bildung. Anspruch auf soziale Leistungen besteht entweder nicht, oder diese Hilfen werden nicht abgefragt: zu groß ist das Risiko vor Entdeckung. Hier versucht Soziale Arbeit, mit humanitärer Hilfe die Folgen dieser Lebensform zu mildern. Ohne interkulturelle Kompetenzen wäre ihr das nicht gut möglich.

Schauen wir uns doch abschließend im Detail an, wo und warum Menschen mit Migrationshintergrund die Hilfen der Sozialen Arbeit weniger in Anspruch nehmen und dort auf die interkulturelle Kompetenz der Sozialarbeiter angewiesen sind. Man spricht in der Fachwelt von Zugangsbarrieren zu den Sozialen Diensten. Stephan Gaitanides[76] listet eine schier endlose Reihe dieser Barrieren auf, hier einfach einmal eine kleine Auswahl:

- Fehlender Zugang zu Informationen über Hilfsangebote, ihren Nutzen bzw. die Voraussetzungen
- Kaum muttersprachliche Mitarbeiter, also Sprachprobleme, geringe kulturelle Verständigungs- und Identifikationsmöglichkeiten
- Vorbehalte gegenüber den Wert- und Zielvorstellungen der deutschen Mitarbeiter („Sie hetzen die Kinder gegen die Eltern auf, die Frauen gegen die Männer!“)
- Kulturelle Hemmungen gegenüber psychosozialen Beratungs- und Hilfsangeboten (Scham, Stigmatisierung, Ehre – Tabuisierung von Familieninterna)
- Barriere insbesondere für Muslime: christliche *Tendenzbetriebe*
- Soziokulturell vermittelte hohe Leidensbereitschaft und Stolz.

Aber es gibt, auf der anderen Seite, auch Zugangsbarrieren deutscher Sozialarbeiterinnen zur Migrantenklientel: Sie reichen von negativ wertenden ethnozentrischen Missverständnissen („Was wir machen ist richtig, die anderen sind komisch!“) über die Ignoranz von kulturellen Unterschieden bis zur Abwehr und Angst vor dem Fremden, dem Ungewissen, dem Unkontrollierbaren. Häufig reagieren Mitarbeiter sozialer Dienste mit ritualisiertem Routinehandeln, das im Grunde auf Kontaktvermeidung hinausläuft. Oft steht eine begründete Furcht vor Mehrbelastung und auch Überlastung dahinter: die mitunter mehrfach belastete Klientel bringt Mehrarbeit mit sich, Verständigungsprobleme tun ein Übriges, sei es die anstrengende Kommunikation bei schlechten Deutschkenntnissen, seien es vermeintliche Überempfindlichkeiten.

Wie also als Sozialarbeiter, als Sozialpädagogin mit diesen manchmal schwierigen Situationen umgehen? Josef Freise (2011,193) thematisiert die *Haltung*

76 Die Liste der Zugangsbarrieren von Migranten zu den Sozialen Diensten und, umgekehrt, der deutschen Fachkräfte gegenüber der Klientel mit Migrationshintergrund ist sehr lesenswert, siehe Gaitanides 2011, 189-192.

in der Sozialen Arbeit, die ja neben dem Wissen und dem Können als dritte Dimension des Kompetenzspektrums gilt. Das *Wissen*, also die Fachkompetenz, bezieht sich auf Grundlagenwissen. Im Fall der Einwanderungsgesellschaft betrifft das das interdisziplinäre Wissen zum Beispiel aus der Soziologie (wie die Pull- und Push-Faktoren von Einwanderung, die Konstruktion von Kultur etc.), der Psychologie (mit Identitätsentwicklung in bikulturellen Kontexten), der Erziehungswissenschaft (mit den Konzepten des interkulturellen Lernens). Die zweite Dimension der Kompetenzen meint das *Können*; das bedeutet in unserem Fall Methodenkompetenz, etwa Case Management, Gruppenarbeit, Familienhilfe, jeweils ausgestattet mit einem interkulturellen Blick. Die dritte Dimension, die Haltung also, wurde lange vernachlässigt (siehe die Auflistung der Barrieren in Sozialen Diensten). Die Frage ist doch: mit welcher Einstellung und inneren Haltung gehen Sozialarbeiter an ihre Arbeit heran? Manche von ihnen sagen „Migranten werden diskriminiert, sie haben es schwer, sich zu integrieren!", andere halten dagegen: „Wer sich nicht aktiv um Integration bemüht, hat auf Dauer hier nichts verloren!" Diese gegensätzlichen Haltungen sind notwendige, sich ergänzende Pole. Wenn etwa Schulen dem Wunsch muslimischer Eltern, die Töchter vom Schwimmunterricht zu befreien, ruckzuck zustimmen, so ist das nicht Empathie, sondern Bequemlichkeit. Und wenn Frauen mit Kopftuch gesagt wird, dass das ein Zeichen von Unterdrückung ist – sie müssten es ablegen oder auswandern, so ist das nicht Klarheit, sondern Ignoranz. Denn, so erläutert Josef Freise: Muslimische Frauen tragen aus sehr unterschiedlichen Gründen Kopftuch. Es geht also um echte Empathie, um echte Toleranz, um Respekt, Konfliktfähigkeit und Unvoreingenommenheit. Das hört sich zwar alles nach Eigenschaften an, von denen wir Westeuropäer gern denken, wir hätten sie in der Wolle gefärbt, wir könnten quasi gar nicht anders. Aber die kleinen Beispiele oben haben gezeigt, dass interkulturelle Kompetenz kein Automatismus ist, sondern regelrecht eingeübt werden muss – durch die Schulung von Wahrnehmung (wie wir am Beispiel der Medienrezeption gesehen haben), durch Kommunikationstrainings und durch Selbstreflexion, beispielsweise durch Supervision. Alles das lernen die jungen Sozialarbeiter in ihrem Studium, es ist nicht leicht, aber sie lernen es gerne. Und sie lernen es gut.

Einführende Literatur

Kunz, Thomas; Puhl, Ria (Hrsg.) (2011): Arbeitsfeld Interkulturalität. Grundlangen, Methoden und Praxisansätze in der Zuwanderungsgesellschaft. Weinheim/Basel: Beltz Juventa.

Weiterführende Literatur

Polat, Ayca: (Hrsg.) (2017): Migration und Soziale Arbeit: Wissen, Haltung, Handlung. Stuttgart: Kohlhammer.

19. Genderperspektive – Komm mir bloß nicht *queer*

Um es gleich vorwegzusagen: Von *Gender* wollen die wenigsten Studierenden etwas wissen, entsprechende Seminare sind nicht gerade gut besucht. Das Thema gilt als alter Hut, noch dazu als alter Hut der Feministinnen. Heute ist doch geschlechtermäßig alles geregelt, meint die junge Generation der Studierenden, und das stimmt ja auch für viele Bereiche. Frauen studieren, haben gute Jobs, Verantwortung, Familie, sogar die Kindererziehung ist unter den Paaren meistens ganz gut geregelt. Soweit die gesellschaftliche und sogar die private Seite. Aber was ist konkret in der Sozialen Arbeit los? Nagelprobe. Haben Sie eine Antwort auf die einfachen Fragen: „Sollen, können oder müssen männliche Sozialarbeiter im Frauenhaus arbeiten? Und sollen, können oder müssen Sozialpädagoginnen in Einrichtungen mit männlichen jugendlichen Gewalttätern tätig sein?" Tja, nicht so einfach.

Fangen wir weiter vorne an. Soziale Arbeit ist ein Frauenberuf, heißt es. Und weiter: Es wären vor allem Frauen, also Sozialarbeiterinnen oder Sozialpädagoginnen, die sich in der Praxis mit Problemen befassen, die Männer verursacht haben, sprich, die Klientel sei männlich, die Hilfe weiblich. Ob das stimmt? Dann hört man auch, dass in der Sozialen Arbeit viel zu viel Gender drinsteckt (was ist das, Gender?). Die Geschlechterfrage, sagen andere, wird mit der Benachteiligung von Frauen beantwortet, und der Blickwinkel von Männern wird dabei so gut wie gänzlich ausgeklammert. Das klingt jetzt nicht gerade nach Frauenbenachteiligung. Aber was stimmt? Diese Fragen seien sowieso überflüssig, Mann, Frau, diese alten Vorstellungen sind doch überholt, meinen viele. Wir haben es nicht mit zwei Geschlechtern zu tun, sondern mit *unendlich vielen*, nämlich mit Mann und Frau und allem dazwischen, die neuen Knackpunkte heißen doch *Queer* oder mindestens *Diversity*, wird uns gesagt. Also, man sieht schon, es wird immer komplizierter.

Um das Thema Geschlecht und Soziale Arbeit ein bisschen übersichtlicher zu machen, muss man es sortieren. Darum beschäftigen wir uns zu allererst einmal mit der Klärung von *Gender* – was das allgemein und in der Sozialen Arbeit bedeutet. Dann schauen wir uns mit Ihnen die Soziale Arbeit als Frauenberuf an; dabei interessiert uns, welche Rolle Frauen darin spielen. Und zwar für die (Be-)Gründung des Ausbildungsberufes vor mehr als hundert Jahren (sagen Sie jetzt nicht: das ist doch schon eine Ewigkeit her), der aktuellen Ausbildung, also im heutigen Studium – wer sind die Lehrkräfte, die Professoren? Und dann natürlich: Wer steht in der Praxis, wer macht die Arbeit, wer hat das Sagen?

Als Nächstes interessieren die Klienten. Und die Klientinnen. Dann schauen wir auf die Methoden, die der Sozialen Arbeit für eine *Gendergerechtigkeit* zur Verfügung stehen (zum Beispiel *Gender Mainstreaming* – schon mal gehört?).

Ganz wichtig ist unser Blick auf die Praxis: Wie wird gearbeitet? Gibt es so etwas wie eine Genderorientierung in der Sozialen Arbeit? Lässt man in der Pädagogik Jungs Jungs sein und Mädchen Mädchen? Oder sollen alle ein bisschen wie alle werden?[77] Und wenn ja, wie? – Und wenn ja, warum? (Oder, genauso wichtig, wenn nein, warum nicht?)

Was ist Gender?

Man hört dieses englische Wort laufend. Und kann sich natürlich berechtigt fragen: Warum wird es nicht ins Deutsche übersetzt, wenigstens in der Umgangssprache? Einfache Frage, einfache Antwort: weil es kein deutsches Wort für Gender gibt. Die englischsprachige Welt hat zwei Begriffe für das, was wir Geschlecht nennen. Nämlich *sex*, damit, klare Sache, ist nur das biologische Geschlecht gemeint. Gender meint im Englischen das sozial und kulturell konstruierte Geschlecht. Damit ist gemeint, dass kulturelle Vorstellungen über Unterschiede zwischen Frau und Mann in bestimmten Zeiten und bestimmten Gesellschaften verankert und von den einzelnen Individuen verinnerlicht sind. Davon ausgehend ist das gesellschaftlich konstruierte Geschlecht zumeist verbunden mit hierarchisierenden Bewertungen und spiegelt die Machtverteilung einer Gesellschaft wieder – so bringen Czollek und andere (Czollek, Perko und Weinbach 2022, 11) den Konsens in der Genderdebatte auf den Punkt. Mittlerweile hat sich die Unterscheidung in Geschlecht als sexuelle Zugehörigkeit (sex) und als kulturell erworbene Identität (gender) auch im Sprachgebrauch durchgesetzt[78]. Aus einer zunehmenden Kritik am Zwang zur eindeutigen Festlegung von Menschen auf *weiblich* oder *männlich* entwickelte sich seit den neunziger Jahren die sogenannte Queer-Bewegung, die von einer Vielfalt der Geschlechter zwischen – und jenseits – den traditionellen Klischees von männlich und weiblich ausgeht. Obwohl es sich um eine Minderheitenbewegung handelt, haben die sich daraus entwickelten und vom Dekonstruktivismus beeinflussten *Queer Theories* eine gewisse Bedeutung für die Geschlechterpädagogik erworben, da deren Konzepte mit der Aufhebung fester Geschlechtsrollen spielen, wie es manchmal in der Jungenarbeit geschieht. Dazu ein Beispiel: Eines dieser Konzepte nennt sich *Undoing Gender* und meint eine Praxis, die Zuschreibungen stereotyper Geschlechterrollen erkennen und problematisieren will, um sie schließlich zu dekonstruieren, sprich: aufzulösen. Etwa, wenn Jungen mit ihrem machohaftem Verhalten konfrontiert werden und man sie fragt: „Warum machst Du das? Was bringt Dir das? Was passiert, wenn du deine Sprüche (oder was auch immer) einfach mal bleiben lässt? Bist Du dann ein Loser? Probier's doch, Feigling! Das kann nämlich Vorteile haben. Guck halt mal, wenn du den Mut hast!" Diese Konfrontationen (um nur ein Beispiel aus dem Fundus der Interaktionen und

77 Einen guten Überblick vermittelt Margitta Kunert-Zier (2008).
78 Stellvertretend für sehr viele andere: Jansen, Röming und Rohde (2013).

Kommunikationen herauszugreifen) geschehen im Bestreben, Individuen so die größtmögliche Gestaltungsmöglichkeit ihrer selbst zu bieten. Das Konzept des *Doing Gender* bezeichnet übrigens das genaue Gegenteil, nämlich die permanenten Interaktionen der Ein- und Anpassung von Menschen in zweigeschlechtliche, hierarchische Verhältnisse - ganz gleich wo –, in der Schule, am Arbeitsplatz, in der Familie, im öffentlichen Raum.

Gender und Soziale Arbeit

Die Qualität Sozialer Arbeit misst sich an ihrer Gestaltung des Sozialen – so platt, so wahr. Viele sozial interessierte Bürger wie auch viele Fachkräfte Sozialer Arbeit unterschätzen hierbei die Bedeutung von Geschlecht keineswegs. Während jedoch manche meinen – und man könnte hier durchaus von Fraktionen sprechen, Gender beziehe sich auf die Differenz von Geschlecht (Doing Gender), verstehen andere unter dem gleichen Begriff die Überwindung von Geschlechterungleichheiten (Undoing Gender). In jedem Fall, so oder so, sind Konstruktionsprozesse von Geschlecht vielschichtig und komplex. Auf der einen Seite eröffnen sich Lebenswelten, und dies fördert die Anerkennung von Vielfalt. Auf der anderen Seite trägt das Wissen um die Komplexität der Genderperspektive mit dazu bei, dass die Anwendung dieses reflexiven Wissens sich ständig weiter ausdifferenziert. Denn waren vereinfachte Herangehensweisen, wie sie in den siebziger und achtziger Jahren genutzt wurden, zum Beispiel in der Beachtung von Differenz – damals als grundlegende Unterscheidung in den Erfahrungswelten von Jungen und Mädchen noch eine Hilfe – so sind sie mit Blick auf die Gegenwart immer unbrauchbarer geworden (wie die derzeitigen Diskurse um Transsexualität und Transidentität zeigen).

In der Sozialen Arbeit hat sich da, wo es um Geschlechterbeziehungen geht, neben Konzepten wie Mädchenarbeit, Frauenarbeit, Jungenarbeit und Männerarbeit seit Jahren eine verwirrende Vielzahl von Begriffen entwickelt. Manche sprechen von Genderpädagogik, andere von geschlechtssensibler (*gender sensitive*) oder genderorientierter Arbeit, wieder andere von Gender Crossing, Gender Play usw.

Eine gendergerechte Soziale Arbeit, womit der aktuell wohl gebräuchlichste konzeptionelle Zugang benannt wäre, hat ein großes Repertoire an Genderrollen und -funktionen zur Verfügung. Das betrifft mehrere Bereiche:

- Sozialarbeiter und Sozialarbeiterinnen variieren Genderrollen und Genderfunktionen;
- Nutzer und Nutzerinnen werden konfrontiert mit nicht-traditionellen Genderverhaltensweisen;
- Männer werden nicht mit *männlichen* Attributen festgeschrieben; Frauen nicht mit *weiblichen* (was für Klienten mit Migrationshintergrund manch-

mal ein so großes Problem ist, dass sie den Hilfen der Sozialen Arbeit fernbleiben);

- Nutzerinnen und Nutzer der Sozialen Arbeit werden durch das Vorleben vielfältiger, variierender Genderrollen mitunter irritiert, dies geschieht teils bewusst, teils unbewusst.

Der Frauenberuf?! – Wie viel Gender ist in der Sozialen Arbeit?

Frauen und die (Be-)Gründung des Ausbildungsberufes Soziale Arbeit

Soziale Arbeit, wie wir sie heute verstehen, ist noch jung, gerade einmal hundert Jahre alt. Es waren vor allem gebildete Frauen, die ehrenamtlich denjenigen Menschen halfen, die auf sich selbst gestellt nicht in der Lage waren, die Folgen von Industrialisierung und Frühkapitalismus zu bewältigen. Es ging den Frauen des Bürgertums um Hilfe für die Armen, um mütterliche Hingabe und Nächstenliebe, ja, aber noch um mehr. Es ging auch um Hilfe für die helfenden Frauen selbst. Denn die ersten überkonfessionellen Ausbildungsstätten für Soziale Arbeit wurden von Anhängerinnen der Frauenbewegung – allen voran Alice Salomon (1872 – 1948) in Berlin – gegründet mit dem Ziel, den helfenden, sozial engagierten bürgerlichen Frauen eine Chance qualifizierter Betätigung und darüber hinaus eine Chance zur Persönlichkeitsentwicklung zu bieten. Denn Helfen war diesen Frauen erlaubt, aber Arbeiten nicht: Allein der Mann kämpft draußen im feindlichen Leben, die züchtige Hausfrau waltet nur drinnen. Mit dem Wissen von heute sagen wir, hier waren Frauen am Werk, für die Ideen von Gender im Sinne ihrer Zeit und Kultur prägend waren, nämlich die gegensätzlichen Vorstellungen von Männlichkeit und Weiblichkeit. Wie auch immer, der Einfluss der ersten Frauenbewegung auf die Berufs- und Ausbildungsgeschichte Soziale Arbeit ist unbestreitbar. Daneben waren die frauenbewegten Pionierinnen aber auch als Reformerinnen in anderen sozialen Bewegungen unterwegs. Sie machten soziale Missstände öffentlich, entwarfen theoretische Konzepte, brachten praktisches Handeln auf den Weg und forderten für all das eine empirische Datenlage, die sie, wie die jüngste Forschung zeigt[79], durchaus auch selbst erhoben. Die frühen Frauen der Sozialarbeit richteten ihren Blick auf die Problemlagen von Mädchen und Frauen, aber die Lebenslagen von Jungen und Männern übersahen sie dabei nicht.

Während die Sozialarbeit, insbesondere die Verberuflichung, Sache der Frauen war und ist, war und ist die universitäre Sozialpädagogik, historisch eingebunden in die Erziehungswissenschaft, eher geprägt von Männern, die einer bürgerlichen Sozialreformbewegung angehörten. Oder – anders gesagt – den

79 Spannende Einsichten liefern dazu Bromberg, Hoff und Miethe (2012).

Männern die Wissenschaft, den Frauen die Praxis[80]. Unter dem Genderaspekt ist festzuhalten, dass beide Traditionen, Sozialarbeit und Sozialpädagogik, von der zweiten Frauenbewegung, also in den 1970er Jahren, stark beeinflusst worden sind.

Im Hinblick auf die Kategorie Gender ergibt sich heute ein komplexes, ja überkomplexes, Bild. Heute geht es nicht mehr um mütterliche Hingabe und Nächstenliebe, sondern um sehr strukturierte, zweckrational und ökonomisch vermittelte Aufgaben. Das Thema Gender prägt die Soziale Arbeit jedoch weiterhin, wenn auch mitunter verdeckt. Ungleichverhältnisse zeigen sich beispielsweise bei der ungleichen Verteilung von Männern und Frauen im Studium, in der Lehre, im Beruf und dort vor allem bei der Bezahlung.

Frauen und Männer in Studium und Lehre

Der Anteil von männlichen Studierenden liegt in den Fachbereichen Sozialer Arbeit je nach Untersuchung bei zwanzig bis dreißig Prozent. Männer sind in Studiengängen Sozialer Arbeit da präsenter, wo es um administrative Inhalte geht, wie etwa beim Sozialmanagement. So fragt Anton26 bei studis-online:

> „Servus! Ich würde im Wintersemester gerne anfangen, Soziale Arbeit zu studieren. Leider bin ich schon etwas älter nämlich 26 und habe bisher keinerlei Berufserfahrung im sozialen Bereich. Jetzt würde ich gerne wissen, ob man als Mann nach dem Studium wirklich so gefragt ist? Verdienen Männer als Sozialpädagogen besser? Beziehungsweise kommt man als Mann dann eher noch auf 2800-3000€ Brutto? Der Verdienst ist, was ich bisher so gelesen habe, natürlich allgemein eher schlecht. Aber ich überlege mir halt, das Studium dennoch zu machen. Bei BWL verdient man beispielsweise besser, aber hat auch mehr Konkurrenz und findet danach eventuell auch nichts. Hoffe mir kann jemand, der es studiert, bei der Entscheidung helfen."

Und erhält zur Antwort:

> „Ja, Männer sind gefragt. Allerdings würde ich mich nicht nur auf mein Geschlecht verlassen. Die Arbeitgeber stellen nämlich nicht nur gerne Männer ein, weil es z.B. im Kinder-/Jugendbereich zu viele weibliche Rollenvorbilder gibt und die Sicht eines Mannes häufig fehlt, sondern weil Männer anders an bestimmte Problematiken rangehen/andere Denkweisen haben (können). Wenn man sich dann nicht anstrengt, wird man auch als Mann nicht unbedingt genommen."[81]

80 Silvia Staub-Bernasconi, Rita Sahle, jüngst auch Constance Engelfried und Corinna Voigt-Kehlenbeck und viele andere machen auf die weibliche und männliche Prägung der Entwürfe (oder Theorien) in der Sozialen Arbeit aufmerksam.

81 http://www.studis-online.de/Fragen-Brett/read.php?94,1776837 [21.11.2021].

Männer, nebenbei bemerkt, entdecken zunehmend den Beruf des Sozialarbeiters für sich, aber die Entwicklung ist noch schleppend.

Sind unter den Studierenden viele Frauen und wenig Männer, so ist es bei ihren Professoren und Professorinnen genau umgekehrt: Der Anteil der Professorinnen liegt bei zwanzig Prozent, nachdem er in den letzten zehn Jahren kontinuierlich um zehn Prozentpunkte angewachsen ist (Statistisches Jahrbuch 2013).

Beschäftigte Frauen und Männer in der Sozialen Arbeit

Genau wie unter den Studierenden überwiegen im Berufsfeld Sozialer Arbeit ganz eindeutig Frauen (Statistisches Jahrbuch 2019), dies trifft aber vor allem auf die *operative Basis* in den Arbeitsfeldern zu. Dabei ist auffällig, dass bis heute 83,7 Prozent der Frauen in Deutschland in der Berufsgruppe: „Erziehung, Sozial, Hauswirtschaft, Theologie arbeiten" (Rudnicka 2021, 1). Die (relativ) wenigen Männer, die in der Sozialen Arbeit beschäftigt sind, finden sich überproportional auf Steuerungs- und Leitungsebenen. Da hat Anton26 sich die richtige Antwort geholt. Aber im Zusammenhang mit Gender als Konstruktion ist ein Gedanke besonders wichtig: Die Soziale Arbeit in Deutschland ist, Neoliberalismus hin oder her, noch immer von Bildern und Zuschreibungen des Helfens und der Mitmenschlichkeit geprägt, Studierende wollen den Beruf des Sozialarbeiters ergreifen, um anderen Menschen zu helfen. Fürsorge, Helfen, *Care* als familiennahe Tätigkeiten werden gesellschaftlich Frauen zugeschrieben, was – neben der geringen Vergütung – erklären kann, warum weniger Männer diesen Beruf ergreifen.

Fürsorglichkeit hier, Führung da, auch das sind Genderaspekte, die sich in der Sozialen Arbeit zeigen. Wie wirkt das auf die Klienten? Denken Sie an eine Familienhelferin, die den pubertierenden Jungs in der Familie klarmachen will, wie wichtig und wie selbstverständlich deren Mitarbeit im Haushalt ist. Sie muss doch froh sein, wenn sie nicht ausgelacht wird („Ja, schon klar, Du bist ja auch ein Mann, Renate, und Deine Praktikanten, Clarissa und Janine, alles Männer, nö, schon klar, das"!).

Männliche und weibliche Klienten

Wer nimmt mehr Unterstützung in der Sozialen Arbeit in Anspruch – Männer oder Frauen? Erstaunlicherweise verhält es sich pari-pari. Das verwundert natürlich, wenn man an die vielen Frauen bzw. Mütter in Ehe- und Familienberatungsstellen denkt – und an die vielen Männer, die da sehr ungern oder überhaupt nicht hinwollen. Aber in anderen Diensten, wie etwa in der Obdachlosenhilfe oder der Gerichtshilfe, finden sich mehr Männer. Unter dem Strich hält sich das aber tatsächlich die Waage (vgl. Rerrich 2010).

Natürlich trifft man in allen Arbeitsfeldern auch auf Männer als männliche Jugendliche in der Jugendarbeit und Jugendhilfe, als männliche Klienten überall sonst. Aber: Männer befinden sich nicht einfach nur in einer problematischen Lebenssituation und gelten deshalb als hilfsbedürftig, sondern geraten auch als Täter (vgl. Scherr 2010, 559ff.) ins Visier, nämlich häufig als Mitverursacher von Problemen der jeweiligen männlichen und weiblichen Klientel. Das heißt, Jungen und Männer kommen in der Sozialen Arbeit auch als Straf- und Gewalttäter in den Blick, jedenfalls zumindest dann, wenn Körperlichkeit, Sexualität und physische Gewalt im Spiel sind. Auch der Umgang mit Alkohol und illegalen Drogen, die Bewältigung von Stress und sogar psychosomatische Erkrankungen werden von Männern – statistisch nachweisbar – anders gehandelt. Dabei stehen Männer keineswegs immer auf der Gewinnerseite: Sie werden viel häufiger kriminalisiert, und sie sehen viel häufiger als Frauen im Suizid die letzte Lösung. In der neueren Bildungsdiskussion, aber auch in der Sozialarbeitswissenschaft, wird unter dem Begriff der Feminisierung eine Umkehrung geschlechtsbezogener Benachteiligung thematisiert.[82]

Zwar hat die Praxis Sozialer Arbeit diese Probleme von Jungen und Männern heute durchaus im Blick, aber es fehlt immer noch so etwas wie die „Kategorie Mann/Männlichkeit"; noch immer hat sich bezogen auf Männer keine geschlechtssensible Betrachtungsweise durchgesetzt, als ob der Mann in der Sozialen Arbeit erst noch erfunden werden müsste. Zwar war bis in die achtziger Jahre hinein Jugendarbeit eigentlich immer nur Jungenarbeit, aber ein Konzept für Jungen hatte man auch da nicht. Insgesamt fehlt es in der deutschen Sozialen Arbeit bis heute an einer angemessenen Aufmerksamkeit für geschlechtsspezifische Probleme von Männern und Jungen. Oder anders ausgedrückt, an denen Jungen zu knabbern haben, Mädchen aber nicht.

Methoden für Gendergerechtigkeit in der Sozialen Arbeit

Der aktuellen Frauenforschung ging die aktionistische zweite Frauenbewegung der siebziger Jahre voraus, wo Frauen – in Deutschland gerade auch in der Sozialen Arbeit – sich gegen die im Alltag übermächtig präsenten Männer wehrten und zornig agierten; in vielen Schriften wurden Männer regelrecht zu *Feinden* stilisiert. Heute versteht man die provokante Vehemenz der Texte (und der Taten) als historische Dokumente einer Entwicklung. Die übertriebene Wehrhaftigkeit war jedoch unausweichlich angesichts des tief verwurzelten, unerschütterlichen Selbstverständnisses von Geschlecht. Später, unter dem Eindruck und mit den Ergebnissen der sich etablierenden Frauenforschung, wurde die Konstruktion Geschlecht offensichtlicher. Folglich rückte in den 1980er/1990er Jahren das Dechiffrieren dieser Konstruktion in den Fokus.

82 Interessante Aussagen hierzu finden sich bei Budde und Mammes (2009).

Aber es entwickelte sich auch eine Männerforschung, die in Deutschland ebenfalls getragen und vorangebracht wurde von Sozialarbeit und Sozialpädagogik – beinahe so, als wäre die Disziplin der Wissenschaft Soziale Arbeit zuständig für das gesellschaftliche Verständnis von Gender. Und beinahe so, als wäre es auch an ihr, der Sozialen Arbeit, ganz allgemein die Geschlechterverhältnisse zu verbessern. Die Männerforschung entwickelte sich Anfang der achtziger Jahre als Antwort auf die Emanzipationsziele des Feminismus; sie ist sowohl als Gegenbewegung als auch als Ergänzung zu verstehen. Kritische Männerforschung will vor allem mit männerorientierter Beratung und Therapie die gesundheitlichen, psychologischen und sozialen Aspekte der männlichen Lebenswelt verbessern[83]. Parallel dazu entwickelte sich auch eine Männerarbeit, die die Selbstentfaltung von Männern und die Neudefinition von Männlichkeit thematisierte – und ein neues Selbstbewusstsein von Männern zum Ziel hatte.

Heute faszinieren eher die Verheißungen der Freiheit, die Lockungen einer vermeintlich unendlichen Wahlfreiheit individueller Gender-Inszenierungen. Die Geschlechter sind in Bewegung, denken Sie an Conchita Wurst. Doch neuere Forschungen (beispielhaft: Engelfried und Voigt-Kehlenbeck 2010) zeigen deutlich, dass die Freiheit der Gender-Inszenierungen auch Gefühle der Überforderung verursachen kann. Die Rückorientierung auf traditionelle Rollenmodelle und das Desinteresse vieler junger Leute an der Genderdebatte, auch und gerade unter Studierenden der Sozialen Arbeit, sind vielleicht Reaktionen auf diese Überforderung. Wer weiß, wir können es hier nicht herausfinden.

Fakt ist jedoch, dass die Soziale Arbeit auf eine lange Tradition der Auseinandersetzung mit geschlechtsspezifisch überformten Strukturen zurückblicken kann. In den Jahren 1900-1950 war Geschlechtertrennung in Schule und Jugendhilfeeinrichtungen noch absolut üblich (fragen Sie Ihre Großeltern!) und wurde erst in den sechziger Jahren von der Koedukation abgelöst. Erkenntnisse aus der Frauenforschung haben daraufhin in den Siebzigern zu einer spezifischen Frauen- und Mädchenarbeit geführt. Im Anschluss und als Reaktion hat sich dann ein allmähliches Interesse für Männerforschung bzw. Männerarbeit entwickelt. Beide Strömungen mündeten in den neunziger Jahren in einen breiten Diskurs der sogenannten *geschlechtsbezogenen Sozialen Arbeit* mit dem Drei-Säulen-Modell. Es besagt, dass in der Frauen- und Mädchenarbeit nur weibliche Fachkräfte (Säule eins) arbeiten und in der Jungen- und Männerarbeit nur männliche Fachkräfte (Säule zwei). Im gemischtgeschlechtlichen Bereich, als der dritten Säule, hat man die Wahl. Hierzu zählt in jüngster Zeit das *Cross Gendering*. Die Methode wird, anders als *Cross Work* (das ist die Zusammenarbeit von Fachkräften aus der Mädchen- und Jungenarbeit), als Reflexion von gegengeschlechtlichen Strukturen

83 Wer mehr dazu erfahren will: Czollek u.a. (2022, 26).

in der koedukativen Arbeit verstanden. Beispielsweise bei den außerordentlich wichtigen Fragen: Sollen, können oder müssen männliche Sozialarbeiter im Frauenhaus arbeiten? Sollen, können oder müssen Sozialpädagoginnen in Einrichtungen mit männlichen jugendlichen Gewalttätern tätig sein? Sie finden das nicht wichtig?! Denken Sie an Kinder im Frauenhaus, die zuhause den prügelnden Vater erlebt haben, und es zwar schlimm, aber trotzdem normal finden, wenn Männer in Konflikten mit ihren Frauen gewalttägig umgehen. Wie sollen sie es nicht normal finden, wenn sie keine Männer kennen, die auf ihre körperliche Überlegenheit verzichten und Konflikte anders lösen?! Zum Beispiel, indem sie ruhig reden, wie der männliche Sozialarbeiter das bei ihrer Mama macht.

Eine weitere Methode, die allerdings nicht aus der Sozialen Arbeit kommt, sondern von „ganz weit oben“, ist das *Gender Mainstreaming*[84]. Vor rund fünfzehn Jahren hat man via Brüssel angefangen, das Instrument in den europäischen Behörden umzusetzen, also auch in der deutschen Sozialen Arbeit. In der deutschen Mädchen- und Frauenarbeit wird Gender Mainstreaming mitunter als zweifelhaftes Geschenk verstanden.

Die Praxis der Genderkompetenz – am Beispiel der Hilfen zur Erziehung

Die Baustelle Geschlecht erfährt in der Kinder- und Jugendhilfe Aufmerksamkeit, aber *die Auftragslage* ist nicht klar. Gleichen sich Mädchen und Jungen immer mehr an, oder sind Mädchen und Jungen grundverschieden? Sind Mädchen gegenüber Jungen qua Geschlecht benachteiligt oder ist es genau umgekehrt? Auf diese Fragen kann die Jugendhilfe keine eindeutige Antwort geben. Bis heute liegt trotz aller gesetzlichen Maßnahmen der vergangenen Jahrzehnte kein Bauplan für die Weiterentwicklung einer geschlechterdifferenzierten Kinder- und Jugendhilfe vor. Ein Beispiel: Mit einem Anteil von 55,4 Prozent sind Jungen und junge Männer in den erzieherischen Hilfen überrepräsentiert (Fendrich u.a. 2012, 12). Daran hat sich in den letzten 25 Jahren wenig geändert. Wenn Mädchen die Hilfen zur Erziehung weniger in Anspruch nehmen, heißt das noch lange nicht, dass sie weniger Probleme haben, sondern nur, dass sie weniger Probleme machen – und darum unauffälliger sind, jedenfalls in traditionell orientierten Deutungsmustern von Fachkräften in der Jugendhilfe. Und auf die kommt es an. Aber der Reihe nach.

Man weiß, dass mit zunehmendem Alter der Anteil der Mädchen in den Heimeinrichtungen ansteigt. Sprich: Je älter ein Mädchen ist, desto eher kann es sich im Heim wiederfinden. Wieso? Wenn Mädchen aus der Rolle fallen, trifft sie der Zorn der Gesellschaft (Blandow u.a. 2010). Und nicht nur das,

84 Gender-Mainstreaming, auch Gender Mainstreaming geschrieben, bedeutet, bei allen Entscheidungen auf allen gesellschaftlichen Ebenen die unterschiedlichen Lebenssituationen und Interessen von Frauen und Männern zu berücksichtigen, um so die Gleichstellung der Geschlechter durchzusetzen. http://de.wikipedia.org/wiki/GenderMainstreaming [27.8.2015].

auch das Urteil der Fachkräfte ist dann härter („Mädchen prostituieren sich, Jungen probieren sich aus"). Die späte Aufmerksamkeit, die Mädchen im Bereich der erzieherischen Hilfen erfahren, hat offensichtlich damit zu tun, dass Fachkräfte den Verbleib in der Familie für Mädchen anstreben. Warum? Verkennen sie die Probleme dieser Mädchen in den Familien?! Mädchenprobleme sind schließlich Familienprobleme: Reglementierte Ausgangszeiten, Mithilfe im Haushalt, falsche Freunde, Kleidungsstil und Make-up oder wenig Lust zur Geschwisterbetreuung sind Ausgangspunkte für Beziehungskonflikte mit den Eltern. Die Angst und Sorge vor sexuellen Übergriffen sind bei Töchtern stärker ausgeprägt als bei Söhnen.

Aber die eigentliche Gefährdung der Mädchen liegt im sozialen Nahraum. Doch das wird viel weniger wahrgenommen als die Gefährdung von außen. Rückzug, Krankheit, autoaggressives Verhalten wie *Ritzen*, das alles sind Gefährdungen nach innen. Sie sind bei Mädchen häufiger zu beobachten als Straftaten und andere nach außen gerichtete Problemlösungsstrategien wie Randale, Hyperaktivität, Kleinkriminalität oder Schulversagen. Bislang zeigt die Überrepräsentanz von Jungen in den Hilfen zur Erziehung, dass die Aufmerksamkeit der Sozialen Arbeit sich auf die nach außen gerichteten Verhaltensweisen der Jungen richtet. Das zeigen übrigens auch die Leistungs- und Qualitätsbeschreibungen in Einrichtungen, die wenig geschlechtsspezifische Hilfen ausweisen. Für Mädchen bedeutet das, dass ihre besonderen Bedürfnisse und Probleme eine geringere Rolle spielen. Sie stören mit ihrem häufig angepassten Verhalten weniger.

Die Hilfen zur Erziehung sind nur ein Beispiel für die Bedeutung von Gender in der Sozialen Arbeit. Aber wir sehen: So lange die Qualitätsbeschreibungen von sozialen Einrichtungen die Probleme von Jungen (sind sie nun Opfer der Feminisierung von Bildungs- und Erziehungsberufen oder nicht?) und die Probleme von Mädchen (sind sie in der Familie besonders gefährdet und darum unauffälliger?) nicht benennen und dafür keine geschlechtsspezifischen Hilfen ausweisen – so lange ist immer noch zu wenig Gender in der Jugendhilfe. Und insgesamt in der Sozialen Arbeit. (Auch wenn das Genderthema manchmal so richtig nervt.)

Einführende Literatur

Czollek, Leah Carola; Perko, Gudrun (2022): Lehrbuch Gender, Queer und Diversity. 2. Auflage. Weinheim/Basel: Beltz Juventa.

Weiterführende Literatur

Stenzel, Viktoria; Hochenbleicher-Schwarz, Anton (2017): Das Geschlecht als gesellschaftliche Konstruktion am Beispiel der Transsexualität. In: Süleyman/ Sauer (Hrsg.): Neue Anstöße in der Sozialen Arbeit . Wiesbaden: Springer Fachmedien, S. 37-58.

20. Nicht nur samstags Spieltag – Die Arbeit der Fanprojekte

Das folgende Beispiel zeigt, wie Soziale Arbeit konkret auf aktuelle gesellschaftliche Fragen eingeht. Der Beitrag stammt von der Kollegin Ruth Remmel-Faßbender, der wir dafür herzlich danken:

> „Samstag, Spieltag. ... Das Stadion ist voll. Ich muss Leistung bringen! Die Fans, unser zwölfter Mann, sie stehen hinter uns, unterstützen uns, rufen auch meinen Namen, sie erwarten bedingungslosen Einsatz ... Das Stadion ist unsere gemeinsame Bühne, und die Fans ... stärken unseren Siegeswillen und unser Selbstvertrauen. Ein volles Stadion mit anfeuernden, singenden Fans hilft, seine Leistungsgrenze zu erreichen.“[85]

Die Fans sind auf unterschiedlichen Ebenen wichtiger Bestandteil eines Spiels und aus ökonomischer Sicht ein wichtiger Faktor für den Verein. Aber was genau ist ein Fan, welche unterschiedlichen Gruppen und Motive gibt es und warum soll sich Soziale Arbeit mit den Anhängerinnen eines Volkssports beschäftigen?

Ein Fan ist allgemein jemand, der einer Sache, einem Verein, einer Person enthusiastisch, leidenschaftlich anhängt, dafür schwärmt. Fußballfans zeichnen sich insbesondere durch ihre ausgeprägte Treue dem jeweiligen Verein gegenüber aus. Diese Treue zeigt sich im Tragen von Symbolen der Zugehörigkeit sowie im Unterstützen der eigenen Mannschaft. Durch das Zelebrieren von Anfeuerungsrufen und -liedern, Choreografien etc. wollen die treuen Anhänger in der Regel Zeichen setzen „im Sinne von Mut, Stärke, Ausdauer, Unerschrockenheit, Ritterlichkeit“ (Schwier; Fritsch 2003, 35) und demonstrativ auf ihre Mannschaft übertragen.

Wer schon einmal im Fußballstadion war, weiß, dass es verschiedene Fangruppen gibt. Die Autorin zählt sich in Anlehnung an die Kategorisierung von Gabler (2012) eher zu den konsumorientierten Fans. Diese Leute besuchen ein Spiel als Freizeitvergnügen, manchmal allein, aber meist in einer Gruppe, auch wenn eine Geburtstagseinladung am Samstag oder ein anderes Ereignis schon mal wichtiger sein kann. Wahrscheinlich stellen die konsumorientierten Fans zahlenmäßig die größte Gruppe. Diese legen ausgesprochenen Wert auf Rituale vor und nach einem Spiel, sind sehr aktiv und versuchen, die Fanszene und den Fußball positiv zu beeinflussen. Es gibt daneben die fußballzentrierten, erlebnisorientierten Fans. Für sie ist der Besuch eines Spiels der favorisierten Mannschaft zentraler Lebensinhalt, der keinen Ersatz kennt. Der Besuch erfolgt hier in festen Gemeinschaften oder in der organisierten Form eines Fanclubs. Diese letzte Gruppe ist nach Gabler am ehesten gewaltbereit. Er benennt aber auch weitere Gruppen, die sich nach Kuttenträgern, gewalttätigen

85 Philipp Lahm 2009, zit. nach https://www.offensivgeist.de/der-fan-definition-kategorisierung/ [21.11.2021].

Hooligans und Ultras unterscheiden lassen. Es gibt viele Mischformen. Die Fanszene der Ultras entstand nicht, wie häufig angenommen wird, in England, sondern Mitte der 1960er Jahre in Italien. Die Ultra-Bewegung bezeichnet ursprünglich eine besondere Organisationsform für fanatische Anhänger einer Fußballmannschaft. Im Gegensatz zu Hooligans steht bei den Ultras der Sport und nicht die gewalttätige Auseinandersetzung im Vordergrund (vgl. Pilz 2006). In der Berichterstattung über Fußballspiele – vor allem wenn es zu gewalttätigen Ausschreitungen kommt – stehen aber gerade diese sogenannten gewaltbereiten, fanatischen Fans im Mittelpunkt, und die Arbeit der Fanprojekte stellt etwa seit Mitte der 1980er Jahre eine professionelle fachliche Antwort auf Fangewalt dar.

Nach erheblichen Randalen Anfang der Achtziger reifte im Bundesministerium des Inneren die Erkenntnis, dass allein ordnungspolitische und repressive polizeiliche Maßnahmen nicht ausreichen, um gewaltbereiten Jugendlichen entgegenzuwirken. Bei diesem Phänomen handelt es sich letztlich um ein gesellschaftliches Problem, für das der Fußball nur stellvertretend ein ideales Forum bietet. In der Folge entstanden über fünfzig bundesweite Fanprojekte, die auch von DFL und DFB unterstützt werden. Fanprojekte sind nach dem „Nationalen Konzept Sport und Sicherheit“ (NKSS 2012) ein besonderes Angebot der außerschulischen Jugend- und Sozialarbeit. Jugendsozialarbeit nach Paragraph 13 SGB VIII als Teil der Jugendhilfe hat die gesellschaftliche Integration von Kindern und Jugendlichen zum Ziel, die unter schwierigen Bedingungen aufwachsen und in ihrer Entwicklung beeinträchtigt sind.

Die Anbindung erfolgt unabhängig vom Bezugssportverein vor Ort und muss an einen anerkannten Träger der Jugendhilfe, eine Kommune oder einen Trägerverein angebunden sein.[86] Das Fanprojekt Mainz e.V.[87] arbeitet seit 1994 nach den Zielen und Leitlinien des NKSS-Konzepts als eigenständiger eingetragener Verein. Die tägliche, praktische Arbeit orientiert sich am konkreten Fanalltag. Ziele sind die Verhinderung bzw. Reduzierung von Gewalt und extremistischen Orientierungen sowie die Förderung der Jugendlichen durch sozialpädagogische Angebote, um auch Alternativen im Handeln, Denken und in Freizeitaktivitäten zu ermöglichen. Das Fanprojekt fungiert in diesem Zusammenhang als Bindeglied zwischen Fans einerseits und den jeweils relevanten gesellschaftlichen Institutionen andererseits. Zudem gibt es in Mainz eine enge Anbindung an den Verein Mainz 05 und dessen hauptamtlichen Fanbeauftragten. Das primäre Ziel ist frühzeitige Prävention auf unterschiedlichen Ebenen. Ziel ist aber auch, der sozialen Ausgrenzung und Stigmatisierung jun-

86 Finanziert wird die Arbeit des Fanprojekts durch die Deutsche Fußball Liga (DFL), den Deutschen Fußball Bund (DFB), das Land Rheinland-Pfalz, die Stadt Mainz und den seit 2013 unterstützenden Förderverein „Freunde und Förderer des Fanprojekt Mainz e.V.“.

87 Die Autorin bezieht sich exemplarisch auf das Fanprojekt Mainz e.V., weil sie durch ihre mehrjährige Mitarbeit im fachlichen Beirat als auch durch die Kooperation der Kath. Hochschule Mainz (durch Studienpraktika und begleitende Lehrveranstaltungen) die Arbeit vor Ort gut kennt.

ger Fans entgegenzuwirken, ihrer Fankultur mit Respekt und Unterstützung zu begegnen, ihnen einen geschützten Raum für ihre Kreativität und ihr Engagement zu bieten.

Die Ziele werden über verschiedene sozialpädagogische Maßnahmen realisiert:

- Aufsuchende und akzeptierende Jugendarbeit im Sinne einer ganzheitlichen lebenswelt- und sozialraumorientierten Sozialarbeit. Konkret heißt das: Begleitung zu Heim- und Auswärtsspielen, Besuche an Treffpunkten, den Jugendlichen werden Beziehungsarbeit, Bereitstellung von Räumlichkeiten als Fan-Treff, beispielsweise im *Haus der Jugend* Mainz angeboten.
- Beratungstätigkeiten bei persönlichen, familiären, finanziellen Problemsituationen, Suchtproblemen, arbeitsrelevanten Themen;
- Organisation von Jugendbegegnungen, wie Fan-Turnieren, Festen, U-18 Fahrten;
- Bildungsangebote in der Freizeit. So fand im Jahr 2014 eine viel beachtete Fahrt ins Konzentrationslager Buchenwald statt.
- Unterstützung der Fans bei Selbstorganisation, (zum Beispiel als Fanclub) und Öffentlichkeitsarbeit.

Darüber hinaus werden Projekte in Kooperation mit Partnern des Fanprojekts Mainz e.V. angeboten, beispielsweise das *Projekt Arbeit?!* in Kooperation mit der Agentur für Arbeit Mainz zur Unterstützung bei Berufs- und Ausbildungsfragen.[88]

Auch wenn Mainz sicher nicht bei gewalttätigen Aktionen in vorderster Reihe steht, so ist die gewaltbereite Szene seit 2010 doch gewachsen. Die Fanprojekte verstehen sich bei eskalierenden Situationen darum auch als Mittler zwischen Fans, Verein, Ordnungsdiensten und Polizei.

Aufgrund der fachlichen Prinzipien *Freiwilligkeit, kritische Parteilichkeit, Anonymität* in der Beratung lassen sich Konflikte schon erahnen. Unterschiedliche Erwartungen treffen hier aufeinander: das Ziel ordnungspolitischer Sicherheit (zum Schutz der Beteiligten selbst, aber auch der Mehrzahl anderer Fans) und der sozialpädagogische Auftrag stehen sich gegenüber (vgl. BAG Fanprojekte 2020).

Die Mitarbeiterinnen der Fanprojekte grenzen sich eindeutig von Gewalt ab, was in der Öffentlichkeit oft so verstanden wird, dass sie Gewalt damit auch schon verhindern könnten. Die Polizei arbeitet ihrem Auftrag gemäß an der Vermeidung oder Aufklärung strafrelevanter Taten. Sie sieht bestimmte Fangruppen eher als Sicherheitsrisiko. Hier kollidieren nicht nur unterschiedliche gesetzliche Aufträge, sondern auch unterschiedliche Erwartungen aufgrund

88 Vgl.: http://www.fanprojekt-mainz.de. [21.11.2021].

berufsspezifischer *Kulturen* und Sozialisationen, die – auch im Fanprojektbeirat – der kontinuierlichen Kommunikation bedürfen. Respekt und Verständnis füreinander sind aber nur möglich, wenn man anerkennt, dass, erstens, sich polizeiliche und sozialpädagogische Präventionsarbeit elementar voneinander unterscheiden und, zweitens, anerkannt werden muss, was Fanprojekte leisten (können) und dass der Versuch ihrer Instrumentalisierung den Erfolg gefährdet. Vor allem die Tatsache, dass Jugendliche zu Verhandlungen begleitet werden und ihnen rechtliche Beratung vermittelt wird, ist immer wieder ein Streitpunkt. Aber gerade diese *klassische Anwaltsfunktion* entspricht dem Geist der Sozialen Arbeit.

Gerade *Anonymität i*st Grundvoraussetzung für ein Vertrauensverhältnis zwischen Fans und Fan-Arbeiterinnen. Sonst könnten Sozialarbeiter ihre Tätigkeit einstellen! Ihnen würde der Zugang als *polizeiliche Spitzel* verweigert, denn das Misstrauen ist hier aufgrund negativer Erfahrungen bei Polizeieinsätzen sehr groß. Erst durch eine vertrauensvolle Beziehung können neue Lernprozesse in Gang gesetzt werden, die Verhalten im sozial erwünschten Sinne verändern können. Das ist eine dauerhafte Gratwanderung der Mitarbeiterinnen, manchmal auch im klassischen Sinn des doppelten Mandats zwischen Beratung und fachlicher Kontrolle.

Viele Vorurteile und stereotype Meinungen verhindern, dass positive Aktionen der Mainzer Ultras weniger durch die Presse gehen als Randale bei Derbys oder die Diskussion über Pyrotechnik. Auf die ungute Dynamik der manchmal skandalisierenden Presseberichterstattung (Printmedien und Fernsehen) soll hier nicht weiter eingegangen werden. Dass die Mainzer Ultras Ausstellungen gegen Xenophobie, Homophobie und Rassismus organisieren oder die Integration der Behinderten in Stadien fördern, ist in der Öffentlichkeit wenig präsent. – Und das fällt schon auf! So pflegen sie einen langjährigen Austausch mit Flüchtlingen durch gemeinsames Fußballspielen, organisieren Benefizveranstaltungen zugunsten sozialer Einrichtungen und setzen sich auch für soziale Eintrittspreise und den Erhalt der Stehplätze ein. Es gibt sehr viele Ressourcen in der angesprochenen Fangruppe, und viele Mitglieder werden als sozial hoch engagierte junge Menschen erlebt. Sie brauchen aber Orientierung und Begleitung, weil sie aufgrund anderer gesellschaftlicher Benachteiligungen und Ausgrenzungen sich nun einmal diesen öffentlichen Raum für die Verwirklichung ihrer Interessen ausgesucht haben. Im dialogischen, wertschätzenden Ringen und auch durch individuelle Angebote gelingt es immer mehr, die Jugendlichen einzubinden und zu integrieren.

Ohne Liebe zum Fußball ist Fanarbeit nicht möglich. Es geht darum, die erwünschten Ausprägungen, wie die gute Stimmung im Stadion, die unermüdlichen Anfeuerungen und die wunderschönen Choreographien in der Kurve nicht einfach als selbstverständlich mitzunehmen, sondern auch „das rebellische Moment dieser Jugendkultur als sinnhaft und sinnstiftend zu erkennen und ernst zu nehmen“ (Fairplay Wien 17.4.2015)[89]. Natürlich gibt es „Die hässliche Fratze des Fußballs“ und „durchgeknallte Chaoten“ (ARD-Brennpunkt 16.5.2012), da gibt es nichts zu verharmlosen. Doch auch hier gilt: eine differenzierte Sichtweise aller Beteiligten statt einer einseitigen moralischen Entrüstung – das ist hilfreich.

Bei Heim- und Auswärtsspielen immer am Ball

Die qualitative Arbeit des Fanprojekts in Mainz ist seit vielen Jahren mit der hervorragenden, engagierten, sensiblen und transparenten Arbeit des Teams (vier Hauptamtliche und Ehrenamtliche) um den Leiter Thomas Beckmann verbunden. Sie arbeiten in der Spielzeit jedes Wochenende, aber auch die Woche über bis in die späten Abendstunden hinein, sind für diese Jugendlichen mit ihren Alltagsnöten das ganze Jahr über da. Die Soziale Arbeit ist in diesem Feld niedrigschwellig und unbürokratisch, sie orientiert sich am Lebensrhythmus und den Lebensräumen der Fans. Fanprojekte arbeiten in dem emotional aufgeladenen sozialen Raum Fußball, in dem die notwendige vertrauensvolle Nähe zu den Fans manchmal falsch interpretiert wird. Sozialarbeiter brauchen unsere Unterstützung für mehr gesellschaftliche Akzeptanz, denn die positiven Auswirkungen des sozialpädagogischen Handlungsfeldes *Fanprojekte* werden immer noch zu wenig wahrgenommen.

Einführende Literatur

Gabler, Jonas (2012). Die Ultras: Fußballfans und Fußballkulturen in Deutschland. 5., erweiterte u. aktual. Auflage, Köln: Papyrossa.

Weiterführende Literatur

Dissinger, Michael (2014): Zwischen Kommerzialisierung und Sicherheit: Sozialpädagogische Fanprojekte im Spannungsfeld der Interessen. Hamburg: Diplomica.

89 „Fairplay Wien“ am Wiener Institut für Internationalen Dialog und Zusammenarbeit (VIDC) ist eine österreichweite Initiative, die in Kooperation mit Verbänden, Vereinen, Spielerinnen und Fans, das integrative Potenzial des (Fußball-) Sports nutzt, um gegen Diskriminierung anzukämpfen; mehr dazu auf: https://www.fairplay.or.at/ueber-uns/geschichte/ [21.11.2021].

21. Soziale Arbeit konkret erfahren – Projekt Seitenwechsel

Sozialarbeit auf Zeit, Sozialarbeit als Persönlichkeitstraining für Führungskräfte. Ein seit 1993 existierendes erfolgreiches Projekt aus der Schweiz, das sich zu einem Programm entwickelt hat, macht seit dem Jahre 2000 auch in Deutschland Schule. *SeitenWechsel* ist der Name eines Persönlichkeitstrainings für Führungskräfte. Die Teilnehmer arbeiten eine Woche in einer sozialen Institution im Praktikantenstatus und werden dabei mit Menschen und Situationen konfrontiert, mit denen sie sonst eher selten zu tun haben. Die Zahlen schwanken: zwischen zweieinhalb- und über fünftausend Führungskräfte in Deutschland und der Schweiz haben bisher am Programm SeitenWechsel teilgenommen.[90]

Die Grundidee besteht darin, Entscheidungsträger aus Wirtschaft und Verwaltung für eine Woche in sozialen Institutionen einzusetzen. Durch diesen Perspektivwechsel sollen einerseits grundlegende Führungskompetenzen geschärft werden, andererseits erleben die Teilnehmer in dieser Woche ganz konkret, was es bedeutet, in einem Handlungsfeld Klienten und Arbeitsweisen der Sozialen Arbeit kennenzulernen.

Die Anbieter werben damit, dass Führungskräfte ihre kulturellen und sozialen Stärken für die täglichen Herausforderungen in komplexen Situationen erweitern und gleichzeitig ihre Werte überprüfen könnten und für *Corporate Social Responsibility* (Unternehmerische Sozialverantwortung) sensibilisiert würden.

Von rund 160 sozialen Institutionen deutschlandweit ist die Rede, die diese einzigartige Zusammenarbeit praktizieren (in der Schweiz sind es über zweihundert). Es sind psychiatrische Kliniken, Zentren für Asylsuchende, Gefängnisse, Schul- und Wohnheime für Jugendliche und Kinder, Wohn- und Arbeitsstätten für Erwachsene und Kinder mit Behinderungen, Frauenhäuser, Einrichtungen für Obdachlose und Suchtkliniken, aus denen dann die Führungskräfte nach persönlicher Motivation den geeigneten Ort auswählen. Die Führungskräfte kommen mit Wohnungslosen, mit straffälligen Jugendlichen, mit behinderten Menschen oder Schwerkranken in Berührung.

Das Programm ist in verschiedenen Schritten aufgebaut. In *Marktbörsen* kommen Führungskräfte in Kontakt zu sozialen Organisationen. Bei dem Treffen können beide Seiten sich kennenlernen, und die verschiedenen Praxisorte stellen ihre Arbeit vor. Die sozialen Institutionen entwickeln einen Wochenplan für die Führungskräfte. Welche Einrichtung sich für wen eignet, wird während dieser Marktbörse herausgefiltert. Hier haben potenzielle Teilnehmer die Möglichkeit, sich in Gesprächen mit Vertretern sozialer Institutionen –

90 Sämtliche Angaben und Beispiele sind im Wesentlichen von den Internetpräsentationen der deutschen (http://www.seitenwechsel.com [21.11.2021]) und schweizerischen Anbieter (http://www.seitenwechsel.ch [21.11.2021]) sowie einigen Presseartikeln (Gillies 2013; Heinrich 2014; Götz 2015) entnommen.

beispielsweise Sucht- und Drogen- oder Wohnungslosenhilfe, Behindertenhilfe, Psychiatrie, Hospiz und Palliativstationen, Strafvollzug oder Kinder- und Jugendhilfe – zu informieren.

Erst dann fällt die persönliche Wahl auf den jeweiligen Ort des Seitenwechsels, und der einzelne Manager schließt mit der von ihm ausgesuchten Organisation einen Vertrag für den einwöchigen Jobwechsel ab. Die Kosten für die Teilnahme an dem SeitenWechsel-Brückenschlag-Konzept betragen etwa zwei- bis zweieinhalbtausend Euro in der Woche. Davon geht etwa ein Drittel an die jeweilige soziale Institution als Aufwandsentschädigung. Wie die Finanzierung gehandhabt wird, liegt im Ermessen des Arbeitgebers und wird von den meisten Unternehmen übernommen. Nach den Erfahrungen aus der Schweiz bleiben etwa sechzig Prozent der Führungskräfte, die an dem Programm teilnahmen, mit den Einsatzstellen in Verbindung.

Und so kommt es dazu, dass ein Abteilungsleiter der Deutschen Bank im Kindergarten hospitiert oder ein Daimler-Manager zusammen mit Menschen mit geistiger Behinderung bastelt. Eine Woche lang arbeiten und wohnen die Führungskräfte aus Unternehmen mit Menschen zusammen, mit denen sie normalerweise nichts zu tun haben. Sie kommen in Kontakt mit einer Welt, die ihnen bisher fremd ist, und erweitern ihren Horizont, lernen Vorurteile gegenüber Klienten und Sozialarbeit abzubauen und verbessern ihre soziale Kompetenz.

Eine Woche lang probieren sich Führungskräfte dann im Programm in sozialen Berufen aus. Einige gehen an ihre Grenzen. „Es arbeitet noch", fasst ein Teilnehmer die Eindrücke und Gefühle zusammen, die er während einer Woche Hospiz-Arbeit erfahren hat. Der Leiter Produktmanagement Versorgung einer Versicherungsgruppe berichtet über den Tagesablauf im Hospiz: „Ich war im Schichtdienst eingeteilt und in alle Vorgänge integriert. Meine Erfahrungen sind nachhaltig und ich bin dankbar, dass ich vorübergehend die Seite wechseln durfte."

Gedankensplitter
Psychiatrie: „Immer klar und authentisch sein!“

Als ich einmal einen Klienten in die Psychiatrie brachte, kam mir auf der geschlossenen Station ein Psychiater mit langen Haaren und einem weißen Kittel entgegengeweht. Von Weitem rief er: ‘Wer ist denn hier der Klient?“ Ohne zu zögern rief ich „Der da!“ und zeigte mit dem Finger auf meinen Klienten. Der schaute mich zwar sichtlich irritiert an, aber man sollte in der Psychiatrie immer klar und authentisch bleiben, um Missverständnisse zu vermeiden …
Martin Schwaab

Die Seitenwechslerinnen werden vom ersten Tag an in die Arbeit eingebunden und nehmen an Gesprächen mit Klientinnen und Patienten teil, sie diskutieren bei Führungsentscheidungen mit, sie erfahren sich als Teammitglied und erforschen die Grenzen ihrer eigenen Handlungsfähigkeit. Mit einem festen Ansprechpartner in der Institution formulieren sie am ersten Tag ihre Ziele. Am Ende der Woche evaluieren sie den Einsatz. Dies bildet die Grundlage für die spätere firmeninterne Auswertung von SeitenWechsel. Ein paar Monate nach dem Einsatz werden die Erfahrungen in einem moderierten Prozess reflektiert, damit ein Transfer in den Führungsalltag integriert werden kann.

Teilnehmer berichten von ihren Erfahrungen[91]

> «Die Erfahrungen, die ich gemacht habe, sind nachhaltig. Sie hallen vor allem nach bei sehr schwierigen Gesprächen. Ich maße mir heute an zu sehen, wenn sich ein Mitarbeiter am Arbeitsplatz nicht wohl fühlt und lasse das Ventil nicht steigen und steigen, bis der Mitarbeiter selber merkt, dass er am falschen Arbeitsplatz ist, sondern thematisiere das früher. »

> «Durch den Kontakt mit den Patienten konnte ich Ängste und Vorbehalte abbauen. Ich habe gespürt, dass Offenheit und Interesse am Schicksal der Patienten Türen öffnen kann und den Weg für interessante Gespräche ebnet. Ich habe viel gelernt über Kommunikation in belastenden Situationen. Kommunikation wird im Team als wichtiges Werkzeug anerkannt und bewusst eingesetzt. Beeindruckend ist auch der interdisziplinäre Austausch, viele verschiedene Spezialisten arbeiten effizient zusammen. »

> «Ich musste für eine Woche akzeptieren, dass die Welt von Menschen in Not nicht nach meinen Vorstellungen funktioniert. Ich kam in Situationen, in denen bei mir Berührungsängste, Hilflosigkeit, Ratlosigkeit und Verständnislosigkeit aufkamen. Meine gewohnt rationale Handlungsweise war im Umgang mit Drogen- und Alkoholsüchtigen unbrauchbar. Ich wurde mit einer unbekannten Welt konfrontiert, die ich nicht verstehe und in der ich mich nicht zurechtfinde. Ich war gezwungen, Vorurteile abzubauen, lernte Offenheit, lernte, über Schranken hinwegzusehen, ich übte mich eine Woche in Toleranz, Geduld und Verständnis. Eigenschaften, die meiner Meinung nach eine gute Führungskraft ausmachen. »

> «Wir sind seit über zehn Jahren dabei und sind begeistert von dem Angebot. Jedes Jahr kommt ein Seitenwechsler zu uns. Oft gab es eine Gegeneinladung, die immer ein Erlebnis für unsere Wohnschülerinnen und Wohnschüler ist. »

91 Sämtliche Zitate entnommen: https://www.seitenwechsel.ch/home [21.11.2021].

«Die Berührungsangst vor – für mich – andersartigen Menschen habe ich beträchtlich reduziert. Noch Jahre danach wirkt die Erfahrung positiv und macht mich gelassener.»

«Wir bauen mit SeitenWechsel sukzessive ein branchenübergreifendes Netzwerk auf. Es bietet uns eine Plattform für Austausch und fördert das Verständnis für branchenfremde Berufe und Funktionen.»

Die Äußerungen zeigen die Wirkungen des Programms. Sich in die Lage anderer Menschen zu versetzen, bietet die Chance, Anteil zu nehmen und sich selbst zu reflektieren. Dabei werden sowohl der Verstand, die Rationalität wie auch die emotionale Kommunikation mit den Klienten der Institution angesprochen. Eine wissenschaftliche Evaluation des Programms (Meier-Dallach; Walter 2004) bestätigt nicht nur die Wirkungen auf die Führungskräfte, auch die sozialen Institutionen und Klientinnen profitieren: Stark betonen die sozialen Institutionen den Gewinn an Image nach außen. An zweiter Stelle folgt der Transfer von Know-how, während die anderen Nutzenbegründungen (Effizienz, bedürfnisbezogenes Arbeiten) geringeres Gewicht haben. Der Nutzen für die Klienten besteht darin, dass man sich für ihre Probleme interessiert und spürt, dass man sie nicht vergisst. Der persönliche Austausch der Klienten mit den Seitenwechslern steht an dritter Stelle. Es wird aber auch deutlich, dass Grenzen des Programms durch die kurze Dauer (eine Woche) gesetzt sind und dass es Sprachbarrieren gibt. Die Wirtschaftler sprechen eine andere Sprache, das heißt, sie erfahren den Unterschied der beiden Welten als Distanz der Sprachen und des Sprechens und erleben sich mitunter als *noble* Zuschauer. Offensichtlich führen aber die positiven Erfahrungen zu dem Ergebnis, dass acht von zehn Seitenwechslern sich wieder an einer Einsatzwoche beteiligen würden, nur zwei von zehn sind unentschieden oder sagen nein, neun von zehn sozialen Institutionen sind bereit, sich weiter an dem Programm zu beteiligen.

Der Wirtschaftsethiker Peter Ulrich kommt zu dem Schluss, dass das Projekt auch zur Stärkung der Bürgergesellschaft führt. Die Selbstachtung von Menschen, die unter sozial diskriminierenden, beschämenden und entwürdigenden Bedingungen leben müssen, wird über kurz oder lang beschädigt. Eine Bürgergesellschaft beruhe aber auf wechselseitiger Anerkennung und Achtung, denn ohne sie sei ein tragfähiges Maß an sozialer Gerechtigkeit und Solidarität der Starken mit den Schwachen, der Gewinner mit den Verlierern, nicht zu erlangen. Ulrich: „Wer einen gesunden Bürgersinn hat, der begreift diese Zusammenhänge intuitiv. Er weiß, worauf es für seinen persönlichen Anstand ankommt. Er reagiert entsprechend entrüstet auf Erscheinungsformen maß-, rücksichts- oder gar schamloser Selbstsucht“ (Ulrich, zit. n. Berg 2003, 5). Als besonders empörend empfänden gesunde, normal fühlende Menschen es, wenn ausgerechnet sogenannte Verantwortungsträger „abheben“ und gängige Maßstäbe nicht mehr gelten lassen. „Reflektierte Wirtschaftsführer sind Akteure mit Bürgersinn. Sie spalten ihr wirtschaftliches Erfolgsstreben nicht von ihrem Selbstverständnis als gute Bürger ab und bleiben genau in diesem Sinn integer", ist die Quintessenz des Ethikers. „Kein gesunder Geschäftssinn ohne eine Portion Gemeinsinn: Wirklich kompetente Wirtschaftsbürger tragen zu einer anständigen Gesellschaft bei, in der jedermann – auch der Schwache – die Erfahrung machen darf, ein Leben in Achtung führen zu können, unabhängig davon, auf welcher Seite der Leistungsgesellschaft er oder sie steht" (ebd.).

In der Schweiz hat sich das Programm so weit durchgesetzt, dass in einigen Unternehmen ein Seitenwechsel Voraussetzung einer Beförderung ist. Dies ist in Deutschland noch nicht der Fall. Um Firmen für das Programm Seitenwechsler zu gewinnen, ist es nach wie vor erforderlich, vor Vertretern der Unternehmensleitung Führungskräfte zu Wort kommen zu lassen, die als Sozialarbeiter auf Zeit *in anderen Lebenswelten gelernt* haben. Seitenwechslerinnen, so die Auswertungen, werden sensibler, gehen differenzierter mit Menschen in schwierigen Lebenslagen um und profitieren von dem vorübergehenden Einsatz im Sozialbereich. Sie werden mit Menschen in schwierigen Lebenslagen konfrontiert, mit sozialer Not, mit Krankheit und Tod – zumindest eine Woche lang. Für die Teilnehmerinnen ist das häufig eine nachhaltige Erfahrung, die offensichtlich dazu führt, empathische und kommunikative Fähigkeiten zu fördern und einen sensibleren Umgang mit Krisensituationen zu schulen.

„Die Begegnung der SeitenWechsler mit sozialen Institutionen ist für alle ein Gewinn. Es ist ein Geben und Nehmen", weiß der ehemalige Leiter eines Hospizes in Köln, Martin Wiegandt[92]. Er hält eine Öffnung der Einrichtung nach außen ohnehin für wichtig. Die Gäste – wie Hospiz-Bewohner genannt werden – begegnen den neuen Gesichtern positiv. Außerdem trage die Anwesenheit der *Sozialarbeiter auf Zeit* dazu bei, die Hospiz-Arbeit transparenter zu machen. Die Beteiligten auf beiden Seiten schätzen die Förderung der sozialen Kompetenz. Die Unternehmen setzen auf „Führungskräfte mit Gespür für Menschen", und die Seitenwechsler betonen: „Wertesysteme verschieben sich, und man geht mit einem geschärften Blick für Menschen zurück in den Berufsalltag." (ebd.)

Aber erst die Einbindung in die vorgestellte Projektstruktur, und das ist für eine kritische Bewertung notwendig, erweitert die Perspektive über die individuelle Ebene hinaus. Man wäre ansonsten versucht anzunehmen, dass die Einzelerfahrungen zwar durchaus relevant sind, aber kaum über die eine Woche hinausgehen und schon gar nicht gesellschaftlich wirksam sein können. Das Programm kann durchaus mehr, als ein reines Weiterbildungsprogramm für Führungskräfte zu sein. Es stellt sozusagen strukturell den Brückenschlag zwischen Sozialem Bereich und der Wirtschaft her und kann bürgerschaftliches

92 https://www.swr.de/swr2/programm/download-swr-8028.pdf [21.11.2021].

Engagement fördern, wenn die Netzwerke, die sich zwischen Wirtschaft und Sozialbereich sowie innerhalb der beteiligten Unternehmen gebildet haben, auch gepflegt werden.

Einführende Literatur

Tito, Doris; Seitz, Cornelia (2010): Seitenwechsel® – Führungskräfte aus der Wirtschaft lernen in der sozialen Welt. In: Theis, Fabienne und Klein, Simone (Hrsg.): CSR-Bildung. Corporate Social Responsibility als Bildungsaufgabe in Schule, Universität und Weiterbildung. Wiesbaden: Springer VS, S. 175–182.

22. Unternehmensservice – Neue Klientel für Soziale Arbeit?

Bei Klientinnen der Sozialen Arbeit kommen einem sofort hilflose, kranke, behinderte, suchtmittelabhängige und, ja, sozial benachteiligte Menschen in den Sinn – und auch wir haben die Klientel überwiegend so beschrieben. Erinnern Sie sich noch an die Beispiele von Norma und Schantall Pröllmann?

Es ist ja tatsächlich so, dass das Gros der Klientel dem entspricht und dass auch hier immer wieder neue Herausforderungen wachsen – die Ausdifferenzierung der Gesellschaft sorgt kontinuierlich dafür: Die möglichen Handlungsfelder weiten sich aus. Aber Soziale Arbeit greift nicht erst ein, wenn das Kind sprichwörtlich in den Brunnen gefallen ist. Einen immer größer werdenden Anteil nehmen Tätigkeiten ein, die sich mit sogenannten *Normalbiografien* beschäftigen, die beratend, begleitend, bildend, qualifizierend und präventiv ausgerichtet sind. Das fängt bei den Programmen zur Frühförderung an, geht über ausbildungsbegleitende Hilfen bis hin zu Erwachsenen- und Altenbildung. Das gilt insbesondere dann, wenn es um Übergänge geht. Der Übergang von der Schule in den Beruf, die Übergänge in verschiedenen Familienphasen, der Übergang vom Erwerbsleben in das Rentenalter und der Übergang von selbstständigem Leben in die Phase des Angewiesen-Seins auf andere. Während die Übergangsthematik stark auf die damit verbundenen Brüche fokussiert – dem Gelingen des Übergangs von der einen Situation in eine andere – wie von der Schule in die neue Situation Arbeitswelt – steht bei vielen neueren Ansätzen das generelle Risiko eines gelingenden Lebens im Mittelpunkt, das Zurechtkommen im Alltag einer postmodernen Gesellschaft. Das Aufwachsen und Hineinwachsen in die Gesellschaft sind geprägt von der Diskussion um Sicherheit und Risiko. Eltern, die selbstverständlich das Beste für ihre Kinder (ehrlicherweise sollte eher von *dem Kind* gesprochen werden, da die durchschnittliche Geburtenrate unter 1,4 Kinder je Frau liegt) wollen, haben einerseits unendlich viele Möglichkeiten der Förderung, andererseits gibt es keine verbindlichen Leitlinien, was nun wirklich wichtig ist. Der Markt an Erziehungs- und Bildungsratgebern boomt, und turnusmäßig widmen Printmedien und Fernsehsendungen dieser Thematik Sonderausgaben und Sondersendungen. Und noch eines wird deutlich: Zu den Heerscharen der Experten aus Pädagogik und Psychologie gesellen sich auch Sozialarbeiterinnen und Sozialpädagogen – im Kindergarten, in der Vorschule und in der Schule, in Beratungsstellen und in stationären Einrichtungen. Diese *fürsorgliche Belagerung* ist auf der einen Seite sicher zu kritisieren, auf der anderen Seite – und davon berichten die Fachkräfte der Sozialen Arbeit – sind begleitende und unterstützende Hilfen auch für Normalos sinnvoll und notwendig. Wer erlebt, wie herausfordernd und belastend (Entscheidungs-)Situationen sein können, ist froh, wenn eine dialogische und reflexive Begleitung möglich ist, wenn aus der Vielzahl von Möglichkeiten mit Zeit und Expertise, die für die eigenen Lebensumstände passende gefunden wird, wenn Risiken und Chancen in Ruhe erörtert und wenn handfeste Ressourcen (eben auch materielle) erschlossen werden. Auch hier gilt wieder: Das, was ich selbst oder mithilfe meines sozialen Netzwerkes erschließen und arrangieren kann, benötigt keine professionelle Hilfe, aber wenn doch: kommt ein Sozialarbeiter.

Neue Klientel für Soziale Arbeit findet sich daher zunehmend auch bei den Normalbürgern. Gerade im Bereich der begleitenden Hilfen wird das deutlich. Und noch etwas fällt auf: Soziale Arbeit wird moderner, passt sich auch im Sprachgebrauch an, wird anschlussfähig an ein modernes *Wording* (ist Ihnen auch schon aufgefallen, dass dieser aus der Öffentlichkeitsarbeit stammende Begriff es nahtlos in die Alltagssprache geschafft hat?). Es wird umfirmiert: Aus der Betrieblichen Sozialarbeit, einem Handlungsfeld der Sozialen Arbeit, das Beratung und begleitende Hilfen für Arbeitnehmer in einem Unternehmen anbietet, wird eine Mitarbeiterberatung oder sogar ein EAP (Employee Assistance Program)[93].

Ist das nun alter Wein in neuen Schläuchen oder die konsequente Weiterführung und Entwicklung von bewährten Ansätzen? Es ist wohl beides: Betriebliche Sozialarbeit wird assoziiert mit problematischen Arbeitnehmern, mit Arbeitnehmern, die im Betrieb oder Unternehmen auffällig sind, weil sie zu lange krank sind, weil auf ihren *unangemessenen* Alkoholkonsum reagiert werden muss, weil persönliche oder familiäre Probleme die Leistungsfähigkeit beeinträchtigen oder gefährden, weil ein *Sozialfall* droht. EAP kommt anders daher. Es betont die externe Mitarbeiterberatung als modernes Konzept, das auf das Betriebsklima und die (für Unternehmen hoch anschlussfähige) Leistungsfähigkeit und betriebswirtschaftlichen Effekte abzielt. Warum soll man dieses Feld Unternehmensberatungsfirmen überlassen? Gerade wenn es darum geht, bei der Bewältigung der sozialen Herausforderungen den Lebenskontext der Beschäftigten einzubeziehen? Angedockt wird dann bei sozialen Themen wie Kinder- und Elternsorgen, pflegenden Angehörigen, finanziellen Engpässen, Mobbing am Arbeitsplatz, Gesundheit. Soziale Arbeit bietet sich als Sozial- und Gesundheitsdienstleister an, wagt sich in Konkurrenz zu anderen kommerziellen Anbietern und nutzt ihr Wissen und Können, gerade auch in der Betonung der Sozialexpertise als Beratungs- und Vernetzungsakteur. *Wir* kennen uns aus im Dschungel sozialer und gesundheitlicher Angebote, *wir* wissen, welche Strategien notwendig sind und wie *wir* die Personalentwicklung unterstützen können. Und wir wissen um die Bedeutung von geschützten Räumen und Daten. Es muss zwar nicht immer Employee Assistance Program heißen, andere Begriffe wie Unternehmensservice, Betriebliches Eingliederungsmanagement, Gesundheits- oder Diversity Management finden sich ebenso. Gemeinsam ist allen Programmen die Orientierung an einer neuen Ausrichtung: Gesunderhaltung, Stabilisierung und Förderung (vgl. Giesert 2012).

93 So gesehen im Internet: http://www.caritas-unternehmensservice.de/ [21.11.2021].

Soziale Arbeit nutzt hier ihr angestammtes Wissen aus der Beratungs- und Klientenarbeit und muss es mit unternehmensperspektivischen und betriebswirtschaftlichen Konzepten verbinden. Wenn sie diese Aufgabe mit ihrem systematischen und umfassenden Blick angeht, führt das in Unternehmen zu einem innovativen Ansatz, der die Leistungsfähigkeit von Beschäftigten zum Ausgangspunkt nimmt. Aber diese Leistungsfähigkeit wird in den Kontext des *Sozialen* gestellt, die Verantwortung des Arbeitgebers für seine Beschäftigten wird eingefordert, der krisenhafte Situationen und dessen *Management* als Herausforderung annimmt und der in der Lage ist, Wirtschaftlichkeit und Soziales als gemeinsam zu bearbeitendem Feld zu etablieren.

Ähnliche Entwicklungen sind auch in anderen Arbeitsfeldern zu beobachten. So befindet sich die Schulsozialarbeit im Wandel. Die ursprüngliche Aufgabe, das Sich-Kümmern um auffällige Schüler als Ausgangspunkt für die Schulsozialarbeit, gilt längst nicht mehr allein. Neben der Schülerberatung sind Elternarbeit und Lehrerarbeit Gegenstand, das Thema Schule ist als Lern- und Sozialraum etabliert und Schulsozialarbeit wird der Jugendhilfe zugeordnet. Die Schwerpunkte ändern sich, die zu bearbeitenden Themen wechseln. Nicht die auffällige Schülerin allein muss beraten oder behandelt werden, nicht nur das Umfeld der Familie ist einzubeziehen, sondern das System Schule: Der Lebensraum Schule wird zum Handlungsfeld der Schulsozialarbeit. Angebote für Klassenverbände, Sozialtraining und erlebnispädagogische Maßnahmen, Mitarbeit in Klassen-und Lehrerkonferenzen, Kooperation mit außerschulischer Jugendberatung und -bildung gehören dann in das Repertoire der Schulsozialarbeit. Dass dies ein großes und schwieriges Unterfangen ist, leuchtet ein – und in der Praxis stößt es auch an viele Grenzen. Die Personalressource Schulsozialarbeiter wird häufig sträflich behandelt: Das Stellenkontingent ist nicht nur knapp bemessen (manchmal eine Viertelstelle für eine Schule!), in manchen Bundesländern ist die Finanzierungsgrundlage nicht abgesichert, die Fragen von fachlicher Verortung und Aufsicht sind ganz unterschiedlich geregelt, und der Zuschnitt der Aufgaben ist aufgrund fehlender oder unverbindlicher Stellenbeschreibungen oft alles andere als an Qualitätsstandards angelehnt. Und immer wieder gibt es neue Wellen, die auf der (sozial-)politischen Agenda oben stehen und die zu projektfinanzierten Programmen führen. Derzeit ist das Thema des Übergangs von der Schule in den Beruf ganz oben auf dieser Agenda. Ausgangpunkt sind Daten, die eine relativ schlechte *Einmündungsquote* in den Beruf abbilden, in einer arbeitsorientierten Gesellschaft ist das zugegebenermaßen ein Problem. Der Zusammenhang von einem möglichst guten und hohen Schulabschluss und späterem gelingenden Leben ist evident. Folgerichtig ist es sinnvoll und notwendig, die Quote der Schulabbrecher oder der ohne Schulabschluss Entlassenen zu senken. Und hier wird wieder das Dilemma deutlich: Wo soll Soziale Arbeit ihren Schwerpunkt in der Schule setzen? Soll sie sich um die Bildungsbenachteiligten kümmern oder um alle Schüler? Wird durch Spezialangebote eine Stigmatisierung („Du hast es nötig") vorangetrieben oder wäre es zynisch, genau das zu unterlassen? Ist die Arbeit mit den sogenannten Betroffenen wichtiger als die Arbeit im System Schule?

Statt eines Entweder-oder gibt es aus fachlicher Sicht eher ein Sowohl-als-auch. Es ist notwendig, sich um auffällige Schüler zu kümmern, und es ist notwendig, sich um alle Schüler zu kümmern. Es muss spezifische Angebote für lern- und leistungsbeeinträchtigte Schülerinnen geben, aber ebenso für Eltern und Lehrer. Es sind Verhaltensänderungen anzustoßen, und es bedarf der Arbeit an den Strukturen der Schule und der Vernetzung mit der Jugendhilfe. Man braucht die praktische und die konzeptionelle Arbeit und man braucht fachliche Standards und deren Durchsetzung. Denn was nutzen die besten Konzepte (und es gibt wirklich gute, vgl. Speck 2020 oder Stüwe et al. 2017), wenn Gerangel um Zuständigkeiten und Träger und die Frage der Regelfinanzierung alles überlagern, wenn es nicht gelingt zu verdeutlichen, dass die Praxisrealität eine Umsetzung geradezu verunmöglicht, wenn eine ökonomische Rechnung die jetzigen und nicht die Folgekosten in der Mittelvergabe priorisiert? Ein Dauerthema.

Soziale Arbeit musste Konsequenzen ziehen und hat Konsequenzen gezogen: neben der „alten" Klientel gibt es die neue Klientel, neben den ganz allgemein beeinträchtigten Menschen und schwierigen sozialen Bedingungen wird auch die *normale* Bevölkerung Adressat der Sozialen Arbeit. Soziale Arbeit kann in den neuen Handlungsfeldern auf ihre Wissensbestände zurückgreifen, wohl wissend, dass sie nicht ausreichen. Wohl wissend, dass neue Konzepte entwickelt werden müssen. Zu hoffen bleibt, dass es nicht zu einer Zwei-Klassen-Sozialarbeit kommt: Auf der einen Seite die *guten* Risiken, also Klienten, bei denen es sich lohnt, zu *investieren* und auf der anderen die *schlechte* Klientel, die trotz Interventionen wenig Entwicklungschancen hat und daher vernachlässigt wird. Die Gefahr besteht durchaus, aber Soziale Arbeit kommt ganz gut damit zurecht – schließlich ist sie, was Randständigkeit angeht, durchaus erfahren.

Einführende Literatur

Stadler, Peter; Strobel, Gudrun (2006): Der Einfluss von Führungsverhalten auf die psychische Belastungssituation von Mitarbeitern, doi:https://www.lgl.bayern.de/downloads/arbeitsschutz/arbeitspsychologie/doc/fuehrung.pdf

Weiterführende Literatur

Baumgartner, Edgar; Sommerfeld, Peter (2016): Betriebliche Soziale Arbeit. Empirische Analyse und theoretische Verortung. Wiesbaden: Springer Fachmedien.

Kaminski, Martin (2013): Betriebliches Gesundheitsmanagement für die Praxis: ein Leitfaden zur systematischen Umsetzung der DIN SPEC 91020. Wiesbaden: Springer Fachmedien.

Klein, Martin (2021): Eine kleine Einführung in die Betriebliche Soziale Arbeit. Weinheim/Basel: Beltz Juventa.

Struhs-Wehr, Karin (2017): Betriebliches Gesundheitsmanagement und Führung. Gesundheitsorientierte Führung als Erfolgsfaktor im BGM. Wiesbaden: Springer Fachmedien.

23. Ausbildungsvielfalt – Und für sowas braucht man ein Studium?

Wie bei allen anderen Berufen ist auch für die Soziale Arbeit ihre Professionsgeschichte und die Geschichte der Ausbildungen für das Verständnis und die Identitätsbildung spannend. Zugegebenermaßen interessiert das häufiger diejenigen, die sich an Hochschulen mit diesen Fragen beschäftigen, für alle anderen trifft das nicht in gleichem Maße zu. Wir konzentrieren uns daher auf die aktuelle Ausbildungssituation und nennen nur die wichtigsten Daten zur Ausbildungsgeschichte: Anfang des zwanzigsten Jahrhunderts gab es die ersten spezifischen Ausbildungen für soziale Fachkräfte in Deutschland an der Sozialen Frauenschule in Berlin, es folgten Berufsausbildungen an Fachschulen, ab 1959 mit Berufsanerkennungsjahr und Staatlicher Anerkennung, dann an Höheren Fachschulen, und ab den 1970er Jahren ist die Ausbildung akademisiert. Im Zuge der europaweiten Angleichung der Studiengänge wurden die Diplomstudiengänge Anfang dieses Jahrtausends abgelöst durch Bachelor- und Masterstudiengänge.

Exkurs: Die schwierigen und zum Teil überbordenden Versuche, die Qualität von Ausbildungen, Studiengängen und Weiterbildungen europaweit vergleichend zu beschreiben und darzustellen, fanden in den letzten Jahren ihren Niederschlag in sogenannten Qualifizierungsrahmen, auch für die Soziale Arbeit.[94] *Man muss schon über ein gehöriges Maß an Geduld verfügen, um diese bis in kleinste Details ausformulierten Ebenen und Kompetenzen mit Begeisterung aufzunehmen. Selbst Fans von fachlichen Standards zur Qualitätsentwicklung werden hier von feinen Präzisierungsversuchen und Redundanzen erschlagen. Die Regelungswut vereinnahmt erbarmungslos das Bildungswesen, so möchte man meinen. Allerdings ist das alles ohne direkte Konsequenz: Trotz Europäisierung gilt in Deutschland nach wie vor die Kulturhoheit der Länder. Nicht nur in Studiengängen zur Sozialen Arbeit, aber eben auch dort, zeigen sich diese Auswüchse des fröhlichen Mit- und Nebeneinanders von Bildungszugängen und Abschlüssen, wo jede Hochschule ihre Besonderheiten als Standards deklarieren kann. Spätestens dann, wenn ein Student die Hochschule wechseln will, wird er mit Erstaunen feststellen, dass das gar nicht so einfach ist. Er wird nämlich Mühe haben, sich seine bisherigen Studienleistungen anerkennen zu lassen, da die Module der neuen Hochschule so ganz anders sind als an der alten. Wohlgemerkt, wir sprechen nur vom Wechsel der Hochschule, also des Ortes, nicht vom Wechsel des Fachs.*

Das Studium der Sozialen Arbeit erfolgt überwiegend an Hochschulen für angewandte Wissenschaften und an einigen Universitäten (dort zum Beispiel an

94 Die neueste Fassung ist zu finden unter: https://www.fbts-ev.de/qualifikationsrahmen-soziale-arbeit [21.11.2021].

erziehungswissenschaftlichen Fakultäten). Es gibt an deutschen Hochschulen etwa 190 Bachelor- und rund 100 Master-Studiengänge für Soziale Arbeit.

Der Bachelorstudiengang gilt heute als der erste qualifizierende Abschluss. Er umfasst in der Regel sechs bis sieben Studiensemester und dient einer eher generellen Orientierung. Darauf aufbauend kann dann in Vollzeit oder berufsbegleitend ein spezialisierter, ein generalistischer oder ein forschungsorientierter Masterabschluss erworben werden.

Das Bachelorstudium

Die Bachelorstudienangebote unterscheiden sich zwar zum Teil stark voneinander, aber die ersten Semester sind überwiegend ähnlich aufgebaut. In den ersten Semestern werden meist die Grundlagen der Bereiche Wissenschaft und Praxis der Sozialen Arbeit sowie Wirtschaft und Recht vermittelt, es geht um Fächer wie Sozialpolitik, soziologische und entwicklungspsychologische Grundlagen sowie Familienrecht. Schwerpunkte sind darüber hinaus Armut und soziale Ausgrenzung, interkulturelle Soziale Arbeit sowie Probleme des Aufwachsens von Kindern und Jugendlichen. Es erfolgt eine grundlegende Einführung zu den Fragen „Was ist unter Sozialer Arbeit zu verstehen?“, „Welche Theorien und welche Methoden sind für das fachliche Handeln wichtig?“, und „Welche Forschungen in der Sozialen Arbeit sind relevant?“. Die zentralen Herausforderungen wie soziale Ungleichheiten und Armut werden analysiert, und es wird reflektiert, was Soziale Arbeit in modernen Gesellschaften leisten kann und wo ihre Grenzen liegen.

Es folgt in den weiteren Semestern der Kompetenzerwerb sozialpädagogischen und sozialarbeiterischen Handelns. Professionelle Angebote der Hilfe, Bildung, Erziehung, Betreuung und Unterstützung richten sich an Menschen in jedem Lebensalter und in unterschiedlichen gesellschaftlichen Milieus. Dementsprechend vielfältig ist der Kanon: Anwaltschaft, Bildung, Care (Sorgen als sozialpolitische Aufgabe und als soziale Praxis), Didaktik, Eingriff, Erziehung und Erziehungsmittel, Erziehungs- und Bildungsziele, Handlungskompetenz, Hilfe, Leistung, Verantwortung, Pädagogischer Bezug, Partizipation, Prävention und Intervention, Soziale Kontrolle, Sozialpädagogische Kasuistik, Spiel, Vertrauen. Ein Set an Methoden gehört daher zum Kern jedes Sozialarbeitsstudiums, wie Gesprächsführung, Beratung, Beratungsforschung, Care und Case Management, Diagnostik in der Sozialen Arbeit, Empowerment, Informationstechnologien in der Sozialen Arbeit, Klinische Sozialarbeit, Mediation als Konflikthilfe, Sozialraumbezogene Methoden, Supervision.

Im Bachelorstudium werden zudem die Handlungs- und Arbeitsfelder der Sozialen Arbeit, die Organisationen und Institutionen und ihre Aufgaben vorgestellt. Sie reichen von Bildungsangeboten in der frühen Kindheit über Maßnahmen der beruflichen Eingliederungen für junge Erwachsene ohne Schul- oder Bildungsabschluss bis hin zur sozialen und pädagogischen Arbeit mit älteren Menschen. Ein Blick auf die Arbeits- und Handlungsfelder zeigt die große Vielfalt: Von der Wiege bis zur Bahre – es gibt so gut wie keinen Lebensbereich, der ohne Soziale Arbeit auskommt. Hier eine kleine Auswahl aus einem Grundlagenwerk (Otto; Thiersch 2014): Abenteuer- und Erlebnispädagogik, Adoption und Pflegschaften, Ästhetische Bildung, Behindertenpolitik und -arbeit, Betreuung, Erwachsenenbildung, Familienhilfe, Familienbildung, Friedens- und Konflikterziehung, Hilfen zur Erziehung, Interkulturelle Soziale Arbeit, Jugendarbeit, Jugendstrafvollzug, Kinder- und Jugendhilfe, Kinderschutz, Kindertagesbetreuung, Frühpädagogik, Klinische Sozialarbeit, Kommunale Sozialarbeit, Kulturelle Bildung, Mobile Jugendarbeit, Pflege, Politische Bildung, Psychoanalytische Pädagogik, Religiöse Erziehung, Schulsozialarbeit, Sexualpädagogik, Soziale Arbeit auf dem Land, Soziale Arbeit im virtuellen Raum, Sport und Sozialarbeit, Tiere und Sozialarbeit, Vormundschaft, Weiterbildung.

Sollten Sie als Leser hier einen Bereich vermissen, liegt das nicht daran, dass es in diesem Bereich kein sozialarbeiterisches Angebot gibt, vielmehr wissen wir, dass obige Aufstellung längst nicht vollständig ist:

> Steigt ein Sozialarbeiter ins Taxi. Fragt der Taxifahrer: „Wo möchten Sie denn hin?“ Darauf der Sozialarbeiter: „Egal – ich werde überall gebraucht!“

Deller und Brake (2014, 129) fassen die Anforderungen in einem Katalog zusammen.

Sozialarbeiterinnen und Sozialpädagogen sind danach (oder machen) Folgendes:

- Generalisten, keine Spezialisten
- betrachten den Menschen als ganzheitliches Wesen in seiner sozialen Umgebung und seinem gesellschaftlichen Umfeld
- sind in Diagnose und Intervention dem ökologischen Denken verpflichtet
- leisten fachliche Hilfe im materiellen, psychischen, sozialen und kulturellen Bereich
- leisten in erster Linie Beziehungsarbeit
- sind Fachleute für helfende Beziehungen, für menschliche Konflikte, für Kommunikation und Interaktion und für Veränderungsprozesse
- versuchen, an der Gestaltung der postindustriellen Gesellschaft und insbesondere am Erhalt des sozialen Netzwerkes mitzuwirken
- durch eine hohe Flexibilität ausgezeichnet
- haben ein politisches Mandat – auch wenn die Gesellschaft ihnen keines gibt
- keine Problemlöser, sondern helfen Menschen bei der Lösung ihrer Probleme.

Ob sich Studierende oder Studienbewerber oder Absolventen darüber immer im Klaren sind, kann bezweifelt werden (vgl. nachfolgende Abbildung):

Gedankensplitter

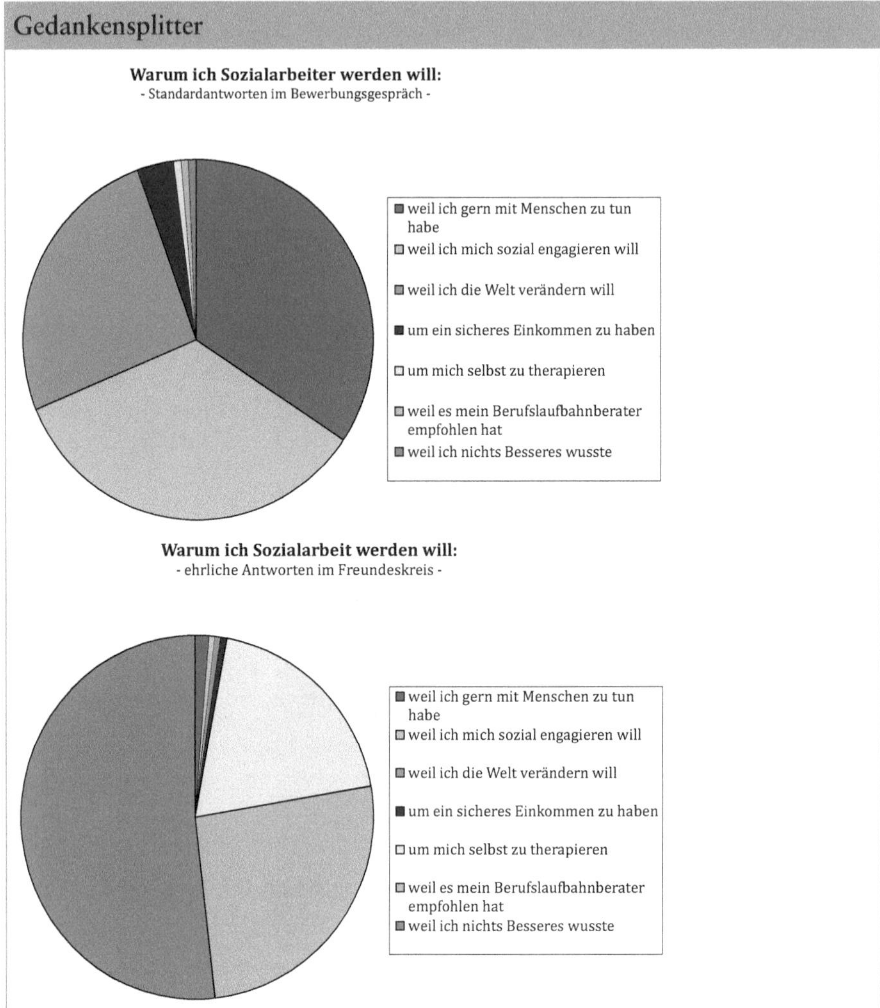

In vielen Bewerbungssituationen habe ich die klassischen Antworten auf die *Kernfrage* gestellt und ähnliche Antworten erhalten. Aus diesen Erfahrungen habe ich dann diese Auswertung erstellt. Sie erhebt keinen Anspruch auf Repräsentativität, sondern soll einen schmunzelnden Blick auf unser Arbeitsfeld werfen und junge Berufskollegen zur Selbstreflexion anregen.

Thomas Muth

Da es sich bei den Problemstellungen um gesellschaftlich relevante Bereiche handelt, bedeutet das, dass sich mit dem gesellschaftlichen Wandel auch die

Handlungsfelder ändern. Dazu je ein Beispiel. Schon lange ist Soziale Arbeit im Bereich von Adoption etabliert: Vermittlung von Adoptionen, Auswahl von Eltern, Adoptionsbegleitung. Während vor dreißig Jahren eine anonyme Vermittlung (die abgebende Mutter wusste nicht, in welche Familie ihr Kind vermittelt wurde und die Aufnehmenden kannten die leibliche Mutter nicht – es sollte auch zu keinem Kontakt kommen) das Standardverfahren war, ist heute die sogenannte offene Adoption (die abgebende Mutter kennt die Aufnehmenden und es werden eventuell Kontaktmöglichkeiten angeboten) üblich. Mit dem gesellschaftlichen Wandel haben sich die Aufgaben, Verfahren und Methoden des Arbeitsfeldes Adoption geändert, um nur ein Beispiel zu nennen.

Völlig neue Arbeitsfelder sind im Zusammenhang mit Mediennutzung (Kinder-, Jugend- und Erwachsenenbildung) oder in der Gesundheitsarbeit entstanden.

Viele Hochschulen legen in der Studienstruktur Wert auf eine praxisnahe Ausbildung und verlangen daher die Absolvierung von Praktika in verschiedenen sozialen Einrichtungen. Da die zukünftigen Berufstätigen oftmals auch sogenannte hoheitliche Aufgaben (durch Institutionen des öffentlichen Gemeinwesens kraft öffentlichen Rechts wahrgenommen) zu bewerkstelligen haben, ist mit dem Abschluss eine staatliche Anerkennung verbunden. Allerdings sind, wie so häufig in Ausbildungsfragen, hier keine einheitlichen Regelungen vorzufinden, jedes Bundesland pflegt seine eigenen Vorschriften.[95]

Das Masterstudium

Das Masterstudium Soziale Arbeit vermittelt vertiefte Kenntnisse und Methoden, etwa Theorien der Sozialen Arbeit oder Handlungskonzepte der Sozialen Arbeit. Die Vertiefungsschwerpunkte umfassen jetzt Bereiche, die durchaus mit dem Begriff Fachsozialarbeit bezeichnet werden können: Klinische Sozialarbeit, Sozialmanagement, Sozialinformatik, Case und Care Management, Sozialplanung, Sozialarbeitsforschung oder Migration und Integration.

Für ein Masterstudium im Bereich Sozialer Arbeit ist in erster Linie ein Hochschulabschluss mindestens auf Bachelor-Niveau in Sozialarbeit, Sozialpädagogik oder einer äquivalenten Erziehungswissenschaft von mindestens sechs Semestern Regelstudienzeit erforderlich. Der Masterabschluss berechtigt außerdem zur Zulassung zu einem Promotionsstudium.

In der Praxis ist die Einstellungspraxis von Bachelor- und Masterabsolventen nach wie vor noch unübersichtlich. Die Umstellung von den Diplomstudiengängen auf die neuen Abschlüsse erfolgt nur zögerlich. Einerseits soll der Bachelor das Diplom ersetzen, obwohl diese Ausbildungen nicht gänzlich ver-

95 Siehe: https://www.dbsh.de/profession/staatl-anerkennung.html [21.11.2021].

gleichbar sind: Im Diplomstudiengang waren in der Regel zwei Praxissemester Standard, in vielen Bachelorstudiengängen häufig nur eines. Der Unterschied zwischen Diplom und Master ist ebenfalls durch Überschneidungen gekennzeichnet. Wie auch immer: Ob es dazu kommt, dass der Bachelor die bisherigen Diplomstellen ersetzt und sich der Master für Leitungsaufgaben oder spezielle Anwendungsfelder etabliert, bleibt abzuwarten. Grundsätzlich erhöhen sich durch den Master die Chancen für Anstellungen in den Strategieabteilungen von Anbietern sozialer Dienstleistungen, in kommunalen und staatlichen Sozialverwaltungen oder sogar in der Politikberatung. Durch die Promotion ist die Voraussetzung für eine Hochschullaufbahn gegeben, damit erhöhen sich die Chancen, den eigenen akademischen Nachwuchs auszubilden.

Soziale Arbeit kann und wird sich nicht frei machen von gesellschaftlichen Strömungen. Dabei soll sie nicht jedem Mainstream folgen, muss sich aber davor hüten, an alten Zöpfen festzuhalten. Die gesellschaftliche Verortung Sozialer Arbeit als lebensweltliches Hilfesystem bietet die Chance, immer nah an den Bedürfnissen der Menschen zu sein und Entwicklungsnotwendigkeiten frühzeitig wahrzunehmen.

Einführende Literatur

Becker-Lenz, Roland; Busse, Stefan; Ehlert, Gudrun und Müller-Hermann, Silke (2013): Professionalität Sozialer Arbeit und Hochschule. Wissen, Kompetenz, Habitus und Identität im Studium Sozialer Arbeit. 3. Aufl., Wiesbaden: Springer VS.

Weiterführende Literatur:

Deller, Ulrich; Brake, Roland (2014): Soziale Arbeit. Opladen: Budrich..

24. Forschung in der Sozialen Arbeit – Welche Hilfe hilft?

Was ist eigentlich *gute* Soziale Arbeit? Lassen sich Erfolge objektiv messen?

Stellen Sie sich vor: Die Stiftung Warentest, bekannt für die Verleihung von Gütesiegeln bei Waschmaschinen und Fernsehern, würde sich die Soziale Arbeit vornehmen. Geht nicht? Ist aber passiert. Die Stiftung Warentest hat Pflegestützpunkte (Anlauf- und Beratungsstellen für pflegebedürftige Menschen und deren Angehörige) in Deutschland getestet und kommt zu folgendem Ergebnis:

> „Jeder dritte Stützpunkt ist gut. In unserem Test haben fünf der sechzehn Pflegestützpunkte ein gutes Gesamtergebnis erzielt, einige knapp. Nur ein einziger (...) bietet auch eine gute fachliche Qualität. Zehn schneiden insgesamt befriedigend ab, einer ausreichend." (Stiftung Warentest 11/2010, 88).

Interessant ist natürlich, wie und was gemessen wurde. Es wurden die Tester, die als hilfebedürftige Person oder als Angehörige auftraten, mit verschiedenen Anliegen losgeschickt. Sie ließen sich am Telefon oder nach Terminabsprache direkt vor Ort im Pflegestützpunkt beraten. Die Tester konfrontierten die Berater mit typischen Anfragen. Die Mitarbeiter mussten sich bei den Anfragen konkret in den Leistungen der Pflegeversicherung auskennen und gezielt beraten. Was wurde nun gemessen? Die fachliche Qualität wurde mit achtzig Prozent im Test beurteilt. Geprüft wurde, ob der Pflege- und Unterstützungsbedarf umfassend erfasst und erkannt wurde. Bei der Beratung zur individuellen Pflegesituation war von Bedeutung, ob passende Leistungen und Hilfen empfohlen und welche Informationen dazu gegeben wurden. So wurden folgende Themen unter anderem angesprochen: Begutachtung und Antragsverfahren zum Pflegestufenerhalt[96], Leistungsansprüche im Rahmen der Pflegestufen, Pflegetagebuch, Kurzzeitpflege, Leistungen und Hilfe bei Demenzerkrankung, Rehabilitationsmöglichkeiten, osteuropäische Pflegekräfte, selbstständiges Leben mit Mobilitätseinschränkungen, Umgang mit Unzufriedenheit bei professioneller Pflege. Unter methodischen Gesichtspunkten wurde die Gesprächskompetenz getestet: Bewertet wurden neben Verständlichkeit der vermittelten Informationen ein dialogorientierter Kommunikationsstil und die Nutzung von Informationsmaterial zur Erläuterung komplexer Sachverhalte.

Der Kundenservice wurde mit zwanzig Prozent gewichtet. Bewertet wurden unter anderem Terminvereinbarung und -treue, Gesprächsvorbereitung, Sicherstellung einer ruhigen, diskreten Beratungssituation, weitere Hilfestellungen und die Nutzung von Informationsmedien.

96 Die im „Test" beschriebenen Pflegestufen wurden mit dem dritten Pflegestärkungsgesetz (PSG III) auf das neue System der Pflegegrade umgestellt.

Das zweite Beispiel bezieht sich auf Beratungsleistungen in der Schulsozialarbeit:

> „Gute Noten für Sozialarbeit. Eine Umfrage zur Schulsozialarbeit hat ergeben, dass annähernd neunzig Prozent der Schüler und Lehrkräfte mit den Leistungen zufrieden sind, die in München (...) angeboten werden. Schulsozialarbeit findet an 65 Münchner Schulen, davon 27 Haupt- und 21 Berufsschulen, statt. (...) Bestnoten vergaben die 2500 Befragten vor allem für die Beratung und Gespräche, die Unterstützung zur Berufsvorbereitung sowie Klassenprojekte und die Funktion der Schulsozialarbeit als Bindeglied zwischen Schülern und Lehrern. Im laufenden Schuljahr soll die Schulsozialarbeit an drei Schulen erweitert, an sechs weiteren neu eingeführt werden." (Bayrische Sozialnachrichten 5/2007, zit. n. Göppner 2009, 75).

Und das dritte Beispiel greift die Frage auf, wie Wirkungen erklärt werden können:

Wie eine Studie belegt, ist die Patientenbegleitung umso erfolgreicher, je besser das Aushandeln von (expertendefinierten) Bedarfen, wie zum Beispiel Behandlungsnotwendigkeiten, und den jeweiligen Vorstellungen und Wünschen des Patienten gelingt (Wimmer u.a. 2011). Die Passung, also das Ausbalancieren, von Patientenbedürfnissen und Versorgungsbedarfen ist ein zentraler Wirkmechanismus: Es muss jemand da sein, der hilft, die Dinge auf die Reihe zu bringen, der sich Zeit nimmt, zur Versorgungssituation zu beraten, abzuwägen, abzustimmen, der dafür Sorge trägt, dass Patienten die Dinge und Prozesse so weit verstehen, dass sie sich nicht ausgenutzt oder benutzt fühlen. Der entscheidende Erfolgsfaktor ist daher die Herstellung der Passung zwischen Bedürfnislage und Versorgungsbedarf des Patienten. Es zeigt sich außerdem, dass umfangreiche, gezielte Interventionen mittlerer Dauer, frühzeitige Einleitung der Patientenbegleitung, Atmosphäre und Intensität der Kontakte sowie eine hohe Kooperation aller Beteiligten eine hohe Wirksamkeit begünstigen.

Und schließlich noch ein letztes Beispiel zur partizipativen Forschung: Welche sozialen Folgen die Finanzkrise von 2008 in Österreich für ältere Arbeitnehmer hat, wurde in Rahmen eines Projektes untersucht. Die Frage, wie sich die Krise auf das Wohlergehen in Form der Rechte und Verwirklichungschancen im Leben der Betroffenen auswirkt, wurde methodisch kombiniert durch partizipative Aktionsforschung, Menschenrechte und Capability-Ansatz[97]. Gemeinsam stellen Forscherinnen und Betroffene als Co-Forschende dar, wie sich Arbeitslosigkeit nicht nur auf den materiellen Lebensstandard auswirkt, sondern wie sich insbesondere eine Beeinträchtigung des Wohlergehens in Bezug auf Gesundheit, auf das familiäre und gesellschaftliche Leben und damit

97 Vgl. zum Capability-Ansatz die Erläuterungen in Kapitel 5 in diesem Buch.

auf die Identität und Selbstentfaltungsmöglichkeiten darstellt. Durch die partizipative Form wirkt diese Forschung besonders authentisch, da die Ergebnisse in mehreren Erarbeitungsschleifen erstellt werden (Leßmann/Buchner 2017).

Soziale Arbeit betreibt zunehmend eigene Forschungen. Im Zuge der verstärkten Professionalisierungsbestrebungen erlangt die Forschungstätigkeit in der Sozialen Arbeit mehr und mehr an Bedeutung, und die wachsende Zahl empirischer Studien, die in den mannigfaltigen Handlungsfeldern Sozialer Arbeit Befunde zu ganz unterschiedlichen Forschungsfragen liefern wollen, ist ein Beleg dafür. Dabei wird mittlerweile, trotz vielfältiger Kontroversen, beispielsweise hinsichtlich methodischer und methodologischer Positionierungen, die grundsätzliche Notwendigkeit von eigenen empirischen Forschungsarbeiten in der Sozialen Arbeit nicht mehr infrage gestellt.

Die Deutsche Gesellschaft für Soziale Arbeit hat in einem Forschungsband grundlegende Fragen eigener Forschungsaktivitäten thematisiert :

> „Es ergibt sich ein großer Unterschied daraus, ob sich Forschung in der Sozialen Arbeit als Ableger einer wie auch immer zu bezeichnenden Bezugs-, Nachbar- oder Hauptdisziplin begreift oder ob sie aus dem Selbstverständnis einer eigenen wissenschaftlichen Disziplin und Profession heraus arbeitet. Ist die Forschung wesentlicher Bestandteil Sozialer Arbeit, dann nimmt sie nicht nur Anteil an Entwicklungen in der Sozialen Arbeit, sondern dann versteht sie sich auch als Dienst an dieser Sozialen Arbeit und damit verbunden an den Zielgruppen Sozialer Arbeit. Andererseits ist eine solche Forschung jedoch nicht beschränkt in Richtung eines zwingenden Anwendungsbezuges, sondern versteht sich auch als Erkenntnis generierende Wissensproduktion, die auch grundlegenden Fragestellungen nachgeht, ohne unmittelbar einem Verwertungs- oder Anwendungszwang zu unterliegen.“ (Schneider u.a. 2015, 9).

In weiteren Forschungsbänden (Oelerich; Otto 2011; Forschungsreihe: Statistik in Sozialer Arbeit, Pflege und den Humanwissenschaften, hrsg. Brühl/Löcherbach[98]) werden empirische Studien aus ganz verschiedenen Arbeitsfeldern der Sozialen Arbeit vorgestellt. Diese Studien bieten durch ihre breit gefächerte Themenauswahl eine hohe Abdeckquote des Handlungsfelds Sozialer Arbeit. Das Spektrum reicht von der Netzwerkforschung mit Kindern oder sozialräumlich orientierter Arbeit, von Fallstudien oder Studien zur Bewertung von Frühförderprogrammen in Kindertagesstätten über Analysen zur biografischen Selbstthematisierung von an Brustkrebs erkrankten Frauen bis zu chronisch kranken obdachlosen Jugendlichen.

98 https://www.nomos-shop.de/nocache/suche/ext/product/list/?tx_girashop_f205_1%5BproductLine%5D=961&cHash=2dec544c10fd8c2e06d23c22f0fefc5f [21.11.2021].

Nicht nur methodische Vorgehensweisen, sondern auch Implikationen für die Soziale Arbeit generell werden durch quantitative *und* qualitative Forschungsmethoden vorgestellt. Besonders relevant für die Soziale Arbeit – und das scheint unseres Erachtens der zentrale Punkt - ist die Wirkungsforschung. Hier steht die Soziale Arbeit noch am Beginn, da es zwar höchst interessant ist zu belegen, was warum wirkt (gern wird hier von *evidenzbasierter* Forschung gesprochen, also Forschungen, die zu klaren, nicht mehr bestreitbaren Ergebnissen führen – bei dem Begriff hat man sich an die Medizin angelehnt), aber dies ist, bezogen auf die Fragestellungen der Sozialen Arbeit, schwer erreichbar – eine methodische Herausforderung, die in der Forschungspraxis fast utopisch und zudem fragwürdig ist. Als systematische Forschung gelten nämlich nur kontrollierte Studien, das heißt randomisierte – mit Zufallsstichproben arbeitende – klinische Untersuchungen. Für den Bereich der Sozialen Arbeit kämen dann als gültige Studien-Tests nur quasi-experimentelle Interventionsstudien und Fragebogenerhebungen infrage, kurzum: das ganze Instrumentarium der quantitativen Methoden. Qualitative Designs legen ihren Fokus auf die Erfassung der Akteurs-Perspektive, der Handlungsorientierung und der Deutungsmuster der Befragten, eine unverzichtbare Perspektive in der Wirkungsforschung. Und so ist zumindest unstrittig, dass unter forschungsmethodischen Aspekten quantitative und qualitative Beiträge vonnöten sind: Interview, Befragungen, teilnehmende Beobachtung und Inhaltsanalysen, Datenerhebungs- und -auswertungsverfahren, Assessmentverfahren zur Messung von Veränderungen sozialer Zustände und vieles andere mehr.

Forschung in der Sozialen Arbeit sollte darauf abzielen, die Handlungsfähigkeit zu erhöhen (DGSA 2014). So verstandene Forschung ist immer eine wechselseitige Intervention zwischen Forscherin und beforschten Personen und strebt über Partizipation ein Empowerment der Menschen an. Und auch das Ziel von Forschung in der Sozialen Arbeit muss dem allgemeinen Ziel der Sozialen Arbeit, der (Wieder-)Herstellung von relativer Handlungsfähigkeit auf individueller und institutioneller Ebene entsprechen. Forschung muss helfen, die individuelle und soziale Situation von Menschen zu verbessern – dazu gehört zwangsläufig der Auftrag, Inhalte von Forschung in Organisationen und Gesellschaften hinein zu transportieren. Dieser Auftrag, so folgert die Fachgesellschaft, beinhaltet auch, in der Praxis vorhandenes Wissen über Klientinnen, über Rahmenbedingungen und Bedingungen der eigenen Praxis zu erläutern und somit für reflektierte Handlung zugänglich zu machen.

Soziale Arbeit kann, und das ist einerseits ein Hindernis, möglicherweise aber auch eine Chance, nicht auf die klassischen Forschungsstrukturen, wie sie an den Universitäten vorhanden sind, zurückgreifen: Hindernis, weil Forschungsaktivitäten auf den sogenannten Mittelbau verzichten müssen, Chance, weil sie ihre Profilbildung in Ruhe vorantreiben kann.

Alle positiven Veränderungen in der Forschungslandschaft können aber nicht darüber hinwegtäuschen, dass die Soziale Arbeit im Vergleich zu anderen Professionen noch einen erheblichen Nachholbedarf hat und die Lücke von fallbezogenen Auswertungen und Praxisprojekten bis hin zu empirischen Forschungen noch lange nicht geschlossen ist.

So oder so, die Forschung muss die Praxis stärker berücksichtigen. Es hängt von den ausgehandelten Rahmenbedingungen (finanzielle, organisatorische und personelle Ausstattung) ab, wie ein konkretes Vorhaben (Design und Durchführung) innerhalb des Forschungsspektrums gefördert oder begrenzt wird. Es kann ja nicht sein, dass Forschung nur an Hochschulen stattfinden soll, ausschließlich am Grad der erfolgten Promotionen und Habilitationen gemessen und die Praxis zum Zuschauer degradiert wird. Das Spektrum ist daher weiter zu fassen. Es bleibt zu prüfen, wie hoch der jeweilige Aufwand ist, ob eine mehr oder weniger einfache oder doch komplexe Fragestellung bearbeitet wird und ob immer eine empirische oder auch eine plausible Fundierung ausreicht. Die Trennung von Wissenschaft, Forschung, Praxis und Ausbildung als eigenständige Teilsysteme der Sozialen Arbeit ist grundsätzlich wichtig, um diese sinnvoll und differenziert beschreiben zu können und die jeweiligen eigenen Aufgaben herauszustellen – sie müssen aber immer auch zusammengeführt und aufeinander bezogen werden, sonst würde die häufig konstatierte Unvereinbarkeit von Theorie und Praxis, von Wissenschaftlichkeit und praktischer Handlungsfähigkeit zementiert und wir kämen zu einem unrühmlichen Fehlschluss: Praktiker befassen sich mit der Praxis und Forscher befassen sich mit Forschung – dieser Unsinn sollte nicht gefördert werden.

Einführende Literatur:

Oelerich, Gertrud, Otto, Hans-Uwe (Hrsg.) (2011): Empirische Forschung und Soziale Arbeit. Ein Studienbuch. Wiesbaden: Springer VS.

Weiterführende Literatur

Schneider, Armin; Köttig, Michaela; Molnar Daniela (Hrsg.) (2015): Forschung in der Sozialen Arbeit. Grundlagen – Konzepte – Perspektiven. Theorie, Forschung und Praxis der Sozialen Arbeit, Band 11. Opladen: Budrich.

Bastian Pascal (2018) Forschung in der Sozialen Arbeit. In: Graßhoff G., Renker A., Schröer W. (eds) Soziale Arbeit. Wiesbaden: Springer VS. https://doi.org/10.1007/978-3-658-15666-4_44

25. Wertschöpfung – Gutes muss nicht teuer sein

In der öffentlichen Wahrnehmung wird *das Soziale* durchweg und fast ausschließlich mit hohen Kosten verbunden. Steigende Ausgaben für Jugend-, Familien- und Altenhilfe, für Behinderten- und Krankenhilfe, für Hilfen zur Pflege und Grundsicherung werden als Belastung kommunaler, aber auch der Landes- und Bundeshaushalte dargestellt. Regelmäßig wird in der Tagespresse berichtet, dass die Positionen Gesundheit und Soziales andere Haushaltsposten um ein Vielfaches übersteigen – sie sind mittlerweile in den Kommunen der größte Ausgabenbereich. Und kommunalpolitisch Interessierte haben längst feststellen müssen, dass die Kämmerer zunehmend bestimmen, was überhaupt noch *geht*. Kommunen sind, so scheint es, nur noch in der Lage, beispielsweise in der Jugend- und Familienhilfe die sogenannten Pflichtleistungen zu erbringen. Das sind Leistungen, die aufgrund gesetzlicher Vorschriften *nicht abgewendet* werden können. Lange ist es her, dass neue Projekte, dass zusätzliche Hilfen aufgrund von freiwilligen Leistungen in nennenswertem Maße gefördert wurden.

Es überwiegt der Eindruck, dass Klienten der Sozialen Arbeit in erster Linie Kosten verursachen, immense Kosten sogar. Und zu den angeführten Sozialleistungskosten der öffentlichen Hand sind noch die Aufwendungen zu rechnen, die durch Leistungen der Sozialversicherungen wie Kranken- und Pflegekassen, Arbeitslosen- und Rentenversicherung gedeckt werden und daher in den öffentlichen Haushalten nicht auftauchen. Arbeitgeber wie Arbeitnehmer interessiert in diesem Zusammenhang am meisten die Frage der Beitragsstabilität oder die Frage von Leistungskürzungen.

Gedankensplitter

Finanzierungsfragen in der Sozialen Arbeit
Entgeltverhandlungen zwischen einem freien und dem öffentlichen Jugendhilfeträger. Es geht um Kostenpauschalen und die Frage, wie pädagogische Arbeit abgebildet und beziffert werden kann. Nach einer sehr eindrucksvollen Excel-Tabelle, die im Detail Auskunft darüber gibt, wie viele pädagogische Fachkräfte, welche Tätigkeiten (u.a. Reflexion, Verstehen, Diagnostik, Planung etc.) in welchen Zeiträumen ausführen, endet die Verhandlung mit dem Satz: „Also denken sollen die Fachkräfte zu Hause. Auf der Arbeit sollen sie arbeiten!"

Vanessa Schnorr

Der Spaß, so wissen wir, hört beim Geld bekanntlich auf. Über die durchgängig zu verzeichnenden Wachstumsraten im Gesundheits- und Sozialbereich freut man sich daher weniger als in den übrigen Wirtschaftszweigen, wo diese ja geradezu zum Fetisch erhoben werden. Ohne Wachstum oder Wachstumserwartung in der Produktions- und Geldwirtschaft scheint die Wohlstandssicherung gefährdet. Und immer wieder wird gern darauf verwiesen, dass eine gute Wirtschaftspolitik eine gute Sozialpolitik sei. Ein sprachliches Zwischending stellt der Begriff *Sozialwirtschaft* dar. Ganz allgemein beschreibt Sozialwirtschaft den Teil des Wirtschaftssystems, der sich im Wesentlichen mit Leistungen zum Nutzen der Gesellschaft befasst, indem individuelle und gemeinschaftliche Wohlfahrt *produziert* wird. Im Zentrum stehen soziale Probleme, insbesondere in der Erbringung von sozialen Dienstleistungen für und mit Menschen. Damit hat das sozialwirtschaftliche Handeln sowohl ökonomische als auch soziale Aspekte.

Als Teil des Dienstleistungssektors wird die Sozialwirtschaft zwischen dem privatwirtschaftlichen Sektor (Märkte mit Angebot und Nachfrage) und dem öffentlichen (Staat) angesiedelt. Gebräuchliche Bezeichnungen sind auch Dritter Sektor und Non-Profit-Sektor. In Europa gibt es in den einzelnen Ländern eine unterschiedliche Tradition der organisierten Sozialwirtschaft (*économie sociale*, *social economy*).

Als Branche betrachtet stellt die Sozialwirtschaft einen besonderen Bereich der ökonomischen Wertschöpfung dar. Der Grund dafür ist, dass die wirtschaftlichen Leistungen im Wesentlichen über den Staat refinanziert werden und die Organisationen mehrheitlich gemeinnützig ausgerichtet sind. Die Sozialwirtschaft fristet daher im ökonomischen Marktgeschehen eher ein Mauerblümchendasein. Im Mittelpunkt stehen hier neben den Auszahlungen (wie zum Beispiel der Grundsicherung) die Ausgaben für die Leistungen, die in den Einrichtungen und von den Diensten der Sozialwirtschaft erbracht werden, also direkte Kosten, die sich dann noch um die Kosten aufgrund von Produktivitätsverlusten erhöhen. Letztere nennt man daher auch indirekte Kosten.

Und so verwundert es nicht, dass das *Soziale* als unwirtschaftlicher und unproduktiver Bereich gilt. Zwei Beispiele dazu: Im Jahr 2019 gab der Staat in Deutschland brutto rund 33 Milliarden Euro für Sozialhilfeleistungen nach dem SGB XII *Sozialhilfe* aus. Wie das Statistische Bundesamt (Destatis)[99] weiter mitteilt, entsprach dies einer Steigerung um 5,8 Prozent gegenüber 2018. Von den insgesamt 32,8 Milliarden Euro Nettoausgaben für Sozialhilfeleistungen entfielen 19,3 Milliarden Euro auf die Eingliederungshilfe für behinderte Menschen (+6,7 Prozent zum Vorjahr). Für die Hilfe zur Pflege wurden 3,8 Milliarden Euro ausgegeben (+8,8 Prozent). In die Hilfe zum Lebensunterhalt flossen 1,5 Milliarden Euro (-0,3 Prozent) und in die Hilfen zur Gesundheit, die Hilfe zur Überwindung besonderer sozialer Schwierigkeiten sowie die Hilfe in anderen Lebenslagen zusammen 1,3 Milliarden Euro (+3,8 Prozent).

99 Siehe: https://www.destatis.de/DE/Presse/Pressemitteilungen/2020/08/PD20_314_221.html;jsessionid=EF2BDC404D2978AA794F6915549E897E.live741 [21.11.2021].

Zweites Beispiel: Die Deutsche Hauptstelle für Suchtfragen listet die für die Gesellschaft anfallenden alkoholbedingten Kosten auf. Direkte Kosten entstehen danach größtenteils im Gesundheitswesen, indirekte Kosten in der Wirtschaft. Die gesamten Kosten werden in wirtschaftswissenschaftlichen Kostenschätzungen erfasst. Direkte Kosten entstehen durch Behandlung, Arzneimittel, Gesundheitsdienstleistungen, aber auch durch Sachbeschädigungen, Verkehrsunfälle, Gerichtsverhandlungen. Indirekte Kosten werden durch Produktivitätsverluste (wie durch Arbeitsausfälle, Frühberentung, Qualitätsverluste) verursacht. Und schließlich gibt es auch noch sogenannte intangible Kosten, wie verminderte Lebensqualität, Schmerzen, Leid (diese werden in den Kostenschätzungen meist nicht beziffert). Für Europa werden die Gesamtkosten auf 125 Milliarden Euro jährlich beziffert, davon entfallen 59 Milliarden Euro (47 Prozent) auf Produktionsverluste. Einheitlich kommen die Untersuchungen zu dem Ergebnis, dass Produktivitätsverluste den größten einzelnen Kostenfaktor darstellen.[100]

Ähnliche wirtschaftswissenschaftliche Berechnungen ließen sich für nahezu jeden Bereich des Sozial- und Gesundheitssektors erstellen – und würden im Ergebnis auch ähnlich hohe Kostensteigerungsraten ausweisen. Angesichts klammer Kassen der Städte und Gemeinden, angesichts der hoch verschuldeten Bundesländer und immenser Staatsschulden des Bundes muss geradezu zwangsläufig die Frage gestellt werden: Wie viel Wohlfahrt kann sich der Staat und will sich die Gesellschaft leisten? Und mehr oder weniger unverhohlen wird angefragt, wie es denn mit den Wirkungen und Erfolgen im Sozialsektor aussieht. Gern wird in diesem Zusammenhang auch von Nutzen (Gott sei Dank nicht von Verwertbarkeit) gesprochen, wobei oft nicht geklärt ist, auf wen oder was sich der Nutzen bezieht. Geht es um Nutzen für die Klienten oder geht es um Nutzen für die Wirtschaft oder die Gesellschaft?

Die Daten (Ausgaben) sprechen für sich – aber die Aussagekraft von Daten ist immer nur so gut, wie deren Bezug geklärt und dargestellt wird. Kostendaten und Fakten stellen Ausschnitte dar, die auf einen bestimmten – nämlich monetär ermittelbaren und wirtschaftlich bewertbaren – Bereich fokussiert sind. Daher stellen diese nüchternen und ernüchternden Zahlen auch nur die halbe Wahrheit dar. Und manchmal nicht mal das. Zu konstatieren ist, dass den Ausgaben zunächst auch direkte Einnahmen gegenüberstehen, die im Sozialhilfebereich zwar unter zehn Prozent liegen, die aber den *Wirtschaftskreislauf* des Sozial- und Gesundheitsbereiches auch nur unzureichend abbilden. Hier könnte man prima ansetzen:

100 Vgl. Hinweise auf der Homepage der Deutschen Hauptstelle für Suchfragen http://www.sucht-am-arbeitsplatz.de/ [21.11.2021], die sich bei den Daten auf 21 europäische Studien beziehen (Anderson; Baumberg 2006).

Diesen speziellen Wirtschaftskreislauf hat die Liga[101] in Rheinland-Pfalz näher betrachtet. Die in Auftrag gegebene Studie „MehrWertSchöpfung – Die Freie Wohlfahrtspflege als Wirtschaftsfaktor in Rheinland-Pfalz" (Kukula u.a. 2014) kommt zu einem völlig anderen Ergebnis, da sie neben den Kosten mannigfache Rückflüsse einbezieht.

Die Ergebnisse, betonen die Autoren und wir können dem nur zustimmen, ermöglichen erstmals einen umfassenden Blick auf ökonomische Implikationen der Wohlfahrtsproduktion: Die unternehmensbezogenen Daten umfassen beispielsweise auch Investitionen der Wohlfahrtsproduktion und die durch die Gehälter der Beschäftigten erfolgten Rücktransfers. In einem ersten Schritt werden statt einer *Bruttokostenbetrachtung* (also der Betrachtung der reinen Ausgabensummen) die *Nettokosten* für die öffentliche Hand berechnet: Einrichtungen und deren Mitarbeiter (Gehälter) führen von den vereinnahmten Geldern direkt Abgaben an den Staat ab. Neben diesen direkten Rückflüssen in Form von Steuern und Sozialabgaben ergeben sich auch vielfältige indirekte Rückflüsse.

Nimmt man alle erzielten Rückflusseffekte zusammen, fließen von den getätigten Ausgaben der öffentlichen Hand direkt und indirekt rund 72 Prozent zurück, d.h. von einem verausgabten Euro der öffentlichen Hand für Soziales entsteht „unter dem Strich" eine Belastung von gerade mal 38 Cent!

Hexenwerk? Milchmädchenrechnung? Keineswegs, wie die folgende Aufschlüsselung zeigt: Die Berechnungen umfassen auf der Kostenseite die Ausgaben der öffentlichen Hand in Form von Leistungsentgelten sowie sonstigen öffentlichen Förderungen von Bund, Ländern und Kommunen an die sozialwirtschaftlichen Unternehmen und stellen diesen zunächst die direkten Rückflüsse der Einrichtungen an die öffentliche Hand in Form von Lohnsteuern, Sozialversicherungsbeiträgen (vierzig Prozent) und sonstigen Steuern, insbesondere der Umsatzsteuer, gegenüber. Neben den Steuern und Sozialabgaben der Unternehmen sind hier auch Abgaben der Mitarbeitergehälter berechnet. Diese eher konservative Betrachtung listet nur die Ausgaben der öffentlichen Hand und die allgemeinen Rückflüsse auf. Außen vor wird gelassen, dass die Einrichtungen auch Eigenmittel, Zuwendungen wie Spenden, Einnahmen über wirtschaftliche Nebenbetriebe sowie Nutzerentgelte erhalten können.

Zunächst wird also eine Relation zwischen den Ausgaben und den unmittelbar daraus resultierenden monetären Rückflüssen erstellt, die die Höhe der Ausgaben durch die Gegenüberstellung relativiert und die eine Berechnung *Bruttokosten zu Nettokosten* der öffentlichen Hand vornimmt. Damit nicht genug.

101 Die Liga der freien Wohlfahrtsverbände ist ein Zusammenschluss der sechs anerkannten Verbände der sogenannten Wohlfahrtspflege: Caritas, Diakonie, Arbeiterwohlfahrt, Deutsches Rotes Kreuz, Paritätischer Wohlfahrtsverband und Zentralverband der Juden.

Der zweite Aspekt der Wertschöpfungsanalyse bezieht sich auf die indirekten und induzierten Effekte, die die Einrichtungen der Sozialwirtschaft für die Region auslöst.

Indirekte Effekte entstehen über die Nachfrage der Einrichtungen nach Dienstleistungen und Sachgütern, die zu einer indirekten Bruttowertschöpfung in der Region führen. Induzierte Effekte entstehen durch regionale Beschäftigung und dem damit verbundenen Konsum in der Region (in Höhe von neun Prozent).

Der Wertschöpfungskreislauf für die induzierten Effekte umfasst die von den Unternehmen getätigten Investitionen und ausgezahlten Gehälter an die Mitarbeiter. Diese werden (unter Berücksichtigung einer angemessenen Sparquote) für (regionale) Konsumgüter aufgewendet. So werden beispielweise durch das ausgegebene Einkommen (Konsum) der beschäftigten Mitarbeiterinnen in der Sozialwirtschaft bestehende Arbeitsplätze in anderen Branchen gestärkt, was zusätzlich zur Schaffung neuer Arbeitsplätze beiträgt. Die durch indirekte und induzierte Beschäftigung erfolgten Rückflüsse (Lohnsteuer, Sozialversicherungsrückflüsse, Umsatzsteuerrückflüsse) können mit 23 Prozent beziffert werden. Die dazu erhobenen Befunde, Analysen und detaillierten Berechnungen kommen zu dem anschaulichen Schluss, dass beispielsweise einhundert Mitarbeitende aus der Heimerziehung im Landkreis Bernkastel-Wittlich die Beschäftigung von achtzehn Personen in anderen Branchen sichern (Kukula u.a. 2014, 17).

Es ist schon bemerkenswert, wie aus einem verausgabten Euro (Bruttokostenansatz) 72 Cent zurückfließen: 40 Cent direkt durch Steuern und Abgaben, 9 Cent durch Mehrwertsteuerrückflüsse aus Konsumgüterkauf der Mitarbeitergehälter und satte 23 Cent durch indirekte und induzierte Beschäftigung in anderen Branchen. Unter Berücksichtigung dieses Wertschöpfungskreislaufs verbleiben Nettokosten in Höhe von 28 Cent pro verausgabtem Euro.

Da zumindest in Rheinlad-Pfalz eine überaus starke regionale Einbettung in die Wirtschaftsstrukturen vor Ort gegeben ist, wurde hochgerechnet, dass aus der Beschäftigung von sechzigtausend Menschen in den untersuchten Teilbereichen der Sozialwirtschaft in Rheinland-Pfalz zusätzliche zwanzigtausend Beschäftigungsverhältnisse dauerhaft in anderen Branchen geschaffen und gesichert werden – vor allem in Branchen wie dem Handwerk und dem Einzelhandel (Kukula u.a. 2014, 32).

Jetzt ergibt sich aufgrund der nachgewiesenen monetär quantifizierbaren Effekte ein interessantes Bild. Die Nettokosten der öffentlichen Hand liegen nicht nur erheblich niedriger als in der Öffentlichkeit wahrgenommen (Bruttokostenbetrachtung), die Wertschöpfung der Sozialwirtschaft ist erheblich und von großer (regionaler) Bedeutung. Man könne unter Berücksichtigung der vielen regionalwirtschaftlichen Ausstrahlungseffekte in der Bilanz sogar davon ausgehen, sagen die Autoren, dass hier für die öffentliche Hand ein *gutes Geschäft* gemacht wird.[102]

Einen kleinen weiteren Ausflug möchten wir uns noch gestatten, denn auch im privatwirtschaftlichen Sektor wird zunehmend über die positiven Aspekte sozialer Dienstleistungen berichtet. Dazu wird ein aktuelles Beispiel aufgeführt: Die BASF hat eine Studie zu den Effekten betrieblicher Kinderbetreuung in Auftrag gegeben (CSI 2014). Die Ergebnisse weisen neben den monetären Effekten auch einige nicht-monetäre aus. Insgesamt lässt sich aus der Studie folgern, dass betriebliche Kindertagesstätten eigentlich als lohnende soziale Investitionen zu betrachten sind, weil sie positive Erträge für die öffentliche Hand (Kommune), die Eltern und das Unternehmen darstellen. So kommt es sogar zu einer dreifachen *Win-win-Situation*:

Die öffentliche Hand profitiert danach am deutlichsten, da sie für jeden Euro, den sie investiert, fast den sechsfachen Ertrag zurückerhält[103], und erzielt auf ihre eingesetzten Mittel den größten relativen Ertrag. Nach diesen Berechnungen stehen den staatlichen Zuschüssen folgende Einnahmen gegenüber: Zusätzliches Steueraufkommen, zusätzliche Abgaben zur Sozialversicherung und eingespartes Elterngeld. Der Berechnung liegt zudem die Beobachtung zugrunde, dass eine betriebliche Kindertagesstätte es Eltern ermöglicht, nach der Babypause früher und umfassender (in höherer Teilzeit oder sogar in Vollzeit) an den Arbeitsplatz zurückzukehren. Ein weiterer Effekt ergibt sich daraus, dass Mitarbeiter weniger lange ausfallen bzw. weniger lange ersetzt werden müssen. Dies kann zu Produktivitätsgewinnen führen, da die Kosten für Ersatz entfallen und stattdessen die eingearbeiteten Manager bzw. Fachkräfte die ihnen vertraute Arbeit erledigen. Alle *gewinnen* dadurch.

102 Allerdings merken die Autoren dazu an: Während ein Großteil der Kosten für die Sozialwirtschaft auf der Ebene der Kommunen anfällt, zeigen die Rückflussrechnungen an die öffentliche Hand, dass die im monetären Sinne Hauptnutznießer bei der Nettokostenbetrachtung der Bund und die Sozialversicherungen sind und nicht die Kommunen (Kukula u.a. 2014, 33).

103 Die Autoren kommen aufgrund einer Social Return on Investment-Betrachtung (SROI) auf einen perspektivischen SROI-Koeffizienten von 5,98.

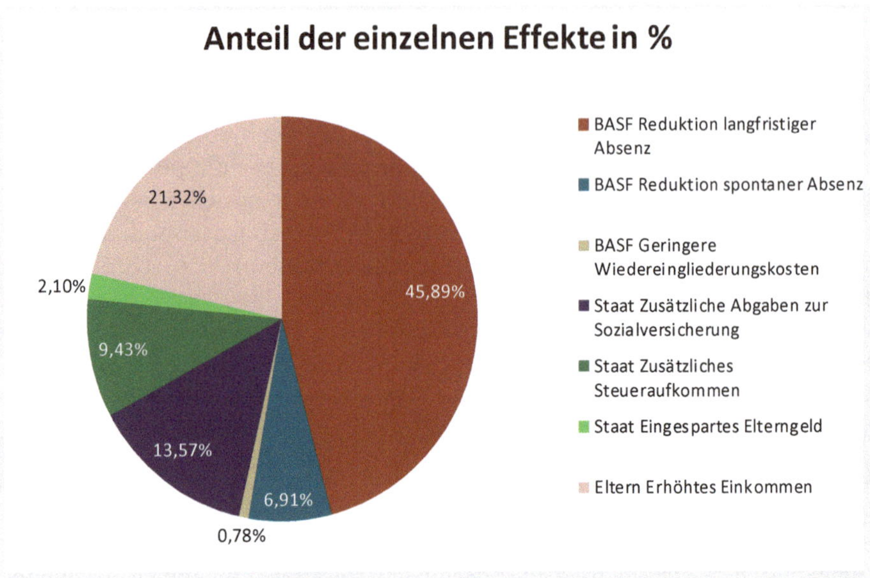

Abbildung 7: Anteil der monetisierten einzelnen Effekte in Prozent (CSI 2014, 6)

Die Eltern profitieren durch das Angebot der betrieblichen Kita, weil sie im Schnitt drei Monate mehr arbeiten (können) als Eltern in einer anderen Betreuungseinrichtung (sie haben daher ein erhöhtes Einkommen) und geben in der Befragung eine erhöhte Mitarbeitermotivation, eine gesteigerte Zufriedenheit mit der Betreuungssituation und einen geringeren Stresslevel an (Spannungen im Berufsalltag werden abgemildert). Für das Unternehmen kann als nicht quantifizierbarer Vorteil eine erhöhte Reputation verzeichnet werden, die bei der Mitarbeiterrekrutierung (Bewerbungen) relevant ist.

Soweit zu den Ergebnissen und Effekten. Neben der professionell geleisteten Sozialarbeit sollte in die Diskussion über Wertschöpfung stärker die unentgeltlich geleistete Tätigkeit fließen:

Der wirtschaftliche Effekt ehrenamtlicher Tätigkeiten in der Sozialwirtschaft – und darüber hinaus – ist beträchtlich. Laut einer Erhebung des IfD Allensbach gibt es aktuell mehr als 17 Millionen ehrenamtlich tätige Menschen in Deutschland. Die meisten Ehrenamtlichen sind laut einer Umfrage zur Lebensphase von ehrenamtlich Engagierten junge Erwachsene. (Stand 2020) [104]. Die Zahlen zu ehrenamtlichem bzw. freiwilligem Engagement schwanken allerdings. Recherchen zeigen, dass die freiwillig Engagierten durchschnittlich

104 Online im Internet.: http://de.statista.com/themen/71/ehrenamt/ [21.11.2021].

sechzehn Stunden im Monat ohne Bezahlung leisten[105]. Ehrenamtliche Tätigkeiten können etwa im Rahmen von Vereinen, Initiativen oder karitativen Einrichtungen ausgeübt werden.

So wird in der Studie aus Rheinland-Pfalz explizit auf den wirtschaftlichen Effekt der ehrenamtlichen Tätigkeit hingewiesen, die ja wesentlicher Bestandteil der Mitarbeiterstruktur der Wohlfahrtsverbände ist. Ehrenamtliche arbeiten unentgeltlich, die monetäre Wertschöpfung von zwanzigtausend Ehrenamtlichen wird in dieser Studie mit 60 bis 145 Millionen Euro veranschlagt (Kukula u.a. 2014, 30). Die Spannweite ist deshalb so groß, weil ehrenamtliche Tätigkeit von zusätzlichen Hilfsarbeiten bis hin zu selbstständiger Tätigkeit und qualifizierter Unterstützung bei Aufgaben hauptberuflich Beschäftigter reichen.

Und noch ein letztes Beispiel, diesmal aus der Schweiz: Im Zentrum einer Schweizer Studie stand die Frage, ob und inwiefern sich als Folge der Senkung der Fallbelastung in der Langzeitberatung der Sozialen Dienste der Stadt Winterthur finanzielle Einsparungen bei den Sozialhilfeausgaben ergeben. Mit der Senkung von ca. 120 auf 75-80 betreute Dossiers (Fallakten) pro Sozialarbeiter wurde ein Niveau angestrebt, das es ermöglichen sollte, die fachliche Arbeit der Sozialen Dienste professionell auszuüben. Ausreichende fachliche Ressourcen und damit verbunden eine angemessene Arbeitsbelastung der Sozialarbeitenden werden in der Fachliteratur als ein zentraler Faktor für eine erfolgreiche und wirkungsorientierte Sozialarbeit erachtet. Und wie sind die Ergebnisse? Die ab dem Jahr 2018 eingeleitete Senkung der Fallbelastung für die Sozialarbeitenden der Langzeitberatung führt sowohl zu einer Reduktion der monatlichen Fallkosten (des sogenannten Nettobedarfs), als auch zu einer häufigeren Ablösung von Klientinnen und Klienten aus der Sozialhilfe. Konkret resultieren für das Jahr 2019 Einsparungen in Höhe von zwei Mio. CHF aufgrund der tieferen durchschnittlichen Fallkosten und von weiteren 2.3 Mio. CHF wegen der erhöhten Ablösungsrate. Gleichzeitig ergeben sich zusätzliche Kosten von 1.6 Mio. CHF für den personellen Mehraufwand, der zur Senkung der Fallbelastung nötig war. Verrechnet man die Einsparungen mit den zusätzlichen Kosten ergeben sich die Nettoeinsparungen von 2.7 Mio. CHF. Pro eingesetztem Franken für den personellen Mehrbedarf resultiert somit ein *Gewinn* von 1.74 CHF. Die Autoren resümieren: „So ist eine raschere Ablösung aus der Sozialhilfe und berufliche (Re-)Integration vorteilhaft für den Erhalt des Humankapitals und es werden die negativen Folgen eines langfristigen Sozialhilfebezugs für die Betroffenen verringert. Eine geringere Fallbelastung sollte auch zu einer höheren Arbeitszufriedenheit bei den Sozialarbeitenden führen, mit potentiell positiven Folgewirkungen auf die Häufigkeit

105 Online im Internet: https://www.rettungsdienst.de/news/46-milliarden-stunden-ehrenamt-in-deutschland-5196 [21.11.2021].

von krankheitsbedingten Absenzen sowie die Personalfluktuation“ (Höglinger et al. 2021, 61)

Als Fazit der sozialpolitischen Bewertungen Sozialer Arbeit ergibt sich damit im Lichte von Wirtschaftsförderungsaspekten der Sozialwirtschaft ein neues Verständnis. Soziale Arbeit ist anders zu vermessen, nicht als Kostentreiber, sondern als durchaus ernstzunehmender Wirtschaftsfaktor. Nicht nur das. Neben den aufgeführten monetären Aspekten können weitere, schwer in Geldeinheiten auszudrückende, Wertschöpfungsanteile ermittelt werden. Dazu zählen beispielweise die Steigerung der Lebensqualität der betreuten Klientinnen und Angehörigen, die erfolgte Kompetenzerweiterung, die Stabilisierung der Alltagssituation oder die Stärkung von Autonomie. Hinzuzurechnen sind die Effekte für eine gut aufgebaute und funktionierende Infrastruktur der Hilfesysteme durch ein weit verzweigtes Netz von wohnortnahen Hilfen. Nicht zu unterschätzen dürften auch die präventiven Wirkungen sein. Durch rechtzeitige und flexible Hilfen werden kostenträchtige stationäre Maßnahmen, wie Krankenhaus- und Heimaufenthalte, vermieden, wird Arbeitslosigkeit verkürzt und frühzeitige Verrentung reduziert.

Die bisherige Wertschöpfungsdiskussion um die Soziale Arbeit, das zeigen die Beispiele, umfasst neben den (schon bekannten) sozialen Faktoren auch nennenswerte ökonomische. Und damit ergeben sich neue Bewertungsmaßstäbe, die in die Diskussion über den Wert und Nutzen von Sozialer Arbeit eingebracht werden müssen. Den immensen Kosten, die im Sozial- und Gesundheitswesen entstehen, können unter wirtschaftlichen Aspekten direkte und indirekte Rückflüsse als Einnahmen und Wertschöpfungen gegenübergestellt werden, die bei entsprechender Wahrnehmung in der Öffentlichkeit durchaus geeignet sind, das Bild von den teuren Sozialleistungen zu relativieren. Eine sozialwirtschaftliche Gesamtbetrachtung ermöglicht, neben den *sozialen* (also nicht-monetären) Effekten, die gern belächelt werden, auch durchaus *wirtschaftsfördernde* ins Feld zu führen.

Es war schon immer klar, dass das wolkige Ziel, eine gute Sozialarbeit müsse ja bestrebt sein, sich selbst abzuschaffen, ein unlösbares Versprechen darstellt – jetzt können sogar gute Argumente angeführt werden, dass das auch nicht unbedingt das einzig erstrebenswerte Ziel ist. Aber wir wollen nicht übertreiben.

Einführende Literatur:

Kukula, Nicole; Sell, Stefan; Tiedemann, Birte (2014): MehrWertSchöpfung. Die Freie Wohlfahrtspflege als Wirtschaftsfaktor in Rheinland-Pfalz. (Remagener Schriften zur Sozialpolitik Bd. 1): Aachen: Shaker Verlag. Online im Internet: http://www.diakonie-rwl.de/cms/media//pdf/aktuelles/2014-pdf/MehrWertSchoepfung_-_Broschuere_fuer_www.pdf [21.11.2021].

Weiterführende Literatur:

Höglinger, Dominic; Rudin, Melania; Guggisberg, Jürg (2021): Analyse zu den Auswirkungen der Reduktion der Fallbelastung in der Sozialberatung der Stadt Winterthur. Schlussbericht. Online im Internet: https://www.buerobass.ch/fileadmin/Files/2021/2021_Reduktion_Falllast_Winterthur_Schlussbericht_DE.pdf [21.11.2021].

26. Ausblick – Wen kümmern die Anderen?

Unsere Reise *Einladung zur Sozialen Arbeit* ist zu Ende, und es ist an der Zeit, das Reisetagebuch mit letzten Eindrücken abzuschließen:

Soziale Arbeit ist und bleibt interessant. Das behaupten wir auch noch am Schluss der Reise. Soziale Arbeit ist immer Arbeit mit und für Menschen und benötigt Praktikerinnen mit Kopf (Rationalität im Vorgehen), Herz (im emotionalen Zugang und in der Zusammenarbeit) und Hand (konkrete Hilfestellungen, die alltagstauglich sind).

Sie benötigt Theoretikerinnen, die bereit sind, interdisziplinär zu arbeiten, und Forscherinnen, die sich den vielfältigen Fragen von Theorie und Praxis widmen. Soziale Arbeit ist und bleibt aber auch ein Experiment. Einerseits besteht der Anspruch, praktische Probleme möglichst reflektiert zu bearbeiten (was Zeit benötigt), andererseits ist häufig gefordert, möglichst rasch und spontan zu reagieren. Berufserfahrung und Routine sind Faktoren, die helfen, beiden Aspekten gerecht zu werden. Andererseits ist Offenheit und Kreativität genauso vonnöten, um nicht in ein administratives Abarbeiten von *Fällen* abzugleiten.

Gedankensplitter
33 Jahre Soziale Arbeit

bedeuten Begegnungen der besonderen Art. Seit 33 Jahren arbeite ich als Sozialpädagogin in Einrichtungen der stationären Jugendhilfe mit teilweise ganz unterschiedlichem konzeptionellen Hintergrund. Viele junge Menschen habe ich ein Stück in ihrem Leben begleitet, beraten, unterstützt, Chancen aufgezeigt, Lebensperspektiven gemeinsam erarbeitet. Von vielen Schicksalen erfahren, viele ungleiche Startchancen im Leben kennengelernt und immer wieder gemeinsam versucht, *Zugangstüren* zu jedem einzelnen jungen Menschen zu öffnen. Wir haben voneinander gelernt, viel Vertrauen erfahren, spannende, belastende, eskalierende, verzweifelte, wütende, bedrohliche Situationen erlebt, Grenzen gegenseitig erfahren und akzeptiert. Schlechte Arbeitsbedingungen, Schichtdienste, geringe Vergütung, kaum Akzeptanz außerhalb des sozialen Kontextes für das, was wir tun. Das waren und sind meine Wegbegleiter in den letzten 33 Jahren. Viele Kolleginnen und Kollegen habe ich kennengelernt, manche von der Sozialen Arbeit begeistern können, und es war nie langweilig oder nur Routine. Viele Zusatzausbildungen, wie systemische Beraterin, Weiterbildung in Transaktionsanalyse, Weiterbildung zum Coach etc. habe ich absolviert.
Doch, was es ausmacht und was zählt, das sind die Begegnungen und Beziehungen, ein gutes Team mit Empathie und Engagement und eine respektvolle, wertschätzende Haltung jedem jungen Menschen gegenüber. Eine große konzeptionelle Freiheit, pädagogisches und therapeutisches Rüstzeug, Kostenträger, die unseren individuellen pädagogischen Ansatz schätzen und das hohe Engagement und die Weitsicht für nicht immer alltägliche Situa-

tionen achten. Ich habe viel gelernt von den *Kids*, Respekt und Empathie erfahren und viele junge Menschen kennengelernt, die mit großem Engagement und Mut eine Entscheidung getroffen haben und einen neuen Weg gegangen sind. Durch die sozialen Netzwerke erhalte ich auch heute noch viele Rückmeldungen, dass das, was wir tun, Sinn macht. Auch ohne große gesellschaftliche Resonanz und Akzeptanz.
Damit Sie wissen, was ich meine, hier die Rückmeldung eines jungen Menschen aus meinem Arbeitskontext:
„Ich muss oft an die Zeit zurückdenken und wie sehr sie mein Leben verändert hat, wie positiv mir diese Zeit in Erinnerung geblieben ist; als Zeit der stürmischen Veränderung mit einem ungeheuren Willen zum Aufbruch in ein neues Leben. Ich bin euch allen wirklich immer noch sehr dankbar und kann euch noch einmal sagen, dass ich in meiner Zeit bei euch eine tiefe Achtung für die Menschen entwickelt habe, die im sozialen Bereich tätig sind. Für mich war das Konzept genau das Richtige. Ich bitte dich, alle zu grüßen, und macht weiter als die liebenswerten, hilfreichen und heilsamen Menschen, die sich meiner angenommen haben."

Sabine Blonigen

Die Soziale Arbeit stellt ein gesellschaftliches Angebot zur Bearbeitung von zentralen sozialen Herausforderungen und Problemen in modernen Gesellschaften dar und hat sich in dem zurückliegenden Jahrhundert zu einem weiten und vielschichtigen Handlungsfeld entwickelt.

Die Soziale Arbeit ist in doppelter Hinsicht ein Produkt der Moderne: Trotz aller Fortschritte bleiben moderne Gesellschaften geprägt von ökonomischen, sozialen und kulturellen Problemen. Zwischen zwölf und vierzehn Prozent der bundesrepublikanischen Bevölkerung leben in Armut, fast jeder Fünfe (ca. 19 Prozent) ist armutsgefährdet. Ein weiteres Viertel arbeitet in unsicheren Beschäftigungsverhältnissen. Knapp zwanzig Prozent eines Jahrgangs bleiben ohne berufliche Ausbildung. Hinter diesen Zahlen stehen sowohl individuelle Schicksale und Herausforderungen als auch zentrale sozialpolitische Aufgaben moderner Gesellschaften. Durch die Globalisierung werden Migrationsbewegungen in einem Maße forciert, die die Fragen von politischem Asyl und sogenannten Wirtschaftsflüchtlingen zu Fragen von Menschenrechten und Einwanderungspolitik machen, die neben rechtlichen und sozialpolitischen auch gerade Fragen der Integration und des alltagspraktischen Handelns betreffen. Sozialpädagoginnen und Sozialarbeiter sind gefordert, Menschen bei der Bewältigung dieser Problemlagen zu unterstützen und Lebensbedingungen zu schaffen, die autonome gesellschaftliche Teilhabe ermöglichen.

Die Angebote der Sozialen Arbeit können daher als Reaktionen auf gesellschaftliche Modernisierungsprozesse, wie die Dynamisierung von sozialen und familialen Beziehungsformen, gekennzeichnet werden, die zunehmend neue Bildungs- und Unterstützungsformen verlangen. In diesem Sinne stellt die

Soziale Arbeit außerschulische Bildungsangebote von den immer wichtiger werdenden Angeboten in Kindertagesstätten bis hin zur pädagogischen Arbeit in Jugendzentren und der Erwachsenenbildung bereit. Gleichzeitig kommen vor dem Hintergrund des demographischen Wandels und veränderter Familienkonstellationen der sozialen und pädagogischen Altenarbeit eine wichtige Bedeutung zu.

Soziale Arbeit liefert das Wissen dazu. Wie in der wissenschaftlichen Beschäftigung nicht unüblich, gibt es eine Vielzahl von Ansätzen, die miteinander konkurrieren, aber diskursiv angelegt sind. Die Basistheorien umfassen alltags-, lebenswelt- und lebensbewältigungsorientierte Ansätze. Der Menschenrechts- und der Befähigungsansatz haben ebenso ihre Berechtigung wie ökosoziale und dienstleistungsorientierte Ansätze. Die Wissenschaft der Sozialen Arbeit versteht sich daher als integrative Wissenschaft, verortet in den Koordinaten Individuum und Gesellschaft, Wohlfahrtsstaat und Dienstleistung, soziale Teilhabe und Gerechtigkeit, selbstbestimmte Lebensbewältigung und soziale Unterstützung. Die Theorien thematisieren die (neoliberale) Globalisierung und prekären Lebenslagen, die Spaltung der Gesellschaft in Gewinner und Verlierer, die Verteilungsgerechtigkeit und damit die Chancen für ein gelingendes, gutes Leben – eben Partizipation. Die Konzeption ist angelegt als Handlungswissenschaft, da sie nicht nur die Entstehung von sozialen Problemen thematisiert, sondern vor allem die Möglichkeiten zu ihrer Veränderung, ihrer Lösung.

Soziale Arbeit ist zugleich eine Profession, die durch ihr praktisches Handeln einen Beitrag zur Herstellung sozialer Gerechtigkeit leistet, indem sie Individuen, Familien und Gruppen bei der Bewältigung ihrer sozialen Probleme direkt unterstützt und auf die gesellschaftlich bedingten Lebensverhältnisse einzuwirken sucht. Dazu verfügt sie über ein eigenes umfangreiches Methodenrepertoire. Für die Praktiker ist soziale Gerechtigkeit die Realisierung von Verteilungsgerechtigkeit, Beteiligungsgerechtigkeit und Befähigungsgerechtigkeit.

Soziale Arbeit hat sich insgesamt zu einem gesellschaftlich eigenständigen System entwickelt, das an die bestehenden Systeme Wirtschaft, Recht, Erziehung, Gesundheit usw. andockt und die jeweiligen Schnittmengen thematisch bearbeitet. Dabei bietet Soziale Arbeit über soziale Organisationen, die nicht primär gewinnorientiert sind, Dienstleistungen an. Sie (die sozialen Organisationen) verfolgen dabei vorrangig Sachziele des spezifischen Tätigkeitsfeldes (z.B. Beratung, Bildung, Betreuung usw.) und verpflichten sich zu kostendeckendem und qualifiziertem Handeln (vgl. Deller; Brake 2014, 264-268).

Soziale Arbeit befasst sich mit folgenden selbst gewählten Themen:

1. Der Frage nach den Lebensverhältnissen (Lebensweltorientierung)
2. Der Frage nach der gesellschaftlichen Funktion (für wen und was sie tätig ist)
3. Der Frage nach spezifischen Institutionen (die sich gezielt an bestimmte Adressatengruppen richten)
4. Der Professionalisierungsfrage (Soziale Arbeit als professionelle Dienstleistung, die Planung und Konzeption einschließt)
5. Der Frage nach einem Theorie- und Wissenschaftskonzept (Theoriebildung und angewandte Forschung).

Soziale Arbeit benötigt sowohl normative Ansätze (was soll sein, was ist das Ziel?) als auch empirische Ansätze (was sind die Fakten, welche Wirkungen werden erzielt?).

So weit so gut.

Die Professionalisierung und Etablierung der Sozialen Arbeit hat dazu geführt, dass Soziale Arbeit zunehmend als moderne Dienstleistung gesehen wird und die Fachkräfte als professionelle Dienstleister agieren (sollen): Endlich angekommen, endlich dabei sein im Konzert der reichen, schönen, hofierten und mit Expertise und Reputation versehenen Brüder und Schwestern der etablierten Professionen. Sie merken schon, hier droht Ungemach in Form einer allzu starken Verkürzung, eben dann, wenn diese Dienstleistung überwiegend unter dem Gesichtspunkt der (Re-)Aktivierung konsequent eingefordert wird, wenn die Klientel der Sozialen Arbeit ausschließlich befähigt und trainiert werden soll, ihr Leben (wieder) in eigener Verantwortung zu gestalten. Grundsätzlich ist diese Forderung nach eigenständiger Lebensgestaltung ja genuines Ziel der Sozialen Arbeit, aber eine unreflektierte Verknüpfung mit effektiven und effizienten Handlungsanforderungen (Professionen zeichnen sich ja dadurch aus, dass sie ihr zu bearbeitendes Feld solchermaßen angehen) führt in eine professionelle Sackgasse. Sie könnte schlimmstenfalls in folgendem Szenario enden:

Szenario Soziale Arbeit 2030

Soziale Arbeit versteht sich inzwischen als Profession, die im Auftrag der Gesellschaft ihr professionelles Wissen und Können optimal und wirtschaftlich einsetzen soll. Sie wird also Beratungen möglichst früh ansetzen, wird soziale Diagnosen erstellen, wird Kontrakte mit Klienten schließen und sie von Anfang an zur Selbstsorge motivieren, sie wird die Hilfeplanung mit Zielen und Maßnahmen auf eine Zeitschiene legen und durch ein regelmäßiges Monitoring die Fortschritte und Erfolge der Zusammenarbeit

kontrollieren.[106] Soziale Arbeit wird eine Dienstleistung wie jede andere und wird damit die Altruistenrolle und den *Arme-Leute-Geruch* los. Soziale Arbeit achtet nun natürlich darauf, dass sie sich insbesondere mit solchen Menschen beschäftigt, die einigermaßen Gewähr dafür bieten, dass sie die effektive und professionelle Hilfe auch nutzen können, die motiviert, fähig und bereit sind, sich für sich selbst zu engagieren. Soziale Arbeit entscheidet sich deshalb, professionelle und nicht-professionelle Arbeit unter diesen Gesichtspunkten strikt zu trennen:
Auf der einen Seite bietet Soziale Arbeit der Klientel, bei der es - durch entsprechende Algorithmen untermauert - hinreichende Aussicht auf Erfolg gibt, eine professionelle, individuelle Beratung, Begleitung und Betreuung. Sie bietet eine Förderung und Unterstützung an, die zur Erreichung der Ziele und zur angemessenen Umsetzung der Planung notwendig ist. Die Selbstsorge und selbstständige Lebensführung des Subjektes und die relative Unabhängigkeit von staatlichen Transferleistungen wird massiv und mit professioneller Kompetenz gefördert. Neue Programme werden wissenschaftlich begleitet und evaluiert, eine *evidence based* Soziale Arbeit ist endlich in Sicht, eine elaborierte Soziale Arbeit sonnt sich mit ihrer ausgesuchten Klientel in den Erfolgen – und dort, so sie (noch) ausbleiben, muss geschaut werden, ob die Programme überhaupt passend bzw. geeignet sind.
Auf der anderen Seite besteht natürlich die Notwendigkeit einer Grundversorgung auch für die Klientel, die schwer oder kaum zu aktivieren oder zu integrieren ist, weil sie zu wenig Potenzial hat, unmotiviert ist oder kaum realistische Chancen auf eine selbstständige Lebensführung hat. Die Hilfen für diese Gruppe sollten auf einem eher niedrigen professionellen Niveau organisiert und angeboten werden und lediglich auf Grundversorgung und Linderung abzielen. Daher wäre hier besonders gut ehrenamtliches Engagement einzubinden: Ehrenamtler und bürgerschaftlich Engagierte sollten vorrangig diese Grundversorgung über Suppenküchen, Tafeln, Kleiderkammern und kommunale Notunterkünfte leisten. Solidarität mit den Armen wird gezeigt durch großzügige Almosen und durch eine Daseinsvorsorge auf entsprechend fachlich niedrigem Niveau.

Was für eine gruselige Vorstellung, Soziale Arbeit marktgerecht zu performen! Nein: Soziale Arbeit lässt sich, wenn sie ihrem Selbstverständnis, ihrem Wissen und Können treu bleiben will, nicht auf die professionelle Dienstleistung zur Aktivierung und Förderung von Subjekten reduzieren – das soll, kann und darf sie nicht. Diese Professionalisierung würde bedeuten, soziale Risiken wieder zu individuellen zu machen, und würde ignorieren, dass eine Befähigung strukturelle Rahmenbedingungen benötigt. Ein solches Verständnis würde die ursprünglich mehr oder weniger künstliche Trennung von guten und schlechten Risiken jetzt handfest zementieren. Die bis dato noch beklagte Schere zwischen Arm und Reich, zwischen mittendrin und außen vor, würde mit dem Hinweis auf die Fokussierung der individuellen Ausstattung (der Fähigkeiten,

106 Ausführlicher dazu: Lutz 2008, 3.

der Entwicklung und Nutzung von realistischen Möglichkeiten und gezielter Förderung) die Armen in das Reich einer netten bürgerschaftlichen Ethik verbannen, aber von der professionell zugänglichen Arbeit ausschließen.

Soziale Arbeit ist und bleibt die Profession, die es sich leistet, das Soziale nicht als Restkategorie zu sehen, die daran festhält, sich aussichtslosen Fällen genauso professionell zu widmen wie den aussichtsreichen, und die nicht müde wird, sich im besten Sinne des Wortes als *menschenfreundlich* zu begreifen. Sie wird, das zeigt die Geschichte und bleibt Anspruch für die Zukunft, den Arme-Leute-Geruch nicht los, muss ihn aber auch nicht als Parfüm verkaufen.

Literatur

Ader, Sabine; Schrapper, Christian (2020): Sozialpädagogische Diagnostik und Fallverstehen in der Jugendhilfe. München: Reinhardt.

Amthor, Ralph-Christian (2012): Die Geschichte der Berufsausbildung in der Sozialen Arbeit. Auf der Suche nach Professionalisierung und Identität. Weinheim/ München: Juventa.

Anderson, Peter; Baumberg, Ben (2006): Alcohol in Europe. A Public Health Perspective. London: Institute of Alcohol Studies.

Bacher, Johann, Moosbrugger Robert (2019): Bildungsabschlüsse, Bildungsmobilität und Bildungsrenditen: Entwicklungen. In: Bacher J., Grausgruber A., Haller M., Höllinger F., Prandner D., Verwiebe R. (eds) Sozialstruktur und Wertewandel in Österreich. Springer VS, Wiesbaden. https://doi.org/10.1007/978-3-658-21081-6_7.

Bastian Pascal (2018): Forschung in der Sozialen Arbeit. In: Graßhoff G., Renker A., Schröer W. (Hrsg.): Soziale Arbeit. Wiesbaden: Springer VS. https://doi.org/10.1007/978-3-658-15666-4_44.

Baumgartner, Edgar; Sommerfeld, Peter (2016): Betriebliche Soziale Arbeit. Empirische Analyse und theoretische Verortung. Wiesbaden: Springer VS.

Becker-Lenz, Roland; Busse, Stefan; Ehlert, Gudrun und Müller-Hermann, Silke (2013): Professionalität Sozialer Arbeit und Hochschule. Wissen, Kompetenz, Habitus und Identität im Studium Sozialer Arbeit. 3. Aufl., Wiesbaden: Verlag für Sozialwissenschaften.

Benz, Benjamin; Rieger, Günter; Schönig, Werner; Többe-Schukalla, Monika (Hrsg.) (2013): Politik Sozialer Arbeit. Band 1: Grundlagen, theoretische Perspektiven und Diskurse. Weinheim/Basel: Beltz Juventa.

Berg, Christian (2013): Mit den Augen den Anderen sehen. In: Pharmazeutische Zeitung. 5/2013. Online im Internet: http://www.pharmazeutische-zeitung.de/index.php?id=26186 [15.11.2021].

Blandow, Jürgen; Ristau-Grzebelko, Brita (2010): Pflegekinderhilfe in Deutschland: Entwicklungslinien. In: Kindler, Heinz et al. (Hrsg.): Handbuch Pflegekinderhilfe. München: Deutsches Jugendinstitut, 31-48.

Blasberg, Anita u. Marion (2008): Die verhinderten Retter vom Jugendamt. Die Zeit Nr. 22, Ausgabe vom 21.05.2008. Online im Internet: http://www.zeit.de/2008/22/Jugendamt [15.11.2021].

Böhnke, Petra; Dittmann, Jörg und Goebel, Jan (Hrsg.) (2018): Handbuch Armut. Ursachen, Trends, Maßnahmen. Stuttgart: UTB 2018.

Bromberg, Kirsten; Hoff, Walburga; Miethe, Ingrid (Hrsg.) (2012): Forschungstraditionen der Sozialen Arbeit. Opladen: Verlag Barbara Budrich.

Bruckner, Elke; Meinhold-Henschel, Sigrid (2002): Sozialen Problemlagen von Kindern und Jugendlichen begegnen. Daten und Fakten aus dem Projekt „Kompass-Modellkommunen". Online im Internet: http://neu.gebit-ms.de/fileadmin/Download/trendberichtsozialeproblemlagen10juni1.pdf [15.11.2021].

Brumlik, Micha (2004): Advokatorische Ethik. Zur Legitimation pädagogischer Eingriffe. Berlin: Philo & PhiloFineArts.

Budde, Jürgen; Mammes, Ingelore (Hrsg.) (2009): Jungenforschung empirisch. Wiesbaden: VS-Verlag.

Bundesarbeitsgemeinschaft der Fanprojekte (2020): Fachliche Standards der Sozialen Arbeit von Fanprojekten im Kontext Fußball. Online im Internet: https://www.bag-fanprojekte.de/wp-content/uploads/2020/01/Fachliche-Standards_Gesamtdatei.pdf [15.11.2021].

Bundesministerium für Familien, Senioren, Frauen und Jugend (2020): Kinder und Jugendhilfe. Achtes Buch Sozialgesetzbuch. https://www.bmfsfj.de/resource/blob/94106/40b8c4734ba05dad4639ca34908ca367/kinder-und-jugendhilfegesetz-sgb-viii-data.pdf [15.11.2021].

Butterwegge, Carolin (2011): Zuwanderung in Deutschland. Eine historische Betrachtung des Wanderungsgeschehens und der Migrationspolitik. In: Kunz, Th.; Puhl, R. (Hrsg.) (2011). Weinheim/München: Juventa, 16-31.

Butterwege, Christoph (2015): Hartz IV und die Folgen. Auf dem Weg in eine andere Republik? Weinheim/Basel: Beltz.

[CSI] – Centrum für soziale Investitionen und Innovationen (Hrsg.) (2014): Gesellschaftliche Wirkungen betrieblicher Kinderbetreuung. Heidelberg: Eigendruck.

Czollek, Leah Carola; Perko, Gudrun (2009/2022): Lehrbuch Gender, Queer und Diversity. 2. Aufl., Weinheim/Basel: Beltz Juventa.

Darimont, Fred (2010): Nachhaltige Erreichbarkeit von psychosozial hochbelasteten Familien. Literaturexpertise. Deutsches Jugendinstitut. Online im Internet: http://www.dji.de/fileadmin/user_upload/bibs/Darimont_Nachhaltige_Erreichbarkeit.pdf [15.11.2021].

[DBSH] – Deutscher Berufsverband für Soziale Arbeit (1999): An Zustimmung wird nicht gespart. Online im Internet: http://www.dbsh.de/fileadmin/downloads/DemoscopeStudie.pdf [15.11.2021].

[DGCC] - Deutsche Gesellschaft für Care und Case Management (Hrsg.) (2020): Case Management Leitlinien. Rahmenempfehlungen, Standards und ethische Grundlagen. 2. Aufl., Heidelberg: medhochzwei.

Deller, Ulrich; Brake, Roland (2014): Soziale Arbeit. Opladen: Verlag Barbara Budrich (UTB).

Dissinger, Michael (2014): Zwischen Kommerzialisierung und Sicherheit: Sozialpädagogische Fanprojekte im Spannungsfeld der Interessen. Hamburg: Diplomica.

Dohm, Hedwig (1872): Was die Pastoren von Frauen denken. (Neuausgabe 1986: Was die Pastoren denken). Zürich: Ala.

Duschek, Klaus-Jürgen; Lemmer, Antje (2013): Ergebnisse der Sozialhilfestatistik 2011. Statistisches Bundesamt, Wirtschaft und Statistik, März 2013.

Effinger, Herbert (2021): Soziale Arbeit im Ungewissen. Mit Selbstkompetenz aus Eindeutigkeitsfallen. Weinheim/Basel: Beltz Juventa.

Engelfried, Constance; Voigt-Kehlenbeck, Corinna (Hrsg.) (2010): Gendered Profession. Soziale Arbeit vor neuen Herausforderungen in der zweiten Moderne. Wiesbaden: VS-Verlag.

Engelke, Ernst (1998): Theorien der Sozialen Arbeit. Eine Einführung. Freiburg i. Br.: Lambertus.

Engelke, Ernst; Borrmann, Stefan; Spatscheck, Christian (2018): Theorien der Sozialen Arbeit. Ein Einführung. 7. Aufl., Freiburg i. Br.: Lambertus.

Fendrich, Sandra; Pothmann, Jens; Tabel, Agathe (2012): Monitor Hilfen zur Erziehung 2012 (hg. v. Arbeitsstelle Kinder- und Jugendhilfestatistik). Dortmund: Eigenverlag Forschungsverbund DJI/TU.

Feustel, Adriane (2011): Das Konzept des Sozialen im Werk Alice Salomons. Berlin: Metropol.

Feustel, Adriane (2008): 100 Jahre soziales Lehren und Lernen. Von der Sozialen Frauenschule zur Alice Salomon Hochschule. Berlin. http://www.berlin.de/aktuell/ausgaben/2008/dezember/ereignisse/artikel.223754.php (12.12.2021).

Freise, Josef (2007): Interkulturelle Soziale Arbeit. Theoretische Grundlagen – Handlungsansätze – Übungen zum Erwerb interkultureller Kompetenz. Schwalbach i. T.: Wochenschau Verlag.

Freise, Josef (2011): Kompetenzen in der Interkulturellen Sozialen Arbeit: Respekt, Empathie, Konfliktfähigkeit, Unvoreingenommenheit. In: Kunz, Th.; Puhl, R. (Hrsg.) (2011): Weinheim/München: Juventa, 193-203.

Gabler, Jonas (2012): Die Ultras: Fußballfans und Fußballkulturen in Deutschland. 5., erweiterte u. aktual. Aufl., Köln: Papyrossa.

Gahleitner, Birgitta (2017): Soziale Arbeit als Beziehungsprofession. Bindung, Beziehung und Einbettung professionell ermöglichen. Weinheim/Basel: Beltz Juventa.

Gaitanides, Stefan (2011): Anforderungen interkultureller Sozialer Arbeit. In: Kunz, Th.; Puhl, R. (Hrsg.) (2011): Weinheim/München: Juventa, 182-192.

Gerhard, Ute (1990): Unerhört. Die Geschichte der deutschen Frauenbewegung. Reinbek: Rowohlt.

[GEW] – Gewerkschaft für Erziehung und Wissenschaft (2012): Atypische Beschäftigungsverhältnisse in ausgewählten Arbeitsfeldern der Kinder- und Jugendhilfe. Online im Internet: http://www.gew-publikationen.de/uploads/tx_picdlcarousel/Atypische_Beschaeft.verhaeltnisse.pdf [15.11.2021].

[GfdS] – Gesellschaft für deutsche Sprache (2009): Wie denken die Deutschen über die Rechts- und Verwaltungssprache? Eine repräsentative Umfrage der Gesellschaft für deutsche Sprache. Online im Internet: http://gfds.de/wp-content/uploads/2014/08/Umfrage_Rechts-_und_Verwaltungssprache.pdf [15.11.2021].

Giesert, Marianne; Weßling, Adelheit (2012): Betriebliches Eingliederungsmanagement in Großbetrieben. Betriebs- und Dienstvereinbarungen. Fallstudien. Frankfurt a. M.: Bund-Verlag.

Gillies, Judith-Maria (2013): Mit anderen Augen. In: Wirtschaftswoche, Nr. 38/2013, 84-87.

Göppner, Hans-Jürgen (2009): Zur Zukunft der Sozialen Arbeit. In: Sozialmagazin, Ausgabe 8/2009, 74-82.

Götz, Monika (2015): Seitenwechsel: Manager werden Sozialarbeiter. In: RP online. Online im Internet: http://www.rp-online.de/nrw/staedte/artikel/seitenwechsel-manager-werden-sozialarbeiter-aid-1.3364780 [15.11.2021].

Grunwald, Klaus; Thiersch, Hans (Hrsg.) (2016): Praxishandbuch Lebensweltorientierte Soziale Arbeit. Handlungszugänge und Methoden in unterschiedlichen Arbeitsfeldern. Weinheim/Basel: Beltz Juventa.

Hamburger, Franz (2009): Abschied von der interkulturellen Pädagogik: Plädoyer für einen Wandel sozialpädagogischer Konzepte. Weinheim/München: Juventa.

Hammerschmidt, Peter; Weber, Sacha; Seidenstücker, Bernd (2017): Soziale Arbeit – die Geschichte. Opladen: Barbara Budrich.

Hampe-Grosser, Andreas; Haye, Britta; Kleve, Heiko; Müller, Matthias (2011): Systemisches Case-Management. Falleinschätzung und Hilfeplanung in der Sozialen Arbeit. Heidelberg: Carl Auer.

Handschuck, Sabine; Schröer, Hubertus (2012): Interkulturelle Orientierung und Öffnung. Theoretische Grundlagen und 50 Aktivitäten zur Umsetzung. Augsburg: Ziel-Verlag.

Heiner, Maja; Meinhold, Marianne; Spiegel, Hiltrud v.; Staub-Bernasconi, Silvia (1994): Methodisches Handeln in der Sozialen Arbeit. Freiburg i. Br.: Lambertus.

Heinrich, Christian (2014): Führen mit Gefühl. In: Impulse, Januar/2014, 61-65.

Helming, Elisabeth; Schattner, Heinz; Blüml, Herbert (1999): Handbuch Sozialpädagogische Familienhilfe. Hg. durch Bundesministerium für Familie, Senioren, Frauen und Jugend. Stuttgart: Kohlhammer. Online im Internet: http://www.bmfsfj.de/doku/Publikationen/spfh/root.html [15.11.2021].

Hering, Sabine; Münchmeier, Richard (2014): Geschichte der Sozialen Arbeit. Eine Einführung. 5., überarb. Aufl., Weinheim/Basel: Beltz Juventa.

Herriger, Norbert (2020): Empowerment in der Sozialen Arbeit. Eine Einführung 6., erweiterte und aktualisierte Aufl., Stuttgart: Kohlhammer.

Herrmann, Sebastian (2014): Besudelter Altruismus. Online im Internet: http://www.sueddeutsche.de/wissen/2.220/wenn-helfer-selbst-profitieren-besudelter-altruismus-1.1863160 [15.11.2021].

Hildebrandt, Frank (2012): Hilfe als Funktionssystem für Soziale Arbeit. In: Thole (Hsrg.): Grundriss Soziale Arbeit. Ein einführendes Handbuch. 4. überarb. u. erw. Aufl., Wiesbaden: VS Verlag für Sozialwissenschaften, 235-247.

Höglinger, Dominic; Rudin, Melania; Guggisberg, Jürg (2021): Analyse zu den Auswirkungen der Reduktion der Fallbelastung in der Sozialberatung der Stadt Winterthur. Schlussbericht. Online im Internet: Analyse zu den Auswirkungen der Reduktion der Fallbelastung in der Sozialberatung der Stadt Winterthur. Schlussbericht_DE.pdf [15.11.2021].

Holm, Andrej; Regnault, Valentin; Sprengholz, Maximilian; Stephan, Meret (2021): Muster sozialer Ungleichheit der Wohnversorgung in deutschen Großstädten. Forschungsförderung Working Paper, Düsseldorf.

Holztrattner, Magdalena (2014): Armut und Smartphone. Vom Wunsch dazuzugehören. In: Glaube und Gerechtigkeit, Nr. 2/2014, 1.

Hosemann, Wilfried; Geiling, Wolfgang (2021): Einführung in die Systemische Soziale Arbeit. 2., überarb. Aufl., München: Reinhardt.

[IAB] - Institut für Arbeitsmarkt- und Berufsforschung (Hrsg.) (2013): Aktuelle Daten und Indikatoren. Qualifikationsspezifische Arbeitslosenquoten. Verfasser: Söhnlein, Doris; Weber, Brigitte; Weber, Enzo. Online im Internet: http://doku.iab.de/arbeitsmarktdaten/qualo_2012.pdf [15.11.2021].

Jansen, Mechtild M.; Römig, Angelika; Rhode, Marianne (Hrsg.) (2013): Männer – Frauen – Zukunft. Ein Gender Handbuch. München: Olzog.

Kaminski, Martin (2013): Betriebliches Gesundheitsmanagement für die Praxis: ein Leitfaden zur systematischen Umsetzung der DIN SPEC 91020. Wiesbaden: Springer Fachmedien.

Kern, Johanna (2016): Die Bedeutung von beruflichem Selbstbild und beruflichem Habitus im Kontext Sozialer Arbeit. In: soziales_kapital. wissenschaftliches journal österreichischer fachhochschul-studiengänge soziale arbeit. Nr. 16 (2016) / Rubrik "Junge Wissenschaft" / Standort Innsbruck. Printversion: http://www.soziales-kapital.at/index.php/sozialeskapital/article/viewFile/489/856.pdf [16.11.2021].

Killersreiter, Birgitt; Rottlaender, Eva-Maria (2021): Beratung – Begleitung – Empowerment. Kommunikationsgrundlagen für Sozial- und Gesundheitsberufe. Stuttgart: UTB.

Klein, Martin (2021): Eine kleine Einführung in die Betriebliche Soziale Arbeit. Weinheim/Basel: Beltz Juventa.

Kleve, Heiko; Haye, Britta; Hampe-Grosser, Andreas; Müller, Matthias (2003): Systemisches Case Management. Falleinschätzung und Hilfeplanung in der Sozialen Arbeit mit Einzelnen und Familien – methodische Anregungen. Aachen: Kersting.

Klocke, Piet (2021): Fürs Leben muss man geboren sein. – Notiertes Nichtwissen. München: Wilhelm Heine.

Klug, Wolfgang (2009): Case Management im US-amerikanischen Kontext. In: Löcherbach u.a. (Hrsg.): Case Management. Fall- und Systemsteuerung in der Sozialen Arbeit. München: Reinhardt, 40-68.

Klüsche, Wilhelm (1994): Professionelle Identitäten in der Sozialarbeit /Sozialpädagogik: Anstöße, Herausforderungen und Rahmenbedingungen im Prozeß der Entwicklung eines beruflichen Selbstverständnisses. Mönchengladbach: Fachhochschule Niederrhein, Fachbereich Sozialwesen.

Klüsche, Wilhelm; Effinger, Herbert; Liesenhoff, Carin; Mangold, Jürgen (Hrsg.) (1999): Ein Stück weitergedacht. Beiträge zur Theorie- und Wissenschaftsentwicklung der Sozialen Arbeit. Freiburg i. Br.: Lambertus.

Kukula, Nicole; Sell, Stefan; Tiedemann, Birte (2014): MehrWertSchöpfung. Die Freie Wohlfahrtspflege als Wirtschaftsfaktor in Rheinland-Pfalz. (Remagener Schriften zur Sozialpolitik Bd. 1): Aachen: Shaker Verlag. Online im Internet: http://www.diakonie-rwl.de/cms/media//pdf/aktuelles/2014-pdf/MehrWertSchoepfung_-_Broschuere_fuer_www.pdf [15.11.2021].

Kuhlmann, Carola (2000): Alice Salomon. Ihr Lebenswerk als Beitrag zur Entwicklung der Theorie und Praxis Sozialer Arbeit. Weinheim: Deutscher Studienverlag.

Kunert-Zier, Margitta (2008): Den Mädchen und den Jungen gerecht werden. In: Böllert, Karin; Karsunky, Silke (Hrsg.): Genderkompetenz in der Sozialen Arbeit. Wiesbaden: VS-Verlag, 47-61.

Kunz, Thomas (2009): Von Kopftüchern, Flaggen und Außenseitern. Fremdheitsbilder im Schulbuch. In: Diehm et al. (Hrsg.): Schüler. Wissen für Lehrer. Migration. Seelze: Friedrich-Verlag, 26-29.

Kunz, Thomas (2011): Geschichten von „uns" und „ihnen". Die Reflexion gesellschaftlicher Fremdheitsbilder als Bestandteil Interkultureller Kompetenz. In: Kunz, Th.; Puhl, R. (Hrsg.) (2011). Weinheim/München: Juventa, 90-106.

Kunz, Thomas; Puhl, Ria (Hrsg.) (2011): Arbeitsfeld Interkulturalität. Grundlagen, Methoden und Praxisansätze der Sozialen Arbeit in der Zuwanderungsgesellschaft. Weinheim/München: Juventa.

Kupfer Annett (2015): Wer hilft helfen? Einflüsse sozialer Netzwerke auf Beratung. Tübingen: dgvt-Verlag

Lambers, Helmut (2010): Systemtheoretische Grundlagen Sozialer Arbeit. Opladen: Verlag Barbara Budrich.

Lambers, Helmut (2018): Wie aus Helfen Soziale Arbeit wurde. 2. überarb. Aufl., Bad Heilbrunn: Julius Klinkhardt.

Lambers, Helmut (2020): Theorien der Sozialen Arbeit. Ein Kompendium und Vergleich. 5. Aufl., Opladen: Verlag Barbara Budrich.

Leßmann, Ortrud; Buchner, Elisabeth (2017): Leben im Standbay-Moduls. Ergebnisse partizipatischer Forschung zu den sozialen Folgen der Finanzkrise in Österreich. Zeitschrift für Sozialen Fortschritt, Vol. 6. No. 2, p. 65-86. https://doi.org/10.1007/978-3-658-21081-6_7.

Löcherbach, Peter (1992): Der Mythos Suchtprävention. Erfolge sind nicht auszuschließen. Koblenz: Quast.

Löcherbach, Peter; Klug, Wolfgang; Remmel-Faßbender, Ruth; Wendt, Wolf Rainer (Hrsg.) (2018) Case Management. Fall- und Systemsteuerung in der Sozialen Arbeit. 5. Aufl., München: Reinhardt.

Löcherbach, Peter; Wendt, Wolf Rainer (Hrsg.) (2020) Care und Case Management. Transprofessionelle Versorgungsstrukturen und Netzwerke. Stuttgart: Kohlhammer.

Luhmann, Niklas (1973): Formen des Helfens im Wandel gesellschaftlicher Bedinungen. In: Otto/ Schneider (Hrsg.): Gesellschaftliche Perspektiven der Sozialarbeit. Neuwied: Luchterhand, 21-43.

Lutz, Ronald (2008): Perspektiven der Sozialen Arbeit. In: Aus Politik und Zeitgeschichte, Nr. 3/2008. Online im Internet: http://www.bpb.de/apuz/31335/perspektiven-der-sozialen-arbeit?p=all [15.11.2021].

Maier, Konrad; Spatscheck, Christian (2010): Materialien zur Entwicklung des Arbeitsmarktes für SozialarbeiterInnen/SozialpädagogInnen mit Fachhochschulabschluss in der Bundesrepublik Deutschland. Online im Internet: http://www.fbts.de/

fileadmin/fbts/Archiv/Materialien_zur_Entwicklung_des_Arbeitsmarktes_SA_SP_2010.pdf [15.11.2021].

Meier-Dallach, Hans-Peter; Walter, Therese (2004): SeitenWechsel – international. Deutschland und Schweiz im Vergleich. Zürich: culturprospektiv.

Mennemann, Hugo; Dummann, Jörn (2020): Einführung in die Soziale Arbeit. 3., aktualisierte und erweiterte Aufl., Baden-Baden: Nomos.

Meyer, Adolf-E.; Richter, Rainer; Grawe, Klaus; Graf v.d. Schulenburg; J.-M. & Schulte, B. (1991): Forschungsgutachten zu Fragen eines Psychotherapeutengesetzes, im Auftrag des Bundesministeriums für Jugend, Familie, Frauen und Gesundheit. Hamburg: Universitätskrankenhaus Hamburg-Eppendorf.

Mieg, Harald A. (2005): Professionalisierung. In: Rauner. F. (Hrsg.): Handbuch der Berufsbildungsforschung). Bielefeld: Bertelsmann, 342-349.

Motzke, Katharina (2014): Soziale Arbeit als Profession. Zur Karriere "sozialer Hilfstätigkeit" aus professionssoziologischer Perspektive. Opladen: Verlag Barbara Budrich.

Müller, C. Wolfgang (1988): Wie Helfen zum Beruf wurde. Band 1: Eine Methodengeschichte der Sozialarbeit 1883-1945. 2. Aufl., Weinheim/Basel: Beltz.

Müller, C. Wolfgang (1997): Wie Helfen zum Beruf wurde Band 2: Eine Methoden-geschichte der Sozialarbeit 1945-1985. 3. Aufl., Weinheim/Basel: Beltz.

Müller, C. Wolfgang (2006): Wie Helfen zum Beruf wurde. Eine Methodengeschichte der Sozialen Arbeit. 4. erweiterte u. aktual. Aufl., Weinheim/ München: Juventa.

Niemeyer, Christian (2010): Klassiker der Sozialpädagogik. Einführung in die Theoriegeschichte einer Wissenschaft. 3. aktual. Aufl., Weinheim/ München: Juventa.

[NKSS] - Nationaler Ausschuss für Sport und Sicherheit (2012): Nationales Konzept Sport und Sicherheit, Fortschreibung 2012, Stand: 28. Oktober 2011. Online im Internet: http://www.kos-fanprojekte.de/fileadmin/user_upload/material/soziale-arbeit/Richtlinien-und-Regeln/nkss_konzept2012.pdf [15.11.2021].

Newman, George E.; Daylian, M. Cain (2014): Tainted Altruism: When Doing Some Good Is Evaluated as Worse Than Doing No Good at All. In: Psychological Science March 2014 25, 648-655.

Nussbaum, Martha C. (1999): Gerechtigkeit oder Das gute Leben. Frankfurt am Main: Suhrkamp.

Oelerich, Gertrud, Otto, Hans-Uwe (Hrsg.) (2011): Empirische Forschung und Soziale Arbeit. Ein Studienbuch. Wiesbaden: Verlag für Sozialwissenschaften.

Ohlig, Maria (2015): Welches Bild vermitteln Printmedien von SozialpädagogInnen und SozialarbeiterInnen? In: Forum sozial, Nr. 1/2015, 48-51.

Osterwalder, Fritz (1996): Zum 250. Geburtstag Pestalozzis – rationale Argumente und Kult des Pädagogischen. In: Zeitschrift für Pädagogik, H. 2, 42 Jg., 149-163.

Oswald, Gerhard; Müllensiefen, Dietmar (1986): Psycho-soziale Familienberatung. Freiburg i. Br.: Lambertus.

Otto, Hans-Uwe; Thiersch, Hans (Hrsg.) (2014): Handbuch Soziale Arbeit. Grundlagen der Sozialarbeit und Sozialpädagogik. München: Reinhardt.

Pestalozzi, Johann Hinrich (1945): Schriften aus der Frühzeit 1765-1783. Zürich: Rotapfel.

Pfeifer-Schaupp, Hans-Ulrich (1995): Jenseits der Familientherapie. Systemische Konzepte in der Sozialen Arbeit. Freiburg i. Br.: Lambertus.

Pilz, Gunter (2006): Fußball ist unser Leben!? Zur Soziologie und Sozialgeschichte der Fußballfankultur. In: Brandes u.a. (Hrsg.) (2006): Hauptsache Fußball. Sozialwissenschaftliche Einwürfe. Gießen: Psychosozial.

Polat, Ayca (Hrsg.) (2017): Migration und Soziale Arbeit: Wissen, Haltung, Handlung. Stuttgart: Kohlhammer.

Puch, Hans Joachim (1994): Organisation im Sozialbereich: eine Einführung für soziale Berufe. Freiburg i. Br.: Lambertus.

Puhl, Ria (2004): Klappern gehört zum Handwerk. Funktion und Perspektive von Öffentlichkeitsarbeit in der Sozialen Arbeit. Weinheim: Juventa.

Rerrich, Maria S. (2010): Soziale Arbeit als Frauenberuf: der lange Weg zur Gendered Profession. In: Engelfried, C.; Voigt-Kehlenbeck, C. (Hrsg.) (2010). Wiesbaden: VS-Verlag, 91-105.

Riedel, Alexander (2013): Der Amtsdeutsch-Übersetzer. In: SZ-Online vom 19.07.2013. Online im Internet: http://www.sz-online.de/nachrichten/der-amtsdeutsch-uebersetzer-2621069.html [15.11.2021].

Rieger, Günter; Wurtzbacher, Jens (Hrsg.) (2019): Tatort Sozialarbeitspolitik. Fallbezogene Politiklehre für die Soziale Arbeit. Weinheim/Basel: Beltz Juventa.

[RKI] Robert-Koch-Institut (2015): Gesundheit in Deutschland. Berlin. https://www.rki.de/DE/Content/Gesundheitsmonitoring/Gesundheitsberichterstattung/GesInDtld/gesundheit_in_deutschland_2015.pdf?__blob=publicationFile [Zugriff: 19.11.2021).

Röh, Dieter (2013): Soziale Arbeit, Gerechtigkeit und das gute Leben. Eine Handlungstheorie zur daseinsmächtigen Lebensführung. Wiesbaden: Springer VS.

Rudnicka, Joanna (2021): Anteil von Frauen und Männern in verschiedenen Berufsgruppen 2020, online: https://de.statista.com/statistik/daten/studie/167555/umfrage/frauenanteil-in-verschiedenen-berufsgruppen-in-deutschland/ [15.11.2021].

Sachße, Christoph; Tennstedt, Florian (1991): Armenfürsorge, soziale Fürsorge, Sozialarbeit. In: Handbuch der deutschen Bildungsgeschichte. München: Beck, Bd. 4, 1870-1918, 411-440.

Sachße, Christoph; Tennstedt, Florian (1998): Geschichte der Armenfürsorge in Deutschland. Vom Spätmittelalter bis zum 1. Weltkrieg. Band 1, 2. erw. u. Aufl., Stuttgart: Kohlhammer.

Sachße, Christoph (2003). Mütterlichkeit als Beruf. Sozialarbeit, Sozialreform und Frauenbewegung 1871 bis 1929. Kasseler Studien zur Sozialpolitik und Sozialpädagogik, Bd. 1. Weinheim/Basel: Beltz.

Schäfer, Celine (2019): Wenn Mama und Papa nicht studiert haben, Online unter: https://www.faz.net/aktuell/karriere-hochschule/hoersaal/arbeiterkinder-an-der-uni-wenn-die-eltern-nicht-studiert-haben-16346828.html [03.06.2021].

Scherpner, Hans (1962): Theorie der Fürsorge. Göttingen: Vandenhoeck & Ruprecht.

Scherpner, Hans (1966): Geschichte der Jugendfürsorge. Göttingen: Vandenhoeck & Ruprecht.

Scherpner, Hans (1984): Studien zur Geschichte der Fürsorge. Frankfurt: Deutscher Verein für öffentliche und private Fürsorge.

Scherr, Albert (2010): Männer als Adressatengruppe und Berufstätige in der Sozialen Arbeit. In: Thole (Hrsg.): Grundriss Soziale Arbeit. Wiesbaden: Verlag für Sozialwissenschaften, 559-568.

Schilling, Johannes; Klus, Sebastian (2018): Soziale Arbeit. Geschichte – Theorie – Profession. 7., aktual. Aufl., München: Ernst Reinhardt (UTB).

Schlippe, Arist v.; Schweitzer, Jochen (2012): Lehrbuch der systemischen Therapie und Beratung I. Das Grundlagenwissen. Göttingen: Vandenhoeck & Ruprecht.

Schneider, Armin; Köttig, Michaela; Molnar Daniela (Hrsg.) (2015): Forschung in der Sozialen Arbeit. Grundlagen – Konzepte – Perspektiven. Theorie, Forschung und Praxis der Sozialen Arbeit, Band 11. Opladen: Verlag Barbara Budrich.

Schütze, Fritz (1996): Organisationszwänge und hoheitsstaatliche Rahmenbedingungen im Sozialwesen: Ihre Auswirkungen auf die Paradoxien des professionellen Handelns. In: Combe, A./Helsper, W. (Hrsg.): Pädagogische Professionalität. Untersuchungen zum Typus pädagogisches Handelns. Frankfurt a.M.: Suhrkamp, 183-275.

Schröder, Iris (2001): Arbeit für eine bessere Welt. Frauenbewegung und Sozialreform 1890–1914. Frankfurt: Campus.

Schubert, Franz-Christian; Rohr, Dirk; Zwicker-Pelzer, Renate (2019): Beratung. Grundlagen – Konzepte – Anwendungsfelder. Wiesbaden: Springer Fachmedien.

Schwier, Jürgen; Fritsch, Oliver (2003): Fußball, Fans und das Internet. Baltmannsweiler-Hohengehren: Schneider.

Seithe, Mechthild (2013): Schwarzbuch Soziale Arbeit. 2. Aufl., Wiesbaden: VS.

Speck, Karsten (2020): Schulsozialarbeit. Eine Einführung. 4. Aufl., Stuttgart: UTB.

Spiegel, Hiltrud von (2021): Methodisches Handeln in der Sozialen Arbeit. Grundlagen und Arbeitshilfen für die Praxis. 7. durchgesehene Aufl., München: Reinhardt.

Stadler, Peter; Strobel, Gudrun (2006): Der Einfluss von Führungsverhalten auf die psychische Belastungssituation von Mitarbeitern, doi:https://www.lgl.bayern.de/downloads/arbeitsschutz/arbeitspsychologie/doc/fuehrung.pdf.

Statistisches Bundesamt (2012): 6,5 % der Schulabgänger 2010 ohne Hauptschulabschluss. Online im Internet: https://www.destatis.de/DE/PresseService/Presse/Pressemitteilungen/2012/03/PD12_117_211pdf.pdf?__blob=publicationFile [15.11.2021].

Staub-Bernasconi, Sivila (1986): Soziale Arbeit als eine besondere Art des Umgangs mit Menschen, Dingen und Ideen. Zur Entwicklung einer handlungstheoretischen Wissensbasis Sozialer Arbeit. In: Sozialarbeit, Nr. 10/1986, 2-71.

Staub-Bernasconi, Sivila (2007a): Soziale Arbeit als Handlungswissenschaft, Systemische Grundlagen und professionelle Praxis - Ein Lehrbuch. Bern: Haupt.

Staub-Bernasconi, Silvia (2007b): Vom beruflichen Doppel – zum professionellen Tripelmandat. In: SIO, Nr. 2/2007, 8-17.

Staub-Bernasconi, Silvia (2018): Soziale Arbeit als Handlungswissenschaft. Auf dem Weg zu kritischer Professionalität. Stuttgart: UTB.

Stenzel, Viktoria; Hochenbleicher-Schwarz, Anton (2017): Das Geschlecht als gesellschaftliche Konstruktion am Beispiel der Transsexualität. In: Süleyman/ Sauer (Hrsg.): Neue Anstöße in der Sozialen Arbeit . Wiesbaden: Springer Fachmedien, 37-58.

Stiftung Warentest (2011): Pflegestützpunkte - Nur jeder dritte berät gut. Heft 2/2011, 86-97.

Struhs-Wehr, Karin (2017): Betriebliches Gesundheitsmanagement und Führung. Gesundheitsorientierte Führung als Erfolgsfaktor im BGM. Wiesbaden: Springer Fachmedien.

Stüwe, Gerd; Ermel, Nicole; Haupt, Stephanie (2017): Lehrbuch Schulsozialarbeit. 2. Aufl., Weinheim/Basel: Beltz Juventa.

Tenorth, Heinz-Elmar (2000): Geschichte der Erziehung. Einführung in die Grundzüge ihrer neuzeitlichen Entwicklung. 3., völlig überarb. u. erw. Aufl., Weinheim/München: Juventa.

Thiersch, Hans; Grunwald, Klaus; Köngeter, Stefan (2010): Lebensweltorientierte Soziale Arbeit. In: Thole, Werner (Hrsg.): Grundriss Soziale Arbeit. Ein einführendes Handbuch. Wiesbaden: VS Verlag für Sozialwissenschaften, 175-176.

Tito, Doris; Seitz, Cornelia (2010): Seitenwechsel® – Führungskräfte aus der Wirtschaft lernen in der sozialen Welt. In: Theis, Fabienne und Klein, Simone (Hrsg.): CSR-Bildung. Corporate Social Responsibility als Bildungsaufgabe in Schule, Universität und Weiterbildung. Wiesbaden: Verlag für Sozialwissenschaften, 175-182.

Tsokos, Michael; Guddat, Saskia (2014): Deutschland misshandelt seine Kinder. München: Droemer.

Waldow, Michael (1989): Theorie und Empirie des poststationären Rehabilitätsverlaufes Alkoholabhängiger. Marburg: Elwert.

Watzlawick, Paul; Beavin, Janet; Jackson, Don D. (1969): Menschliche Kommunikation. Bern: Hans Huber.

Watzlawick, Paul; Weakland, John H.; Fisch, Richard (1974): Lösungen. Bern: Hans Huber.

Watzlawick, Paul (1984): Die erfundene Wirklichkeit. München: Piper.

Wendt, Peter-Ulrich (2021): Lehrbuch Methoden der Sozialen Arbeit. 3. überarb. Aufl., Weinheim/Basel: Beltz Juventa.

Wendt, Peter-Ulrich (2018): Lehrbuch Soziale Arbeit. Weinheim/Basel: Beltz Juventa.

Wendt, Wolf Rainer (2008a): Geschichte der Sozialen Arbeit 1. Die Gesellschaft vor der sozialen Frage. 5. Aufl., Stuttgart: Lucius & Lucius.

Wendt, Wolf Rainer (2008b): Geschichte der Sozialen Arbeit 2. Die Profession im Wandel ihrer Verhältnisse. 5. Aufl., Stuttgart: Lucius & Lucius.

Wendt, Wolf Rainer; Löcherbach, Peter (Hrsg.) (2009): Standards und Fachlichkeit im Case Management. München: Economica.

Wendt, Wolf Rainer; Löcherbach, Peter (Hrsg.) (2011): Case Management in der Entwicklung – Stand und Perspektiven in der Praxis. Heidelberg: medhochzwei.

Wimmer, Katja; Arnold, Jens; Löcherbach, Peter (2011): Patientenbegleitung der Bosch BKK. In: Case Management, Nr. 2/2011, 56-63.

Wolf, Antonius (1977): Zur Geschichte der Sozialpädagogik im Rahmen der sozialen Entwicklung. Donauwörth: Auer.

Yildiz, Yalcin (2011): Von der Ausländersozialarbeit zur interkulturellen Sozialen Arbeit. In: Kunz, Th.; Puhl, R. (Hrsg.) (2011). Weinheim/München: Juventa, 32-43.

Autorinnen und Autoren der Gedankensplitter

Beate Blaese, Soziale Arbeit (B.A.), Case-Managerin (DGCC), arbeitet in einer Beratungsstelle zur Integrativen Arbeit.

Sabine Blonigen, Diplom-Sozialpädagogin (FH), systemische Beraterin und Coach, arbeitet als Gruppenleiterin in einer Erziehungshilfestation und als selbstständige Beraterin und Coach.

Gerlinde Falta, Diplom-Sozialpädagogin (FH), Case-Managerin (DGCC), arbeitet im Sozialdienst einer Werkstätte für Menschen mit Behinderung.

Niels M. Hoffmann, Diplom-Religionspädagoge (FH), Diplom-Sozialpädagoge (FH), Diplom-Pädagoge, Systemischer Coach und Berater (DGSF), arbeitet als Lehrkraft für besondere Aufgaben (Methoden der Sozialen Arbeit) an einer Hochschule.

Piet Klocke, Musiker, Komiker und Weltmissversteher. Autor zahlreicher Bücher wie „Kann ich hier mal eine Sache zu Ende?!“ oder jüngst: „Fürs Leben muss man geboren sein“.

Monika Knopp-Vater, Diplom-Sozialpädagogin (FH), Systemische Familien- und Paartherapeutin, arbeitet in einer Beratungsstelle für Erziehungs-, Partnerschafts- und Lebensfragen.

Ursula Koch, Diplom-Sozialpädagogin (FH), Montessori-Diplom, arbeitet in einer Schwangerschaftsberatungsstelle.

Christine Körber-Martin, Diplom-Sozialpädagogin (FH), Case Managerin (DGCC) und Pflegeberaterin, Zusatzausbildung in Klientenzentrierter Gesprächsführung (GwG), arbeitet in einem Pflegestützpunkt und in einer Beratungsstelle der Lebenshilfe.

Patricia M. Missler, Kulturwissenschaft Mag. Art., Mitteleuropäische Studien M.A., arbeitet als Referentin für Internationale Beziehungen an einer Hochschule.

Thomas Muth, Diplom-Sozialpädagoge (FH), Erlebnispädagoge und Sozialmanager, arbeitet als Leiter der Kinder- und Jugendförderung beim Jugendamt einer Großstadt.

Dr. Rainer Ningel, Diplom-Pädagoge, Diplom-Sozialpädagoge (FH), Paar- und Familientherapeut, Case-Management-Ausbilder (DGCC), Suchtkrankentherapeut (DAS) und Supervisor für Systemisches Arbeiten, arbeitet als Professor für Interventionslehre in der Sozialen Arbeit an einer Hochschule.

Ruth Remmel-Faßbender, Diplom-Pädagogin, Diplom-Sozialarbeiterin (FH), Diplom-Religionspädagogin (FH), Case-Management-Ausbilderin (DGCC), Supervisorin (DGSv), arbeitet als Professorin für Interventionslehre in der Sozialen Arbeit an einer Hochschule.

Julia Röder, Soziale Arbeit M.A., arbeitet als Leiterin in der öffentlich-rechtlichen Unterbringung mit Schwerpunkt Zuwanderer und Flüchtlinge.

Harald Wellems, Diplom-Sozialarbeiter (FH), arbeitet im Sozialpsychiatrischen Dienst eines Gesundheitsamtes.

Dr. Vanessa Schnorr, Diplom-Pädagogin, Gruppendynamische Leiterin und Beraterin (DGGO), arbeitet als Professorin für Methoden der Sozialen Arbeit an der Kath. Hochschule Mainz.

Martin Schwaab, Diplom-Sozialarbeiter (FH), zertifizierter Nonprofit-Manager, arbeitet in der Betriebssozialarbeit eines Polizeipräsidiums und einer Hochschule der Polizei.

Stichwortverzeichnis

Die Angaben verweisen auf die Seitenzahlen des Buches.

Bereits erschienen in der Reihe
KOMPENDIEN DER SOZIALEN ARBEIT

Migration und Integration in der Sozialen Arbeit
Von Prof. Dr. Beate Aschenbrenner-Wellmann und Lea Geldner
2022, 251 Seiten, broschiert, ISBN 978-3-8487-6832-5

Beratung und Beratungswissenschaft
Herausgegeben von Prof. Dr. Tanja Hoff und Prof. Dr. Renate Zwicker-Pelzer
2. Auflage 2022, 239 Seiten, broschiert, ISBN *978-3-8487-7846-1*

Jungen als Opfer sexueller Gewalt
Von Clemens Fobian, Prof. Dr. Michael Lindenberg und Rainer Ulfers
2. Auflage 2022, 181 Seiten, broschiert, ISBN 978-3-8487-7259-9

Pflegekinderhilfe für die Soziale Arbeit
Von Prof. Dr. Klaus Wolf
2022, 227 Seiten, broschiert, ISBN 978-3-8487-6707-6

Soziale Arbeit nach traumatischen Erfahrungen
Von Prof. Dr. Julia Gebrande
2021, 245 Seiten, broschiert, ISBN 978-3-8487-6412-9

Recht für die Kindheitspädagogik
Von Prof. Dr. Christopher Schmidt und Prof. Dr. Annette Rabe
2021, ca. 227 Seiten, broschiert, ISBN 978-3-8487-8076-1

Sozialleistungsansprüche für Flüchtlinge und Unionsbürger
Von Prof. Dr. Gabriele Kuhn-Zuber
2018, 304 Seiten, broschiert, ISBN 978-3-8487-3206-7

Zeitfracht Medien GmbH
Ferdinand-Jühlke-Straße 7
99095 Erfurt, Deutschland
produktsicherheit@kolibri360.de